主 编 吴子祺 副主编 李宜珍 郭康强 何斯薇

HISTOIRE ORALE DE GUANGZHOUWAN

Un territoire aux narrations plurielles

社会科学文献出版社

SOCIAL SCIENCES ACADEMIC PRESS (CHINA)

吴子祺

　　法国社会科学高等研究学院博士生，广州湾历史研究资讯主编，研究方向是中国近代史、法国殖民史和中法越关系史，专于广州湾和粤西南区域史，相关论文发表在《海洋史研究》《历史人类学学刊》《二十一世纪》等刊物，参与《湛江通史》等史志修撰工作。

李宜珍

　　广州湾历史研究资讯成员，湛江南州文化联合创始人。

郭康强

　　历史学博士，现为南方医科大学马克思主义学院讲师。

何斯薇

　　复旦大学历史地理研究中心博士研究生。

本书编辑委员会

主　编　吴子祺

副主编　李宜珍　郭康强　何斯薇

编辑委员会成员　吴子祺　钱源初　郭康强　李宜珍
　　　　　　　　何小婷　何斯薇　邓珊珊　李文泉

序　我国口述史学的新探索

王钦峰[*]

口述史是一个关涉获取、阐释和保存来自口头讲述的历史信息的学术领域，各类口头讲述一般来自过往历史的亲历者、见证人或至少与其同时代的间接经验者，并作为来自不同视角第一人称叙事的第一手原始材料和记忆资源，提供给专业历史学家和社会大众。广义的口述史方法，中国和外国均古已有之。自20世纪中叶美国学者阿兰·内文斯（Allan Nevins）建立哥伦比亚大学口述史研究室以来，口述史已在国际上作为新的学科分支进入更多历史学者和其他相关学科研究者的学术视域。

近二三十年来，口述史在国内得到了较快的发展，并与田野调查一起，成为我国史学发展的重要趋势之一，迄今已有一大批高水平、有重要历史价值和学术价值的口述史著作（含口述史料和理论研究）问世。[①] 近年来，随着定宜庄、冯骥才、陈墨、崔永元等人的推动，以及大量口述史研究成果和资料文献的推出，我国档案学、中共党史、劳工史、华侨史、汉语方言学、文学艺术、民族学、文化遗产学、妇女及性别史、教育史等领域研究者，以及各地的宣传文化部门纷纷组织开展相关资料搜集工作，使口述史研究方法备受重视，在国内几乎形成口述史学运动。上述的口述史转向

---

[*]　王钦峰，教授，岭南师范学院岭南文化研究院前常务副院长。

[①]　如朱元石主编《共和国要事口述史》（湖南人民出版社，1999），刘小萌《中国知青口述史》（中国社会科学出版社，2004），杨祥银《与历史对话：口述史学的理论与实践》（中国社会科学出版社，2004），周新国主编《中国口述史的理论与实践》（中国社会科学出版社，2005），何天义主编《二战掳日中国劳工口述史》（齐鲁书社，2005），李向平、魏扬波《口述史研究方法》（上海人民出版社，2010），王文章主编《中国民间艺术传承人口述史丛书》（中央编译出版社，2010），王宇英《当代中国口述史：为何与何为》（中国大百科全书出版社，2012），曲青山、高永中主编《新中国口述史（1949—1978）》（中国人民大学出版社，2015），上海市文史研究馆口述历史研究中心编《上海市文史研究馆口述历史丛书》（上海书店出版社，2015—2021），厦门大学南洋研究院编《东南亚华侨口述历史丛编》（广西师范大学出版社，2018），等等。

自然影响到我国的租界、租借地和通商口岸史学界，其中就包括对广州湾租借地历史研究的影响。

自 2012 年、2013 年湛江市相继成立广州湾历史研究机构（岭南师范学院岭南文化研究院广州湾研究所、湛江市广州湾研究会等）以来，湛江内外的学人在整理明清至民国的相关中文史料，以及译介法国各档案馆和图书馆所藏相关法文史料的同时，也在酝酿如何赶在老一代广州湾亲历者谢世之前尽快搜集与抢救口述史料。经多年努力，我们终于有了这方面的厚重成果，这便是由"广州湾历史研究资讯"学术团队倾力打造的《口述广州湾》一书。该团队牵头人、本书主编吴子祺是一名土生土长的湛江人，他在 2011 年进入大学攻读历史专业，2015 年毕业后加入由知名媒体人崔永元创建的口述历史研究中心，参与口述史料的收集、整理、学术研究和公共传播工作，得到了系统性和专业性的训练。2017 年，广州湾历史研究资讯团队受湛江市文化广电新闻出版局（今湛江市文化广电旅游体育局）支持，开展广州湾口述史项目，后又得到社会力量资助，至 2021 年下半年，该项目基本完成。

本人看到子祺发来的书稿后，作为一名投身法国租借地历史研究和资料搜集工作多年的广州湾学人，不免会回想前人所做的工作，特别留意口述内容的选择和成书质量，思考本书的价值和意义所在，以及可能会给广州湾历史研究带来什么样的贡献。

客观来说，我国口述史的理论探索起步较晚，但在实践方面，我国口述史尤其是革命史相关史料的搜集整理工作早在中华人民共和国成立初期就已经开始了。当时史学界强调，在治学基本原则上，我国近现代史学科应该呈现与传统史学截然不同的面貌，即应紧紧抓住并体现"历史是劳动人民创造的""劳动人民是历史的主人"这些马克思主义史学的根本要义。为此，我国史学界尤其是中国近现代史学者，将研究重心转向了基层劳苦大众反抗国内外反动势力和推翻"三座大山"的革命斗争历史，国家科研机构的史学研究者也纷纷走出故纸堆，走向基层民众，走向田野，并通过实地调查以获取人民参加革命斗争的史料，实现撰写"劳动人民的历史"之目的。1951 年 7 月我国正式成立中国史学会（其前身是 1949 年成立的中国新史学研究会）后，全国各地纷纷成立历史调查组，以推进新史学的转向，并取得了一系列可观的实绩。新中国成立后第一批口述史料就是在中国史学会的推动下搜集整理出来的。

在此大背景下，中国史学会联合广东省有关高校和科研文化机构，对湛江的革命斗争口述史料进行了调查与搜集。这项工作基本与国内其他地区同类主题的口述史资料搜集工作同步进行。这是新中国成立初期为数不多的含有口述史成分的资料，本书编者已在"引论"中有详细介绍，故不赘述。

20 世纪 80 年代，湛江遂溪人民抗法斗争的口述史料得到了进一步的挖掘和丰富。其新增内容主要见于前雷州师专政史系苏宪章副教授编辑整理的《湛江遂溪人民抗法斗争资料选编》（雷州师范专科学校，1984）第三部分"采访记录、座谈记录"，以及湛江市政协文史资料研究委员会编的《湛江文史资料》第 3 辑《湛江遂溪人民抗法斗争史料专辑（1898—1899）》（由苏宪章副教授和湛江市博物馆原馆长阮应祺共同整理，1985）第四部分。在该辑前言中，编者写下了这么一句话："对于大量已刊未刊的调查访问材料，因篇幅所限，留待以后再辑录整理。"上述成果一方面让我们看到了当时学者的珍贵努力，但另一方面非常遗憾的是，在 1985 年以来的 30 多年间，我们并没有看到前辈"留待以后再辑录整理"的工作预期的阶段性实现或后续性工作成果，没有看到有学者从事过这项工作或者完成这项任务，直到今天《口述广州湾》一书的出版。

新中国成立后的 17 年间和改革开放之初的广州湾口述史料（集中于抗法斗争）具有非常鲜明的优点和局限性。优点主要是使用田野调查和访谈相结合的方法，昭示着一种新的从田野和人民中获取史料的途径，突出了人民在历史中的创造性作用和人民反抗斗争本身的政治意义。局限性包括未涉及法国租借广州湾后期的斗争内容，尤其未涉及 20 世纪上半叶革命志士的斗争和社会各界抗日斗争的情况；也未涉及历史的其他维度和层面，如政治外交、社会管理、经济文化和普通人的日常生活等；遗漏了个人生活经验。

要而言之，上述口述史资料尽管具有较强的反帝反殖的政治意义和爱国主义的教育价值，但由于在内容上局限于早期抗法斗争历史，而非广州湾整体历史及全面社会活动，因此其历史内容和思想导向均较为单一，不够全面。在当今我国进一步改革开放和历史学科日渐成熟的大背景下，我们一方面需要继承前贤从田野和人民中获取史料的途径，另一方面更加需要多维的和具有丰富历史成色的历史叙述，即一种既包含革命史，又不局限于革命史维度，具有更为全面历史信息的口述史。《口述广州湾》的完成与出版正是适应了这一学术发展的需要。

就本人所见，《口述广州湾》是近年来我国租界、租借地和通商口岸历史研究领域中一部具有创新意义的口述史成果。这是一部严格按照当代学界主流方法整理而成，且具有较强学科意识的口述史资料集，其主要特点表现于多身份多来源的口述人、日常化口述视角的选择，以及校注手记编辑方法的使用等多个方面，这些特点同时是其主要的成功之处。

应该说，《口述广州湾》对于口述人的选择颇费了一番心思。按照惯例，采访者既可以围绕课题内容直接确定具体受访者，也可以通过媒体等渠道发布公告，对特定历史事件的亲历者进行征集。但鉴于广州湾老一代亲历者已寥若晨星，因此课题组并没有对口述人进行公开征集，而是直接借助于政府机构、熟人网络和文化联系，先后找到数十名历史亲历者或其后人，对他们进行访谈（其中对部分口述人的访谈费尽周折）。虽然这意味着对受访者进一步筛选的余地已经很小，但编委会仍然事先进行了一定的筛选，并对选定人群的类别构成（身份、性别、国别等）进行了规划，以确保其来源的多元化和涉及范围的广泛性。由此，我们可以看到其中既包括一些曾经具有重要社会地位和社会影响的历史当事人或其家属，也包括一批普通的时代亲历者或与其有密切关系的人士。

本书口述人的多源性让人很开眼界。我们看到，有些口述人是法籍，如军医之子让 - 马克·尼科尔、东方汇理银行经理之女妮可乐·盖利尔。与他们相关的，生活在法当局和法国侨民圈子的口述人则有被育婴堂收养的越南人后代邱月明、安碧沙罗学校校工之子李河、法当局首席师爷兼裕大织造厂老板张明西的侄子张永廉、法当局师爷兼三有公司股东林质甫之子林国富、法当局海关师爷李宗泽之子李河发。讲述广州湾商业的口述人则有明安公司老板之子陈翼、潮州会馆理事陈传薪之子陈家如、利兴昌记老板林昌庆的后人林一经、广州湾最大百货商号祥顺隆老板梁均泉的后人陈惠珍、广州湾著名建筑师梁日新之子梁爱棠、原湛江市文化局局长祝宇等。讲述社会百态的口述人有国技馆拳师张岐雄、雷州关职员于金榜之子于振东等。见证高雷地区和广州湾革命史的口述人有同盟会会员兼负责广州湾筹款的商人杨益三的后人杨少珍、同盟会会员兼抗战时期遂溪县县长陆匡文之子陆景武、粤桂边纵队营长后来成为原兰州军区副司令员的陈超中将。来自广州湾乡郊地区的口述人则有坡头墟村民陈侠勇、三柏墟村民李树茂、三合窝村民罗阿山、南三岛木渭村村民黄焕元、硇洲灯塔守卫雇工之子周振华、出洋契约劳工陈云初之子陈康宝等。逃难生活的口述人则有著名书法家沈定庵、广州湾联合书局创建人胡静澜的侄子胡锡骥、从澳门逃难至广州湾的梁玉莲、培才中学学生王曦、从越南海防逃难而来的侨商陈庆筹之子陈家骐、湛江市原副市长何均发等。

总体而言，全书口述内容广涉政治、经济、军事、宗教、城建、教育、文化诸领域，甚至包括走私、逃难、土匪、市井及文艺生活等方方面面，让人明显感受到它的体量和气场。另外，这些内容的叙述又能够落到作为普通人而存在的口述者日常生活层面及私人视角，并将叙事重心下降到个人的内心体验及生活的隐秘，伴随着讲述者的个人理解及私人情感。而这类内容在几十年前的口述史访谈中，还处于话题设计之外，甚至不足挂齿或不值一提。得益于编者的这种选择，本书既超越了歌功颂德，也不再是为个人树碑立传，而是将大时代与个人的生活经历和感受融为一体，从而实现了通过个人经验书写时代变迁的意图。口述内容的广泛覆盖性，受访者不同身份角色及地域来源的大致均衡配比，以及叙述视角的个人化和日常化，是这部口述史在选材和内容组织上更具有科学性和代表性的表现，同时在可读的基础上体现了当代青年学人的人文关怀。

同时，口述人身份、来源及口述内容的多元化也为本书赋予了复调的特征。新时代有新要求，我们必须促进学术研究向更复杂多样的维度转型，这势必导致多来源口述人和多元化口述视角（而非原来单一视角）的出现。就广州湾历史而言，这种多元化的口述视角同时囊括了法国殖民者/侨民及其后代、租借地的社会上层以及南路革命的参加者和市井文化等多个方面，从而形成具有广泛包容性的历史复调。此种构成势必会关注历史亲历者在重大历史事件及日常生活中的个人或家族命运。当老人回忆起自己年轻时的往事（尽管内容看起来有些边缘化），讲述自己在战争背景下求学、漂泊、远征等各方面的遭遇和社会经历时，就是在用自己的感情线、心灵史和日常细节编织那个时代广大普通民众的生活史，同时折射动荡与革命的历史脉动。

除了受访者的口述内容，校注手记也是本书的一大特色。就目前所见的各类口述史作品，访谈者一般不以拥有某种"学术霸权"意味的学者身份介入，或者以论文形式"挤占"口述者的版面。这本口述史的编辑方法则是，在几乎每篇口述内容的后面都附上一篇导读性文字，或曰"校注手记"。这些"校注手记"的添加，虽貌似彰显了访谈者"学术霸权"身份的介入，但实际上发挥了帮助读者理解的辅助性作用，或说为口述文字做了一些外围的补充、解释或佐证，而非对口述文字本身进行真实性乃至价值性的判断。这样的安排实际上保证了对于口述文字及其原有价值的尊重。同时在必要的情况下，对口述内容进行了适当的研究性延伸，以便发掘出蕴含在口述史文字中的"意犹未尽之处"。这种做法充分利用了口述史所提供的"发挥空间"，既给读者提供了更多的历史信息，也创新了口述史的编排方式，实现了编者所说的"采访者与受访者的对话"。

《口述广州湾》之所以取得成功，与广州湾历史研究资讯团队多年来所付出的心血和努力是分不开的。其主要表现为两方面：一是长期的、丰富的学术积累；二是口述史工作所必需的专业训练和辛勤付出。本人从2012年开始已完全把学术兴趣从法国文学研究转移至广州湾历史资料的搜集整理及相关的课题研究工作，之后的十年时间里，我几乎全程看着这个团队一步一步地成长起来。其中几位成员吴子祺、钱源初、郭康强和何斯薇在2010年至2013年相继进入各大学的历史学专业学习，因为种种机缘巧合对广州湾产生浓厚兴趣，乃至将其作为论文选题，团队其他成员亦参与了广州湾历史文化相关的文化保育活动。2015年团队建立公众号后，积极传播历史知识，参与学术活动，一同搭建交流平台，如协助岭南师范学院岭南文化研究院举办了"首届广州湾历史文化国际学术研讨会"（2016）、"首届广州湾历史人物学术研讨会"（2018）和"第二届广州湾历史文化国际学术研讨会"（2019）。近年来团队成员在各类刊物发表多篇文章，有的还参加了《湛江通史·近代史卷》的撰写工作。我相信，该团队按照既有发展方向持之以恒，基于勤奋和才华，必定取得更高的学术成就。

当然，正如各类口述史常常受到质疑，《口述广州湾》也有美中不足之处，其中一点表现就是，书中反映高雷地区尤其是广州湾租借地内革命活动的内容偏少。本书第五部分包含我国近现代民族民主革命的内容，但只有三篇。如在此基础上再增加两三篇有分量的内容，可能会更好。毕竟当年曾在广州湾活动的部分著名革命人士的后人仍可找到，他们或是值得考虑的访谈对象。至于其他历史人物，如商界领袖陈学谈、许爱周、霍子常等的家族成员似乎也有必要纳入这部口述史的选材范围。

至于最易令人诟病的口述史的真实性问题，笔者认为，这并不是《口述广州湾》编者能够从根本上解决的，因为这是一个学界共同问题。然而我们对正史的权威性抱有过高的期望是不切实际的，反之对于口述史而言，过度的贬低也不可取，因为正史和史家的历史著作在很多时候也受到挑战，甚至有新历史主义专门对其叙事进行消解。另外，口述史资料未必比名人的回忆录或自传更为虚饰或更为虚假。在传统史学中，口述史在性质和文类方面被认为属于"稗官野史"的范畴，因此，若说口述史对于正史和历史学家的研究的确能够起到一定的补充和参考作用的话，那么这也许正是其价值所在。正如刘鹗《老残游记》所言："野史者，补正史之缺也。名可托诸子虚，事虚证诸实在。"口述史同样堪为历史资料库的建设、历史学科的建设和历史真相的挖掘做出自身特有的贡献，况且它还可为历史本身提供一个来自不同个体的感性的建设性维度。从这一意义去理解，本书编者已经通过制定严谨的工作流程，并以求真务实的学术态度，在广州湾历史的复原再现及其真实性的建构方面付出了巨大努力。向《口述广州湾》的出版表示祝贺，并希望广州湾历史研究资讯团队能够不忘初心，行稳致远，在历史研究领域获得进一步的突破。这是我之所愿。

2021 年 12 月 26 日于湛江

目　录

序　我国口述史学的新探索 …………………………………………… i

弁　言 ………………………………………………………………… 1

引　论 ………………………………………………………………… 5

一　昔日法国管治

孤城心向"自由法国"

　　——让‐马克·尼科尔忆军医父亲 ………………………… 27

　　·校注手记·

　　　　马克先生寻乡记 …………………………………………… 33

　　　　八十年前广州湾一场隐秘的反法西斯抗争 …………… 35

法文教育与天主教会

　　——李河忆安碧沙罗学校 ………………………………… 39

　　·校注手记·

　　　　对法国文化的回忆 ………………………………………… 50

育婴堂的儿童生活

　　——邱月明忆法国修女 …………………………………… 55

　　·校注手记·

　　　　圣若瑟今世缘 ……………………………………………… 62

居住在西营的家庭故事

　　——妮可乐·盖利尔忆法国侨民 ………………………… 70

　　·校注手记·

　　　　东方汇理银行内外的日常生活 ………………………… 74

二 亦官亦商亦民

麻斜走出首席师爷

　　——张永廉忆伯父张明西 ················· 81

　　·校注手记·

　　　从个人生命史到地方社会史 ············· 85

犹记岑霞村人面树

　　——林国富忆父亲林质甫 ················· 92

李家园的两代娱乐业

　　——李河发忆父亲李宗泽 ················· 96

　　·校注手记·

　　　疫情中的跨境访谈 ·················· 109

三 四方来客会聚

赤坎商埠的大千世界

　　——陈翼忆明安公司 ·················· 115

　　·校注手记·

　　　我的老乡"翼哥" ·················· 133

为广州湾留下著名地标

　　——梁爱棠忆建筑师父亲梁日新 ············ 138

　　·校注手记·

　　　棠棣之华 ······················ 147

做海人在赤坎埠

　　——陈家如忆潮州会馆 ················· 154

　　·校注手记·

　　　跨越三个世纪的兴与衰 ··············· 165

西营枇杷街咖啡飘香

　　——祝宇忆法国风情 ·················· 169

　　·校注手记·

　　　岁月催人偏不老，心如朗月不沾尘 ········· 181

　　　缅怀祝宇老先生 ……………………………………………… 185

富甲一方大商人

　　——林一经忆祖父两代人 ……………………………… 192

　·校注手记·

　　　联结古今的乡情 …………………………………………… 195

四　多元市井风情

赤坎武馆威风时

　　——张岐雄忆国技馆 …………………………………… 201

　·校注手记·

　　　百岁武师的江湖人生 ……………………………………… 207

叮叮作响大通街

　　——陈惠珍忆祥顺隆 …………………………………… 210

　·校注手记·

　　　赤坎老街的昔日风貌 ……………………………………… 215

租借地外围的缉私

　　——于振东忆雷州关与父亲于金榜 ……………… 217

　·校注手记·

　　　海关视角下的民生百态 …………………………………… 232

五　高雷革命斗争

从同盟会起义到解放湛江

　　——杨少珍忆杨家三代人 ……………………………… 241

　·附录·

　　杨君益三墓碣 …………………………………………… 248

　　杨公益三墓志铭 ………………………………………… 249

　　同盟会员杨益三公事略 ………………………………… 250

　·校注手记·

　　　家族史中的广州湾变迁 …………………………………… 251

近代高州名人与广州湾

　　——陆景武忆父辈 ·················· 255

　·校注手记·

　　得山水清气，极天地大观 ·················· 265

抗战重燃南路革命

　　——陈超忆武装斗争 ·················· 268

　·校注手记·

　　高举红旗战南天，纵横驰骋粤桂边 ·················· 279

六　乡间生活变迁

墟市社会的方方面面

　　——陈侠勇忆坡头 ·················· 285

　·校注手记·

　　坡头墟市秩序与农民政治生态 ·················· 294

走私在洋界唐界之间

　　——李树茂忆三柏墟 ·················· 301

　·校注手记·

　　边界墟市的盛衰 ·················· 306

蓝带兵驻守渔港

　　——罗阿山忆三合窝 ·················· 310

　·校注手记·

　　寻找"鬼佬山"个体记忆 ·················· 314

南三岛上捕贼、行医与教育

　　——黄焕元忆族人 ·················· 320

　·校注手记·

　　族谱中的海岛家族史 ·················· 324

岛上灯光百年常亮

　　——周振华忆硇洲灯塔 ·················· 330

　·校注手记·

　　记忆似是无波澜 ·················· 335

华工在锡矿十三年

    ——陈康宝忆父亲陈云初 ······················· 337

    ·校注手记·

        一本"猪仔证"所见之南洋劳工史 ················· 344

七 逃难广州湾

寸金桥头亦故乡

    ——沈定庵忆书画生涯 ·························· 353

    ·校注手记·

        八十年墨海因缘 ····························· 359

绍兴文人播迁文化

    ——胡锡骥忆联合书局 ························ 362

    ·校注手记·

        怀念一位老知识分子 ························· 368

一纸"立卖女契"的乱离

    ——梁玉莲忆澳门逃难 ························ 372

    ·校注手记·

        澳门嫂与抗战历史 ··························· 375

培才的恩果

    ——王曦忆演艺时光 ·························· 378

    ·校注手记·

        最后的奉献 ································· 383

抗战时期的物资运输

    ——陈家骐忆侨商父亲陈庆筹 ················· 386

    ·校注手记·

        爱国爱乡爱家人的华侨 ······················ 397

从时代广场回看广州湾

    ——何均发忆城市建设 ······················· 401

    ·校注手记·

        保护文化遗产,传承城市文脉 ················· 406

弁 言

广州湾历史研究资讯

从 1945 年广州湾回归算起，广州湾租借地历史已远去 70 余年。当年曾在广州湾生活的儿童或青年，如今已是耄耋老人或不在人世，他们的亲历亲见亲闻有着不可替代的史料价值和社会意义。口述历史的意义正在于收集和保存这些带有鲜活情感的回忆，继而传承和推广属于全社会的公共历史记忆。

一 广州湾简史

地处粤桂琼通衢的广州湾是近代法国在华唯一租借地。晚清中国饱受西方列强侵略，"瓜分狂潮"中的 1898 年 4 月，法国政府正式提出租借广州湾作为"停船趸煤"之所，而其实际目的是在华南夺取一个据点，以图与英国抗衡，并进一步推进在华殖民扩张。法国海军占领高雷两府之间的大片海陆。经过遂溪、吴川两县官民一年多的抗法斗争和中法勘界谈判，两国代表于 1899 年 11 月签订《广州湾租界条约》，规定法国租借广州湾 99 年，主权仍属中国。

广州湾租借地行政上隶属印度支那总督府，1900 年 1 月总督保罗·杜美（Paul Doumer）颁令建立行政机构，派驻总公使负责当地政务和实行殖民管治，首府初设于麻斜。可是随着国际形势的变化和保罗·杜美的去职，印度支那总督府并未大规模开发和投资广州湾。

广州湾地方社会多元且差异鲜明，体现在方言人群、职业和生活环境等方面，而法国殖民管治深刻影响了广州湾地方社会。大约从清代乾隆年间起，赤坎逐渐成为粤西南的繁盛商埠，潮州、广州、福建、浙江等地的外来客商在此定居和经营，收购土产，输入百货，发展长程海上贸易。法国人占领广州湾之后，赤坎仍是主要商业中心，把持经济命脉的当地华商是地方社会的头面人物，也是法当局拉拢的对象。

法国殖民扩张中各方利益诉求不同，外交部、殖民地部和海军部既互相配合，亦有抵牾，加上中法关系时有起落，给广州湾带来或深或浅的影响。换言之，这个租借地的发展受到多种因素的制约，总是不尽如人意。例如，民国初年西方列强同意禁烟，而广州湾法当局却阳奉阴违，将鸦片生意视为一大利源，贻害深重。又如1921—1922年的华盛顿会议上，法方曾允诺归还广州湾，尔后外交交涉却借故拖延，有意不了了之。随着民国时期中国政府主权意识的提升、群众性反帝爱国运动的广泛开展，中法关于广州湾的冲突不可避免地激化。

第一次世界大战结束后至20世纪20年代，曾任法属印度支那总督、法国殖民地部长的阿尔贝特·萨罗（Albert Sarraut）推动所谓的"殖民合作"等政治改革，广州湾商会成立，少数掌握实权的豪强或接受法文教育的精英等乘势崛起。广州湾的对外贸易往来和市政建设加速发展，学校、医院、银行和电厂等公共建筑相继落成，现代化建设略为可观。

民国时期高雷地区社会动荡，迫使大量民众迁居相对安定的广州湾，进一步带动广州湾经济发展。但是，法当局纵容和包庇鸦片、赌博和娼妓生意，借此补贴财政收入，有损中国民众利益，也使得租借地的社会风气颇为落后和败坏。此外，广州湾法当局一方面移植印度支那的殖民管治系统，引发民众抵制；另一方面在一定程度上因地制宜，改造若干制度或承认某些机构为己所用。例如，将晚清以来广东形成的基层机构公局纳入财政预算的编制，利用乡绅协助管理地方治安；承认赤坎华商的经济地位，赋予广州湾商会若干商事自治权；在各主要墟市派驻警卫军和法庭，雇用华人，或多或少影响民众日常生活。

广州湾民众的反侵略反压迫斗争展示了强烈的爱国守土之情和朴素的民族主义。1898—1899年，遂溪、吴川民众或自发或在县官李钟珏发起下，抵抗法军侵略，震撼中外舆论。民国初年法当局施行诸多苛政，如商品专营制和人头税，广州湾商民通过种种手段包括请求中国政府交涉等，取得若干成效。1936年4月法当局在坡头推行"义务工役法"，变相强迫民众劳动和征收不合理的税款。当地民众组织自救会，包围法军营盘请愿，发生流血冲突事件，史称"三月三抗法"。

广州湾偏处南海一隅，其命运亦与全国政局乃至国际时局紧密相连。1937年日本发动全面侵华战争后，中国沿海各港埠先后沦陷，广州湾一度成为中国大后方仅存的海上通道，大量物资和难民涌入当地，短短数年间经济繁荣起来，教育和文化事业也有长足进步，民众的爱国精神得以激发。1940 年法国战败投降，法属印度支那总督府屈从日军，配合控制物资进出中国大后方，但广州湾的商贸仍继续发展。1943 年初日军全面占领广州湾。1945 年抗战胜利，法国戴高乐政府归还广州湾，国民政府派军接收广州湾并接受日军投降，法国殖民管治正式告终。

1945 年广州湾改设湛江市，次年 1 月湛江市政府正式成立，1949 年 12 月人民军队解放湛江。在此关键过渡时期，政治局势和社会民情急剧变化。出于意识形态和民族情感的缘故，广州湾历史文化被视为近代中国"百年屈辱"的符号之一，在相当长的时间里，民众主要接受有关抗法斗争的历史教育。同时由于城市建设和国防需要，许多广州湾时期的建筑被拆毁或改建，城市昔日风貌逐渐淡去。虽说近十年来广州湾历史研究有升温之势，社会关注增多，相关文化资源也渐渐被用于旅游等产业，但大众仍对其知之甚少，所能读到的入门级图书更是几乎没有。我们认为，口述历史如同记忆之门，可以带着我们穿越纷扰信息而抵近昔日广州湾。2017 年前后，数十位分散在海内外的广州湾历史亲历者，带着他们的多元人生故事接受采访，与我们共同回忆广州湾。

二 本书缘由及采编过程

由青年学人组成的广州湾历史研究资讯团队创建于 2015 年 12 月，以同名微信公众号为平台创作、发布和传播有关广州湾历史文化的文章。2017 年初，广州湾历史研究资讯团队负责的《口述广州湾》项目正式启动，得到湛江市文化部门资助。本着"亲历、亲见、亲闻"的原则，当时团队的 7 名成员广泛搜集文献资料，并经多位师友和长辈介绍，拟定了采访名单，先后联络多名历史亲历者——当然过程并非一帆风顺，有些人已杳无音信，有些人则婉拒采访或不愿面对镜头。还有不止一位老人家说过类似的话："你们来晚啦！要是某某某还在世，他比我讲得更好。"可惜逝者已矣，时间不等人，"抢救"口述历史的重要性由此可见一斑。

幸而一路上我们得到许多帮助，循着线索分别得以联络到不少亲历者。当年 3 月至 8 月，我们先后在湛江、香港、宁波、绍兴和北京等城市采访 50 余名历史亲历者，更远赴法国巴黎和尼斯访谈 3 名法国长者。为求交流更为顺畅，访谈分别以受访者擅长的语言，即粤语、雷州话、普通话和法语进行。

我们参考国内外口述历史的行业经验，拟定访谈的工作流程，并准备录像、录音和数据存储等设备。由于多数受访者住在湛江，故我们在霞山区准备了一处工作室，设置固定布景和摄影机位，邀请受访者上门访谈，以确保拍摄质量。具体而言，团队成员提前搜集资料并拟定提纲，采访时一人至两人对受访者提问，其他成员则负责摄像、摄影、录音和场记工作。此外，我们还多次到外地出差或到乡下采访。尽管条件有限，我们仍尽可能在不同的场景中搭设设备，将影音和文字资料记录下来，以满足口述历史的相关技术规范。

当年暑假结束后，集中采访工作基本完成（2018—2021 年还进行了数次访谈），我们开始进行费时费力的文字编辑工作。首先各成员认领不同受访者的资料，根据录像、录音和场记仔细整理逐字稿，尽可能地保留带有鲜明方言特色的用语。但为了便于读者阅读，我们不能字字尽收，而是多番精简和润饰，使其达到书稿标准。一般而言，每篇文稿都经过不同成员的校对，务求可靠和通畅。

由于广州湾历史流传不甚普及且有许多未解之谜，加之亲历者所述史事距今久远，部分口述内容不免存疑。为了考证口述内容是否属实或准确，我们尽可能参照文献记载或实物资料，对必要的人、事和地名加上注释，以便于读者理解。但是，许多受访者或他们提及之人并非知名人士，相关文献资料消失不存或无从查证，只好暂时付之阙如。口述历史的真实性问题向来受到学界质疑，我们团队中有数人接受过历史学的训练，也明白《口述广州湾》需要回应这一问题。因此，我们没有仅仅将文献作为校注的唯一材料，而是将不同受访者对同一事件的讲述加以比对。另外，加上我们与受访者在访谈前后的交往，一起附于校注手记中，供读者自鉴。我们相信人性的真诚与良善，也认为口述历史并非只是简单的"我问你说"，而是朋友之间的交流，更是代际的记忆传承。

我们希望《口述广州湾》是一部雅俗共赏的读物，一部基于共同历史背景而汇合多元性的文集。对于关心广州湾历史的研究者和大众而言，此书能够开启新的阅读视野，展示丰富多样的历史细节；对于曾在广州湾生活和正在湛江居住的民众而言，此书可以充当历史记忆的传播媒介，发现彼此之间的联系；对于正在加快建设广东省域副中心城市、打造现代化沿海经济带重要发展极的湛江而言，此书有助于凝心聚力，守护文化遗产，赓续城市文脉。我们相信，跟随本书重温 20 世纪的广州湾历史，带着不同预期的读者将会各有所得。

引　论

广州湾历史研究资讯

一　研究综述

广州湾在近代曾是法国的租借地，因僻处祖国南疆、经济不甚发达和战后易名，一直未引起学界足够的重视。然而当我们将视野转到南海，就会发现广州湾位于中国香港与越南北圻中间，以及作为中国西南出海口的特殊地缘位置，从而衍生出许多值得研究的问题。由于广州湾租借地隶属于法属印度支那，故广州湾研究也宜放入中法关系史和中越关系史等较大学术范畴中讨论。

自 2011 年以来，广州湾研究呈升温之势，并由历史学为主逐渐拓展到建筑学、新闻学和文学等跨学科领域，参与研究的学者也日益增多，不再局限于湛江一地，而是分布在海内外多地。经过近十年的发展，广州湾研究从基础史料工作开始，逐渐过渡到史实考证与理论探索并重、多元主题并存互通的新阶段。

（一）海外研究及史料

法国在广州湾的殖民管治源于第三共和国时期（1870—1940）法国的海外殖民扩张，而西方学界关于法属印度支那的专题著作和文章甚多，其学术传统和理论探索值得借鉴。其中《印度支那：模糊的殖民化（1858—1954）》① 是通史类代表作，该书着眼于 19 世纪中期至 1954 年越南正式独立的长时段历史，以编年和主题叙述的形式，持批判态度评述法国殖民管

---

① Pierre Brocheux et Daniel Hémery, *Indochine, la colonisation ambiguë, 1858 – 1954*, Paris：Editions La Découverte, 2001.

治，亦关注印度支那"当地性"（indigène）的主体问题。由于广州湾租借地在行政上隶属于法属印度支那，故研究广州湾必须观照印度支那尤其是越南的历史背景和制度变迁。

受法国大革命"自由、平等、博爱"启蒙思想的影响，第三共和国时期由政府主导的海外殖民活动具有一个鲜明的特点，就是强调"文明教化"（mission civilisatrice），即主张殖民扩张和管治是为了将西方文明带到"蛮荒之地"，改造殖民地落后的社会面貌和风俗民情，同时促进当地民众接受法国思想文化，将其"同化"为法国国民。[①] 然而，这只是一种近乎理想的倡议，与实际殖民管治中的剥削和压迫有着明显的落差。"文明教化"的悖论及其引发的民众抗争，往往投射在殖民地的社会生活之中。近年来关于法国殖民时期日常生活史的研究颇有新意，[②] 欧美学者趋于选择较小题目进行研究，以求自下而上理解法国殖民管治与不同阶层民众的关系。通过这些个案研究，我们可以更直观地理解现代化和经济发展对普通人的影响。

关于法国在广州湾和印度支那的殖民政策，20 世纪 20 年代是广州湾华商与法当局建立合作的重要时期，其历史背景发端于一战后法国殖民制度的改革。阿尔贝特·萨罗于第一次世界大战后提倡"殖民合作"（colonial collaboration）政策，主张法国殖民当局与殖民地精英建立政治和经济合作，并且改革官僚机构，以此改善殖民管治，营造开明形象，进而笼络民心和消除民众反抗。[③] 萨罗的政策也促进了广州湾的改革，尤其是 20 世纪 20 年代赖宝时（Paul Blanchard de la Brosse）两度担任广州湾总公使期间，与地方领袖陈学谈为首的商界人士达成影响深远的合作，以应对广东动荡政局对法国殖民管治的冲击。

---

① Grupp Peter, «Gabriel Hanotaux. Le personnage et ses idées sur l'expansion coloniale.», *Revue française d'histoire d'outre-mer*, tome 58, n°213, 4ᵉ trimestre 1971, pp. 383 – 406.

② Michael G. Vann & Liz Clarke, *The Great Hanoi Rat Hunt：Empire, Disease, and Modernity in French Colonial Vietnam*, New York & Oxford：Oxford University Press, 2018；Haydon Cherry, *Down and Out in Saigon：Stories of the Poor in a Colonial City*, New Haven & New York：Yale U-niversity Press, 2019.

③ Larcher Agathe Goscha, «La voie étroite des réformes coloniales et la collaboration franco-annamite (1917 – 1928).», *Revue française d'histoire d'outre-mer*, tome 82, n°309, 4ᵉ trimestre 1995, pp. 387 – 420.

至于曾经多次引起广州湾商界和普通民众反抗的商品专营和人头税制度，在印度支那殖民史中同样有迹可循。蒙特塞拉特·洛佩兹·赫雷斯（Montserrat Lópezt Jerez）指出法国殖民管治具有两个特点：庞大的官僚机构（bureaucracy）和庞大的中央财政预算。总督保罗·杜美推动法属印度支那实行联邦制，五个区域（越南三圻、柬埔寨、老挝）虽然各有各的财政预算，但其直接税收入（主要是田地税和人头税）不足以应付政府支出所需，故依靠联邦政府从所征收的间接税（主要对鸦片、盐、酒等消费品实行专营）当中下拨补贴。这种中央集权、以上制下的财政制度积弊丛生，既削弱印度支那的财政增长能力，面向普通农民征收的田地税和人头税的举措又与地方民情和既有乡村权力机构相悖，激起民众的抗税斗争。①

法国管治广州湾的近半个世纪中，法当局如何建立制度并进行各方面的管理？要对这个问题开展深入的研究，一些学者认为需要参考外文资料和相关著作。岭南师范学院教授龙鸣和景东升前往位于法国南部艾克斯的法国国立海外档案馆（Archives nationales d'outre-mer），寻找该馆所藏的法国殖民地部档案资料——归入印度支那卷宗的广州湾档案大多保存在该馆（少部分留在越南，现存越南国家第一档案馆）。②

与此同时，2012年7月该校王钦峰教授着手进行"法国租借地广州湾学术译丛"的编译工作。该译丛主要包括两部分内容：海外广州湾研究成果，以及印度支那法当局或其他外方机构出版的一手文献。2016年该译丛的首三本译著出版，分别是法国学者安托万·瓦尼亚尔（Antoine Vannière）的《广州湾租借地：法国在东亚的殖民困境》上、下卷③和法国作家伯特兰·马托（Bertrand Matot）的《白雅特城：法兰西帝国鸦片销售时代的记忆》④。

---

① Montserrat Lópezt Jerez, "Colonial and Indigenous Institutions in the Fiscal Development of French Indochina," in Ewout Frankema & Anne Booth, eds., *Fiscal Capacity and the Colonial State in Asia and Africa, 1850 - 1960*, Cambridge (UK)：Cambridge University Press, 2020, pp. 110 - 136.

② 龙鸣、景东升主编《广州湾史料汇编》第1辑，广东人民出版社，2013；景东升、龙鸣主编《广州湾史料汇编》第2辑，广东人民出版社，2016。

③ 安托万·瓦尼亚尔：《广州湾租借地：法国在东亚的殖民困境》上、下卷，郭丽娜、王钦峰译，暨南大学出版社，2016。本书引用均为此版本。

④ 伯特兰·马托：《白雅特城：法兰西帝国鸦片销售时代的记忆》，李嘉懿、惠娟译，暨南大学出版社，2016。

《广州湾租借地：法国在东亚的殖民困境》是安托万 2004 年完成的博士学位论文，也是第一本关于广州湾的法文专著，作者广泛使用法国国立海外档案馆、外交部档案馆和海军档案馆的馆藏资料。该书法文修订版已于 2020 年出版。[①]

安托万用较多篇幅（约占上卷的一半）讨论 19 世纪末法国在东亚殖民扩张的历史背景，从而引申讨论时任印度支那总督保罗·杜美力主占据广州湾的战略企图及其后事。保罗·杜美意图将广州湾打造为"殖民实验室"，借以向中国西南内陆渗透扩张。但其 1902 年离任后，广州湾的发展连遭挫败，公共建设凋敝。安托万创见性地提出一个重要观点，广州湾"局部失败"不仅是种种决策失误和忽略态度所导致的，更是西方帝国主义殖民体制破产的必然结果。该书下卷较多讨论中法在广州湾的角力，包括建造铁路和设置海关的长期争议和无果而终，以及 20 世纪 20 年代初雷州匪患中的变化——广州湾法当局扶持陈学谈等地方实权人物处理与中方相关的事务，与之建立合作关系。正是在当时法国殖民政策主导者阿尔贝特·萨罗的推动下，包括广州湾在内的法属印度支那以"殖民合作"拉拢当地人士，促进了经济发展，20 世纪 20 年代广州湾的商贸一度持续增长。然而，随着中国近代国家建设日益取得进展，尤其是南京国民政府成立之后，对列强在华势力产生更强的反制力。20 年代末至 30 年代，中国收回广州湾的外交交涉和先后设置海关广州湾边区和雷州关等举措都对法国殖民管治造成冲击，而第二次世界大战法国投降和殖民统治的瓦解最终使得广州湾回归中国。总而论之，《广州湾租借地：法国在东亚的殖民困境》是广州湾研究的开创性之作，也是研究者必读的参考书和找寻法文资料的索引工具书。但由于语言能力有限，作者没有采用中文资料，故未能呈现历史中的华人视角和叙事，出现在书中的华人较少，大多面目模糊。

对比研究法国在广州湾的殖民管治与其他西方国家的在华势力，也是拓宽研究视野之良途。广州湾因港而兴，其海运交通与西方在远东的殖民扩张有紧密联系。香港大学德国籍副教授伯特·贝克（Bert Becker）先后在期刊和 2016 年第一届广州湾历史文化国际学术研讨会发表两篇与广州湾航

[①] Antoine Vannière, *Kouang Tchéou-Wan*, *colonie clandestine*：*Un territoire à bail français en Chine du Sud*（1898 - 1946）, Paris：Les Indes Savantes, 2020.

运史相关的文章。① 这两篇文章梳理了 19 世纪下半叶至 20 世纪初西方帝国主义扩张高涨之时，统治印度支那的法国殖民当局如何支持本国商人发展北部湾（外文习称"东京湾"，Gulf of Tonkin）和中国南海的航运，以及英、法、德等国的商业势力如何在这一区域竞争角力。在上述研究的基础上，贝克教授进一步开展研究，并在 2019 年和 2021 年出版新作。② 这些研究成果征引了法文、德文和英文等多种外文史料，颇为清晰、完整地梳理出 20 年间广州湾航线的兴衰更替。作者不仅将广州湾航线放在北部湾海域和法国在中国西南势力范围的大空间视角下进行考察，还通盘考虑英、德等西方列强在华谋求利益的种种博弈，同时强调广州湾与香港的商业联系。贝克认为，从法国人的角度看，广州湾如同殖民历史中的一个僵局，但对于当地人而言，广州湾历史却有积极意义。

此外，法国学者莫拉（Patrice Morlat）的《印度支那二十年代》四部曲③的前三本也有个别章节涉及广州湾。第一本讨论了华盛顿会议中中国要求法国交还广州湾的外交谈判，以及印度支那当局的阻挠和抵制。④ 第二本则用一章的篇幅集中论述总公使赖宝时于 20 世纪 20 年代初在广州湾改革地方行政、建设公共设施等一系列政绩及其所面临的问题。⑤ 第三本略写东方汇理银行于 1925 年开办西营支行的史事及其对增强中国香港、广州湾和印度支那之间经济联系的意义。⑥ 虽然对与广州湾历史相关的内容叙述不多，但这种将广州湾放在整个法属印度支那体系内进行考察的研究路径值得借鉴。

① 分别是"France and the Gulf of Tonkin Region：Shipping Markets and Political Interventions in South China in the 1890s"和"The French Territory of Kwang-chow-wan and Its Postal Steamer Line（1900 – 1915）"两篇。

② Bert Becker, "French Kwang-Chow-Wan and British Hong Kong：Politics and Shipping, 1890 – 1920s," in James R. Fichter ed., *British and French Colonialism in Africa, Asia and the Middle East：Connected Empires across the Eighteenth to the Twentieth Centuries*, London：Palgrave Macmillan, 2019, pp. 181 – 221; Bert Becker, *France and German in the South China Sea, c. 1840 – 1930：Maritime Competition and Imperial Power*, London：Palgrave Macmillan, 2021.

③ 由法国 Les Indes Savantes 出版社陆续于 2001 年、2005 年、2016 年和 2018 年出版。

④ Patrice Morlat, *Indochine Années Vingt：La Balcon de la France sur le pacifique*, Paris：Les Indes Savantes, 2001, pp. 335 – 338.

⑤ Patrice Morlat, *Indochine Années Vingt：Le rendez-vous manqué（1918 – 1928）*, Paris：Les Indes Savantes, 2005, pp. 327 – 349.

⑥ Patrice Morlat, *Indochine Années Vingt：L'âge d'or de l'affairisme colonial（1918 – 1928）*, Paris：Les Indes Savantes, 2016, pp. 114 – 116.

（二）国内研究进展

新中国成立之后，以广东史学界和湛江本地学者为主的文史工作者做了不少关于广州湾历史资料的整理和收集工作，主要分为两个阶段：一是 20 世纪 50 年代，代表性成果主要是有关遂溪人民抗法斗争的调查；① 二是 20 世纪 80—90 年代，代表性成果有《湛江文史资料》第 9 辑等市县文史资料，以及阮应祺的《湛江遂溪抗法斗争》② 和苏宪章编《湛江遂溪人民抗法斗争资料选编》。这些资料整理和研究基于革命史范式，聚焦法国占领初期的抗法斗争（1898—1899），主要从中方角度叙述，较少涉及法国全面管治时期（1900—1943）和日本占领时期（1943—1945）广州湾的政治、经济、社会民生和文化教育等方面。

老一辈学者为广州湾研究的起步做出了许多贡献，而当代广州湾研究则站在前人的肩膀上，从研究范式、研究视角、资料搜集和研究课题等方面不断寻求突破和超越，以求更全面地还原广州湾的历史真容。基于这样的认识，2011 年，湛江师范学院（今岭南师范学院）龙鸣和景东升两位教授前往法国搜集有关广州湾的资料。来自湛江不同行业的专业人士和历史爱好者在 2013 年前后成立民间组织广州湾研究会，并于 2014 年召开广州湾历史文化论坛——学界首次以广州湾为主题的研讨会，随后出版综合性文集《广州湾历史与记忆》。③

高校学者是广州湾研究的主力。近年已形成以岭南师范学院为中心的研究群体，2016 年和 2019 年先后举办两届广州湾历史文化国际学术研讨会。④ 该校广州湾研究所负责人、历史系教授景东升在 2017 年获得国家社科基金一般项目"广州湾租借地研究"资助，同时统筹负责《湛江通史·近代史卷》的编写工作。其于 2018 年发表的《法租广州湾时期大事纪略》在《广州湾简史》基础上增补细化，将日军占领时期和中国收回时期合二为一，使得广州湾的历史分期更为合理。⑤ 陈国威副教授专注抗战时期的研

---

① 广东遂溪人民抗法斗争调查工作组：《1898—1899 年广东遂溪人民反抗法帝国主义侵略广州湾地区的斗争》，《理论与实践》1958 年第 1、2 期。
② 阮应祺：《湛江遂溪抗法斗争》，广东人民出版社，1982。
③ 景东升、何杰主编《广州湾历史与记忆》，武汉出版社，2014。
④ 王钦峰主编《广州湾历史文化研究》第 1、2 辑，广东人民出版社，2019。
⑤ 景东升：《法租广州湾时期大事纪略》，《岭南文史》2018 年第 4 期。

究，广泛收集中国第二历史档案馆、广东省档案馆、湛江市各级档案馆和台湾地区馆藏机构的档案资料，陆续发表关于抗战时期交通运输和广州湾商会等方面的论文，[①] 讨论华商群体和国共等各方势力如何利用广州湾的有利条件谋求经济或政治利益。他的研究也说明，广州湾虽小，却在抗日战争这种特定的历史环境中发挥特殊作用，应予以重视。

中国社会科学院博士郭康强（现为南方医科大学马克思主义学院讲师）在关注中法两国政府高层之间的外交交涉的同时，也讨论中国地方政府与广州湾法当局的对抗和合作关系，以及不同阶层和群体的华人与法国殖民者的往来。郭康强在中法关系史的研究主脉络之下，连续发表三篇有关广州湾的论文，分时期和事件讨论中法两国的交涉。第一篇文章回顾中法两国在广州湾议租和勘界时期的诸多事件，虽然学界已有若干讨论，但对于两国交涉过程的基本史实仍有一些遗漏，尤其欠缺官方档案的权威证明。作者通过整理法国外交文件和台北中研院收藏的晚清总理衙门档案，深入探讨中法广州湾勘界交涉的过程和主要分歧，以及清政府如何由强硬抗争转向对法妥协的过程，并以此透视清政府应对列强瓜分危机的外交困境。[②] 第二篇文章则重新梳理1899年11月两名法国军官被地方团练所杀的"平石事件"，考察法军与地方民众矛盾积累激化，推动广州湾勘界谈判走向定局的过程。[③] 第三篇文章聚焦1921—1922年华盛顿会议前后，中方代表借有利时机提出废止租借地案，但最终未能提前收回广州湾的历史过程。作者利用《秘笈录存》、档案和多地报刊等资料，分析该次交涉失败应归咎于列强在远东的国际均势，以及中国南北政权对峙的政治局面。[④] 对于晚清民初中国意图在广州湾设立租借地海关的中法交涉，郭康强也广泛利用中外文资料，做了缜密细致的梳理。广州湾走私猖獗，设关问题引起了中方官员、海关官员和地方人士的关注，虽然铁德兰等海关官员与广州湾总公使和地方官多番交涉，试图引进胶海关的制度，但因为中法双方利益冲突，法国政府要求过高，无果而终。郭康强认为，走私与缉私的此消彼长相当复杂，

① 陈国威、何杰：《抗战时期广州湾"国际通道"探析》，《岭南师范学院学报》2018年第2期；陈国威：《广州湾商会组织结构及其社会功能探析》，《广州大学学报》2018年第11期。
② 郭康强：《1898—1899年中法广州湾租借地勘界交涉研究》，《史林》2018年第4期。
③ 郭康强：《"平石事件"与中法善后交涉（1899—1900）》，《广东史志》2018年第3期。
④ 郭康强：《华盛顿会议与中国收回广州湾租借地的努力》，《湖北社会科学》2019年第9期。

广州湾因此错失了经济结构转型的良机。①

在第二次世界大战的复杂环境中，广州湾一度充当中国大后方的海上国际通道，人口大量涌入带动了当地商业繁荣和文化发展。这使得战时广州湾成为一个研究热点。暨南大学博士钱源初（现为五邑大学讲师）指出，实权人物陈学谈借机施展影响力，积极投入慈善公益，救济难民，资助教育，向国民政府捐款支援抗战，反映了广州湾复杂的社会面相，同时也启发研究者应客观评价历史人物对社会发展所做的贡献，而非以断然批判置之。在此基础上，钱源初进一步梳理广州湾赈灾会、第五儿童保育院和琼崖同乡会等组织在广州湾开展的难民救济活动。② 对于广州湾社会各阶层参与的抗日救亡运动，湛江市党史办屈康慧也做了较详细的整理。③ 此外，钱源初对流行一时的法国国庆节的节庆游戏也做了仔细考察，力图还原被视为"侮辱中国人"的爬竹竿和跳麻袋等游戏的真实历史场景，考察历史记忆如何在政治风向的转变中层累形成，以及法、越、中官民在广州湾的文化交流。④ 该文对于研究广州湾社会的多元文化颇具参考价值。

在档案和报刊等传统中文史料之外，有研究者开始关注地方文献，或从田野考察中找寻有关广州湾的文物遗迹和民间记忆等非文字记录。2016 年 8 月，广州湾历史研究资讯团队组织十几名青年学人参加"广州湾历史文化考察行"，实地考察和调研原广州湾租借地的城区和多处乡郊墟镇及边界，旨在让研究者设身处地理解雷州半岛传统社会在近代的转变，并收集地方文献和口述访谈等资料，进一步启发研究选题，并对文物保护和旅游开发提供咨询意见。参加者撰写多篇文章或报告，收录在《广州湾历史文化考察行文集（2016）》中，⑤ 是利用地方文献进行广州湾研究的初步尝试。参加者之一的华东政法大学唐朗诗博士在考察行的基础上发表政治学论文，⑥从历史纵深的角度，通过跨学科个案研究的方法，探讨近代中国民族主义

---

① 郭康强：《中法关于广州湾租借地设关的交涉（1901—1913）》，《海洋史研究》第 17 辑，社会科学文献出版社，2021。
② 钱源初：《抗战时期广州湾难民问题述论》，《红广角》2018 年第 3 期。
③ 屈康慧：《法租界广州湾的抗战文化》，《红广角》2015 年第 11 期。
④ 钱源初：《记忆与历史：广州湾节庆游戏的叙述演变》，第二届广州湾历史文化国际学术研讨会会议论文，湛江，2019。
⑤ 广州湾历史研究资讯《广州湾历史文化考察行文集（2016）》，2016。
⑥ 唐朗诗：《地方变迁中的民族主义——基于殖民地广州湾的考察》，《复旦学报》2019 年第 3 期。

动员和国家建设形成的过程，及其在不同环境中的共通性——革命者通过种种手段利用和转化中国传统社会的资源为己用。

对于广州湾的华人社会，香港大学沈紫音的硕士学位论文以广州湾少年儿童为主题，[①] 意在通过采集个体声音重建广州湾社会史。作者使用法国国立海外档案馆有关教育办学和地方民情的档案资料，结合其在湛江市进行的口述访谈，以个案研究的形式论述在公办的安碧沙罗学校、华商私立的培才学校和教会的圣若瑟育婴堂成长起来的不同群体的人生轨迹。该研究以小见大，对于理解广州湾内殖民主义、民族主义和宗教势力之间的角力颇有助益。

历史人类学的研究旨趣和方法也在广州湾研究中得以运用。吴子祺（时为香港中文大学历史系硕士生）和徐冠勉（时为莱顿大学博士生，现为北京大学历史学系助理教授）长期追踪广州湾商业中心赤坎的潮州人历史，关注他们如何在 18 世纪后期开始在雷州半岛建立会馆社会，与遍布中国沿海和东南亚的潮州人商业网络相连接。两人先整理赤坎潮州会馆后人的口述历史和藏于湛江市档案馆的会议记录等文献资料，[②] 并在潮汕、湛江和海南进行田野考察，将所得之碑刻和族谱等民间资料与地方志书等传世文献相结合，于 2019 年发表论文《埠与墟：商业会馆与清代粤西南地方社会》。[③] 该文通过田野考察和文献解读，思考远离美国学者施坚雅（G. William Skinner）有关中国市场理论所言的"贸易中心地"的偏远沿海地区的地方社会，是否可以突破巨区的等级结构的限制，通过海洋贸易直接参与长程贸易。扎根赤坎的潮州商人是这种发展的推动者，他们设立的潮州会馆一方面连接海洋贸易网络，另一方面在粤西南在地发展，联络乡间墟市的商品供应者和生产者。通过潮州等地外来商人的长期经营，赤坎商业在 19 世纪渐趋繁荣，也在一定程度上奠定了之后广州湾租借地华人社会的基础。因此，上述研究可以视作广州湾"前史"的有益补充，对于研究广州湾时期法国殖民当局与当地华人尤其是商人群体的复杂关系，也有启承作用。吴子祺关

---

① Melody Tze Yin Shum, Youth in the Forgotten Colony: Orphans, Elites and Arrivistes in French Kwang Chow Wan (1919 - 1940s), master's thesis, The University of Hong Kong, 2015.

② 吴子祺、徐冠勉：《潮州人在赤坎埠——陈家如先生口述历史》《赤坎埠潮州会馆档案说明》，《田野与文献：华南研究资料中心通讯》第 88 期，2017 年 10 月。

③ 徐冠勉、吴子祺：《埠与墟：商业会馆与清代粤西南地方社会》，《历史人类学学刊》2019 年第 1 期。

于广州湾硇洲岛水上人的研究，则进一步揭示了地方社会的多元性。该文从 1903 年的碑铭入手，结合田野考察、口述访谈和中外文献，提出硇洲北港从事深海渔业的水上人利用经济优势，发展其与陆地居民的社区关系，融入地方传统，通过节庆确立社会秩序，而广州湾法当局殖民管治下的公局亦施加影响，共同作用于社会变迁。①

与此同时，以广州湾历史研究资讯团队为主的多名青年学子加入研究之列，逐步提高法文水平，并对多种来源的外文资料加以收集和整理。该团队微信公众号登载的近 300 期文章中，译介栏目有 20 多篇，包括吴子祺对若干法文书刊的摘译，以及复旦大学博士生何斯薇在香港王培基牧师帮助下，翻译了昔日在雷州半岛和广州湾活动的美国传教士书信和报刊，已形成"广州湾基督教传教士书信"和"万宣会月刊与雷州半岛"两个系列。

二 口述历史理论与方法

（一）国内外口述历史的发展

以口述的方式来收集历史，在东西方有着悠久的传统。汉代司马迁游历各地，与当地人谈论古今，以补充文献之不足，在其著作《史记》当中多有体现。如《樊郦滕灌列传》记载："吾适丰沛，问其遗老，观故萧、曹、樊哙、滕公之家及其素，异哉所闻。"由此可见，熟悉内情的当地长者让司马迁收获了不一样的史料。而在西方的史学传统中，不论是《荷马史诗》，抑或希罗多德的《历史》和修昔底德的《伯罗奔尼撒战争史》，无不采用口头传说，对后世史学影响深远。

然而古代史学家所采用的口述内容并不能等同于"口述史学"（oral history）。19 世纪以来，随着工业革命带来的科技进步和知识革新，欧洲知识分子提倡以档案文献资料作为可靠的史料来源，对于口述内容持怀疑态度。现代意义上的口述历史发端于 20 世纪中期的美国，六七十年代兴起于英国和加拿大，八九十年代以来逐步流行于世界各地。实践证明，口述历史不仅有助于历史学研究的深化与革新，同时被广泛应用于人文、社会科

---

① 吴子祺：《戏金、罟帆船与港口：广州湾时期碑铭所见的硇洲海岛社会》，李庆新主编《海洋史研究》第 17 辑，社会科学文献出版社，2021。

学和自然科学等多个领域，有力地推动了跨学科研究的发展。[①] 有鉴于此，1948 年美国历史学家、新闻记者阿兰·内文斯（Allan Nevins）首先在哥伦比亚大学创办口述历史研究室，其后同类组织和研究机构不断创建，继而影响欧美多国创办专业协会和学术刊物，并于 1979 年在英国埃塞克斯召开第一届国际口述历史大会，口述历史的交流日益国际化。

中国台湾地区的一些历史学家较早受欧美影响，20 世纪 50 年代就开始推动口述史学工作。1960 年中研院近史所与哥伦比亚大学达成合作，互换采访记录，1962 年至 1972 年在福特基金会资助下扩大访问计划，主要采访台湾要员和各界名人。1984 年近史所重启口述历史工作，进行个人生命史和专题式的访问，访问对象扩大到一般民众，出版了"口述历史丛书"。大陆地区口述史学的发展起步较晚，直至 2004 年中华口述历史研究会成立才迈向正规化和专业化。

近年来口述史学受到越来越多历史学家和其他相关学者的认可和重视，在实际操作层面，执行者不仅采访精英人物，也对普通人的经历抱有浓厚的兴趣。2012 年，资深媒体人崔永元及其口述历史专业团队与中国传媒大学本着"抢救历史、持续发展、合作共赢"的原则合作建立崔永元口述历史研究中心，专门从事口述历史领域影像档案的收集、整理和学术研究，以及口述历史理念的公共传播工作。该中心拥有世界领先体量的口述历史影像库、口述历史博物展馆，以及"口述历史在中国""口述历史国际周"等知名传播交流平台，旨在向全社会推广口述历史专业理念与经验，并在中国传媒大学推动口述历史学科化创建工作。与此同时，左玉河、定宜庄、杨祥银、王宇英、陈新等学者也致力于推动口述史学在中国的在地化发展。

港澳地区的口述史学也颇引人瞩目。香港学者所开展的口述历史工作多为单一研究计划或民间组织和企业的委托项目，带有鲜明的社会关怀。香港中央图书馆建有"香港口述历史特藏"，收录各类口述历史和访谈类书达数百种。澳门口述历史协会成立于 2008 年，当地学者的口述历史工作则包括大型项目和单一研究计划或项目，其中澳门理工学院林发钦教授主编的"澳门口述历史丛书"收集了多个老街区和老行业的口述历史，已出版系列丛书多种。

港澳地区的口述历史项目多包含文化保育的现实关怀。具有公益行业背

① 杨祥银：《美国现代口述史学研究》，中国社会科学出版社，2016，第 1—5 页。

景的项目执行者指出，口述历史可为无处发声的民众赋权，让他们对历史建筑保护、民间文化传承和社区凝聚力等议题发声，从而引起政府和掌握资源者的重视，平衡城市发展中的各方利益，促进民众参与社会公共事务。① 2014年前后，受香港影响，广东的文化保育达到一个高潮，② 湛江市以"湛江往事书吧"和"广州湾青年会馆"为代表的民间团体受到文化保育理念的感召，招募志愿者进行"广州湾老街调研行动"，其中一项工作便是尝试以口述历史的方法采访老街坊。他们的成果《讲，广州湾：法国租借地的多元人生》虽未正式出版，却引起了一定的社会反响。本书部分编者正是当年编写《讲，广州湾：法国租借地的多元人生》的骨干，积累了不少实践经验和人脉关系。

（二）口述历史与文献资料的互补互证

在某种程度上，口述历史日益得到学界关注，与近代以来中国历史学和其他相关学科的发展有关。晚清民国时期西学东渐，王国维等学者在金石学既有基础上，受西方学者的治学方法影响，开始关注和研究甲骨文、简帛和敦煌文书等出土材料。1925 年王国维提出"二重证据法"，提倡以"地下之材料"补正"纸上之材料"，即历代学者推崇备至的传世文献，可以证实文献记载的真伪。与此同时，参与"古史考辨"论争的顾颉刚倡导"到民间去"的民俗学研究，采集民间传说、歌谣、戏曲、信仰仪式等材料，提出震撼学界的"古史层累说"。由此，许多学者挣脱传统史学和经学的束缚，不再仅仅埋首于故纸堆，而是通过田野考察等方式走向民众社会生活，获得更多样的研究素材。

随着现代口述史学的发展和推广，中研院近史所首任所长郭廷以认为口述史料与其他史料相对照，可以解决若干历史问题，澄清若干历史真相。郭廷以深谋远虑，拟定"民国史访问计划大纲"，为所内多位研究员分配任务，③ 分批次访谈多位重大历史事件的亲历者。他表示："为现代史保留忠

---

① 参见香港长春社文化古迹资源中心网站，http://cache. org. hk/blog/npbooklet/。
② 蔡天抒、袁奇峰：《以"地方文化认同"为动力的历史文化遗产保护——基于广东地方文化保育行动的实证研究》，《国际城市规划》2017 年第 2 期。
③ 陈仪深等访问，王景玲等纪录《南港学风——郭廷以和中研院近史所的故事》，九州出版社，2013。

实而深入的记录，以备历史学者之研究。"① 旅美学者唐德刚对中文学界的口述历史之发展亦有卓越贡献。他得地利之便，从 20 世纪 50 年代起先后采访了胡适、张学良、李宗仁和顾维钧等人，为近代史留存了珍贵史料。而唐德刚的治学方法更是为人津津乐道，《胡适口述自传》的注释繁多，不仅起到了补充史实的作用，更抒发唐氏见解，体现采访者和受访者的亲密对话。此外，唐德刚所撰的序言洋洋十几万字，形成《胡适杂忆》一书。此后唐德刚以哥伦比亚大学研究员身份访谈李宗仁，花七年时间完成《李宗仁回忆录》，他不惜大幅删除李宗仁讲述内容与文献记载不符之处，乃至书中不少页面注释比正文还多，只求尽可能还原史实。而《张学良口述历史》更是为九一八事变、西安事变等极富争议的历史事件补充了鲜活史料，也让读者增添了对人物本身的直观认识。

新中国成立以来，不少学者重视向劳动人民采集历史。就广州湾历史而言，1957 年中国史学会广州分会联合中国科学院广州分院、中山大学历史学系、华南师范学院历史系和广东省文管会四个单位组成调查工作团，前往湛江调查和搜集抗法斗争有关资料，在黄略等村落进行抗法老人座谈会，形成了问答形式的详细谈话记录，② 具有一定的口述历史参考价值。20世纪 80 年代，湛江市政协开展文史资料工作，邀请各行各业的广州湾亲历者（以工商业者居多）撰写回忆文章，其中亦有口述内容。③

毋庸置疑，上述资料对于我们研究广州湾历史不无价值，可以补充文献史料所失载之处。

《口述广州湾》所关注的不是广州湾历史的单一片段。我们主要采取个人传记式的访谈方法，根据受访者的背景，访谈重点或在于其工作，或在于其家族，或在于其社区社群。我们旨在透过人生经历多样、观点立场或同或异的多名历史亲历者的视角，尽可能地展现广州湾历史的全貌。随着广州湾历史研究的推进，我们掌握了越来越多的多语种文献，再加上口述历史对诸多历史细节的补充和互证，我们理应能在求真路上更进一步，纠正谬误，消除疑惑，探求广州湾历史的更多真相。

---

① 简后聪、林君成：《历史编纂法》，五南图书出版有限公司，1993，第 335 页。
② 中国史学会广州分会 "1899 年遂溪人民抗法斗争调查工作团"：《1898—1899 年广东遂溪人民反抗法帝国主义侵略广州湾地区的斗争（资料）》，《广东历史资料》第 1 期，广东人民出版社，1959。
③ 《湛江文史资料》第 9 辑，1990。

此外，本书所载内容不仅可以用作传承历史记忆和学术研究，更有民间文学的意义。陈家如讲述清代潮州商人循海路来赤坎从商，在当地建立双忠庙和潮州会馆的故事，紧扣潮州人勇于进取的精神；黄焕元家族代代相传的神灵传说，与明清以来南三岛的开发和交通交织在一起。至于带有传奇色彩的武师、飞贼、强盗等，我们很难找到对应的文献记载。换个角度思考，若我们只盯着文献，不到民间采风，则可能错失这些生动鲜活的民间文学。如今读来，不亦快哉！

（三）口述历史的真实性问题与记忆的价值

有时候口述历史未必能够带出真相，却可以提供不同角度的说法供我们参考。依托记忆与回忆的口述历史不断遭到奉行客观主义与实证主义的历史学家质疑，他们认为无论记忆如何清晰和生动，都不可避免受到各种内外因素影响，可能导致遗忘、错误乃至虚构等情形。此外，采访者、受访者和社会环境互相作用，也可能左右口述历史的内容。受访者的记忆或是片面，但他们强烈的真实情感也不应忽略。甚至有学者表示，"记忆的不可靠性"恰恰指出口述历史动态变化的特别性，也是其优势与资源，而非缺点。因为记忆的主观性不仅能够了解历史经历的意义，同时能够为理解过去与现在、记忆与个人认同、个体记忆与集体记忆等关系提供线索和启示。[1] 口述历史不仅要尽量呈现过去发生的真实经历，而且要发挥记忆的主观性特质。从人性角度来看，口述历史可让人们从当下生活和现实需要来叙述或解释过去经历，并赋予某种合理性和意义。[2]

另外，也有研究者指出档案、报刊、日记等文献资料亦有偏向性和片面遮蔽全貌等问题，因此不宜唯独将口述历史弃之不用。口述历史工作者应多采访不同相关人士，以良好的访谈技巧获取其记忆深处的细节内容，用历史学方法整理文字稿，并对口述史料做仔细甄别，从而提升口述历史的可信度。[3]

就本书内容而言，有相应内容可供讨论记忆、情感与历史之间的关系。如广州湾法当局在法国国庆日举办带有捉弄意味的有奖游戏，文史资料指责

---

[1] 杨祥银：《美国现代口述史学研究》，第 200—201 页。

[2] 杨祥银：《美国现代口述史学研究》，第 208—209 页。

[3] 熊卫民：《如何提升口述史的可信度》，丁俊杰主编《口述历史在中国（第一辑）：多元化视角与应用》，广西师范大学出版社，2016。

这是法国人蓄意侮辱中国人的把戏，并联系到帝国主义的侵略和压迫。如陈翼曾在赤坎见过爬竿和跳麻袋游戏，他明白这是法国人在拿中国人开玩笑。

口述历史还能传递真挚的情感，引起采访者、受访者和读者的共鸣。本书不少篇章是受访者叙述其祖辈和父辈之事，往往展露情真意切的亲情。如梁爱棠和梁华棣两兄弟与长居中国香港、加拿大的父亲梁日新聚少离多，他们在一起生活的时光多在其年少时，然而这并不妨碍他们对父亲的敬爱。他们从各方搜集资料，自费编印家族纪念册，并积极配合和协助我们的工作。在访谈过程中，梁爱棠先生对父亲的建筑作品如数家珍，讲述父亲和叔伯对广州湾和湛江历史的贡献；梁华棣先生更是自称"票友"的历史爱好者，他为我们穿针引线，介绍多位受访者（多为昔日大商家子女），丰富了我们的信息来源和本书内容。又如陆景武教授游历广泛，他晚年在家乡信宜建造陆氏三贤纪念馆传承先人精神。他带有威严地讲述父辈故旧，令我们颇为动容。老一辈生活在动荡不安的年代，家国情怀支撑他们克服厄难、涵养良知，对长辈和师友常怀温情，令人感佩。全面抗战初期，陈翼先生随家人躲避战火迁居赤坎，家境优渥的他未沾染当时流行的"黄赌毒"，他爱好音乐、体育和摄影，积极向上的心态令他颇受爱戴。抗战胜利后，中国军队接收广州湾，陈翼用相机记录了车队进城的历史时刻。祝宇先生出生于小康之家，他不幸目睹了祖父蒙受冤屈遭法当局囚禁的场景。时隔多年，在广州湾总公使署旧址将被拆除的紧要关头，身为文化局局长的他竭力保护该建筑，但求为民众和后人留下历史的见证。祝局长的赤诚公心，可谓意义非凡。至于儿女私情，受访者较少流露。张岐雄与国技馆女子在乱世中相爱，无力抚养女儿，其境遇令人唏嘘。

口述历史不仅要符合受访者"知情同意"的学术伦理，文稿也务必忠于受访者的原意，这是我们的工作原则。故在编辑时，我们仅对原始文本（录音逐字稿）做了必要的删减、组合和润色，以及使用历史学的方法为若干人物、事件和地名添加注释。然而访谈是采访者与受访者的对话，访谈之外双方有面对面的交往，访谈之后我们还做了不少研究工作，限于上述原则，文稿尚有许多意犹未尽之处。如何体现采访者和研究者的参与？经过团队讨论和参照业界经验，① 我们选择了校注手记这种形式。

---

① 如崔永元口述历史研究中心主张："校注手记是采访者或校注者对口述者、历史背景和相关事实的介绍和补充，希望这些手记，能够为读者的阅读，清除一些障碍。"参见张钧主编《述林1：战争阴云下的年轻人——1931—1945中国往事》，广西师范大学出版社，2016。

校注手记的基本要求是辨析、校正和补充史实，而留给各位作者的发挥空间可谓充足。留学法国的吴子祺关注中法文化交流，因此他在关于马克先生的校注手记中记述了近年来法国友人对广州湾历史的关注，以及未来合作方向。钱源初对普通人的生命历程饶有兴致，对于战时流落广州湾的"澳门嫂"梁玉莲，他抒发肺腑之言："如果不是我们去挖掘这段故事，恐怕梁玉莲的经历会成为一段缺失的历史……当我们了解了梁玉莲卖身契背后的故事，或许我们就不会仅仅将这份文本看作冷冰冰的文献，而是去感受国破家亡背景下的个人不幸遭遇，对历史多几分尊重，对现实多一点珍惜。"郭康强向来以严谨著称，九旬高龄的黄焕元老人讲起多名清代先辈，其中有不少谬误，郭康强一一查对族谱进行核实和梳理，为我们清楚呈现了僻远海岛黄氏族人繁衍生息和地方治理的方方面面。研究教育史的何斯薇处理陈翼先生丰富而详细（甚至可说有如万花筒）的口述历史，巧妙地以散文的笔触展开叙事，并抓住陈翼先生的出生地安铺和成长地培才中学两个重点，为口述历史补充了不少背景资料。而感性的李宜珍善于处理细腻情感，故附于邱月明口述历史之后的校注手记既让读者理解了这位人生际遇并不如意的老婆婆为何缅怀旧日时光，也展示了我们与受访者的交往并不限于访谈本身，还在于寻常日子的欢喜和苦愁，由此映射长者与青年人之间的温情。

三　各部分内容提要

第一部分体现法国殖民管治对广州湾政治、教育、宗教和社会生活等方面的影响。受访者有两位法籍人士，以及一位与法国人关系密切的越南人后代和一位当地人。让-马克·尼科尔（Jean-Marc Nicol）1940年生于广州湾西营，父亲是一名法国军医，二战时期秘密传递情报，动员法国侨民支持"自由法国"抵抗运动，遭到日军囚禁而命悬一线。越南人后代邱月明在襁褓之中就被育婴堂收养，她满怀感情地回顾童年生活。李河父亲在法国人的帮助下走出乡下，李河长期生活于广州湾，就读于广州湾唯一一所公立中学"安碧沙罗学校"，接受法国神父的辅导，故能详细讲述该校的办学情况。妮可乐·盖利尔（Nicole Guerrier）自幼在中国居住，是东方汇理银行广州湾支行经理的眷属，战时随父来到广州湾。他们一家有过惊心动魄的遭遇，她多年之后对此仍难以忘怀。

第二部分所收录的三个历史人物有一个共同标签：法国师爷。他们的人生经历有相似之处，即早年在广州湾法当局任职，后来投身商界并取得成功。张明西被称为"首席师爷"，他是本地较早接受法文教育和加入政府的佼佼者。张永廉回忆伯父张明西的经历，反映了亲法人士在法当局与华商之间的微妙角色，也体现了本地人照顾家乡的乡土情怀。接替张明西的林质甫具有悲剧色彩，他不幸因为盟军飞机误炸而罹难，却也遗下房产、财富和人脉关系，使妻儿渡过难关。李宗泽与前两人不同，他成长于赤坎一个外来客商家庭，其父创建李家园，是广州湾娱乐业的先驱。李宗泽在法华学校接受教育，其后成为一名海关师爷，置办多处物业，还开办电影院，他的交际圈有鲜明时代特色。

第三部分主要关注赤坎和西营两处城区的商人与商业，受访者的家庭行业背景异中有同。陈翼家族发迹于安铺，受益于当地与越南的通商贸易。抗战时期陈翼随父迁入赤坎居住，是培才中学的活跃分子，对于当地市况和学校生活有着丰富而生动的记忆。梁爱棠是广州湾著名建筑师梁日新的长子，20世纪20年代梁日新兄弟从吴川乡下到赤坎发展，既改变了自身命运取得商业成功，也为广州湾建造了多座地标建筑。外来客商是广州湾的重要商业群体，五大会馆促成了清代赤坎的发展。潮州商人实力雄厚，多年来形成了开发和管理土地房产的成熟运营模式。澄海人陈家如一家从泰国来到赤坎经营土洋杂货，其父陈传薪是潮州会馆的理事之一，故陈家如能够详细讲述潮州会馆的兴衰。祝宇祖父母结识于西营，祝家见证了当地商业和市政建设的发展，也曾亲身经历法当局的压迫。祝宇任职湛江市文化局局长期间顶住压力，保护广州湾总公使署旧址，成为一段佳话。林一经是富商家族的第三代，时隔久远，他对祖父林昌庆和父辈从商之事所知不多，但大致能讲清楚先人的发迹经历——本地人借助华南沿海贸易网络致富，继而回乡置办土地和物业，又暗中帮助革命人士，反映出广州湾租借地环境之特殊。

第四部分展示广州湾社会环境的多元性，受访者人生轨迹大相径庭。国技馆表面上供一班贫苦青年习武修身，实则是革命动员的据点，张岐雄的例子说明民众如何参与共产党领导下的抗日救亡运动。全面抗战初期陈惠珍一家被迫离开家乡南海，依靠著名百货商号"祥顺隆"在赤坎重谋生计，仍然记得大通街的繁华景象。海关职员于金榜携妻带子来到广州湾，他肩负着前线缉私的重任，其子于振东亦在其中收获童年快乐。从设立于租借地外围的海关关卡，可透视广州湾贸易的多个方面。

第五部分选载近代高雷地区的革命事迹，时间跨度较大。受访者包括杨益三家族后人杨少珍医生、信宜陆氏家族后人陆景武教授和离休在京的陈超中将。原籍遂溪的杨益三经商起家，为反清革命出钱出力，协助孙眉创办广州湾同盟会机关，其子杨柱国不负遗泽，与广东军政要员过从甚密，提升先父声望。杨柱国的长子长女投身新民主主义革命，亦不辱家声。陆嗣曾、陆匡文和陆幼刚兄弟出身信宜望族，辛亥年参加高州起义，曾通过广州湾运输物资。抗战时期陆匡文任遂溪县县长，与当地华人绅商关系良好，有功于广州湾国际通道的开辟与维持，其子陆景武在赤坎学习书法，有"神童"之称，晚年大力弘扬父辈事迹。陈超将军虽然没有在广州湾生活过，但其家乡遂溪深受租借地影响。解放战争时期，投身粤桂边纵队的陈超参加解放湛江的战斗，离休后积极倡议地方政府纪念革命历史。

第六部分将视线转到乡郊地区，生活在不同墟市乡村的受访者讲述各地的日常生活。坡头墟是广州湾租借地东部的大型墟市，陈侠勇记得法国殖民管治和近代洋货输入背景下生活的若干变化，他讲述的民间传奇颇能反映当地民俗。三柏墟位处租借地边界，20世纪30年代发生牵涉甚广的边界纠纷，李树茂记得许多民众跨越边界走私货物。三柏墟东南方的三合窝是一处渔港，也是法军驻守之地，童年罗阿山与蓝带兵曾有密切接触，他的讲述饶有趣味。南三岛木渭村黄焕元家族的故事，则鲜明地说明了发端于民间的公局如何被法国人加以改造利用，乡绅如何在新的制度中维持社会秩序。硇洲岛位于广州湾航道入口处，故法国人早在1902年就建造硇洲灯塔，派员驻守管理，为船舶指引航向。周振华父亲是灯塔守卫的雇工，参与这座重要设施的维护工作，也记下了种种逸闻。出洋契约劳工陈云初的经历在高雷地区未必算得上典型，他留给儿子的"猪仔证"却是难得一见的珍贵实物，向我们展示了当年乡下百姓如何挣脱贫困谋求生计。

第七部分围绕全面抗战时期广州湾国际通道的重要作用，受访者均是战时逃难到广州湾。著名书法家沈定庵跟随父母来到赤坎发展，可惜遭遇变故，幸得长辈救助，自此与广州湾结缘。沈家同乡胡静澜也在同一时期来到赤坎开办联合书局，传播文化知识，侄儿胡锡骥在此地萌发民族主义意识。身世坎坷的梁玉莲细心保存了一张记录自己身世的"立卖女契"，记录了全面抗战时期其自澳门逃难而来的颠沛流离。就读于培才中学的王曦有幸得到学校董事长陈学森的关照，在校园内外结识好友和施展才艺，他为人们带来许多欢乐。旅居美国的陈家骐近年满怀热情前往各地搜集史料，力求追寻父亲陈庆筹支援西南大后方运输的事迹——这位越南海防侨商在广州湾的经营活动仍待继续考究。湛江市原副市长何均发亦是战时随家人来到广州湾，20 世纪 90 年代曾经主持湛江城建工作，他对广州湾时期城市建设和湛江城市文脉有独到看法。

一　昔日法国管治

孤城心向"自由法国"

——让－马克·尼科尔忆军医父亲

郑珊珊[*]　吴子祺　整理

一　从医生涯

因为父亲在广州湾服役，1940 年 4 月 19 日，我出生于西营（Fort Bayard）[①]，出生证一直记载 Fort Bayard 这个旧时地名。我拥有丰富的人生经历，源于父亲所从事的职业——军医。

1899 年 4 月 17 日，我的父亲勒内·尼科尔（René Nicol，1899 – 1977）在法国布列塔尼的小城布尔布里亚克（Bourbriac）出生。他一直学业优异，在我祖母的建议下参军，并选择了军医这个职业。从 1919 年到 1926 年，他曾在波尔多医学院专门学习医学。他的首次海外派驻任务就是前往位于南太平洋的新喀里多尼亚[②]。

正是在那里，他遇到了我的母亲——一个年轻的美拉尼西亚女孩。我的母亲 1902 年 2 月 5 日出生于新喀里多尼亚 Poum 的一个部落。父亲做出了一生中相当重要的决定——跟我的母亲结婚。要知道，在种族歧视仍然盛行的年代，一个被派驻海外的白人军官与当地女孩结婚并不是一件为人们所乐见的事。

我的大哥在殖民地新赫布里底群岛[③]出生，二哥在法国马赛出生。1938 年，父亲接到新的调令，于是与母亲带着三岁的大哥、两岁的二哥开始了

---

* 郑珊珊系法国里昂第二大学人类学博士研究生。

① Fort Bayard，法国管治广州湾初期为军事驻地，建有多座兵营和圣维多尔教堂，中文名称是"西营"。1910 年前后，总公使署等行政机构从麻斜迁到西营，自此西营成为广州湾租借地的政治中心。
② 新喀里多尼亚，位于太平洋，今为法国海外属地。18 世纪起西方探险者登陆，1853 年成为法国殖民地。当地主要居民为美拉尼西亚人，肤色多为黑色。
③ 今瓦努阿图共和国，位于南太平洋。

长达一个月的海上旅程，从法国马赛出发，通过苏伊士运河，途经东非的吉布提和印度本地治里①，最终于当年 4 月抵达广州湾西营。

二 法国战败阴云笼罩广州湾

之所以了解二战时期广州湾的历史，是因为少年时父亲常常对我回忆起他的经历。他说在广州湾服役期间，当地的医疗设施和卫生条件都很简陋，总共只有两家医院，一家专为欧洲军人和公民进行诊疗，另一家则对中国雇员和当地人开放。1940 年我出生在西营，母亲应该是在为欧洲人开设的医院分娩，② 父母为我取名 Jean-Marc Nicol。

我父亲当时的工作主要是为受伤或生病的士兵和平民进行诊治。那时他治疗的疾病多为霍乱、血吸虫病、痢疾、狂犬病、疟疾和其他发热病症，以及吸食鸦片导致的各种疾病。他也在中国助手兼翻译的陪同下多次到村庄，为当地人进行诊治。那时周围许多村庄的人都盼着他来，因为我父亲不仅为他们治病，更能为他们带来不少安慰。父亲在他的军医生涯中，也一直在为平民进行诊治，正因为如此，他才能在新喀里多尼亚为当地人诊治时遇见我的母亲。

从 1938 年到 1940 年，西营的局势相当混乱，来自欧洲大陆的消息令这里的欧洲人倍感不安。晚上，大家会聚在一起交换从各种渠道传来的信息，讨论欧洲的局势，以及德国侵略战争继续扩大的可能性。③ 我父亲当时的病人多为士兵和备受鸦片、传染病折磨的中国

图 1　约 1910 年西营的军人医院

---

① 当时吉布提和本地治里均为法国殖民地。

② 据 1942 年出版的《大广州湾》记载，西营有"西人医院"和"爱民医院"。前者主要为法国官吏和驻军服务，设在红带兵营内；后者即面向华人服务的"Hôpital Indigène"。1922 年广州湾法当局开设爱民医院，法籍华人黄宁民长期担任医师。此前法当局还在赤坎开设"法国医院"（原址在今赤坎区妇幼保健院），秦校长长期担任医师。

③ 希特勒 1936 年上台建立德国法西斯政权，英法奉行绥靖政策。1939 年 9 月 1 日，德国以"闪电战"进攻波兰，两天后英法对德宣战，但并未大规模交战。1940 年 5 月 10 日，德国大举进攻法国、比利时和荷兰，同盟国军队迅速溃败。6 月 17 日，新上台的贝当元帅宣布"停战"，法国向德国投降。

人。那时当局还未实施禁止鸦片的举措，我父亲猜测这是因为当局也从鸦片的走私活动中获利。[①] 他一直极力反对鸦片走私活动，可在当时，走私和吸食鸦片的行为却在驻军部队中大行其道，西营的东方汇理银行[②]也因此兴旺起来。

日本人的出现令广州湾的法国人感到不安。有一架日本飞机击落了一架往返于西贡和白雅特城[③]的民用运输机，机上搭乘了五位法国军官和一位即将到广州湾赴任的日本总指挥官。[④] 当时，约300名法国侨民聚集在圣维多尔教堂附近抗议日军的暴行，日本当局曾向维希政府做出解释。

事实上，在这一事件发生之前，这里的法国人就已经因为法国军队抵抗德国侵略的节节退败而处于一种不安与痛苦的情绪之中。我的父亲一直在谴责，正是维希政权屈辱投降，才使得德国人有机可乘，占领军所实施的种种镇压行为令法西斯的统治秩序在法国大行其道。

戴高乐将军于6月18日所发出的号召[⑤]令广州湾的法国人在心灵上得到了抚慰，尤其对于父亲，他接受了戴高乐将军所倡导的抵抗运动思想，在信息沟通不畅的情况之下，驻守在硇洲灯塔附近。负责无线电短波电台的士官也听到这一号召，他们偷偷传递"自由法国"的信息。但在当时，驻扎西营的法军已经公开表示支持维希政府。[⑥] 尽管如此，我的父亲和贝尚医生[⑦]仍冒

---

① 广州湾法当局通过向当地商人出售"鸦片专营权"，获得巨额财政收入。

② Banque de l'Indochine，1875 年创立，主要经营法属印度支那和中国的业务，1925 年在西营开设分行。法国学者安托万认为，鸦片生意的所得存放在东方汇理银行金库内。安托万·瓦尼亚尔：《广州湾租借地：法国在东亚的殖民困境》下卷，第 92—93 页。

③ 1898 年法军占领遂溪县海头汛后，将该地命名为 "Fort Bayard"，法当局文书中的对应中文名称是"西营"。1914 年《时事汇报》刊登《法人广州湾之经营》一文兼取音译和意译，将 "Fort Bayard" 译为"白雅特城"。

④ 1940 年 7 月 7 日，法国民航客机 "FQBA" 号由越南飞往广州湾西厅机场，中途飞越日军占领的涠洲岛时被高射炮击中，其后坠落遂溪县江洪港外海。机上法军上校、中校各一人，机师和无线电员三人，以及日本检查员一人，全部身亡。遗体由中方打捞后，交法方运回广州湾。《香港华字日报》1940 年 7 月 18 日。

⑤ 1940 年 6 月 18 日，流亡伦敦的戴高乐在英国广播公司朗读《告法国人民书》，号召法国人民继续抵抗德国法西斯侵略，否认贝当政府的合法性，发起"自由法国"抵抗运动。

⑥ 法国在欧洲战败后，法属印度支那当局表态效忠维希政权。维希政权自 1940 年 6 月 25 日起委任德古（Jean Decoux，1884–1963）为印度支那总督，直至 1945 年。少数支持"自由法国"的印度支那军官和公务员通过种种途径回欧洲参战。

⑦ Dr. G. Béchamp，1940 年在重庆成立一个地位尴尬的自由法国组织，1941 年 3 月被任命为自由法国驻华正式代表，与国民政府接洽，并与港英当局联络。他曾在 1917 年在俄国沙皇部队担任医生，后担任法国驻成都代表长达 12 年。1942 年 3 月 24 日在广州湾被捕，4 月 3 日在河内受审被判处 15 年苦役，1944 年 7 月 29 日逝世。安托万·瓦尼亚尔：《广州湾租借地：法国在东亚的殖民困境》下卷，第 231 页。

险在驻地军队中建立起一个抵抗组织。我的父亲撰写了不少歌颂自由和号召大家加入戴高乐将军阵营的诗歌。我曾经问他当时为何没有经中国前往伦敦，从而加入自由法国阵营，他的回答令我即刻明白他的顾虑所在：带着三个年幼的孩子，根本无法进行如此艰难曲折的旅程。

西营的法国人时不时会举办一些官方宴会，有效地缓解了大家的孤独感，抚慰了这群被"遗弃"在遥远地方的人。在宴会上，人们彼此交换着流传于营地里的各种消息。比如，他们开始询问，到底是谁写了那些诗歌，而父亲则借机仔细观察不同人的反应，从而判断出哪些人有可能跟他站在同一阵线。在人心叵测的战争阴霾下，谨慎小心是必须的。

图 2　广州湾总公使官邸

资料来源：Alfred Bonningue, *La France à Ko-uang-Tchéou-Wan*, Nancy-Paris-Strasbourg: Éditio-ns Berger-Levrault, 1931。

每当谈及欧洲局势、德国占领、维希政府的作用以及日本在远东的军力等，每个人都有不同版本的故事可以讲述。我的母亲告诉我，因为她的黑皮肤，她在这里没有什么朋友，这类场合她总是感到局促不安。法国家庭之间也会举办类似的聚会，时任东方汇理银行西营支行经理的法伐尔[①]夫妇曾邀请我的父母到家中做客。我的母亲还送给他家一只叫"Follet"的小狗。那时我年纪尚小，其实许多关于我父亲的事情，都是后来经由法伐尔夫妇的女儿妮可乐（Nicole Guerrier）讲述，我才得以深入了解。

总而言之，在广州湾服役期间，父亲从未停止他的抵抗运动，直到他被人告发，并遭到军警扣押，等待军事法庭的判决。在法庭上，他因为种种"背叛"行为而被判处死刑。但本该被枪决的他因为与当时驻地一位上校同姓，这名上校坚持"决不能向任何一个 Nicol 开枪"，父亲从而得以侥幸逃过一劫。

1942 年 4 月，父亲被迫离开广州湾，我们全家搭上了开往西贡的最后一艘船。离开西营家中之时，日本人把我们所有的私人物品都没收了。当

---

① 法伐尔（Georges Fafart, 1898 - 1978），1925 年在广州入职东方汇理银行，1939 年 5 月携家眷抵达广州湾，就任西营分行经理，1944 年 2 月离职，是该支行倒数第二任经理。其次女 Nicole 生于 1934 年。据 Nicole Fafart Guerrier, *Une famille française installé à Fort Bayard* 打印稿以及邮件。

时因同一罪名被判入狱 15 年的贝尚医生也在同一艘船上，我们与卸任的总公使①一同离开。

三　辗转返回法国

到达越南之后，我的父亲被日本人扣押。父亲在这里继续为那些罹患热带疾病和受伤的人医治。同行的贝尚医生跟我父亲被关押于同一个集中营，但是他最终没能活着走出来。

与此同时，盟军反攻欧洲所取得的新一波胜利激发了法国人的斗志。面对这一局势，日本军在 1945 年 5 月发动了新一轮的攻势，试图扭转败局，大量的伤员被送到西贡。父亲曾告诉我他当时所面对的两难境地：一排又一排的伤员躺在那里，他想要尽可能地救治所有的士兵，但当时的卫生条件根本不允许，再加上人手和药品的短缺，每天都要面临到底该医治哪些伤员的残酷选择。日军在这次进攻之中，屠杀了 3000 名法国士兵。② 尽管如此，当地的法国人还是对于局势发展持比较乐观的态度。这时，殖民军的大部队离开西贡前往印度支那北部。我的父亲因为要继续救治伤员而拒绝一同北上。那时，他也会为受伤的日本士兵进行治疗。

与父亲被迫分开后，我们兄弟三人和母亲被带到顺化③。这里的儿童日常所需的食品、药物和其他物资均由国际红十字会的飞机每日投放。日本人日夜"守卫"着我们，因为此地的越南人一直抗议法国侨民。直到有一天，我们终于盼来了一丝希望，我们能够搭乘前往越南岘港的火车，再转去中国。就在我母亲带着我们准备上车的时候，一名日本军官找到她，让我们不要上车，留在这里，因为据他说，这趟车根本不会抵达目的地。

后来，我们得知这趟火车真的没有抵达它的终点站，中途就遭到袭击，大部分乘客没能活下来。我们之所以能逃脱，是因为我的父亲曾在西贡救治了一位日本士兵，使其避免了被截肢的悲惨命运，而这位士兵恰好是一位日本高官的儿子，在这位日本士兵的帮助下，我母亲和我们三兄弟被救了下来。在那个特殊的悲惨时期，我们无法预知自己的命运，生死之间的界限变得如此模糊。

---

① 即 Louis Marty，1941 年 6 月至 1942 年 4 月任广州湾总公使，西营"马迪运动场"以其命名。
② 1945 年 3 月 9 日，驻扎印度支那的日军发动事变，全面推翻法国殖民统治。法国军队在河内、海防和谅山等地进行局部抵抗，伤亡较大，一些守军被日军屠杀。
③ 越南中部城市，阮朝都城。

在美国的原子弹投向日本广岛与长崎之后，日本战败撤军。美国人把我们从营地放了出来，我们全家终于能回法国了。就在回法国的途中，我遭遇了人生中的第一次种族歧视。当我们回国的轮船在澳大利亚停靠时，当局拒绝让我们登岸，因为我的母亲是黑人，而我们兄弟三人是混血，只有我的父亲可以上岸，但是他拒绝跟我们分开。我们最终抵达法国的圣布里厄（Saint-Brieuc）[①]，并在那里住了一年，直到我父亲接到新的派驻命令。

在我 6 岁那年，我的父母把我们送到阿纳托尔·勒·布拉兹（Anatole le Braz）学校上学。那段时期对我们来说也相当艰难，因为在学校，我们被当成了"外国人"。最惨痛的记忆是，当母亲来学校接我们放学，一看到她来，就能听到有人说："啊，黑人来了！"之后我们不可避免跟说这话的人大打一场，这算是我人生中第二次遭遇种族歧视。我一直觉得不解，仅仅是外在的身体特征差异，就能产生如此直接的敌意。当我们和母亲走在大街上时，或者像在比尼克（Binic）和圣凯波特里约（Saint Quay Portrieux）海滩，[②] 我都能感受到同样的敌意。这些经历无疑激起了我的自尊心，为了变得更加强壮，我尽可能多地做各种运动锻炼身体，借以增强自信心。可以说，与种族歧视和诸多不平等做斗争在我的生活中占据了非常重要的位置。

图 3　战后的勒内·尼科尔
资料来源：让－马克·尼科尔供图。

四　与湛江再度结缘

成年之后我入读尼斯大学，在本科阶段选择了化学专业，研究生阶

---

① 法国布列塔尼地区的海滨城市。
② 两地都是法国布列塔尼地区的海滨度假胜地。

段攻读了物理专业。在经过了几次全国统考之后，我进入了法国劳工部成为一名公务员。从奥弗涅大区劳工部主席的岗位退休以后，我们一家定居尼斯。

一次在法国中部的小城维希度假时，偶然路过一家名为"Fort Bayard"的卖酒商店，和店主的太太——来自湛江的邓静女士相遇，最终促成了2017年2月我和他们夫妇以及两位尼斯朋友一同前往昔日"广州湾"的旅行。阔别多年，我终于回到我的出生地，得到了多位湛江朋友的热情接待。为了保存这段记忆，我也尽可能地将我们家所经历的广州湾历史讲述给你们听。

这趟旅行之后，我再次与尼斯市政厅的官员会面，特别是与 Doutre 先生的相识，让我开始把促成湛江和尼斯结成友好合作关系作为目标，这项计划在双方政府的努力下有序推进。此后，欧先伟副市长率团访问尼斯，并邀请我们再度到访湛江。于是今年（2018）4月，我带着妻子 Michèle 来到湛江，并与多位新老朋友在金沙湾度过了难忘的78岁生日。

· 校注手记 ·

马克先生寻乡记

吴子祺

（2018 年）

1940 年 4 月 19 日，在广州湾租借地首府西营的一家军事医院里，一位法国军医的太太诞下第三子——让 - 马克·尼科尔（Jean-Marc Nicol）。20 世纪 20 年代，马克先生的父亲从波尔多医学院毕业后被派驻到南太平洋的殖民地新喀里多尼亚。在热带群岛，他与当地一名少女相爱结婚。此后尼科尔一家辗转多地。1938 年 4 月，马克先生的父亲来到广州湾履行驻地军医的职务。

对于年幼之时的经历，马克先生当然难有直接记忆，幸有父母的忆述，他才得以了解自己的"身世"。大学毕业后，他进入法国政府工作，历任奥弗涅大区劳工部主席等职，荣获"国家功绩勋章"。数年前马克先生一度罹患重疾，痊愈后的一次偶遇，让他认识来自湛江的华侨，最终促成他于2017 年 2 月重返出生地。广州湾早已回归中国并改称湛江市，但依然无阻马克先生的兴奋之情。他多次向湛江友人出示出生证件，上面清楚地写明他生于 Fort Bayard。还记得在霞山观海长廊，马克先生拥着友人走近海湾，激动地躺在草坪上，挥洒热泪不知几多。

彼时我们团队刚刚同意接下《口述广州湾》的工作，未及犹豫，即与马克先生联系，请求他抽空接受采访。幸好精通法语的里昂二大人类学博士生郑珊珊正在湛江考察，某夜 9 点许，马克先生一行回到住处，我们即进行采访，郑博士从中翻译。尽管受访者已颇为疲累，又言语不通，但他仍坚持讲述故事，留下珍贵记录。

当年 5 月，我到法国中部城市图尔（Tours）学法语期间与马克先生通邮件，受他盛情邀请到尼斯一聚。于是 6 月中旬与珊珊相约南下，在旅游胜地"蔚蓝海岸"与马克先生重逢。马克先生未受过专业的史学训练，为了更好地配合口述历史工作，他查阅大量关于历史背景的资料，在尼斯的一处公园内再次向我们讲述他们一家的曲折故事。除了带我们游览著名的英国人大道（2016 年发生恐怖袭击），还邀请我们到家中共进晚餐。至今犹记阳台俯瞰的壮丽海景，以及尼科尔夫人准备的尼斯风味水牛芝士沙拉之美味。

马克先生致力促进尼斯与湛江结成友好城市关系，他作为信使为两地市政府传递信息，也在尼斯举办关于湛江的展览，协助接待到访官员。2018 年 4 月，马克夫妇踏上中国之旅，先后来到上海、北京、湛江和香港等地。在北京期间，恰巧郑珊珊也在家中，陪他们游览故宫等地。

4 月 17 日到达湛江之后，当地友人再次热情款待。为了促进中法文化交流，我们团队组织了一场生日晚会。18 日夜，20 多位文化界人士受邀出席，包括岭南师范学院王钦峰教授、广东海洋大学加拿大籍退休教师芭芭拉等，与马克夫妇共庆生日。马克先生感言，法国人多是"个体活动"，而他此行却感受到中国朋友"集体活动"的热烈氛围。尽管沟通不便，需要懂法语者传译，大家脸上的笑容却展现了友好。

此前，马克先生曾在古玩城度过中式茶话会般的生日，接受"寿"字书法礼品。19 日晚，湛江市有关领导设宴款待，进一步加强官方联系。曾有记者问，马克先生为何要在湛江过生日，他说了一个有趣易明的比喻，人正如一棵树，没了根，就不会有枝叶茂盛。湛江，或说 Fort Bayard 是出生地，是故乡，也就是他的根。

21—22 日，马克夫妇游览香港期间，他进一步阐述构想，促进尼斯

（以及法国）与湛江的往来，尤其是旅游和文化领域。假设湛江有更多掌握法语和了解法国文化的人才，就有接待和推广的能力，带动法国人到访。殖民主义的时代早已远去，在对外开放的当下，重温历史，文化联系不应断裂。将法国文化资源引入湛江的未来发展，既是马克先生的愿望，也应是有兴趣于广州湾历史文化之同人的努力方向。

八十年前广州湾一场隐秘的反法西斯抗争

吴子祺

（2020 年）

1940 年 5 月，德国发动"法国战役"，迅速击败英法盟军。6 月 17 日，法国一战英雄贝当元帅组阁上台，宣布对德求和。面对贝当即将与德国"合作"的丧权辱国之举，流亡海外的法国戴高乐将军不甘失败，奋而号召法国人继续战斗。6 月 18 日，戴高乐在英国伦敦发表《告法国人民书》（又称"六一八宣言"，l'appel du 18 juin），号召法国本土及海外的军人加入他的麾下坚持抵抗，标志着"自由法国"运动的兴起。他的不屈声音通过英国广播公司传遍全球，动员了许多有志之士继续抵抗法西斯侵略，其中包括万里之遥的广州湾法国侨民。

二战初期广州湾仍是由法属印度支那管辖的租借地，这一租借地的命运与国际形势息息相关。1937 年日本侵华战争全面爆发，尤其是 1938 年 10 月至次年 2 月广州和海南岛相继沦陷之后，广州湾的战略地位日益凸显。面对日军的威胁，法当局加强防卫和增加基建投入。同时，华南沿海许多难民取道广州湾逃入内地，或暂居赤坎和西营谋求生计，短期内迅速促进了广州湾的经济繁荣。在北部湾另一侧，中国政府通过海陆联运的方式利用越南海防港和滇越铁路运输货物，以应对日军对中国沿海的封锁。随着中日战事不断扩大，日本向法属印度支那施加更大压力，要求切断这条国际运输线。为了妥协求存，印度支那总督布雷维（Brévié）于 1937 年 10 月颁布禁运令，拦截中国政府的货物与军队；1939 年上任的总督卡特鲁（Catroux）更于 1940 年 6 月允许日本派遣检查团进驻，宣布关闭中越边界，禁止货物经印度支那输入中国。不过位于广东西南部的广州湾尚能允许重庆当局和广东省政府人员在当地活动，与商人合作进出口各类物资。

日本和德国都是法西斯轴心国成员，以贝当元帅为首的法国维希政府对德国投降，日本便乘机进一步觊觎法国的远东殖民地——印度支那。面对日本侵略逐渐迫近，广州湾法当局遵从法国本土和印度支那总督府的命令，对日本委曲求全。戴高乐领导的流亡政府只得到英国等少数国家和法属非洲殖民地承认，"自由法国"运动的发展前景并不乐观。然而，广州湾法当局内部暗涌潜流，驻守当地的法国军政人员分化为两派：支持维希政府和支持戴高乐流亡政府。

受爱国热情驱动的广州湾军医勒内·尼科尔属于后者。1940 年 6 月广州湾人心惶惶之际，他决意响应戴高乐号召。勒内·尼科尔向来有些与众不同，1938 年他被派驻广州湾西营时，曾在当地的法国人社群中引起不小轰动，因为他的妻子皮肤黝黑，是法国在南太平洋的殖民地新喀里多尼亚的原住民。在种族歧视盛行的年代，他的妻子及混血孩子常常不受待见。此外，尼科尔除了服务军队，还定期带着助手到乡下，为平民诊治霍乱、疟疾等常见疾病。1939 年 9 月英、法向德国宣战，来自欧洲大陆的消息令广州湾的法国人深感不安。1940 年 5 月至 6 月法国节节战败，使得这些法国人愈加分化。戴高乐的"六一八宣言"鼓舞了不愿向法西斯投降的法国海外军民，一些军人甚至回到法国本土或非洲参战，但是信息传播的过程充满风险。

据尼科尔后来对家人回忆，他是通过间接的渠道听到戴高乐的"六一八宣言"。广州湾法当局在硇洲岛设有一个短波电台，传送来自印度支那和欧洲的远程广播。某日，负责管理电台的一名士官收听到 BBC 传来的"六一八宣言"。应该如何处理这一信息？法属印度支那总督府已表态效忠贝当，公开传播戴高乐的抵抗号召，很有可能会被支持维希政府的掌权者以军法处置。于是这名士官只好偷偷向尼科尔在内的几名法国人转述"六一八宣言"的内容。但 6 月 18 日戴高乐演讲当天 BBC 并未录音，"六一八宣言"的传播范围有限。为此，四天后戴高乐再次通过 BBC 发表宣言，引起了法国本土和海外殖民地民众的广泛注意，"自由法国"运动因而得到发展。广州湾的法国人听到"六一八宣言"，似在 6 月 22 日以后。

虽然德军占领法国过半领土，日本对印度支那虎视眈眈，被"遗弃"在广州湾租借地的法国人表面上仍享有太平，广州湾法当局试图在中日之间保持平衡。因此，担心全家安危的尼科尔不能公然寻找反法西斯战友。负责西营圣维多尔教堂教务的巴黎外方传教会神父和为贵（Robert Lebas）后来追忆战争初期的"幸福日子"，指出当时广州湾的法国人过着"大家庭式的社会生活",他们在虔信的总公使普雷沃斯特(Jacques le Prévost,1937—1941年在任)的带领下参加宗教活动。尼科尔正是积极参与法国社群社交活动的一员——官方举办的宴会有效缓解了法国人的孤独感和忧虑,他们谈论营地和办公室流传的消息,询问有关"自由法国"运动的信息。尼科尔借机悄悄观察众人听到戴高乐"六一八宣言"后的反应,以此判断谁是可以争取的战友。尼科尔明白坚持抵抗很是危险,因此必须谨慎小心。

法国战败消息传来,总公使普雷沃斯特一度疏散广州湾的法国人和越南人眷属。但随着形势稳定,日军暂时无意占领广州湾,1940年10月法当局又将疏散人员从越南接了回来。东方汇理银行西营支行行长法伐尔夫妇是少数与尼科尔一家往来的法国人,法伐尔向银行上级提交报告指出,"合法的商业活动,以及非法的地下走私活动"促进广州湾商业持续繁荣。广州湾法当局对日"阳奉阴违",实际上有利于广州湾发挥中国西南国际通道的作用,让大量人员和物资进出大后方,支援前线抗战。当年11月印度支那总督德古(Decoux)访问广州湾,为西营海边的安菲特利特号纪念碑(le monument de l'Amphitrite)揭幕,试图向日本人宣示法国管治广州湾的"历史渊源"——1701—1702年法国商船安菲特利特号第二次来华贸易,在驶往广州途中,因风暴搁浅广州湾。由此可见,印度支那高层对于广州湾的态度颇为复杂,既要保住这一租借地和法国人的利益,加强法当局的"存在感",又要执行维希政府的政策,服从日本人的命令。

正是在这对矛盾中,"自由法国"运动有着细小而隐秘的发展空间。1942年2月,日军允许滞留香港的法国人乘船前往印度支那,船上有一名年迈的医生贝尚。贝尚乘着轮船中途停泊广州湾之机,悄然下船并在西营住下。贝尚曾在中国工作多年,是"自由法国"运动的最早响应者之一,代表"自由法国"与重庆政府和港英当局接洽。贝尚待在广州湾之目的在于吸收戴高乐的支持者加入抵抗运动,继而取道广州湾前往重庆。然而总督德古手下的情报机构得知贝尚的行踪后,竟命令广州湾法当局于3月24日将其逮捕。

尼科尔正是与贝尚医生合作的法国同胞,他们在当地驻军中建立一个"自由法国"的分支,尼科尔撰写多首歌颂自由和号召人们加入戴高乐阵营的诗歌,以此鼓舞士气和动员同胞。但贝尚被捕后,尼科尔也遭人告发。广州湾军警逮捕了尼科尔,军事法庭甚至以"叛国"为由判处他死刑。幸运的是,广州湾驻军有一名同姓的上校坚持"决不能向任何一个

Nicol 开枪",将勒内·尼科尔保了下来。于是，广州湾法当局决定将尼科尔驱逐出境。据其回忆，他和贝尚医生以及卸职的总公使马迪（Louis Marty）同船前往越南西贡。抵达西贡后，尼科尔和贝尚医生被日本人关押，尼科尔直到战后才重获自由，而年迈体弱的贝尚医生却不幸于1944年病死狱中。

尽管尼科尔和贝尚在广州湾组织的"自由法国"秘密活动很快遭到破坏，未对战时局势产生有效影响，但正如学者蒋杰所言："世界反法西斯战争是一个整体，远东战场与欧洲战场相隔万里，两者却是紧密相连，相互作用。"① 法国外侨在上海法租界和广州湾租借地以及重庆等地的抗争，加上同盟国对轴心国的反攻，促使中国政府于1943年8月承认戴高乐领导的法国民族解放委员会，共同谋划对日作战。此后，中方外交人员与戴高乐的代表进行谈判，于1945年8月签订条约收回广州湾。

图1 让－马克·尼科尔与夫人第二次中国之旅（2018年4月）

资料来源：吴子祺摄。

让－马克·尼科尔是勒内·尼科尔的第三子，1940年4月在广州湾西营出生，是曾在广州湾生活过且至今仍在世的少数法国人之一。让－马克·尼科尔于2017年和2018年两度重返出生地，讲述其父昔日参与反法西斯抗争的故事，并推动湛江市与法国尼斯市建立友好往来关系，得到有关市领导接见。

2020年6月18日时值《告法国人民书》发表八十周年，法国报纸《尼斯晨报》登载了尼科尔父子事迹，赞扬让－马克·尼科尔在华分享有关二战期间同盟国共同战斗的历史记忆。对于我们而言，勒内·尼科尔及其战友在广州湾投身"自由法国"运动和抵抗法西斯侵略的努力是广州湾历史的一个片段，可喜的是，历史记忆通过让－马克·尼科尔继续传承，为中法友谊做出贡献。

---

① 蒋杰：《"自由法国"运动在上海（1940—1942）》，《史林》2016年第5期。

法文教育与天主教会

——李河忆安碧沙罗学校

吴子祺　李宜珍　整理

一　天主教在广州湾的传播

利玛窦来中国后，很早就从澳门派人来廉江和雷州传教。巴黎外方传教会（Missions Etrangères de Paris）[①] 的管辖范围为广东和广西，广州建立石室圣心大教堂之后，由巴黎外方传教会派人管理。[②] 1900 年，法国正式在广州湾建立殖民管治，教会为了服务法国的机构人员和士兵，在西营建立起圣维多尔天主教堂。这可以说是广东第二座石室教堂，不过规模小得多。

"圣维多尔"对应的法文是 Victoire，这是古代天主教会一位圣人的名字[③]。巴黎外方传教会是罗马教皇在巴黎的分支机构，直接隶属于梵蒂冈，天主教与政府历来政教分离。[④] 天主教早就传入涠洲岛，1900 年时涠洲岛还属于广东，所以广州教会从涠洲岛调来范兰神父[⑤]，在广州湾建立教堂。[⑥]

---

① 巴黎外方传教会创立于 1659 年，旨在全力往海外传教，传教地点主要位于东亚和南亚。教会隶属梵蒂冈教廷传信部，总部位于巴黎渡船街。

② 葡萄牙于 1514 年获教宗尼古拉五世颁发无限期的异域保教权，长期控制天主教在远东的传播。利玛窦 1582 年经澳门进入内地传教，将天主教义融入儒学解释，取得一定成功。鸦片战争后，罗马教廷为了扩大在华传教，增设部分直属传教区，取消葡萄牙保教区。1848 年，罗马教廷将两广地区交给巴黎外方传教会，后任命明稽章（Guillemin）为首任宗座监牧，在法国政府的资助下，1888 年建成广州石室圣心大教堂。

③ 天主教对圣母玛利亚的尊称之一。

④ 法国在海外的扩张与天主教会有密切联系，1905 年法国议会通过政教分离法，重申思想和信仰自由，但遍布世界各地的天主教会仍得到法当局的优待。

⑤ 范兰（Auguste Ferrand，1844－1906）是巴黎外方传教会教士，1873 年进入神学院学习，1876 年被派往广东传教，曾到越南北圻，多次跟随法军征战。1898 年范兰成为广州湾随军神父，主持修建教堂，1904 年离开休养。

⑥ 1867 年清廷重开岛禁，允许民众到涠洲岛居住，巴黎外方传教会派遣范兰神父等乘机登岛传教。约 1890 年，涠洲天主教堂落成。

他带着涠洲岛的信徒来此定居，这是广州湾第一批天主教徒。但建造教堂期间，范兰跌伤，没过多久就在香港去世。这批涠洲岛教友中有一人十分富裕，他的商号叫作"三益利"，拥有十几间两层的楼用于出租，民治路①整条街基本是他的物业。

教会后来买了海头港②的地，一位雷州神父③调来广州湾之后，带一批教徒过来，教会在海头港建屋安置他们。我小时候就已经知道，海头港有两三百名从雷州来的教友。他们基本上靠做小生意过生活，比如卖糖水和做饼。清末民初周边地方动乱，雷州半岛有好多土匪和海贼打家劫舍，④ 而乡下的教友大多数比较穷，为躲避土匪的骚扰，他们萌生来广州湾谋生的想法。广州湾有法国人持枪巡街，一旦有事立即处理，土匪不敢骚扰，所以治安较好，好多人想来"揾食"⑤，就求神父带他们来。

可以这么说，谢兰神父调来之前，圣维多尔教堂的神父几乎不向当地民众传教，只为法国人服务。

图1　约 20 世纪 20 年代的圣维多尔天主教堂

资料来源：私人收藏。

再加上广州湾原本是偏僻的海边，当时法国人的城市建设还不多，离有传教基础的雷州和廉江又远，所以除了涠洲岛那批教友，基本没有本地教

---

① 霞山区民治路在广州湾时期被称为"英吉利马路"（Boulevard de l'Angleterre），李河所指的应为华人聚居区内靠近教堂的南段，建有多间商铺。另据 1943 年出版的《广州湾商业指南年鉴合辑》，三益利仍存在。

② 海头港村位于西营城区内，多姓聚居，吴氏为主，与南柳村关系密切，曾参与 1898 年的抗法斗争。

③ 指谢兰神父（Etienne Marius Cellard，1870 - 1959），曾在雷州圣三堂服务，1917—1935 年在广州湾主持教务，此后转到北海。

④ 约 1916 年起至 20 世纪 20 年代中期，雷州半岛匪患肆虐，对社会经济造成严重破坏，大量民众迁居较为安定的广州湾。1933 年，窝藏在徐闻县的土匪才被国民革命军完全剿灭。

⑤ 粤语"谋生"之义。

友。谢兰神父反对之前的传教方法，他主张"广州湾教会是中国教会，不是专门为法国人服务的"。所以广州湾教会才转向也为中国人服务，谢兰神父开始向周边村落传教。后来教会有所发展，到了和为贵神父[1]接手的时候，西营和太平已经有差不多1000名教友。

广州湾传教的困难与抗法斗争有关。1898年法国来到寸金桥划地，想划到遂溪和黄略那边去，后来和群众发生争斗，双方互有伤亡。因为这件事，赤坎信教的只有几户商家，直到此时也为数不多。西营之外，太平的圣母玫瑰堂[2]是苏永大主教近年主持新建；广州湾时期上六坑村没有钱建教堂，只有一间小小的平房让神父每逢节日来做弥撒；西厅村也有传教点，但人不多；东海岛和坡头基本没有教友。

关于教会内部的人际关系，我小时候就知道，每逢礼拜日做弥撒，凡是坐在教堂前排的都是法国人或有地位的人。我想这是很自然的，穷人什么时候都让有钱人走在前面。但《圣经》也写得很清楚，耶稣认为有钱人做的事情不合他心意。社会上曾有人议论和为贵神父打过人，照我理解，按耶稣的教导，神父不会真的打人。但和为贵有点脾气，可能的确与人有过无意的推撞。虽然没有亲眼所见，我也听说有人入教是为了请神父为他解决纠纷，帮助他打官司。[3]

广州教会一度准备在广州湾设立一个新教区，叫作粤西教区，以广州湾为中心，管辖范围西至北海，南至海南岛，东至高州和信宜。可能已经安排了一个主教在广州湾，这个想法不久即遭到梵蒂冈教廷反对。梵蒂冈认为，广州湾既然是法国人占领，怎么能在广州湾建立中国教会的领导机构，所以1922年就把主教府迁去北海。[4]

据《圣经》记载，耶稣曾经亲自医治麻风病人，天主教在全世界收治麻风病人。教会在海头墟很早就成立海头麻风病院，神父每星期都要去几次，麻风病人的衣食住都由神父负责。我记得和为贵神父有一辆摩托车，

---

① 和为贵（Robert Lebas，1905–1995），1936年抵达广州湾接替谢兰神父成为圣维多尔教堂司铎，1951年与吕崇清神父及修女离开湛江。

② 1938年太平上六坑村建成的一座小型礼拜堂，和为贵神父等神职人员偶尔主持宗教活动，1956年毁于台风，2014年重建。

③ 指有些民众为了现实利益（尤其是争夺土地等）而信仰天主教，寻求教会和法当局的帮助。

④ 1920年，巴黎外方传教会从广州代牧区分设粤西海南代牧区，管辖广东高、雷、廉、琼、钦、防等县的教务，第一任主教是原阳江天主教堂的法籍俄永垂神父（Auguste Gauthier，1868–1927）。李河记忆有误，主教府最初设在广州湾，1925年迁至北海。

曾见过他开摩托车出入。后来教会又成立育婴堂，是由北海修女院派过来的修女建立并管理的，她们的组织名称叫"圣母无原罪修女会"，由巴黎外方传教会领导。修女不像神父那样可以自由行动，按照规定，她们出门须两人结伴。天主教在广州湾建立教堂、麻风病院和育婴堂花了很多钱。

教会一度兴办的崇道小学①，原来是准备办男修院以培养下一代神父，但1922年修院跟着主教府迁去北海，也就没有这方面需要了，后来广州湾教会就用这个地方来办小学。1948年武汉中国神学院的学生迁来湛江，曾借用崇道小学的校址办学一直到解放。广州湾时期没有培养出中国籍神父，抗战之后在香港成立修道院，后来在菲律宾培养出第一批湛江籍神父，包括林振芳②和黎光东。

二 法国总公使主持公道

我1929年3月1日出生在坡头兰妙村，出生前父亲已经在安碧沙罗学校③做校工，时年30岁。过了几年，父亲把母亲和我们兄妹从乡下接来学校居住。当时学校有三个工人，除了父亲，另外两人分别来自坡头的莫村和烟楼村。他们都是做勤杂工，负责学校的清洁和打鼓。中国学校是敲钟上课，法国学校则是"嘭嘭嘭"打鼓上课。

父亲年轻的时候在乡下耕田，没什么文化，更不认识法文，为什么能到安碧沙罗学校打工？这是因为法国总公使为他主持公道，他又经人介绍进校工作。我们村小，仅仅百余口人，旁边的大村万屋村欺负我们，想把我们村的土地通通占去。万屋村有权有势，买通了坡头公局，④ 导致我们无状可告。无可奈何之下，为了打官司，父亲就绕开坡头公局直接来到西营告状。万屋村有一个姓钟的人识法文，他在法当局大钟楼⑤里面做收

① 原址在今霞山区延安路，新华书店对面。
② 1956—1966年林振芳神父在圣维多尔教堂主持教务。
③ 即Collège Albert Sarraut，前身是法华小学，1922年正式在西营开办，提供初中教育，是法当局在广州湾开办的最主要的教育机构，法国教师担任校长，聘有中国和越南教师，开设四种模式（中法、法越、法语、中文）的班级。安碧沙罗学校是其中文名称，20世纪30年代已见载于《雷州民国日报》。
④ 在西营和赤坎两座城区以外的乡郊地区，法当局设置多所公局，任命当地士绅实行间接殖民统治。公局主要处理当地治安、征税等事务，因此两个村之间的争端，应在公局解决。
⑤ 即广州湾法国总公使署旧址，约建于1913年，楼高两层，有地下室，顶部有一座钟楼，2013年公布为第七批全国重点文物保护单位。

发员。父亲的状纸是用中文誊写，投进大钟楼后，那个姓钟的人将之收入抽屉底，不交给法国官。无论我们村投进去多少张状纸，都被他偷偷藏起来。

母亲有个兄弟叫吴土源，他在硇洲街边做糖水生意，认识一个在法当局做工的人，我叫作"友舅"。他是南三北涯人，在法当局做派信的低级邮差。友舅和舅父吴土源是鸦片烟友，后来舅父将这件事讲给友舅听，友舅就给父亲出了主意，让他去找一个越南人把状纸翻译成法文，并吩咐说："你去递状纸的时候，不要交到收发室。你跪在马路边，等总公使出来直接交给他。"

父亲照他说的做，总公使一接到状纸，就知道姓钟的收发员作弊，立刻进去抄他的抽屉，把那些状纸找出来。后来总公使查到万屋村作假做坏事，派人下去处理，问谁是带头人，当场抓了几个人坐监。这件事表明法当局主持公道，不偏向哪一方。因为总公使的介入，父亲办好了这件事，经友舅介绍，父亲出来给法当局做工，这时可能是1927年。

广州湾法当局有由中国人和越南人充任的职员，大钟楼的楼上是行政部门，总公使在前面的办公室，后面有跟随他办公的打字员和书记员，楼下是司法部门，等于法院，总公使手下有判官。每个法国官员都有一栋住宅，总公使的住宅最大，就是现在的公安分局，①里面有卫兵驻守，还有服侍官员的用人。主楼的周围有一些

图2　约20世纪20年代的广州湾法国总公使署
资料来源：私人收藏。

平房，这是给工人住的低级宿舍。副公使住在圣维多尔天主教堂对面的那栋楼，从教堂到医院的路上，②每一栋住宅都分配给了不同的法国官员住。

---

① 总公使官邸建在海头汛炮台故址之上，初为法军长官官邸，1921年改建为新建筑。国民党时期曾拨给军队使用，新中国成立后为公安局使用，2013年公布为第七批全国重点文物保护单位。

② 即西营城区的北部，有多座法国官员居住的庭院式住宅，大致范围东起霞山区海滨大道南，西至民治路，南北则以延安路和文明东路为界，原有法式住宅多已不存。

三 在安碧沙罗学法文

法国人刚来到广州湾就开始建设，他们用越南的钱和越南的材料建造房屋，通过轮船从越南运来水泥和钢铁等建材。从 1900 年开始，到 1940 年法国败给德国为止，40 年间每年都从越南拿 40 万元建设西营。[①]

安碧沙罗学校应该是 1900 年之后开始建造的，起码要两三年后才能招生。[②] 正常情况下，小学读六年，法文班又要四年，总共读十年才有本事到广州湾法当局工作。最初广州湾法当局里没有中国职员，因为中国人不懂法文，全部师爷和打字员都是从越南带过来的，总共有一两百人。公使署是广州湾法当局的总机关，还有警察、医院和海关等部门。每一个部门有一个法国主官，比如海关的关长一定是法国人。[③] 有一个关员告诉我，在有中国关员加入之前，全是越南人在法国关长手下干活。所谓师爷，就是"抄写员"，进入政府部门工作后首先学打字。比如在审判部门，审判官用法语问话，就要有人帮他翻译成中文。政府内部通用法语，官员又要同中国民众讲中文，所以法国人就要办安碧沙罗学校，培养通晓法语的中国人才。

到我懂事的时候，已经有二三十名中国人在广州湾法当局工作，基本

图 3 1908 年的麻斜法华学校

资料来源：*La Dépêche colonialeillustrée*，N° 21，le 15 novembre 1908，p. 305。

---

① 1900 年初法国在广州湾租借地正式建立殖民管治，将广州湾纳入法属印度支那（包括今越南、柬埔寨和老挝三国）的行政体系，广州湾财政收支长期附属于印度支那总预算。由于广州湾经济较落后，税收较少，法当局通过鸦片专营等手段增加财政收入，虽有自上而下的补贴，但并非不曾使用当地资源。

② 法国管治广州湾之后，初设法华学校（l'école française-chinoise）于麻斜，并在赤坎、东海岛和硇洲岛等地直接或资助设立几所法华学校，主要开设小学课程，办学时间长短不一。1922 年，开办正规中学教育的安碧沙罗学校招生办学，招收中小学生，中学毕业生可在法当局任职或到外地升学。

③ 法属印度支那总督府下辖的海关及专卖局（Douanes et Régies）在广州湾西营设有分支机构，负责当地的船舶进出口报关、旅客检查和若干商品的专卖（如鸦片）等工作。

上是从安碧沙罗学校毕业的。他们相当于干部，形象和待遇不错。我之所以读法文，是因为家穷，家庭和我本人的理想就是，一读完书就到广州湾法当局工作，领了工资就有收入。那时候我们觉得在广州湾法当局工作很光荣，旁人会高看一眼。

民间称这所学校为"法华学校"，但正式的名称为"安碧沙罗"，是用法国驻越南总督①的名字来命名的，越南也有一所安碧沙罗学校②。我们学校教授三种文字——中文、越南文和法文，等于是培养三个国家学生的学校。因为有很多越南工作人员和军人在广州湾，他们的子弟都来安碧沙罗学校接受教育，法国人的子弟也在这里读书。学校正门开在南边，以前门前有一条马路，一栋两层高的楼房横跨马路两端。③ 校园的西面和北面都有两排楼房，西面的平房主要是小学低年级教室，校工宿舍也在西面；北面的教学楼两层总共二十多间教室，楼下是小学高年级教室、三间越南学生的教室，以及一间法国学生的教室。法国学生的教室在西北角，法国学生只有十个八个，校园西面有一道门专供他们和校工出入，他们的教室与其他教室有一道铁丝网隔开，我们没办法过去那边，法国人也没办法过来。楼上是法文班，中国和越南的中学生一起上课。

历任校长都是法国人，相当于整个广州湾的教育长，平均一两年就换一任，我见过五六个校长。第二、第三把手都是越南人，他们一般长期任职。法当局为校长配了一辆汽车。有一个法国校长喜欢到湖光岩游泳，④ 据说他的夫人或女儿在湖光岩淹死了，遗体后来运回法国。

我是在安碧沙罗学校长大的，2 岁之后随父亲搬来，7 岁开始在这里读小学，直到中学。这里的学生主要来自西营的普通家庭，有的学生连鞋子

---

① 阿尔贝特·萨罗（Albert Sarraut，1872 - 1962），法国政治家，1911—1914 年和 1917—1919 年两度担任法属印度支那总督，其后长期担任殖民地部长等法国政府要职。采取开明政策大力发展印度支那的经济、政治和公共事业，企图建立更紧密的印度支那联邦，促进印度支那联邦 20 世纪 20 年代的蓬勃发展。

② 法当局曾在越南河内开办 Lycée Albert Sarraut，建筑旧址仍存。

③ 今湛江市第二中学霞山校区，校门今朝西设于民治路，朝南的旧校门已改建楼房。

④ 据其他安碧沙罗学校学生回忆，20 世纪 30 年代初有一位贡尚·加拉校长，他很少过问学校事务，经常驾驶一辆私人敞篷吉普车到处兜风，开到湖光岩游泳。该敞篷汽车帆布上印有"广州湾教育厅长"字样，其实广州法当局并未设置此职，只是该校校长大体上是全租借地的最高教育长官。参阅《广州湾时期的法华学校》，程永年编写《湛江教育史话》，广东湛江教育学会、湛江教育志编辑室，1988。

都没有，穿木屐来上课，有钱人家的子弟往往去读益智小学。① 在安碧沙罗读书不用钱，法国人还免费提供书籍和笔墨纸等文具。不像乡下只给男生读书，安碧沙罗男女同班，男生多女生少，一个班三四十人，学校总共只有几百名学生。抗战时期学生达上千人，因为广州、香港和海南岛失陷，难民集中在广州湾。那时候每个教室有五六十名学生，坐得很拥挤。

图 4　1929 年益智初级中学校创立五周年的部分师生合影

资料来源：《益智声》第 5 期，1929 年，第 6 页。

我读小学的时候，老师都是从安碧沙罗学校毕业的中国人，一向用本地粤语教学。每天都有一堂法文课，一、二年级教 ABCD 几个字母，三、四年级教语音，五、六年级讲一点课文。我们用的教材跟益智小学或其他中国人的学校差不多，法国人也让学校宣传三民主义，每星期都唱一次《三民主义歌》。②

小学的法文课不是很严格，有的学生没有心思学法文，因为他们不打算以后为法国人打工，学不学好都无所谓。不过，我学得很认真，因为我立志要从法文班毕业，之后才能进广州湾法当局工作。法文班叫作 lycée③，等于是中学，要有很多知识才能过关，没有很多人读。法文班原本要读四年，但我们小学所学的法文相当于 préparatoire 水平，所以我读的时候只有 groupe élémentaire、groupe moyenne、groupe supérieur 三个班。④ 我听说家境

---

① 益智小学是广州湾华人商绅陈斯静、陈学谈和林昌庆等人最早创办的现代教育机构，向中国政府注册，校址在西营海头港荟英祠，1924 年开办小学教育，1926 年开办中学教育，早期学生多为商绅子弟。1939 年在铺仔墟附近开办新校，设高中普通班和机械科职业班，首任益智中学校长为遂溪籍上海大学毕业生王友伦。抗战胜利后，国民党驻军借创办中正中学之名，接收益智中学大部分校产和中学生，仅留下旧址办小学。1947 年校董会复办初中，1949 年增设高中，次年初人民政府接管，1953 年并入湛江市第二中学，旧址改为湛江市第一小学。程永年编写《湛江教育史话》，第 145—157 页。

② 应指当时国民政府为纪念孙中山而推行总理纪念周，于每周一上午举行仪式，环节之一是唱中华民国国歌《三民主义歌》。

③ 此为"高中"之义，法当局在广州湾开办的是次一级的初中（collège）。

④ 分别对应预备班、初级班、中级班和高级班。

好的学生，在广州湾读完后可以去越南读更高级的 lycée，接着去法国读大学。比如庄润德①出身大地主家庭，他不需要为法国人打工，所以他去巴黎读大学，而我们家里穷，一心想着快点读完出来工作。

小学时学的法语"不正"，因为中国老师和越南老师都带有口音，后来到法文班正式学法语，才得到法国老师纠正。法文班的文学课教师由法国神父担任，当时有和为贵神父、德神父和廉江的古神父，所用的教材是从法国运过来的原装法文书。地理、历史之类的课程则基本上和中国中学的一样，由越南老师教，我记得其中一位叫"冷先生"。历史课主要是将中国历史翻译成法文来讲，也有少部分法国历史。越南人讲法文的口音很重，正所谓 Les professeurs vietnamiens parlent pas bon②。

这三位神父都是来到中国才学中文，去到哪就要学哪的方言。但他们来到时年纪不小了，怎能学得好？和为贵神父虽然会讲白话和雷州话，但讲得不好。他给我们上课都穿神父服，以前大家见到法国人就喊"法国鬼"，他就教训我们小孩子："系法国人，冇系法国鬼！"③ 我的家庭原本没有人信仰天主教，为什么我后来会信仰，主要的原因是神父直接给我们上课，和他们接触多了，我对天主教有些好奇，就跟他们去教堂学唱歌，不管是不是教徒，唱歌班都会欢迎。那时唱拉丁歌，我们学法文，唱拉丁歌很容易。但是从来没有哪个神父逼我们信教，他们从来都没提过，只是给我一些宗教书让我看。读了几年之后，我相信《圣经》所说的道理，但已经不是法国管治时期了，1948 年我才申请领洗正式加入天主教。

我的洗礼是由吕崇清神父④主持的，他当时刚刚从法国来学中文，他的洗礼方法和通行的不同。《圣经》记载，耶稣能使哑巴说话，能使盲人看见路。⑤ 所以这位神父也学耶稣的方法，"噗"一声吐出口水，洗我的耳，抹我的眼。天主教信徒一般以十二门徒的名字给自己取教名，我的教名叫作保禄。⑥

① 庄润德（1906—?），东海岛人，曾就读上海震旦大学并留学法国，培才学校创校校长。

② 法语，意为"那些越南老师法语讲得不好"。

③ 和为贵强调法国人不是"法国鬼"，意图纠正孩童的蔑称。

④ Blusson Bernard，巴黎外方传教会教士，中文名为吕崇清，1948 年 9 月抵达广州湾辅助和为贵，1951 年与和为贵以及修女们一同被驱逐出湛江。

⑤ 《圣经》原文是："甚至众人都希奇，因为看见哑巴说话，残疾的痊愈，瘸子行走，瞎子看见，他们就归荣耀给以色列的神。"

⑥ Paul 是耶稣十二门徒之一，"保禄"为其法文名音译。

四　命运的转折

1940 年法国败给德国之后，日本人开始暗中控制广州湾。1943 年日军正式进驻，我亲眼看见日军从军舰下来登陆，法国官员带着一二十个越南兵去码头立正迎接，向日军敬礼，带着日军进驻南疆酒店旁边的军营。[①] 不过广州湾大致平静安定，只是偶尔有美国飞机袭击西营海边的日军军舰，每当这时，法国人就拉响防空警报。我们听说日本人在青岛路有一间宪兵部，抓了一些中国人上刑，有几个人在那里受难。但表面上看不到日本人做坏事，民众也没什么反应。

起初日本人还不干预法国当局，但到了 1944 年 3—4 月，[②] 日本人将法国人全部集中收容在东方汇理银行，广州湾法国当局就垮台了。银行的围栏有很多小洞，我还曾经向内窥探，看到有日本兵守卫，法国人可以在院子内活动。安碧沙罗学校也随之"散档"，我那时正在读高级班，原本想着即将毕业进广州湾法当局工作，忽然间就停课了，我感到很无奈。当时日本人掌管军事，找陈学谈[③]出来当官。后来国民党来接收，我当时心里想："哼，陈学谈还不要被抓去坐牢？"后来才知道，原来 1943 年汪伪政府要日本人帮其接收广州湾，但国民党让陈学谈来维持秩序。我原以为他是汉奸，他却是国民党的特务，后来又当选国大代表，真是啼笑皆非。

为什么 1945 年日本投降后，法国这么快就将广州湾归还给中国政府？有两个原因：第一，法国贝当政府[④]投降德国，蒋介石政府后来不承认他们，承认戴高乐的流亡政府，所以戴高乐对蒋介石有一种尊重。第二，日

---

① 位于今湛江市霞山区民享路，曾是广州湾警卫军的总部，建筑已不存。

② 应为 1945 年"三九事变"，日本驻军以武力推翻印度支那和广州湾的法国当局，将法国人集中拘禁。

③ 陈学谈（1882—1966），北月村（今属湛江市霞山区）人，广州湾时期主要实权人物。陈学谈早年以经营鸦片发家致富，发展私人武装，约 1916 年起出任治安公职，其后被广州湾法当局任命为赤坎公局长，1922 年其下辖的商团武装获得合法地位，陈学谈短暂接受广东政府任命为遂溪县县长和雷州善后处长。法当局实行鸦片专营制，陈学谈长期掌握专营权，双方在多项事务上紧密合作。陈学谈与租借地内外政商界人士广泛结交，抗战时期捐款和赈济义举得到重庆国民政府表彰，秘密接受军统任务。抗战胜利后陈学谈移居香港，1946年当选国大代表，1966 年病逝。

④ 1940 年 6 月法国战败投降，一战英雄贝当元帅（Henri Philippe Pétain）在法国中部城市维希成立"中立政府"与德国合作，不受戴高乐领导的"自由法国"抵抗运动和盟国承认。1944 年盟军登陆法国后，维希政权覆灭。

本占领越南后，法国政府失去权力，国际会议决定让中国政府派兵去越南接受日军投降。法国又想重新占领越南，法国战舰到了越南，但是被中国军队阻止登陆。法国当时为了快点夺回越南，就同蒋介石商议提前交还广州湾。[①]

1945 年失学一年后，我于 1946 年到由益智中学改办的中正中学继续读书。1947 年读初三的时候，湛江市地方法院招考干部，有六七十人参加考试。我有一定的中文基础，结果考了第一名，于是我就进了法院当抄写员，法院就设在旧蓝带兵营。但到了 1949 年 11 月，国民党的机构全部撤走，我失业了。共产党来了之后，他们也办学习班招考干部。为了谋生，我考入了两广盐务局，[②] 训练完就被派去雷州盐务局做干部。在学习班里要写自传，我很坦白，毫不隐瞒地写我曾在国民党法院做过抄写员，而且我是天主教徒。领导说："没问题，你尽管来，但你要找一个共产党员担保你。"

我大哥的同学许敏超是地下党，他当了湛江市第一任团委书记。许敏超以团委书记的名义担保我。1952 年我被误作反动人物关进了海康监狱。在狱中我受"六纵假案"[③] 牵连，直到 1953 年查明我是清白的，才恢复盐务局工作。盐务局将我派去南三盐务所工作，后来又辗转多个单位，最后在湛江机械厂工作到退休。

五　恢复宗教活动

1983 年很多外国石油公司来湛江开采石油，[④] 有一家公司的外国人在海上死了，他们想在湛江找教堂举行葬礼，可是教堂被占作工厂，这家公司直接向国务院提意见，迅速得到回复，拨给湛江市政府 8 万元，1984 年开始恢复圣维多尔教堂。那时所有教徒都已流散，政府知道我是天主教徒，

---

① 二战后期反法西斯同盟协商，战后以北纬 16°为界，由中国政府派军赴越南北部接受日军投降，英军赴越南南部受降。1946 年 2 月签署《中法关于中越关系之协定》后，中国军队分批撤出，法国重新占领越南。

② 1936 年，国民政府整合旧有盐务机构，成立两广盐务管理局。1949 年 10 月，广东省军事管制委员会派军事代表接管旧两广盐务局后成立广东省人民政府盐务局。

③ "六纵假案"发生在 1952 年 1 月，次年 6 月平反，被捕入狱 200 多人，受牵连者达数千人。炮制该案的海康县公安局秘书黄某编造"中国青年党反共抗俄救国军粤桂边区第六纵队"，使多人蒙冤入狱。后经省公安厅、粤西区党委和行署介入调查，最终查明真相。

④ 20 世纪 80 年代初，包括法国道达尔在内的外国石油公司与中国海洋石油公司在南海海域合作勘探开发海上油田。

就找我出来恢复宗教活动，我后来做了湛江市天主教爱国会主席。圣维多尔教堂是红砖建筑，全用拱形结构支撑，一条钢筋都没有，质量相当好。我主要修复窗户和墙体，重新粉刷一次。1984 年 12 月完工重新开放，请陈除神父回来做主教，后来苏永大接任。第二届天主教爱国会主席由陈除担任，我则担任荣誉主席直到现在。[①]

巴黎外方传教会知道中国出台新的宗教政策，湛江开始恢复正常的宗教活动，就从香港派一位神父来湛江了解情况。就是这位神父给我带来天主教在广州湾的历史资料，所以我才知道这么多。1985 年，法国一家公司承包了湛江市运动鞋厂，派驻了一位 Raymond Josef 先生，由我做他的翻译。2003 年他请我去法国旅游，亲自开车带我去巴黎渡船街 126 号的巴黎外方传教会。曾在廉江传教的乐雅正神父[②]后来当了教会负责人，我见到他的继任者沙百里神父[③]。他也很关心湛江教会，捐了 1 万欧元重建廉江教堂。总之，我经历这么多时代，曾经受难，如今得到安乐。

· 校注手记 ·

对法国文化的回忆

吴子祺

（2021 年）

采访李河先生，其实不算容易。在 2015 年法国友人方索制作的纪实专题片《殖民往事》中，李先生以流利的法语讲述广州湾历史，令人眼前一亮。虽说他常年住在湛江，但向来深居简出。我们可以拨通他家的座机电话，但其家人总以老人健康不佳婉拒采访。因此，我们与李先生的早期接触，多是周日守候在天主教堂外——李河先生几乎每周都参加弥撒。宗教活动结束后，我们曾与他在树荫下进行几次访谈。来接他回家的妻儿不时走近，关心他是否说话过多过快而引起咳嗽，因此，这些访谈无不匆匆结束。

---

① 1985 年 7 月 20 日，湛江市天主教爱国会正式成立，李河出任主席。

② Thomas Elhorga（1919 – 2001），1946 年赴北海传教，1948—1953 年在廉江传教，后曾在马达加斯加服务，1975 年在巴黎开办"法亚中心"救济难民，1985 年退休。

③ Jean Charbonnier（1932 – 2023），巴黎外方传教会神父，长期关心中国教务，从事相关历史研究。

2017 年《口述广州湾》项目启动后，我们向李先生及其家人正式提出采访请求，好在得到认可，我们获邀到李家进行访谈。顾及李先生身体状况，每次访谈都控制在两个小时以内。李先生对我们的工作深表支持，他拿出了自己搜集和整理的天主教史料手稿、与法国友人来往的信件以及旧照片，以配合其口述历史。

在笔者看来，李先生的口述历史至少有两方面的重要史料价值：一是粤西地区天主教发展史，二是安碧沙罗学校教育史。这两段历史恰恰能反映出广州湾历史的一个共同脉络——法国人的殖民管治遭遇了种种"水土不服"和挫折，经过本土化调整（尤其是与华人合作）而有所改善。李先生身为湛江市天主教爱国会荣誉主席，又是为数不多充分接受法文教育且留在湛江的安碧沙罗学校肄业生，他的讲述理应得到重视，他对法国文化的情感也很值得研究。

天主教在粤西地区的传播和发展历程中，广州湾是转折点和中心点。清初澳门教区的葡萄牙传教士来到海康、遂溪和石城（今廉江）传教，乾隆年间中断，虽然嘉庆年间恢复活动，但影响有限。1848 年罗马教廷将两广地区教务委托巴黎外方传教会管理，次年亚马多神父（Charles Amat）便来到石城墩仔村和山寮村等地传教。此后，1876 年陈德经神父筹建山寮教堂，成为当地主要传教点。亚马多神父也曾到雷州传教，第二次鸦片战争之后的 1868 年，巴黎外方传教会正式派驻赖神甫（Jean-Marie Delavay）到雷州，在府城举行弥撒。1882 年沙哥神父（Michel Gaspard Chagot）在雷城东门建造教堂，使得当地教务进入新阶段。到了光绪年间，粤西地区形成雷城和石城两个中心传教区。卜格、迈特、圣三、塘边和太坡都建立了规模较大的教堂，而在遂溪县的江洪港、东门港和六坑村等地亦设有传教点。1898 年法国侵占广州湾，在江洪传教的谢兰神父为法军提供情报，次年范兰神父从涠洲岛来到广州湾，不久之后成为随军神父，随他而来的还有一批信徒。1900 年范兰神父选择在军事驻地西营建造教堂，1902 年一座哥特式教堂初步落成，即圣维多尔天主教堂。1903 年范兰神父因伤病离开广州湾，罗凌神父（Ferdinand Laurent）继任其职，提出在行政中心麻斜建立主教府，以建立一个新教区，但他的计划不获广东代牧梅志远主教（Joannes Merel）支持。

正如李河所言，在 1917 年谢兰神父接替罗凌神父之前，广州湾的传教并无很大发展。1905 年法国宣布"政教分离"，罗凌神父与推崇世俗化的广州湾总公使高特雷（Fernand Gautret）关系不佳。另外，范兰和罗凌两位神父似乎未真正意识到他们的处境和服务对象——尽管租借地由法国人占领，但绝大多数居民是中国人，其中不少人对外国人持有敌意。有鉴于此，长期在遂溪和海康传教的谢兰神父决心改变广州湾教务停滞不前的状况。时值雷州匪患兴起，广州湾治安相对平静，谢兰神父带了不少信徒来到西营，扩大了当地的天主教社区。到了 1922 年，华人信徒总数已近 1300 人。[①] 也是在这一时期，粤西海南代牧区从广州教区分出，俄永垂主教将驻地设在西营，广州湾的传教事业颇受利好。不过 1925 年俄永垂主教为了撇清教会与法当局世俗权力之间的关系，将主教府迁到通商口岸北海。

除了上述制度层面的变迁，李河的讲述也让我们得以管窥广州湾天主教社区内部的情况。比如跟随范兰神父而来的涠洲岛教徒经商有成，趁势购置大量铺产；又如跟随谢兰神父而来的海康教徒也谋得生计，得以安居。谢兰神父志在把广州湾教会办成中国人的教会，本土化确实带来了信徒人数的增长。换一个角度去看，天主教的扩张终究难以消除帝国主义侵略的嫌隙。根据新中国成立初期的资料记载，谢兰与广州湾总公使关系甚佳，法当局将西营近郊麻登村和菉塘村部分田地划给教会。谢兰又通过当地商绅张日新等人购置海头港村土地，用来安置教徒。[②] 此外，教会内部亦不纯粹。李河证实富裕教友享有优先权，有的人为了依附法国人势力而入教。这些"特权"在多大程度上影响时人观感，我们已难以考究。

1936 年成为圣维多尔教堂司铎的和为贵神父是李河亲身接触的神职人员，他们更有师生之谊。在李河看来，热心传教的和为贵形象很是正面，他频频往返于麻风病院和教堂，既要照顾病人，也要服务教友。李河对神父和修女的好感在于教会投入大量资金，兴办慈善事业，而经费来自海外而非中国。更为重要的是，李河在安碧沙罗学校读中学法文班的时候，和为贵正是法文教师。随着接触日多，李河对天主教渐渐产生兴趣，参加了教会唱诗班并阅读宗教书籍，1948 年领洗入教，彼时广州湾已改设湛江市。

李河入读安碧沙罗学校的因缘颇具传奇色彩，他父亲的遭遇也是法国殖民管治下的真实写照。历任广州湾总公使由印度支那总督府派遣，法国官员均在法国殖民体系下接受训练和提拔，对中国缺乏深刻认识，辅佐他

---

① 安托万·瓦尼亚尔：《广州湾租借地：法国在东亚的殖民困境》下卷，第 69—70 页。
② 《湛江市天主教概况》，湛江市档案馆藏，档案号：109 - A12.9 -008。

们的多是越南师爷。也就是说，广州湾法当局往往因为不谙民情而造成不公和冲突。20世纪20年代以后，本地培养的师爷官吏开始加入法当局，但他们的人脉关系也引来权力寻租。基层设有乡议员和公局，实际运作往往不尽如人意，腐败和偏袒令人诟病不已。李河父亲正是因为邻村收买了坡头公局，所以去总公使署告状时，不料收发员私自扣留状纸，本村投诉无门。好在李河父亲得到"高人指点"，后来将状纸直接呈交总公使，为本村争得公义，自己也得到了进城工作的机会。然而若非他的亲友在法当局工作且熟悉公文流转情况，他又岂能找到窍门请求总公使主持公道？

李河成长在安碧沙罗学校，他对法当局颇有好感，也想加入法当局任职以出人头地。或许因为家庭环境影响，李河似乎绝少受到民族主义的鼓动。有钱人家的子弟到本地商绅所办并在中国政府注册的益智学校读书，有较多机会接触到各种思潮，而普通人家的孩子来到不收学费的安碧沙罗学校，则相对隔绝于反帝反殖民的宣传之外。虽然该校采用商务印书馆出版的初中教科书，但不开设公民课，还将涉及法国侵华史的内容涂掉。[①] 法国殖民主义向来推崇"文明使命"，"安碧沙罗"之名是为了致敬法国政治人物阿尔贝特·萨罗。萨罗提倡"殖民合作"，其中扩大当地精英的政治参与和兴办教育是重点——萨罗及其支持者认为这将消除民众对殖民管治的抵抗，从而效忠法国。尽管后来的历史告诉我们"殖民合作"终将失败，但身处历史环境中的个体难免受到影响。

李河关于安碧沙罗学校内部环境和学制的回忆，可谓是难得的史料。由于该校法文班培养的学生数量有限，且1945年后多已离开新设立的湛江市，因此关于该校的历史记载一直不甚详细。李河以亲历者的角度叙述小学到中学阶段的学制和授课方式，足以填补空白。加上他长期生活在校内，对学校各部分的布置十分清楚。殊为可贵的是，李河记得他们与法国学生之间有铁丝网阻拦，这种空间上的分隔恰恰体现了殖民管治体系下的不平等。

李河多年来坚守信仰。改革开放后，他一方面为来湛江投资的法国人充当向导和翻译，另一方面主持了圣维多尔天主教堂的修复和重新开放。李河对中法文化交流亦有贡献，他不仅协调湛江教会神父和修女到巴黎外方传教会学习，还配合"信使"方索先生为两边的老朋友传递和翻译信件。

---

① 《广州湾时期的法华学校》，程永年编写《湛江教育史话》。

此外，他在专题片《殖民往事》和香港大学研究生沈紫音的论文中，亦留下浓墨重彩的一笔。

2020 年 5 月传来了李河先生逝世的消息。近日在整理相关资料时，发现其中有一份扫描件，是 2017 年他写给巴黎外方传教会沙百里神父的信件，大意为介绍我去拜访，并顺道感谢 2004 年对方的热情接待和报告会务。落款处，"Paul Ly Hode 湛江教会"表明了自己的身份认同。信只一页，

图 1　2017 年 4 月李河接受访谈

资料来源：何小婷摄。

重温之后我却颇有感慨，若是当年有更多懂得法语的人留在湛江并在改革开放之后发挥余热，或许会有更多广州湾历史文化保存下来，湛江与法国各界的友好交往也会更为丰富。逝者已矣，新时代的广州湾历史研究者和爱好者理应怀着文化自信，为中法友谊出一份力。

育婴堂的儿童生活

——邱月明忆法国修女

李宜珍　整理

一　安南妹的身世

有关西营育婴堂的历史，多年来社会各界众说纷纭。作为一名地地道道在西营育婴堂长大的婴女，我有着亲身经历。虽然我不知道从什么时候起建有西营育婴堂，随着我的长大，我知道它是天主教教会开办的，由外国修女管理。

育婴堂多年来收养了很多病残的婴女①，以我推测，法国姑娘②看到身体状况好点的，就请附近农村的奶妈抱回家里喂养。我出生不久便被亲生父母丢弃在育婴堂，身体状况应该是属于比较好的，到我长大一点的时候，就记得喂养我的奶妈唤我作"安南妹"，③ 她曾用雷州话讲："安南妹啊，我背你回家喂奶，你的肚脐红红赤赤，脐带还没脱掉。"所以我就知道我是婴儿时就被送到育婴堂，奶妈这句话一直到现在都还深深印在我的脑海里。两三岁戒奶之后，姑娘又要奶妈把我送回去。

奶妈后来很关心我，偶尔来探我。四五岁的时候，每次奶妈一来，与我生活在一起的婴女就大声喊："Regina，你奶妈来啦！"我挂着鼻涕欢欢喜喜，跟着奶妈走出去。以前没有椅凳可坐，奶妈坐在木屐上，把我抱到膝

---

① 指育婴堂收养的女童。

② 指法国圣母无原罪修女会派遣来西营的修女。

③ 安南是越南旧称。1802年阮氏王朝建立，为"除旧布新"，次年把国名改为越南，但中国民间仍习称"安南"。19世纪下半叶，法国殖民者仍沿用"安南"旧称，但指称范围从涵盖全国限制在越南中部（中圻）地区。广州湾时期越侨多生活在西营，1922年得法当局支持建成"越南友爱会馆"，形成一个聚居社区，当地民众习称越侨为安南人。

盖上说："锡①我安南妹哦。"花生、番薯、甘蔗，奶妈来了就有得吃。奶妈住在东山村②，她有家庭。有的农村人为了生活，把自己的女儿抱进去，再抱一个出来养，因为可以从育婴堂领钱。奶妈跟我说过："我养你，你不知道多让人疼爱，像个薯块，谁见到都摸摸你。"她说要我戒奶，"安南妹，静静哦，你不要吵"。后来我戒奶了，把我送回育婴堂之后，她心里不知多闭翳③，一到晚上想念我就悄悄掉眼泪。

我小时候话不多，一直都没有打听为什么奶妈叫我安南妹，但是育婴堂里面大大小小的婴女很多叫我"安南鸡""安南妹"，这是讽刺的意思，大概那时候他们看不起越南人。一听到这个名字我就马上哭，虽然那时不知道具体意思，但很受刺激，很不服气。出生年月日和姓名，我一概不知，推算是 1939 年或 1940 年出生。我们的名字都是洗礼以后得来的教名，④ 我叫作 Regina，相当于成为天主的子女。我原来只会读，后来有位教友懂得法文，他就帮我把 Regina 写出来。

1999 年重回教会，一位同样曾在育婴堂生活的加大姐⑤说起："你是安南人，我见过你妈，穿着长衫，身材跟你一样矮小，哭着要找你。"加大姐回忆，那时我还在奶妈那里寄养，有个大姐骂我的生母："做人家小老婆不要女儿，现在才来哭。"我又想起奶妈有一次讲过："安南妹，有一次抱你来换饷，⑥ 你那个安南妈跟我抢你。"可能走漏了消息，后来姑娘看到就快快走来，我不知道姑娘说什么，我只记得姑娘说"no no no"。所以我推测我是越南人生的，但好在我是中国人。（笑）

二　育婴堂的环境

育婴堂里面的楼房很大，地方很宽阔，可能因为我当时小，所以感觉很大很宽。里面有两栋两层楼，靠近海边的那栋我们叫作"姑娘楼"，与姑娘楼并排有一座教堂，有个向内的门给姑娘出入。她们楼里有电话机，经

① 雷州话"疼爱"之意，粤语亦有此意。
② 位于城区郊外，今霞山区东新路一带。
③ 粤语"心情不好"之意。
④ 为教徒取教名为天主教和东正教受礼皈依的传统，受礼者领受一个教会圣人的名字。
⑤ 李伟如，教名 Marguerite，生于 1919 年，圣若瑟孤儿院成立前，她 7 岁时被谢兰神父收养。
⑥ 为育婴堂照料哺养婴儿的当地乳母，定期领取酬劳。

常听见姑娘接电话，听得多了，我也学会一句话："Hello，Hello！"

相隔几米远，就是我们小孩住的楼。吃饭和文娱活动在楼下，楼上有五间房，我们睡在里面。每间房有十多张木床，年龄大一点的婴女睡在第一间至第四间，我在第三个房间住的时间最长，第五间可能是给生病的婴女住的。生活配套很齐备，有厨房和卫生间，不像农村人住在简陋茅屋。除了我们和姑娘的两栋楼，还有一间婴室，那些婴儿无论健康或有病，都睡在里面的十几个藤篮中。年长的婴女照顾婴儿，到时间就去喂奶和换尿片。以前有些木车，专门给她们学走路。我们都抢着去喂这些婴儿，每当喂她们吃肉粥，我也做些"小动作"，趁机偷吃一口。（笑）

以前没有自来水，育婴堂院子里有两口井，一口井供生活用水，另一口井在西边，专门洗尿片和衣服。井水很深很透明，探头进去看，可以看见我们的倒影。我们靠在井边哇哇喊，下边就传来回声。转动手柄将水桶提上来，就能打到井水了，我们都习惯提前备好次日洗脸洗衣服用的水，让高大的"盲姐"帮忙转手柄。

图1　年长婴女照顾年幼婴女
资料来源：邱月明提供。

我们每个人都有一个水盆，盆底刻着各自的名字。每到冲凉的时候，我们就在三间浴室外排队，逐个进去洗。水提前放在阳光下晒，也有年长的姐姐烧柴火加热，不像现在这么方便。育婴堂的环境就像外国电影里的景致般优美，有荔枝树，又有菜地和花园，年长的婴女挑水到菜地淋菜。这就是我们的生活。

姑娘不但在育婴堂照顾我们这些弃婴，每周还去海头墟①行医，我们活泼爱玩的小孩都喜欢跟着去。墟里有一间屋，很多农民聚在门口，姑娘在屋里派药给他们。而在育婴堂南面有扇窗，时不时有人凑近，姑娘通过窗口向外发放救济品。奶粉和绿豆粉用大木桶盛着，那些难民简直像抢似的，争先恐后用碗来装。我曾经拿一张纸折成一个窝，偷偷挖一点奶粉来吃。

---

① 位于西营城区西北方向的岭坡，是距西营城区最近的墟市，居民早期多到海头墟购买物资，法当局曾在此设有海头公局。

北门比较大，听说生活用品是从这里运进来的。有一次我们跟着年长的姐姐跑出去，跑到体育场，见到飞机"呼呼呼"飞来，姐姐就喊"飞机扔东西啊"，接着一包包生活用品从天而降。突然间有一包比我个子还大的东西把我砸倒，幸好不是木箱，旁边的市民连忙把我扶起来。所以我估计我们的生活用品都来自外国空投，包括以前经常吃的豆粉、奶粉和罐头。

三 婴女日常生活

我们在育婴堂里面的生活很有规律，每晚都有姑娘过来巡房，楼梯旁有一间房专门给姑娘值班用，以便照顾我们。早上我们跟着很早的闹钟起床，先去洗脸房用前一晚备好的水洗漱，我们的脸盆都摆放在固定的位置。洗脸后就去教堂念经祈祷，可惜我当时太小，念什么都不记得了，跪下来就打瞌睡。有个年长的姐姐经常教训我，有次见到我睡着，一巴掌把我拍醒。

从教堂出来后，我们就去饭堂吃早餐，年长的婴女在里面把早餐分到每个人的碗里。我们坐在门口看，等她们分完才能排队进去。姑娘教我们吃之前要感恩祈祷，念"感谢天主"之类的话。吃完之后，我们各就各位搞卫生。我记得以前搞室内卫生，要蹲在地上用抹布抹地。搞完卫生后，我们到楼下的一间房里学手工。可能外面的有钱人"来料加工"让我们做衣服。一位姑娘专门做裁剪，年长的婴女接着用缝纫机加工。姑娘又教我们织袜和织毛衣，我从七八岁即开始学。

到11点多开饭的时候，我们就"下班"了。一日三餐姑娘都过来巡视，姑娘对我们很好，从来不骂人，但无论是去教堂，抑或吃饭、睡觉，我们都被要求保持安静。一旦姑娘听见我们说话，就会竖起食指于嘴前，对我们说"勿讲话"。以前她们都懂讲广东话，不过带着外国口音。我还记得姑娘有个习惯，我们睡午觉的时候，她们会过来巡房，她们拎着"佛珠"① 念念有词，一见谁交头接耳就"嘘!"

有成年的姐姐专门做饭菜给我们吃，我们都是吃"大锅饭"，还有人专门煮西餐给姑娘们吃。最后负责做饭的是加大姐。饭堂有四张水泥砌成的桌子，每张坐十几人。我们四个人面对面坐着，中间有个大碟子，每人一

---

① 吟诵天主教"玫瑰经"所用的念珠。

份菜放在里面，我怕你夹我的菜，你又怕我夹你的菜，所以都抢着吃。开饭时，姑娘把鱼肝油作为补品滴入饭中，我不喜欢鱼肝油的腥味，一闻到就反胃，但是我不敢说不要，等姑娘走过去，我就偷偷将这一块饭挖给旁边的人吃，日日如此。早上一般喝绿豆粉冲的粥，有牛奶搅拌在里面，有萝卜干和咸酸菜。中午吃豆芽，有肉和一块鱼。总之一日三餐都有保障，不觉得饿。

晚饭后是文娱时间，每逢海水退潮，姑娘会带我们去海边玩，看到螃蟹在沙滩上爬。有一次我差点迷路，姑娘带着这么多小孩不能每个都顾得上，我们几个调皮的去抓螃蟹，越走越深，渐渐听不到其他婴女的声音，这才赶快跑回去，我好不容易才从泥滩里拔出腿来。有时玩捉迷藏，还有"跳飞机"——先划拳，然后闭上眼睛跳，跳出格子就输了。

我对上课没什么印象，但现在看旧照片中有上课的场景，我只记得五六岁的时候，有一次让我们画花，我画得乱七八糟。教会办了一所崇道小学，我不清楚什么人在里面读书，我推测都是有钱人，因为看他们穿的衣服比较好。育婴堂有六七名年纪比我小的去崇道小学读书，有一回可能是校庆，我也跟着去看她们唱歌跳舞，简直羡慕得不得了。

图 2　修女上课的场景
资料来源：邱月明提供。

姑娘不常来我们这边，她们平时要读"圣经"，除了巡房，不怎么管理我们的日常生活。如果排队去教堂，姑娘们会和我们一起去。我记得年老的叫作"玛咩"，还有玛菲农、玛里丰、华颂、安托和德兰姑娘。[①] 我不懂法文，我都用中文读音记下来。印象最深刻的是，我们婴女从教堂回来的时候，玛咩坐在椅子上，我们排队一个个跪在玛咩面前，讲一句祝福话："天主保佑玛咩。"玛咩就用手点一下我额头，说"天主保佑 Regina"。

---

① 五位法国修女指 Maria、Maria Fernand、Masson、Andrè、Vincent。参见 Melody Tze Yin Shum, Youth in the Forgotten Colony: Orphans, Elites and Arrivistes in French Kwang Chow Wan（1919 – 1940s）, master's thesis, The University of Hong Kong, 2015, p. 111。

我们有时去育婴堂内的教堂，有时去大教堂。① 六七岁的时候，有时大约十个婴女一起去教堂唱经，姑娘一边弹琴一边给我们唱圣歌。每次去大教堂，婴女们都两两牵着手排队，看得见的牵着双目失明的，但以前不懂得爱护，一回到育婴堂门口就松开手，让她们自己摸回去。去教堂那条路上，海头港的教友聚起来，见到我们就说"婴女出来咯"。他们说我们是"芋萌背"②，有点讽刺的意思。姑娘带我们去农村的时候，农村人则比较羡慕我们："那些姑娘个个都舍得，把她们喂得这么好看，姑娘侬，姑娘锡③……"

　　教堂举办过圣体出游④，教友抬着那些像出来，在翠园⑤那里绕一个圈回教堂。我们婴女打扮得漂漂亮亮，每个人穿着白裙，戴着花箍⑥，挎着篮子，里面放着从花园摘来的花，一边走一边撒花，大家都很高兴。以前我们过的节日主要是圣母升天节和圣诞节，特别是一到圣诞节，我们婴女不知道多高兴。我记得年长的婴女把头发梳得油亮，穿上烂掉的袜筒，就这样开开心心过圣诞节。三更半夜去大教堂参加弥撒，回来时姑娘楼里已备好圣诞树，上面挂着很多礼物，我们每人都可以去摘一件。我摘过一件铁或铜制的"耶稣圣心"，可惜后来没保存下来。我从小喜欢唱歌，姑娘还特意送了一个口琴给我，我常常自作聪明乱吹一通。

　　在我们当中，有残疾的，但是没有疯疯癫癫的，驼背的有两个。双目失明的姐姐很厉害，她们织袜给我们，织草席"嗦嗦嗦"，做得飞快，手艺很在行。她们也很聪明，收衣服时只要闻一闻就知道是谁的。我们婴女生病主要是发烧和咳嗽，姑娘会给药吃或者滴眼药水。至于发大病睡在床上起不来的，我没什么印象，只记得有个比我大的婴女，送进来时就已得了一种病，瘦得只剩"一把骨"，我们给她取绰号为"马骝"⑦。

　　我小时候真的很淘气。去教堂的时候我想着止咳水好喝，于是我就跪在姑娘前面"诈咳"，姑娘听到咳嗽声后，就倒一杯止咳水给我喝。以前的食住卫生不像现在这么好，我们婴女集体长头虱，修女用一种油水涂在我们头发上，用布包住除虱。我肚子里还长过蛔虫，七八岁的时候肚脐肿，

---

① 指圣维多尔天主教堂，位于今霞山区青岛路。
② 雷州话，指蒲草织成的圆形有提手的袋形篮子，嘲笑孩童被装在草篮子里送进育婴堂。
③ 雷州话，意为"修女的孩子，修女疼爱"。
④ 一般于5、6月举行"基督圣体圣血节"，天主教徒抬出基督像、圣母像等圣体游行。
⑤ 翠园饭店位于民治路、教堂的斜后方，建于改革开放后。
⑥ 花环之意。
⑦ 粤语"猴子"之意。

有时半夜醒来看到蛔虫在床板上爬。可能是因为我爱偷偷捡隔夜菜吃，所以肚里长蛔虫。

有一次，我们两三个婴女去一间旧屋内玩，我踩着木楼梯摇啊摇，突然间木楼梯塌了下来，后来我也不知道是怎么被救出来的。奶妈跟我说过："安南妹啊，差一点你就被楼梯砸死了。"后来与加大姐在 1999 年重逢，一听到我的名字 Regina，她就记起那件事："死妹丁①，要不是我及时发现，你早就被楼梯砸死了。"原来当时婴女都排队去教堂，她听到"砰"一声，随即传来小孩子的哭声，才走进来发现了我。

四 远去的修女

快要解放的时候，每天都听到"乒乒乓乓"的枪声。那时候还没见到解放军进来，只听到银行那里传来炮声。我们都很害怕，整天都不敢吃饭。不知道过了多久，有一队解放军住进育婴堂，在我们院子里露宿。

后来政府来接收育婴堂，派了一些官员家属来管我们，我们叫她们"阿姨"。其实她们都很年轻，像是女学生。她们照顾我们的生活，教我们围着唱歌，唱《东方红》《没有共产党就没有新中国》，还有"雄赳赳，气昂昂，跨过鸭绿江……"②我没有亲眼见到姑娘们是怎样离开的，因为育婴堂东面有一个门，她们平时都是从那里出入。突然有一天中午好多婴女冲向南门，后来又冲向东门，我们哭喊"姑娘畀人捉去嘮!"③但没见到她们最后一面。

在政府接收后很长的一段时间，育婴堂都没解散，但后来先把双目失明的六七个盲姐送走，听说她们在东堤码头上船，不知被送去哪里了。后来有的大姐想办法走去北海，④剩下的让市民来认领或领养，育婴堂就这么散了。有个煮饭的大姐带我去海边越南人的小住宅区⑤，让那些越南人认我。有个人见到我，说我长得像芒街⑥一个姓刘的人，但后来还是没有找

---

① 粤语对小女孩的昵称。
② 即《中国人民志愿军战歌》。
③ 粤语意为"修女被抓去了"。
④ 圣母无原罪修女会先在北海建立修女院，1920 年在今北海市解放路邮电局建有育婴堂。
⑤ 今霞山区土木路一带。
⑥ 芒街位于越南东北部，是靠近中国的一个边境城市，属广宁省。

到。回到育婴堂，那些阿姨为我们取名字，我选了"月明"，于是我就叫"刘月明"。

大概 1952 年，我被人领养，养父养母都是港口工人，因为养父姓邱，所以我也改随他姓。成年以后，我先到南天大酒店①做服务员，后来到油脂化工厂当工人。我曾经很想找回我的亲生父母，我去过越南会馆②，在那聚会的越南侨民都不知道我的身世。有一段时间我在酒店饮食部帮忙，有一位五六十岁的越南阿伯来喝咖啡，聊起我的身世，他说早几年还有可能找到我的家人，现在越南人大多陆续回去了，不可能再找到了。

图 3　2017 年 3 月邱月明接受访谈
资料来源：何小婷摄。

· 校注手记 ·

圣若瑟今世缘

李宜珍

（2017 年初稿，2021 年修订）

一　书信传情

2014 年夏，在圣维多尔天主教堂，我以补充采访为名认识邱月明。开始我对这位天主教徒的亲和力与感染力印象极深，访谈时她喜欢与我们肢体互动，很快我发现她以一句话形容一件事或一个人物总是形象至极。比如她说到"盲姐"收衣服用鼻子闻就知道是谁的衣服时，她也闭上眼睛张

①　南天大酒店原址位于霞山区逸仙北五路，陈学谈投资，著名建筑师梁日新承建于 1939 年，三层混凝土结构。梁金木《湛江市建筑志》，中国建筑工业出版社，1991，第 21 页。
②　原址位于今霞山区土木路，建筑已不存。

开双手在空气中做收衣动作；她说到七八岁学做手工织草席时，两手像梭子一样前后交替快速转动，仿佛回到了她童年的现场。后来我们又采访了几位婴女，所述事实与之无异，但在零星而具体的事物和细节核心的讲述上又不如邱月明酣畅淋漓——她能把生活在育婴堂的种种故事娓娓道来。

两个月后，我把口述定稿交给邱婆婆。不久后接到了她的电话，大概是回忆起修女匆忙地离开，她说心里很难受，想找个人说说话。电话那头停顿一阵，传来轻微的抽泣拭泪声，待我在文稿上圈了又圈，她说"心里舒服多了"。当年生活在一起的婴女逐个离去，她不知还可以向谁叙说。

那年圣诞节弥撒过后，邱婆婆拉我到教堂祭台旁的马槽，碰了我的手机并说："你难得来教堂，马槽明天就要撤走了，多拍几张。"刚刚还与老教友笑着嘻嘻闹闹的，与人碰面打招呼便说"天主保佑你"的邱婆婆神情突然暗沉了下来，她拉着我的手就近坐下，谈起对儿子的牵挂与叮记，又为自己不会发信息而懊恼。她说："如果你是我孙女就好了，你是第一个知道这些事的人。"她继续口述，我则帮她在手机短信栏敲下母亲写给儿子的一封饱含深情的家书——这也是口述采访的留情之处，我们不是采访完就走的冷冰冰角色，而是能够成为采访对象的信任所托。

2017 年 3 月 23 日，我们第二次对邱婆婆进行访谈，再一次坐在她面前聆听同样的故事，却有了新的惊喜。采访的最后，她不停啜泣，在镜头前唱了两遍自编歌曲《妈妈我爱你》，她说："妈妈走远了，再也见不到了。"又写了书信，思索着起稿了几天，最后小心翼翼地誊写在白纸上。她希望我们把歌曲的视频和书信手稿转交给已 92 岁的玛丽·约瑟芬·巴罗尼（Marie Josèphe Baroni）修女。6 月 20 日，法国作家方索夫妇、妮可乐和子祺在巴黎南郊让蒂伊

图 1　2017 年 6 月法国作家方索夫妇、妮可乐女士与吴子祺探访巴罗尼修女

的一所养老院与巴罗尼修女会面，并通过微信语音与在湛江的邱月明对话。电子屏幕那头传来一句颤抖却响亮的"Regina"。1951 年的分离已过去了 66

年，邱婆婆在通话前激动得失眠了两天，担心自己把重要事项遗忘，遂把满肚子的疑问吐露在随身携带的纸上，又心想着会与修女视频见面，像即将出门约会的小女生般紧张无措，穿起了干净的蓝棉衬衫和垂到脚踝的花裙子。

视频通话跨越重洋，但因为网络不畅而早早结束，巴罗尼修女听到邱月明一切安好的消息，轻闭上眼睛坐在椅子上，两手握着手机放在胸口，这是巴黎一个风恬日暖的下午。那晚我把邱月明送至公交车站，临上车前她说，这是做梦也不会想到的"今世缘"。①

此前数年，巴罗尼修女收到邱月明的歌曲与照片，她们之间的往来都是托巴黎外方传教会到访湛江的法国修女或方索先生捎带书信，并由曾在法华学校修读法文的李河先生翻译。其中，巴罗尼修女 2002 年 6 月 26 日的信中写道：

> 自 1951 年 8 月离开之后，在天主的恩宠下我又拥有了很多中国的子女，我用同等的爱心对待他们，就像我曾经对待你们一样，如此我感到异常欣慰。

巴罗尼修女写于 2014 年 7 月 21 日的信件照样提及她们的亲密情感：

> 我离开中国后，到非洲马达加斯加岛和留尼汪岛分别服务 20 年和 5 年，非常高兴曾与许多中国人一起在天主道理班学习。回法国后，我在巴黎外方传教会也有很多机会接触来（法国）学习的（中国）神父和修女，我教他们法语。更让我高兴的是，让我重新找到你们，我永远不会忘记在中国和你生活在一起的日子。

后来，某次礼拜结束后，我和邱婆婆在教堂遇到曾经辅助法国修女管理育婴堂日常事务的 Marguerite 婆婆，她是在世的年纪最大的婴女，昵称为"加大姐"。育婴堂解散后她取名李伟如，如今已年逾九旬，眼睛看不清，耳朵也听不到。邱月明走近被女儿搀扶着的加大姐，加大姐眼圈一下红了，手不停地挥动喊着"Regina"，两人手一触一握，相拥不肯放开。

---

① 邱月明常收看中央电视台综合频道大型公益寻人节目《今世缘·等着我》，因此有感而发。

二 天主教与本土慈善

西方势力在华渗透的路径首先由传教士开路，商人和军人紧随其后。法国管治广州湾的前十几年间，在广州湾传教的天主教会如法国行政部门般，极少关心本地居民，缘于殖民者担心宗教皈依会拉近殖民者与被殖民者之间的关系，从而动摇建基于种族主义的殖民关系。① 1899 年范兰神父被巴黎外方传教会广东代牧区任命负责广州湾教务，他也充当随军神父，主要为法国军政人员服务。1903 年接任的罗凌神父继承其政，但在 1908—1917 年教会的年度报告中，尽管周边地区（如梅菉、山寮、纪家、塘边）的内容时时出现，但广州湾华人信徒的身影几不可见。

直到 1917 年谢兰神父接替罗凌神父，广州湾教会才开始加强面向当地民众传教，并与中国信徒逐渐建立起密切关系。1919 年生于东海岛的李伟如称 7 岁时已经被送入孤儿院，而由修女维持的西营育婴堂则落成于 1935 年，显然谢兰神父早于 20 世纪 20 年代已经开始在广州湾收养孤儿。李伟如四五岁时父母便不幸去世，被一位农民抚养，1923 年养父去世，她被三名贩卖婴孩的男人带到西营卖作"妹仔"，意味着她将失去人身自由，终身被当作婢女对待。她在主人家常被虐待，备受折磨，出于强烈的求生欲望，她决心逃离。虽然她成功逃离，却过着四处游荡的流浪生活，躲闪一切可疑的人。某天她在戏院前遇到了"绿带兵"（警察），警察把她带到了有"很多女孩的地方"——那里有食物、住所和一种她从未感受过的归属感。② 她后来回忆称"养母比生母大"，如果没有天主教的收养，作为女儿家的命运难免是再次沦落到人贩子手上或乞讨街头。李伟如同邱月明一样，出于对天主教的忠诚，在访谈过程中均表现出了感激和满足之情，她们成年后用心守护与联结天主教会社群。李伟如后来也将儿子送进了天主教会开办的学校，正如她所说："我从来没有离开过教会，我的孩子们也会到教会中去。"③

---

① 安托万·瓦尼亚尔：《广州湾租借地：法国在东亚的殖民困境》上卷，第 275—282 页。

② Melody Tze Yin Shum, Youth in the Forgotten Colony: Orphans, Elites and Arrivistes in French Kwang Chow Wan（1919 - 1940s）, master's thesis, The University of Hong Kong, 2015, p. 146.

③ Melody Tze Yin Shum, Youth in the Forgotten Colony: Orphans, Elites and Arrivistes in French Kwang Chow Wan（1919 - 1940s）, master's thesis, The University of Hong Kong, 2015, p. 130.

1933 年，谢兰神父开办圣母无原罪修女会，[1] 他邀请北海的修女会进驻。两年后修女会建成圣若瑟育婴堂，开始承担收养弃婴的重责。据 1942 年《大光报》报道，赤坎市内弃婴年均数百，1925 年陈学森首倡在赤坎康皇庙侧设立育婴堂，收容弃婴。全面抗战爆发后，弃婴日多，且旧时街坊办理尚未完善，故于 1942 年 11 月交由天主教会接管，由和为贵兼任院长，6 名中国修女负责照顾。陈学森、陈学谈、戴朝恩、许爱周、袁学伟等绅商向法当局取得木桥街地皮一幅，并募集资金，教会捐款与平粜局盈余也用于建筑工程。大约同年底，育婴堂新址落成。[2] 相对于仅对受助人员进行养护的中国传统慈善思想，天主教传教士则把"养教并重"模式带入广州湾，对孤儿进行教育，注重协助救助对象的后续生计，还开办教会学校、麻风病院。另外，具有近代意义的广州湾慈善事业初具雏形，随着地方商绅发展壮大，民间慈善力量开始加入其中，除对育婴堂进行资助外，还开办学校，开展救济赈灾活动。二战后法国归还广州湾，1945 年 12 月 17 日所有法籍官员及家眷乘船离开，天主教神父和修女则选择留在湛江，此后育婴堂运营至解放初期。在邱月明的回忆中，食物和衣服从未间断，这或许可以看出，教会维持育婴堂的经费并不完全依赖法当局，广州湾和后来的湛江当地人士应有捐赠。根据邱月明所述，曾有飞机空投粮食，可能是联合国善后救济总署所捐赠的物资。

以社会运行的角度来看，育婴堂的运作带动了不同群体的互动和联系。法国占领广州湾之初，巴黎外方传教会在西营主要为法国官员服务。1917 年谢兰神父从传教基础更深的海康带来一批教徒，他们的语言和生活习性与广州湾当地一致，很快便融入当地。谢兰还收养孤儿，打破殖民者与被殖民者之间的隔阂，用理念的转型引领天主教传播对象的转型，形成民间化、多层次的复合慈善主体。到了 20 世纪三四十年代，广州湾本地商绅发家致富，他们受新思想影响，将财产以慈善的形式向社会分散，既获得商业名声，又能调动民间资源。育婴堂等机构的建成，使本地华人支持的慈善事业有了新的落脚点，更助天主教在广州湾的传播有了新载体。而对于这些被育婴堂收养且能存活长大的女性来说，她们如同重获新生，不仅在于生存权利和信仰，更在于成年后的人生——嫁给教徒或进入法国家庭做

---

① 《圣维多尔堂一百周年纪念特刊（1902—2002）》，内部资料，2002，第 14 页。
② 《预算一百二十万元，育婴堂在建筑中，陈学森倡办，各绅商助成，现由天主教堂接办》，《大光报》（粤南版）1942 年 11 月 3 日，第 3 版。

工，起到维系当地天主教社区的作用。

在后殖民主义学者普拉特（Mary Louise Pratt）看来，殖民者与被殖民者之间存在一个"接触带"，即区别于殖民者与被殖民者的二分体系，不同主体在殖民区域的空间内相互接触，建立不同类型的关系，但她认为文化借鉴和学习是自西向东的单向运动。① 在广州湾场域内，关涉的主体对象包括法国政府、广州湾本地商绅、传播天主教的神父修女和被收养的孤女，天主教传播和本土

图 2　约 1942 年赤坎育婴堂落成

说明：广州湾法国官员、和为贵神父（前排右二）、修女（前排右六）和陈学谈（前排右七）等商绅合影。

资料来源：湛江市档案馆藏。

慈善事业并非孤立存在，而是彼此关联、有机组合的整体，他们之间的相互关系及其组合的主体成为广州湾中西方文化接触带的一部分。

三　解散育婴堂

1950 年 8 月 19 日，中央政府发布《中共中央关于天主教、基督教问题的指示》，以"三自"为核心，即认为中国的宗教事务应采取自治、自养、自传的方针，革新外国在华的宗教团体和文化教育救济机关。随着国内爱国主义教育和反帝运动的广泛兴起，全国各地出现不少外籍修女和传教士借助传教之名开办育婴堂迫害中国儿童的案例。②

1951 年春节后，湛江政府接管育婴堂，公安局调派人来做保育工作。当时有六位"阿姨"担任保育员与修女的工作，林秀清是其中之一，她回想起当时的工作情形："接管时法国姑娘还在，大的婴女很喜欢法国姑娘，她们会说'番鬼话'。小的不懂事，拉拉手还可以亲近。接管三个月后还上

---

① 玛丽·路易斯·普拉特：《帝国之眼：旅行书写与文化互化》，方杰、方宸译，译林出版社，2017，第 9 页。

② 刘建平：《虐婴还是育婴？——1950 年代初育婴堂问题》，《二十一世纪》总第 107 期，2008 年 6 月，第 72 页。

课，上课的老师是北海人，用北海话上课。照我感觉，接收时育婴堂食住齐全，毛毯相当好，一捆十二张。奶粉是用大油桶装的，开了很香。床也很好，是用越南酸枝木做的，有三个柜，一个装鞋，一个装衣服，一个装其他东西，后来被政府招待所搬走了。婴女宿舍很长，很有趣的是，厕所都是集中在楼下，大婴女背马桶上下楼。老师是老师，保育员是保育员，人手不够用就让大婴女帮忙管理。"①

林秀清表示，政府接管后，接收婴女的程序如同法国修女的做法。每天早上育婴堂开大门时会接收一两个女婴，女婴身上有一张纸条写着出生的时间和村庄，全须经过医生检查、消毒、冲凉等步骤，再从郊区请来奶妈，煮花生炖猪脚给奶妈催奶，双方写明责任，再让奶妈背婴女回去。每月15日，奶妈回育婴堂领取食物和衣服。

中央政府对开设育婴堂并涉嫌残害中国儿童的外籍传教士和修女制定了明确的规定："凡已处理的机关，对其中外籍人员即应按实施办法迅速处理，违法者及罪行重大者，应严格法办，经上级有关机关批准后执行。"②1951年6月11日，中南军政委员会公安部对湛江育婴堂案做出最终决定："和为贵可判刑二年，缓刑三年，驱逐出境；吕崇清及法比修女六人限令出境；麻风病院及育婴堂由政府接管。"③

此后西营和赤坎两处育婴堂改名为"湛江市儿童教育所"，不久后湛江市政府向市民发出告示，写明认领孤儿回去的要办手续，写下地点，政府定时派人下乡访问。渐渐地，育婴堂解散了，婴女也各奔东西，有留在湛江的，有回去北海的，也有的出国了。

林秀清后来回忆育婴堂环境："育婴堂有两口水井，一口在姑娘楼，一口用来浇菜，摇动抽水。有人造谣说水井有婴女骨头冲出来，事实是解放后修女不敢把死的婴女运出去葬，于是埋在育婴堂香蕉树下。我见过海头岭婴女的尸骨，当时不是我清点。她们都是自然病死，这是事实。"④

---

① 林秀清访谈，吴子祺、李宜珍记录，湛江市霞山区解放东路，2015年2月11日。
② 河北省档案馆藏，全宗号：938，目录号：1，案卷号：4，第52页，转引自刘建平《虐婴还是育婴？——1950年代初育婴堂问题》，《二十一世纪》总第107期，2008年6月。
③ 《湛江法国天主教"育婴堂"和"麻风院"的案件》，广东省档案馆编《岭南风云：新中国成立前后广东档案秘闻》，华南理工大学出版社，2009，第213页。
④ 林秀清访谈，吴子祺、李宜珍记录，湛江市霞山区解放东路，2015年2月11日。

2021 年 8 月 7 日晚，我以修订校注手记为由，实则心血来潮给邱月明打去电话。电话那头响起熟悉的声音："乜嘢事。"我回答："冇事，只系想稳你倾倾。""甘啱嘅，我今日无事做，又谂起你哋几个。"① 她笑着念起我们的名字。我想，我们亦庆幸与这群受访者相逢，并走进各自的生命历程。

---

① 粤语，意为"什么事"，"没事，只想找你聊天"，"这么巧，我今天没事做，又想起你们几个"。

居住在西营的家庭故事

——妮可乐·盖利尔忆法国侨民

雷丹宇[*]　吴子祺　整理

　　我出生于北京，父亲佐治·法伐尔（Geroges Fafart）是东方汇理银行[①]的职员，自 1939 年 5 月 29 日起，他被任命为该行广州湾西营分行的经理。于是，他携带妻子和三个女儿——7 岁的长女伊莎贝尔（Elisabeth），5 岁的妮可乐（Nicole），也就是我，和 3 岁幼女安娜·玛丽（Anne Marie），举家迁居广州湾西营。跟随我们的还有一位来自北京的奶妈，她从我出生起就是我们家庭的一部分。我长年生活在巴黎，意识到自己不太可能重游故地了，于是回忆起在西营的四年半童年生活，尽量忠实地向你们讲述我所知的历史。

　　父亲从北京离职后，我们度过了一个假期，之后就出发前往广州湾。在抵达西营前，我们要先途经香港九龙。1939 年 5 月 27 日下午 4 时，我们全家乘搭太古轮船公司的庆元号（King Yuan）轮船[②]起航西行。为了躲避台风，庆元号在南丫岛靠岸。经过 5 月 28 日一整天的停泊后，当天下午 4 时继续起航，抵达广州湾时已是 29 日正午。

　　来到这座不大的城市，家父获分配一栋楼房，我们全家因入住这栋豪华住宅感到惊喜。我们三姊妹在二层拥有一间宽敞舒适的房间，而且通往明亮的阳台。我还记得我们房间对面有一处更长的阳台，一直延伸到客厅和饭厅。阳台中有一根粗大的石柱，足以让我们玩捉迷藏。

---

　　[*]　雷丹宇，生于湛江，定居法国，热心公益。

　　[①]　东方汇理银行（Banque de l'lndochine）1875 年创办于法国，是服务于海外殖民扩张（尤其是远东地区）的金融机构，拥有印度支那的纸币发行权。1888 年该行开始在中国开展业务，1917 年在北京东交民巷建立分行，1925 年在广州湾建立分行。

　　[②]　全面抗战初期至 1940 年，英商太古洋行和怡和洋行加密香港和广州湾之间的航班，庆元号通常行驶于香港至越南海防。1940 年 6 月法国战败后，日军派员进驻越南和广州湾致局势紧张，港湾航线停航。1941 年航运一度恢复，同年 12 月香港沦陷后，只剩日本人控制的轮船往来两地。

我们的邻居是银行的副经理萨尔达（Sarda）先生和太太，以及他们的两个小孩——3岁的勒内（René）和1岁半的丹尼尔乐（Danièle），他们是我们在当地最早的玩伴。我们的父母相处融洽，两位母亲经常在一起做缝纫。

银行大楼的宽阔后院有一棵粗大的树，枝丫繁多，容易攀爬，我和妹妹安娜·玛丽就经常爬到树上。我对后院的记忆非常清晰，

图1 20世纪40年代的东方汇理银行
资料来源：妮可乐家族收藏。

我亲眼看到在一场台风中，狂风把一只无助的母鸡卷到高空。这只母鸡的下落无法知晓，但当时我的惊恐是可以想象的。

在银行大楼的街对面，有一座由本堂神父和为贵创办的大教堂。① 和为贵神父高大的外表及和蔼可亲的面容给我们留下了深刻印象，他与我们长辈成为好友。

不过，我记忆中的其他童年玩伴以及其他欧洲家庭就比较模糊，我只依稀记得拉马谢（Lamarche）、埃夫里（Evly）、特尔利（Thery）及后来认识的马迪（Marty）家。从我家到他们的住处，都需要走很长的一段路。我记得马迪先生取代普雷沃斯特②成为广州湾总公使，还记得去过马迪总公使一家居住的官邸，我们一群小孩在那里吃过下午茶点心。我们的母亲还一起制作了装扮用的服饰，③ 这些衣服我们保留了很长一段时间。

我们经常去拜访圣母无原罪修女会派遣的修女所居住的修道院。④ 她们开设了两家孤儿院，分别位于西营和北海。费南德（Fernand）修女是主管，德兰（Thèrese）修女教我们演奏钢琴，文森（Vincent）修女专门照料孤儿们。这些孤儿一出生就被遗弃在修道院门口。

至于我们的教育问题，母亲在家里沿用法国的阿特梅尔课程（Cours-

---

① 此处指的是圣维多尔大教堂，但教堂的创始人为范兰神父，和为贵是第四任本堂神父。
② 雅克·勒·普雷沃斯特（Jacques le Prévost）于1937年5月至1941年6月担任广州湾总公使，路易·马迪（Louis Marty）则于1941年6月至1942年4月继任。
③ 可能是指法国侨民为圣诞节或其他法国节日准备的服饰。
④ 即圣若瑟育婴堂，见邱月明篇。

Hattemer)①，备有不同的教材，每天都按个人的学习进度上课，所以我没有关于当地小学的记忆，更不用说安碧沙罗学校——和为贵神父在那里教法语课程。如今我唏嘘不已，只怪当时年幼无知。

在当地，欧洲家庭轮流宴请和互访成了成人们的日常生活习惯。我们家经常邀请经过西营的船员来家里做客，他们大部分是海军，随船舶停留。这些船舶来自香港，中途停留西营，接着再去越南北圻。我们小孩也从这些接待中享受乐趣，最让我们兴奋的是，我们每次都可以随父母登船游览。

住在广州湾期间，亦有不幸的经历。日本战机经常在我们的上空盘旋，甚至轰炸部分地区。每次听到防空警报，我们都会跑到银行地窖里躲藏起来。为保护妇孺的安全，当时河内政府②要求各位母亲和我们小孩搭乘镇宁号（Tran Ninh）轮船前往海防避难。1940 年 6 月 25 日那天登船简直是一场大混乱。不久后越南北圻也遭到日军轰炸，10 月 23日我们又搭乘弗兰西斯·加涅耶号（Francis Garnier）轮船返回广州湾。

图 2　1939 年法国航空 F-AQBP 号降落西厅机场

资料来源：André Evrard, La situation de la compagnie Air France en Indochine au cours des années 1939/1946, *Icare Revue d'aviation française*, 1997 N° 163，p. 88。

同年 11 月 21 日，总公使官邸喜气洋洋，我们迎来了两位贵宾——德古将军和夫人，他们专程来广州湾主持安菲特利特号纪念碑的揭幕仪式。③ 当天的盛大场面对我们三姊妹来说很是震撼。22 日上午，德古将军一行即乘搭飞机返回河内。

① 阿特梅尔学校及其课程始创于 1885 年的巴黎，是一种世俗化的私人教育，旨在为每个儿童量身定制在家学习的教学方案。
② 指驻河内的法属印度支那总督府。
③ 1701 年法国王室资助的安菲特利特号商船第二次来华，前往广州途中因遭遇风暴而停泊广州湾（南三岛东南部）数月，船员记录了当地地理信息。1941 年法当局为纪念该事件，并向外界宣示其在广州湾殖民管治的历史渊源，委托远东学院设计和修筑该纪念碑。纪念碑坐落于总公使署对面海边，上有铭文和帆船图案。国民党政府接收广州湾后，将内容改为"还我河山"；湛江解放后，人民政府改为"巩固国防"，后拆除。

话说起来，我们为广州湾拥有一座可供飞机起降的机场而感到庆幸。飞机大多来自越南北圻，这些航班确保了我们期待已久的邮件送达广州湾，带来了许多来自法国以及其他地方的消息。机场也为我母亲治病带来了方便。她多次搭乘飞机去河内的拉内桑（Lanessan）医院①就诊，后来又去了西贡的卡拉尔（Grall）医院②。

1941 年 8 月 18 日，我们家庭迎来一位新成员嘉布里尔（Gabrielle）。母亲选择在家里分娩，可以想象当晚的困境，幸好得到一位高水平的华人接生婆帮助，最终母女平安。一如往常，西营唯一的法国医生抵达我们家门时已酒醉不醒。

图 3　妮可乐姐妹在湖光岩玩耍
资料来源：妮可乐家族收藏。

我们姊妹经常伴着父亲，出远门去湖光岩漫步，环湖行走真是相当长。我们还在湖中划船和沐浴嬉水。我们这些小孩的诸多消遣乐趣之一，还包括参加狩猎。各家父母经常带我们打野鹅，这是美好的童年记忆。然而我们也曾遭遇过危险，1943 年 2 月 27 日，一群强盗包围并意图劫掠我们的父母，幸好随行的银行司机很是机警和富有献身精神，把那些强盗引走，使我们的父母得以逃脱险境。

1942 年 4 月 13 日，总公使马迪夫妇和他们的小孩离开西营前往越南北圻。多梅克③先生以及后来的罗克④夫妇先后接替马迪一家入住官邸，广州湾的形势变得日渐凶险。

① 1894 年法国驻军在越南河内创建拉内桑医院，以纪念鼓吹殖民扩张的法国政治人物让·马里·安托万·德·拉内桑（Jean Marie Antoine de Lanessan，1843－1919）。该院是河内医学院的实习医院，医疗条件较好。今为越南 108 军队中央医院。

② 1862 年法国殖民者在西贡建立军事医院，1905 年著名热带病学家、军医夏尔·格拉尔（Charles Grall）负责法属印度支那的医疗管理，该院受其管辖。1925 年殖民政府为了纪念格拉尔，将该院命名为格拉尔医院。第二次世界大战和越战中该医院曾遭毁坏，1976 年越南统一后改设专科医院。

③ 皮埃尔·多梅克（Pierre Domec）于 1942 年 4 月至 1943 年 2 月担任广州湾总公使，任期末尾日军全面占领广州湾。

④ 阿德里安·罗克（Adrien Roques）于 1943 年 2 月至 1945 年 3 月担任广州湾总公使，任期终结于日军推翻印度支那和广州湾法当局的军事变。

由于年纪尚小，我不太了解父亲在银行的工作。1943 年 8 月 8 日父亲突然告诉我们，他即将离开广州湾去越南大叻休假，克莱奥柏特拉（Cléopâttre）先生①将接替他的职务。同年 10 月 4 日，克莱奥柏特拉搭乘德普号（Jean Depuis）轮船抵达广州湾，接任银行经理。11 月 4 日，我清楚目睹两架中美空军飞机以很低的高度掠过西营上空。这么多年过去，此事一直刻印在我的记忆中！城中的不少警卫军营房遭到空袭破坏。人们在银行楼顶的天台安装了一个警报器，每逢中美空军战机飞近广州湾就拉响警报。此后战机轰炸西营及其郊外日益频繁，1943 年 11 月 15 日的空袭造成多人死亡。②

不久之后，我们的苦日子终于结束了。1944 年 1 月 28 日在哥伦布船长号（Capitaine Coulomb）军舰的护航下，德普号安全驶入广州湾港口。1 月 29 日 19 时我们登船离开，1 月 30 日 9 时左右德普号驶入琼州海峡。为了顺利通行，远处的哥伦布船长号在两个小时内引爆了两枚水雷，响声惊人。这种"表演奇观"简直让我终生难忘！

同年 2 月 1 日上午 9 时，我们在岘港（Tourane）③停泊靠岸。死里逃生，我们当时的心情不可言喻！永别了，广州湾！值得庆幸的是，我后来认识了生在广州湾的尼科尔和来自湛江的李河，他们与我年龄相仿，共同回忆了远方故地的点点滴滴。如今你们④来访，我很高兴向你们再次讲起这些故事。

・校注手记・

东方汇理银行内外的日常生活

吴子祺

（2021 年）

2017 年夏，我在法国中部卢瓦尔河谷的古城图尔学习法语，恰逢老朋

---

① 此人为东方汇理银行广州湾支行最后一任经理，1947 年离任，战后一度代理法国领事的工作（未正式设置）。此后银行经理由职员嘉罗士代理，1948 年该支行停业，次年 2 月法国军舰将积存行内的金银财富运走。参阅潘明主编《湛江金融志》，中国金融出版社，1994，第 24 页。

② 1943 年 2 月日军全面进占广州湾之后，利用当地军事和港口设施为其服务，因此中美空军多次袭击日军目标，取得相当战果。

③ 岘港位于越南中部，是法国人着重开发的商港和军港。

④ 指方索夫妇和吴子祺，参阅校注手记。

友、曾经制作广州湾纪录片的方索（François Boucher）先生偕夫人罗红波女士回国度假，于是我们约定一起探望巴黎的几位与广州湾历史有关的朋友。方索先生说，其中一位是当年东方汇理银行广州湾支行经理的女儿，令我颇为期待。巴黎外方传教会的沙百里神父带我们游览美丽雅致的花园，巴罗尼修女则在养老院房间内接待我们，我们也到访了附近她所属的修女会。当时我初学法语，只懂简单的会话，却带着采访的使命，因此心情既紧张又满怀期待。好在方索先生精通中文，可为我们传译。我们约了妮可乐·盖利尔女士一起用午餐——她预订了一家中餐馆。

临近约定时间，我们三人在街上等候，片刻过后，妮可乐女士英姿飒爽地走来，她留着短发，着装时尚，谈吐优雅，符合我对巴黎精英女性的文学和影视印象。妮可乐女士戴着翡翠珠项链，她所选的中餐厅也很是典雅，不论是菜式口味还是餐具摆设都颇显老派，应是数十年前就已融入法国本土，而非纯然中餐了。妮可乐女士拿出了一份文稿，是她撰写的家庭故事，她向我们讲述的内容也以该稿为本，我们也补充提问了若干内容。

其实不难发现，广州湾历史亲历者之中有明显的群体（或说圈层）之别。数年来经过多方寻找，我们所知的法国籍广州湾亲历者仅有两人——家庭背景相似的妮可乐女士和尼科尔先生，他们相互认识并有通信。李河先生是一位居住在湛江本地且精通法语的老人，他与沙百里神父、巴罗尼修女和妮可乐女士都认识。而年过五旬的方索先生则因为兴趣而探寻广州湾历史，从21世纪初起充当往来于中法两国的信使，为上述人士传递信息，也为研究者提供难得的资源。若无方索先生的引荐，我们未必能联系上妮可乐女士，也不会有一起用餐的机会。

坦白来说，妮可乐女士对广州湾的情感并不强烈（相比于其他受访者），毕竟广州湾只是她童年的一部分，此后的成长、工作和生活几乎与此无关。然而受过良好教育的她还是存有一份念想，所以老了之后开始整理当年的旧照片和记忆，重温那四年半的时光。昔日小女孩所亲历亲见亲闻的范围比较狭窄且肤浅，但广州湾法国侨民社区很小，她有机会接触不同的家庭，因此也见识了战争环境中的不少人和事，为我们重现了法国侨民生活的多方面图景。

首先，妮可乐女士准确记得1939年他们一家从北平来到广州湾至1944年前往越南的几个重要时间节点，既展示了在跨国商业网络和法国殖民扩张中东方汇理银行高级职员的轨迹，也反映了战时复杂国际形势对个人的切身影响。其次，一个个回忆片段虽不算充实，但关键的人、事、地点俱全，我们可以从中管窥广州湾法国侨民的日常生活。不论是小孩子爬树、划船和嬉水，还是成人们的聚会、狩猎和宗教活动，抑或是遭遇空袭时的恐慌，一幅幅图景都饱含档案文献所未能体现的生动，并且透露人们在历史现场的喜怒哀愁。

东方汇理银行不仅是法国资本家在远东牟利的典型，更是法国殖民扩张的延伸和帮手。起初，法国政商人士鼓吹东方汇理银行可将"欧洲信贷"引入印度支那，帮助当地平民摆脱高利贷，发展以中小农户为基础的经济。这种设想与法国殖民扩张的"文明使命"理念如出一辙，然而东方汇理银行为了确保资金安全，必须与当地上层阶级（大地主和商人）合作，而资本的逐利性也使该银行的在地发展偏离初衷。① 到了 20 世纪初，东方汇理银行在印度支那已享有政府公共银行的地位，发行纸币（俗称"西贡纸"），流通范围包括广州湾租借地。

由于广州湾经济落后，直至 20 世纪 20 年代初才进入较快发展的阶段，因此在几任总公使的争取下，加上同一时期东方汇理银行大力拓展业务，1925 年 2 月广州湾支行终于建成开业。据法国学者安托万研究，② 广州湾支行首要处理的业务是鸦片生意所累积的大量资金——1914 年至 1928 年法当局实施鸦片专卖，由政府部门以竞标方式向领取牌照的批发商销售鸦片，银行为法当局储存和转移这笔巨额资金。此外，该支行也有助于法当局推广西贡纸，尽管使用范围往往仅限于对公业务（交税、罚款、缴电费等），而未在民间广泛流通。

有趣的是，妮可乐女士记忆中的广州湾支行没有金条银币，也没有秘密存放的鸦片，她天真无邪的眼中只有后院的树木而不见大堂和地窖库房的业务往来。毕竟妮可乐女士当时还是小孩，其父之后也未必会说起相关工作详情。时隔多年，有关东方汇理银行广州湾支行的运作详情，我们很难再找到知情者的忆述，而必须挖掘文献记载。

2017 年访谈的末尾，我问妮可乐女士何不仿效尼科尔先生，回到湛江走走看看。妮可乐女士答道自己年老体衰，不便远行，因此没有计划。2021 年当我们再度整理本书书稿，又想起当年的意犹未尽，于是托生活在巴黎

---

① 李宜珍：《法国资本在远东的先驱：东方汇理银行及广州湾支行》，"广州湾历史研究资讯"第 356 期，2021 年 5 月 30 日。

② 安托万·瓦尼亚尔：《广州湾租借地：法国在东亚的殖民困境》下卷，第 89—93 页。

的雷丹宇女士联系妮可乐女士，请她接受补充采访。然而妮可乐女士一直未有回音，后来听尼科尔先生说她健康欠佳，我们只好搁置此事。转念一想，历史长流本就是由无数的巧合和遗憾共同激荡而来，我们与妮可乐女士有缘相见已属不易，她向我们分享的童年记忆，其实已足以补充广州湾历史的一块缺失。

二　亦官亦商亦民

麻斜走出首席师爷

——张永廉忆伯父张明西

邓珊珊　　吴子祺　整理

一　学法文做师爷

广州湾租借给法国之后，第一个扎脚点就是东营。麻斜旧称东营，后来才把所有行政机关搬到西营。[①] 但赤坎是最兴旺的商业区，西营处处比不上赤坎。法国人很早就搬去西营，我小时候在麻斜长大，没留意法国当局留下什么遗址。

爷爷张芝华[②]原来在麻斜新屋仔村耕田和做私塾教师，他最好的地方就在于培养五个孩子学习知识，辛苦供他们读书。最有出息的是大儿子张耀庚，人们一般都叫他张明西[③]。法国人建立管治的时候，爷爷让大伯学习法文，他学得相当好，所以才当上法国人的师爷。

张明西为法国人做事的具体情况我不太了解，那时我还没出生，但是听说他是法国政府里面的"首席师爷"，有相

图 1　1907 年的麻斜法华学校

资料来源：*La Dépêche colonialeillustrée*，N°15，le 15 août 1908，p. 180。

---

① 法国占领广州湾后，将总公使署等行政机构设于海湾东岸麻斜，而西营和赤坎分别为军事驻地和商业中心。由于麻斜发展不善，1909—1910 年法当局将行政首府迁往西营。

② 据《麻斜张氏族谱》记载，张芝华曾担任"中西学堂"教员。

③ 张明西（1890—1946），谱名耀庚，麻斜新屋仔村人。少时入读法华学校学习法语，学成后加入法当局任职，辅佐法籍官员，是华籍职员中职位较高者。20 世纪 30 年代，张明西投身商界，在华人绅商与法当局的互动中扮演积极角色。

当高的威望和地位。张明西经商应该是从经营裕大布厂开始，这是广州湾最早的纺织厂。① 后来我们家族又做油行和汽车行生意，从国外进口商品。再后来家人把裕大布厂拆掉，建成胜利酒店。

大伯张明西带动几个弟弟读书，他们都算知识分子，那么就能够从事专业工作，我们家族就是这么一步一步发展起来的。我的父亲张耀枢曾在益智中学教书，后来张明西的生意做大了，让他来当胜利酒店的总管，并开车行经营汽车。张耀同的法文也很好，他曾跟大伯在法国人那里干活，后来又去国民党部队当过小官，没过多久就回来了，买一辆汽车给子女经营。张耀东做过裕大布厂的负责人，1947 年张耀崧做过益智小学校长。

图 2 张明西肖像
资料来源：张氏大宗提供。

裕大布厂的地应该是早就从海萍村买来的，布厂原来由三伯张耀东管理，我小时候见过工人手工织布。在拆了裕大布厂、建造酒店之前，父亲用这片地方经营汽车运输，经营广州湾到广州和往返赤坎、西营的客车。在我记忆中，他当过广州湾汽车商会的会长。说起来也好笑，以前的汽车不是汽油驱动的，而是用火炉烧炭。② 发动之前先把火炉烧热，淋水进去用蒸汽发动。此外，父亲还负责管理一间汽车零件铺。以前从西营去广州的陆路没有桥梁，因此要渡海到东营。③ 运输公司将汽车驶进渡船，这才能运到东营，然后经黄坡和梅菉等地方开到广州。

裕大布厂后面就是我们家族居住的西园，里面主要的建筑物是一座别墅，周围不是平地，有台阶上下小坡，又有水井和屋舍，花园里种了果树。就像广州湾时期的其他有钱人家一样，西园除了住屋，还有很多空地，让工人打理花草果木。

---

① 裕大织造厂约 1930 年开办，采用手工纺织，鼎盛时期有 100 多台织布机，400 多名工人。其广告称："本厂主人为提倡国货，振兴工艺，挽回外溢利权起见，加意改良。故本厂特聘名技师发明织染，织造各色斜纹线纱、竹纱、柳条、裕大蓝西施格、美人柳、爱国布等布，工艺无不选择精严。"参见《广州湾商会旬报》第 7 卷第 23 号，1930 年 8 月 20 日。
② 抗战时期燃油匮乏，一些汽车改以燃烧木炭并喷水产生一氧化碳，继而输入气缸燃烧爆炸产生动力，以此驱动车辆前行。
③ 麻斜渡口自清代以来是沟通吴川与遂溪的交通要津，在 1979 年石门大桥建成之前，湛江往广州方向的车辆必须通过麻斜渡口或平乐渡口的轮渡过海。

二 支持爱国将领张炎

我们家庭在广州湾算是有钱人家，我认为大伯的伟大之处，就在于出身法国管治下的广州湾，也能走上支持张炎抗战的道路。

大伯经常和张炎来往，抗战时期捐献 300 匹布给张炎的部队。我还记得日本人占领广州湾之后，我们全家跑到张炎的家乡樟山村①避难，有两个堂兄在村里的世德学校②读书。我印象中那是一所革命学校，培养出很多人才，堂兄张永安也在那里开始倾向共产党。张炎和大伯情同手足，最感人的是张炎被抓了以后，有舆论鼓动要抓捕张炎的家属。在国民党枪毙张炎的情况下，大伯都能想办法把张炎家属③转移出广州湾，使他们免于受难，实在不容易。

到了日本人投降，国民党来接收的时候，大伯把还没开业的胜利酒店借给邓龙光司令，让他在这里接受日本人投降。最初好像叫作"南粤酒店"，邓龙光撤出之后，交回给我们做生意，亲笔题写了"胜利酒店"几个大字，1946年正式开业。因为旧车站在我们酒店旁边，所以人来人往很是热闹。除了宝石、大中和南华酒店，应该就是我们酒店的规模较大、布局最好。

我们在家乡讲雷州话，后来到了赤坎才讲白话④。张明西在法国人那里干

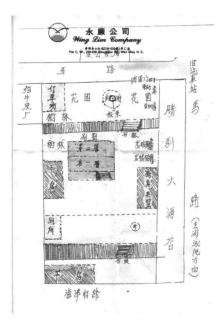

图 3　胜利大酒店和西园的平面图
资料来源：张永廉绘制。

---

① 位于今吴川市塘㙍镇。

② 世德职业学校 1932 年创办于樟山村内，纪念张炎堂兄国民革命军将领张世德（1893—1930），聘请陈智乾为校长。张明西、陈学谈、许爱周等广州湾绅商皆为校董，出资支持办学。

③ 郑坤廉（1909—1951），广东中山人，毕业于中山大学，1933 年与张炎结婚。1945 年张炎牺牲后，郑坤廉在党组织和张明西、许爱周等人的协助下隐藏于坡头和南三乡间，之后秘密转往香港。

④ 白话即粤语。广州湾租借地语言多样，法当局使用法语，民间流行雷州话和吴川话，亦有相当一部分越南人社群说越南话。由于广府等地客商聚居以及与港澳有商业往来，粤语在 19 世纪中期之后流行，形成带有当地口音的粤语方言，今一般称为"湛江白话"。

活的时候都穿西装出入，平时住在赤坎西园①。但他记得祖业在乡下，后来又在麻斜建了一座别墅，占地1000多平方米，四周有岗哨防卫，里面有图书馆、游泳池和网球场，还有假山风景。张明西共娶了三个妻子，大老婆住在新屋仔村，二老婆住在赤坎西园，三老婆住在麻斜别墅。

大伯张明西对我很好。每年我们家族都要回新屋仔村过年，以前有钱人家肯定要打打麻将打打牌，大家高兴消遣。有一次大伯问堂兄："阿廉有没有赌钱啊？"阿廉是我的小名，张明西知道我没有参与赌钱，就说我是小孩子之中最乖的，要给我一封大利是。后来张明西可能是出外投资，带了小老婆出去，从香港回来时坐了许爱周②的船，船撞上日本人的水雷而爆炸沉没。③ 他儿子张永成也在船上，可能是比较调皮，那时刚好走出船舱，船沉之后他游了出来，被人救起捡回一条命。

许爱周是大伯的好友，他后来用船把大伯的遗体运回湛江。湛江的报纸都登载他的消息，毕竟他是法国人的首席师爷。乡下就更不用说了，整个麻斜为之轰动，因为他不知为乡下出了多少力，争取到多少利益，所以民众怀念他。

三　掩护麻斜革命工作

麻斜乡下贫穷，但是整个广州湾第一家乡村小学就是麻斜小学。④ 这是大伯张明西为了乡亲子女的教育，捐钱提倡张氏宗族开办的。他知道知识重要，要靠学校培养人才。麻斜小学相当出名，因为在法国管治时期，读中学前一定要参加会考，麻斜小学学生的成绩在众多小学中名列前茅，很多师生走上革命道路。

---

① 西园旧址仍存，呈三级地势落差，大致坐东北向西南。门口面向西营大马路，最高一级建有停车场、花园和水池；中间一级建有张明西一家居住的两层高别墅，周边附设厨房、杂物房、厕所和水井等，并栽有果树；第三级建有平房一座供工人居住，毗邻海萍村。

② 许爱周（1881—1966），坡头博立村人，广州湾时期著名绅商。早期在坡头墟经营油行和杂货，20世纪20年代起经营地产和航运业，创办顺昌航运公司，旗下多艘轮船往来于香港、广州湾与东南亚。40年代后期许爱周家族定居香港，发展中建大厦等多处物业，并持续捐助湛江的教育和医疗事业。

③ 客货两用轮船台山号，1947年1月触碰水雷沉没于香港水域。张明西与妻子乘坐该轮返回湛江，两人不幸罹难。

④ 1933年，张明西倡议张氏宗族利用张氏大宗祠开办麻斜小学，是广州湾租借地内最早的推行现代学制的乡村学校之一，该校主要依靠张氏祖尝收入。

大伯还为乡下争取利益，主要的事迹就是保护东营码头的经营权。西营和东营之间相隔一道海湾，麻斜海两边的村落都争渡船的经营权，因为这里有很大的经济利益，菉塘村和我们麻斜村都想占着渡口收费，争得厉害。张明西那时也算大官，起码有点威望，照我理解都是他为麻斜把渡口的权益争了回来，渡口的收入归宗族，渡船由张氏族人经营，解决了乡下很多人的生计问题。麻斜人坐渡船不用交钱，直到现在也是如此。在我小时候，麻斜的穷人基本得到救济，没田地的给他们田地耕种，我听说张明西在越南做大米生意时，曾经运米回来救济村民。

法国管治时期最流行的运动是足球，我们家族的年轻人个个都会踢球。我们几个同龄人以麻斜的名义组织球队参加市运动会，拿了第二名。后来我们在胜利酒店摆酒席庆祝，请麻斜的老人来参加，就这样传出了"张家将"的名声。麻斜可以说也是革命老区，知识分子都参加共产党地下组织。胜利酒店开业之后，乡下的革命同志把这里当作联络点，经常来开会。张宝护①是我们乡下游击队的领导之一，曾在培才中学教书，差不多每星期都来。张永安经常联系地下领导张炳②，他也来过我们这里。在国民党统治湛江市的背景下，我们家族几乎全然了解家乡地下党的工作，同时做到保护革命。所有参加革命的麻斜同志无一被捕，无一被杀，全部得到了保护直到解放。

・校注手记・

从个人生命史到地方社会史

吴子祺

（2021 年）

一　早期行政首府培养的师爷

许多人对麻斜的最初印象，莫过于海对岸的大王公——罗侯王庙。人

---

① 张宝护早年毕业于麻斜小学，抗战时期就读中山大学，参与粤北地区革命活动。张宝护长期关心家乡革命动态，经常邮寄进步书刊到麻斜小学，后到培才中学任教，再参加粤桂边纵队的武装斗争。

② 张炳早年毕业于麻斜小学，1946 年转移海康朴扎小学任教。张炳受中共湛江特支领导，1948 年重返麻斜小学任教，参加新民主主义青年团，并具体负责麻斜的革命工作。1949 年张炳入党，建立麻斜支部。

们从霞山乘船横渡海湾，在麻斜码头上岸后，沿着一条不长的窄街直通罗侯王庙的庙门，街两旁都是售卖香烛水果或算命的店铺，可见香火之盛和灵验之名。然而时光回拨到百余年前，景象大不相同。1900年法国人在广州湾建立行政机构，出于控制海湾两岸之目的，将首府（chef-lieu）设在麻斜，由此形成了西营（军事驻地）和东营（行政首府）隔海相望的格局。当年游客登上麻斜，悬挂三色旗的洋房和笔直的林荫道让人印象深刻。

笔者本科阶段就对麻斜颇感兴趣，毕业论文更是专门研究广州湾时期的麻斜地方社会。大约从20世纪90年代以来，麻斜村人为了申请成为革命老村庄而整理材料，强调1902年抗法斗争迫使法当局做出让步的史事。广州湾初期麻斜到底发生了什么？单凭具有特定导向性的中文材料，未必能够探求真相。为此，搜集和考证法文材料和口述历史更形必要。而以"法国师爷"张明西为代表的张氏家族史，更是绕不过去的重点。

今坡头区麻斜街道所辖的自然村多是张姓村庄，奉宋末元初迁居麻斜的福建莆田人张苍显为始祖。海角地形的麻斜旧属吴川县，其渡口是高雷两郡的通津。法国人侵占广州湾以前，张氏族人建立祠堂，享有罗侯王庙尝业和渡口的收益。另外，张氏族人饱受海盗袭扰之苦，官府设置的海防炮台实已废弃。当法当局在麻斜设立总公使署等行政机构，与其毗邻而居的麻斜村民迎来了机遇与挑战。法当局开办法华学校，与私塾先生张芝华合作，由他提供中文教育。该校招收法国、越南、中国籍的学生，留下多幅珍贵民俗照片的方同三（据Fang-Tong-San音译）正是该校教师。张芝华长子、生于1890年的张明西据信是该校最早的学生之一，他由此接受法文教育，为将来加入法当局工作埋下伏笔。此外，也有若干村民投身行伍或从事杂役工作。

法当局一度锐意发展麻斜为现代化城区，在相关城市规划中，土地被划分为多个方格，部分预留为公共建筑，多数则拟作出售，"留给"张氏各村和黄姓等居住的炮台村的空间很有限。1902年法当局欲征用张氏始祖墓，遭到村民强烈反抗，无果而终。虽然此后法当局未如民间传说那般立即撤出麻斜，但其城区建设受印度支那总督府削减经费等举措影响，不但未有进步，反而逐渐陷入萧条衰败。法当局在麻斜海边修筑码头，意欲建成商埠与盘踞赤坎的华商分庭抗礼，却也无果而终。1908年总公使谢思捷（Henri Sestier）向上级建议将行政首府迁往西营，既可利用军队所遗留的营房，又能与商业中心赤坎建立更紧密的联系。尽管谢思捷旋被调走，但他的继任者还是在 1910 年将首府迁移计划予以落实，并改组行政机构。

笔者推测，张明西正是在此重大事件前后进入法当局任职。可惜的是，从张明西入读法华小学至 1930 年从商的二十多年间，直接相关的史料几乎付之阙如。① 我们只知他在法当局担任要职（族谱记为"通事"），并与广州湾华商和高雷政界关系密切。一般而言，师爷的主要工作包括会话传译，文书翻译、誊抄和流转，辅助法国长官处理政务和司法审判等。早期法当局与广州湾租借地民众的沟通多由懂得两国语言的越南师爷上传下达，而随着本地法语人才的培养，权力格局渐渐发生变化。张明西理应做过上述基本工作，且晋升较快。又据林国富先生回忆，其父林质甫接替张明西出任赤坎官职，加上张氏物业坐落于赤坎市政厅对面，或可间接证明张明西曾在市政厅（市长由法国人担任）工作。此外，笔者曾经采访麻斜老革命张本先生，他回忆张明西利用职务之便，为麻斜张族赢得官司，保住了渡口的垄断经营权益，其理据竟是张氏始祖卜居年份更早。张明西及族人在法当局的司法程序中运用本地历史资源，可谓精彩。

二 投身商界的上层人物

随着 20 世纪 30 年代张明西投身商界，他在历史文献中的"可见度"显著提升。张明西身居要职，又与华商交好，有利于他经商。裕大织造厂（即"裕大布厂"）是张明西早期的主要投资。裕大织造厂位于赤坎西营大马路（今中山一路），有"广州湾第一家纺织厂"之称。相关从业者忆述："张明西凭着在广州湾法国公使堂任师爷之便，1934 年开始筹建织造厂。他先后制造了一百多台手工织布机，雇请了四百多工人。"② 其实，早在 1930年 8 月 20 日出版的《广州湾商会商业旬报》上，已赫然刊登裕大织造厂的全页广告，说明该厂的创办不晚于 1930 年。广告内容兹照录如下：

> 本厂主人为提倡国货，振兴工艺，挽回外溢利权起见，加意改良。
> 故本厂特聘名技师发明织染，织造各色斜纹线纱、竹纱、柳条、裕大

---

① 广州湾法当局的行政档案多为报告（月度、季度、年度）和官员通信及电文，几乎都是由主要官员签发，师爷作为辅助角色，一般只以译者身份出现在文件末尾。此外，《印度支那年鉴》和历年广州湾预算案亦有记载官员名字。

② 徐小平整理《广州湾纺织业概况》，《湛江文史资料》第 9 辑，1990，第 140—141 页。

蓝西施格、美人柳、爱国布等布，工艺无不选择精严。输出各品光彩耐久不变，颜色鲜艳夺目，花样尤擅新奇。近则精益求精，堪与东西各国出品并驾齐驱。久荷各界赞许，故客帮采办益形踊跃，大有应接不暇之慨。兹为酬答诸君热心提倡国货盛意，批发价目格外克己。如蒙惠然赐顾，请认劳工牌商标为记。[①]

"提倡国货，挽回利权"的口号透露出张明西实业兴国的愿望，各色布料也展示了裕大织造厂产品种类的多样。广州湾商品向来依赖进口，张明西在洋布倾销的不利营商环境中创办裕大织造厂，引领本地纺织企业逐渐兴办，发展为广州湾租借地为数不多的轻工业行业之一。不过，裕大织造厂仍用手工而未引入机器生产，产能相当有限。

1910 年法当局机构迁离麻斜后，废弃官署被拆除，在某种程度上麻斜"恢复"了乡村旧貌，也造就了张明西开发当地商业的机会。花生是广州湾土产之一，广州湾商人大量出口花生油到香港，利润十分可观。有鉴于此，张明西在麻斜开办油行生产花生油，参与大宗商品外销。另外在他支持下，五弟耀枢在麻斜街和西营开办汽车公司，从香港购进汽车数台，经营西营市区经麻斜渡口连接吴川和广州等地的公路客货运输。

与此同时，张明西与高雷籍军政要员和广州湾商贾日渐熟络。1932 年抗日名将张炎返回家乡吴川樟山村开办世德职业学校以纪念堂兄张世德将军，张明西是校董会成员之一，说明他与张炎早已有交情。1937 年冬，福建事变后闲居的张炎出任广东省第七区行政督察专员，受命在粤西组织抗日武装。因经费困难，张炎偕妻郑坤廉带宣传队到广州湾义演募捐，并通过张明西发动许爱周、陈学谈等名人捐款。据 1989 年张启隆和张启兴的《证明材料》所述，张明西捐献款项和布匹等物资，令张炎颇为感动。1938—1939年，张明西裕大织造厂为张炎的部队织造军需用布 300 多匹，夜间装船经南三岛转运出广州湾，送达驻吴川县的张炎部队。张炎和郑坤廉夫妇在广州湾屋山村开办战时第五儿童保育院收养海南等地难童，同样得到张明西等商绅捐资。

在中共党组织的安排下，多名党员到张炎身边工作，为国民党地方当局所不容。1940 年张炎被迫下野，广州湾各界公开通电挽留，署名者中

---

① 湛江市档案馆藏，档案号：001 - A12. 14 - 016 - 002 - 054。

就有张明西。电报赞赏张炎三年来在南路的工作："德政覃敷，军民悦服。当时受命于危难之际，能措地方如磐石之安……对本湾之法方联络，素洽感情；侨属绅商，尤为信赖。"① 虽然此议难挽狂流，但也反映了张明西和广州湾商界对张炎的热心支持。此后，张明西协助张炎及其家眷经广州湾转移。1944年张炎任第四战区中将参议，重返南路工作。1945年1月张炎在中共南路特委的统战工作下决定发动起义，宣布成立"高雷人民抗日军"，向吴川和廉江等地的国民党地方武装进攻。但仓促起事又遭突袭，起义失败，张炎遭捕被杀，国民党当局悬赏通缉郑坤廉。② 在张明西和许爱周等人的帮助下，郑坤廉和儿女秘密转往澳门和香港，得以逃过追杀。③

　　抗战时期，张明西热心公共事务，为大后方物资转运出力。1939年中国国货股份有限公司为开辟西南各省物资输送通道，派陈玉潜和李庆新等人筹备广州湾分公司，陈学谈、霍子常、陈斯静和张明西等广州湾绅商入股参与，为该公司提供必不可少的本地支持。④ 日本侵略者将广州湾这一国际海上通道视为严重威胁，多次施压要求法当局限制物资进出口。1940年6月法国本土战败后，法当局更是屈从日军要求，宣布在广州湾实行物资禁运，允许日方贸易检查员进驻监督。此举引起广州湾华商联合抗议，广州湾商会主席霍子常率领张明西和梁日新在内的15名市民代表请愿，⑤ 最终迫使法当局放松一部分措施。当时广州湾流通多种货币，为了稳定物价和市场，1941年12月广州湾调整金融委员会成立，张明西为21名委员之一。该委员会倚仗广州湾商会的商事管理权，约定商人不得歧视中央银行、中国银行、交通银行和农民银行等金融机构发行的新旧货币，并且实行法币（国币）本位制，约定兑换比率，不再承认以白银为单位的交易。⑥ 上述有力措施稳定了广州湾的经济秩序。由此可见，张明西跻身广州湾华商的核心，为抗战做出了一定的贡献。

① 《广州湾各界来电》，《战时南路》第15期，1940年6月，第577页。
② 中共吴川县委党史研究室编《南路特委与张炎将军》，广东人民出版社，1991，第195页。
③ 陈向兰：《郑坤廉传奇》，中国文史出版社，2003，第151—156页。
④ 《广州湾中国国货公司发起人会议纪录》，上海市档案馆藏，档案号：Q554-1-979。
⑤ 《不堪日"检查员"压迫，广州湾开市民大会》，《大公报》（香港）1940年7月30日，第2张第5版。
⑥ 韦健：《广州湾商业指南年鉴合辑》，东南出版社，1943，第78—79页。

三　张明西对家乡的回馈

张明西于麻斜而言，是一名富有远见和魄力的乡贤，尤其是他倡建麻斜小学之举，更是惠泽深远。张明西在法当局供职并非不受乡人非议，比如有人曾指责他"食番鬼屎"，可他在殖民管治的体制内为家乡培养人才之良苦用心，早就得到当年毕业生的公认。

广州湾华商最早于1924年在西营合作开办益智学校，先办小学，继办初中，又倡议各乡广设小学以扩大生源。在此背景下，张明西提议利用宗族财产在麻斜开办小学并得到族人支持，从而于1933年在张氏大宗祠堂办学。由于张明西具有一定文化水平和财力，而且麻斜张氏宗族有祖尝田地、渡口、罗侯王庙和围海垦殖等收入，因此麻斜小学能以较高标准办学，聘请化州籍中学毕业生彭焕民担任校长，是广州湾乡村地区的第一所完全小学。

麻斜小学采用规范课程教学，又关心学生德智体发展，开展足球、篮球和排球等体育活动，因此较快有成效和赢得了声誉，吸引周边学生入读。据当年学生张本和张廖等人回忆，麻斜小学应届毕业生历年在西营安碧沙罗学校举办的广州湾会考中都取得不俗成绩。麻斜小学还为毕业会考成绩前三名的学生提供奖金，激励学生争取佳绩。张明西担任该校校董会董事长，并于1938年邀请张炎访问麻斜。张炎到场发表演讲，向麻斜小学赠送"救国新基"镜匾，并捐献资金建造校舍。经过该校多年办学，麻斜大批农家子弟得以接受教育。大批师生在麻斜小学走上了革命道路，他们在麻斜开展地下工作而无一被捕杀害，是因为得到张明西和麻斜公局长张斗文的保护。

全面抗战后期，裕大织造厂改建为酒店，1945年落成，适逢抗战胜利，于是定名为胜利大酒店。该酒店奉命接收广州湾的国民党军队粤桂南区总指挥邓龙光入驻用作军部，接受日军投降，见证了一段重要历史。该酒店为砖混建筑，主座高三层，两侧翼楼高两层，外立面具有西方流行的"艺术装饰风格"（Art Deco），一层则为华南典型的骑楼。胜利大酒店与南华大酒店、宝石酒店和大中酒店等并列为赤坎名店，"堂皇华贵"，胜利餐室供应"名贵西餐、冷热饮品"。[①] 张永廉回忆足球赛后聚餐的热闹景象，就是

---

① 《胜利大酒店》（广告），《大光报》（粤南版）1946年3月27日，第6版。

发生于此。胜利大酒店有花园景色，广告称"是湛江唯一幽雅的居停"。①张明西家人居住的西园为庭院式建筑，位于酒店后面。张明西另在麻斜乡间建有别墅，建筑仍存。

战后张明西居于香港，1947年1月偕妻乘坐顺昌航业公司的台山轮返回湛江途中，不幸因船触雷沉没而罹难。当他的灵柩运回家乡安葬时，麻斜小学师生等人致以哀荣。回顾张明西"先政后商"的一生，家国情怀贯穿始终。他从麻斜独特的历史环境中走到法国殖民管治的台前幕后，又成为华商的核心成员，他总是关注家乡发展，并未舍弃亲属和乡党等中国传统关系。以张明西为代表的本地师爷群体以自己的方式建立与地方社会的紧密联系，值得我们进一步研究。

张明西出生的新屋仔村西临海岸和公路，法当局曾占用村中土地建造公园。1910年后公园随行政首

图1　胜利大酒店的广告

资料来源：杨法镳《湛江概况》，第65页。

府的废弃而丢荒，但村民长期心存忌讳，建造房屋都绕开花园遗址。如今该处辟为广场，张永廉先生退休后返乡居住的宅院就在广场附近。回忆数年前受邀到访，犹记庭院内花木繁盛，体现了主人家代代相传的淳厚乡情。

---

① 　杨法镳：《湛江概况》，中国指南出版社，1947，第65页。

犹记岑霞村人面树

——林国富忆父亲林质甫

吴子祺　整理

我不清楚父亲的出生年份，1944 年他去世时大概是 40 岁，我才 4 岁。我有两个母亲，大妈在乡下，生我姐姐一人，比我大十几岁。我的生母是北海人，来广州湾经人介绍嫁给我父亲，我还有个弟弟。母亲没怎么读过书，后来有朋友的太太教她，才认识一些字。

我的爷爷是吴川县坡头岑霞村人，是个教书匠，在"吴川街"① 教私塾。吴阳是书香之地，清状元林召棠的家乡，读书风气很盛，以前有很多人去那里读书。南华大酒店对面那间学校②的校长林清泉等都是我爷爷的门生。我父亲先是跟爷爷读书，后来到法华学校学法语，估计是设在坡头墟的那所。以前坡头周边的人很难直接到城市创业，一般来说，都是在离家乡不远的坡头墟做些小本生意，可以照顾乡里老少，待积累了资金、营商经验和人脉关系后，才到广州湾扩大生意规模，许爱周就是这样发达起来的佼佼者。

岑霞村分大村和小村，都姓林，我们家是小村，村里有伯父打理农田。父亲和村里来往很少，不经常回去。当年，有名气的人不用做生意，人家就会找上门来。可能跟父亲帮人介绍生意有关，当年有很多人送钱来，这是人家给的回佣，在当时是一种正当的商业合作关系。三有公司我的父亲就有份，是其中一个小股东。所以我母亲说："起霞村系朋友帮。""霞村"是我们家的住宅，有一次海萍村③失火烧了很多房屋，父亲就买空地来建房。霞村原是两层洋房，建筑占地 400 多平方米，包括花园有 1500 多平方

---

① 即昔日吴川县城，今吴川市吴阳镇。
② 应指赤坎法华小学，旧址位于赤坎区中山一路。
③ 海萍村在广州湾早期是赤坎近郊，今天已成为赤坎城区的一部分。

米，由建筑师梁日新①设计建造。主楼周围有工人房、厨房、客房，工人有三四个：洗衣服的、煮饭的、奶妈、花王②。庭院内，父亲亲手种下一棵人面树，果子的核像人脸，有"眼""耳""鼻"。或许湛江就仅此一棵，它比我年岁还大，一直陪伴着我成长。人面树开花结果时，似有一张张人面在欢笑，令人笑逐颜开。改革开放后，政府落实侨房政策，将房子归还我们，我们开办了幼儿园。

我父亲与梁日新是乡里，都识法文，因此交情好。后来梁日新建屋"恩里"，就在我家旁边，两家又成为邻居，我常常到他们家玩。钟姨③懂得很多家政手艺，因为她读过安碧沙罗学校，自己在家里做雪糕、西饼和蛋糕。她做雪糕是将冰块放在大木桶内，中间放置一个可转动的锌铁罐，将面粉、牛奶等放在其中，搅拌一个钟头，便成了香滑可口的雪糕。她还会做安南美食"哟"和"咋"。"哟"就是安南人的长条肉粽，把猪肉、牛肉舂碎，加鱼露、胡椒粉，再用芭蕉叶包裹扎实蒸熟，非常好味。还有一种叫"咋"，是将以上材料煎熟做成的，也十分可口。西营有多家安南人的小食店，街上也有小贩。

他们还有一种做法，将牛肉灼七八成熟，配河粉吃。黄豆牛骨汤也是安南人的美食。还有牛角包咸咸的，直直的，有夹馅，就像热狗，皮很脆。

广州湾时期用法国东方汇理银行发行的西贡纸④，小小的一张。广州湾很多物资都从越南运过来，如海防的红毛泥⑤和煤炭等。读中学时我还有同学是越南人，一个姓阮叫阮同林，前几年回过湛江，还有一个姓佟的越南朋友，他说是他父亲带法国人登陆广州湾的。

据说我父亲是接替张明西任总师爷，张明西的胜利酒店和西园也在我家附近，我去过那里玩，认识他的儿子张永成和张永超。西园旁边的

图1　林质甫像
资料来源：林国富提供。

---

① 梁日新（1900—1993），吴川里屋村人，广州湾时期著名建筑师。详见梁爱棠篇。
② 指负责打理花草树木的花工。
③ 即梁日新二夫人钟月如（1917—2014）。
④ 东方汇理银行在法属印度支那发行的印度支那元纸币（piastre），广州湾民间俗称"西纸"或"西贡纸"，是与广州湾法当局发生钱银来往的指定货币。
⑤ 原指进口水泥，这里指越南海防生产和出口的水泥。

牛皮厂是今广东发展银行①，靠近华光庙。父亲和陈学谈很熟，我小时候常去他家玩，他家有军队把守。说到当年的社会治安，我记得当年黑眼元②在湛江市"好劲"，有钱人有事都找他。

我到香港后，去过跑马地的山光道5号学谈花园拜访，与陈学谈、学森、学熙家族有往来。陈学谈见了我，就亲热地说"质甫师爷嘅仔"。陈学谈一般讲两句白话就转讲雷州话，但跟我就讲白话。做过商会长的赖泽是满族人，会驶船，是大副。许爱周或许是赏识他的航海技术，认作"契仔"③，这是街知巷闻的事。赖泽当了最后一任广州湾商会长。他的弟弟叫赖地，因受牵连，④解放后被处决。

1944年6月2日我父亲遇难，当晚他吃完饭去同乐戏院跳舞消遣——他经常应酬，突然盟军飞机来轰炸，听幸存的朋友说，他当时已经听到飞机的声音，才走到门口，炸弹就落了下来。他不是被炸弹炸死的，是因楼房倒塌被砸断腿，抬去医院才断气的。市民闻讯，都在相传说："质甫师奶阿贺能。"⑤可见父亲当年在广州湾有一定的知名度。父亲死后葬在海头墟，吊唁簿上有铁胆⑥的签名，当时法国人已经被日本人管制，所以没有什么抚恤。

父亲死后，我们家还有一些积蓄和金银珠宝。所谓"烂船都有三斤钉"，靠出租房屋收入，生活还能维持。解放初期还能偷偷去祭拜父亲，后来就不能去了。解放后，家中只剩我们母子三人，渡海作战的解放军入住我家。他们离开后留下一些机关枪脚架，我们拿去当玩具，把一根木头放在脚架中间，就当是模型枪械。公安局的人看到了，带人来我家搜，见到家中有铁胆和李汉魂的照片，怀疑我们藏了枪，将我母亲抓到专员公署的监狱。后查无实据，只是一场误会，加上附近住户求情，都说我们孤儿寡

---

① 位于今湛江市赤坎区中山一路22号。

② 即陈元南，广州湾时期的地方权势人物，抗战期间曾组织武装协助日军，1945年被刺杀。

③ 粤语，指干儿子。

④ 1943年日军占领广州湾后，赖泽曾出任伪职，战后以汉奸嫌疑被捕并囚禁，后以"于敌后工作尚有成绩"获开释。参见《社论：由赖泽事件谈到肃奸》，《大光报》（粤南版）1945年10月30日，第1版。

⑤ 雷州话谐音，意思是"质甫师爷的妻子惨了"。

⑥ 铁胆是地方实权人物戴朝恩（1891—1947）的绰号。大革命时期戴朝恩加入国民党，依附县长黄河沣扩张自己势力，对抗高在湘一派。全面抗战时期戴朝恩与袁学伟等人创办《南路日报》，支持遂溪青年抗敌同志会，担任南路特务大队长，对宣传抗日、发动群众起一定作用。另外，戴朝恩在广州湾置办房产，开设赌场，与陈学谈等人武装走私。1943年第四战区司令张发奎把戴朝恩部队扩编为雷州独立挺进支队，抗战胜利后戴朝恩出任遂溪县县长，1947年3月遭游击队伏击身亡。

母不会藏匿枪支，两个月后母亲被放了回来。

我在赤坎运动场旁的慈光小学①读幼稚园，中学到市二中读。我姐说让我离开家，要不就学懒了。那时霞山海滨很美，所以周恩来总理说湛江是花园城市。城市卫生比赛湛江常常获奖，通往市府大楼的凤凰树开花很美。1962年，我申请来港。过罗湖关卡时英国人"睇衫放人"，衣服好的不让通过，说你都穿好衣服了何必过来香港，留难你。

我算运气好的，我是在母亲过世后才赴港定居，弟弟后来也来了。我的姐姐在两广盐务局工作，后来调到省化工厅，并在那里认识姐夫，他是个南下干部，在省化工厅当书记。她曾接母亲到广州住，后来邻居告发要她送回去，住了不到一年就回乡下了。

我来到香港后，林清泉找到许敏功②，许敏功与父亲关系好，他们找许爱周商量，许爱周很念旧，问我想做什么工作。我听说顺昌有船，就说想行船③。许爱周的几个儿子晚上回来吃饭，他说林质甫的儿子下来了，要安排工作。世勋④说我只是读过书，没有技术，先送去船厂做学徒。于是我到了德华机器厂做工，从学徒做起，然后上船在轮机舱工作。

我行船后全世界都去，觉得始终都是香港好。一到美国，很多低级的水手跑上岸，他们当中很多是福清帮⑤。船到了加拿大，旧金山亲戚叫我留下，我都不愿意。按行规，一艘船上有四个人可以带家属：船长、大副、大车、二车。我做二车时娶妻，她祖籍佛山，生长于香港，我在亲戚开的制衣厂认识她，我比她大9岁。结婚次月我带她上船，也算在海上度蜜月吧。一年去了很多地方：印度、日本、新加坡……

时至今日，湛江市变化很大，生活有明显改善。我今已逾古稀，但那种思乡之情总是挥之不去，不时也会回老家看看，会会老同学，见见老朋友，享受出生地湛江的阳光海滩，也常常约三五知己到调顺岛食海鲜。如今我在香港有一个幸福的家，老夫老妻感情甚笃，子女成家立业，孝敬父母，一家人美满幸福，父母在天之灵可以安息了。

---

① 1930年秋开办，郭寿华《湛江市志》记"现设赤坎光复路"。参见郭寿华《湛江市志》，大亚洲出版社，1972，第204页。

② 许爱周之侄许敏功（1902—2004），自己经商并为许家打理业务。

③ 指随船做水手。

④ 许爱周三子许世勋（1921—2019），曾长期主理家族生意。

⑤ 指福建人。

李家园的两代娱乐业

——李河发忆父亲李宗泽

吴子祺　整理

一　李家园开枝散叶

我的祖父李秀然籍贯广东恩平，早年经福建循水路迁徙到广州湾，在赤坎大中酒店[①]旁边空地上建造八间平房，种些树木花草，内有一较大的水塘，他将此地命名为李家园。从此人们习惯把我们家族的人称为李家园，如李家园师奶、李家园小姐。

关于祖父的详细情况，我们难以回忆，只知道他娶过两房妻子，育有二男四女，家父李宗泽排行第二，上有大姐李赛梅，下有三个妹妹和一个弟弟。大姐和三妹嫁在赤坎，二妹嫁到遂溪，四妹嫁到坡头。祖父有一堂兄弟，就是堂伯父李文潮的父亲。祖父1934年去世，因为祖父在我出生前几个月去世，我的名字也是祖父所取，所以知道他的去世年份。经推算，他出生应在1884年前后。

祖父来赤坎定居后购置土地，建成了祖宅和一座剧场，父亲接手后命名为同乐戏院。该戏院面积900多平方米，为单层砖木结构，可以放电影

图1　约1906年的赤坎歌女
资料来源：广州湾早期明信片。

---

①　大中酒店旧址位于中兴街与中华路转角处，坐西向东，三层砖木混凝土结构，商人陈文波20世纪30年代出资兴建，以饮食业著称。叶彩萍、冯兆平：《广州湾记忆——近代建筑篇》，香港美术出版社，2012，第44页。

和演大戏。同乐戏院是广州湾首家剧院，名气较响。抗日期间许多有名的省港粤剧团都在此演出过，例如马师曾、张活游等所在的粤剧团。[①] 祖宅和同乐戏院连在一起，共用一道墙，祖宅小园子有一小门通向戏院，我们可以从这个小门进入戏院内。戏院不临街，每当散场时，打开边门观众便可以从祖宅门前走到兴华路。若通过戏院正门进出，则需走过靠近大中酒店旁边的一条通道。后来为了方便观众出入，家人把祖宅拆除改为通道，并在旁边另建住宅。

祖父尚在人世时，他为家父和叔父李宗焕分家，同乐戏院分在家父名下。曾有资料说叔父为同乐戏院经理，实为讹传，实情是祖父去世后，同乐戏院由我母亲梁惠芬管理，叔父也协助做些管理工作。

家父20多岁时在兴华路一号建起了房屋，供家人居住。这是一座二层砖木结构的房屋，底层和二楼都在两边各建有两间住房（共八间住房），中间各有一个大厅。底层大厅供奉祖先牌位，逢年过节我们都在此祭拜祖先。底层有一间大厨房作煮饭、堆柴、洗澡之用，其后有一小园子，布置两间厕所，并种有一棵大龙眼树，每年龙眼成熟时我们都采摘来吃。

二　查船师爷李宗泽

家父1908年10月10日诞生在李家园内，少年时曾就读于西营的法华学校。法华学校是法国人所办，学生从一年级开始就学习法语。家父后因工作需要，还专门补习和自学法语。家父可与法国人对话，并能书写法文文件。然而他的学历不详，但从其工作性质来看，应是初中和高中之间。

家父成年之后，经堂伯介绍，进入法国人的海关[②]任查船师爷。堂伯早

---

① 同乐戏院是广州湾较早放映电影的场所，设有音乐茶座，主要演出粤剧。吴乐梅：《广州湾电影事业浅谈》，《湛江市工商史料》第2辑，内部资料，第126—128页。另据老电影人回忆，同乐戏院是剧场改造而成，1936年建成开业。竹木搭成大厅，设有舞台，前厅是砖瓦结构二层楼。黄履国：《湛江地区电影史略》，《往事·粤西电影百年印记》，2016，第3—5页。1939年12月24日，广州湾各界和遂溪县文化界在同乐戏院举行欢送遂溪青年抗敌同志会慰劳团暨广州湾赈灾会救护队上前线慰问、支持蔡廷锴部队抗日大会。与会人员约1000人，晨光小学校长许乃超和晨光小学董事会主席、广州湾商会理事陈澄甫等人讲话，会场气氛热烈。廖晃欣：《广州湾商会赈灾会救护队》，中共湛江市委党史研究室编《中共在广州湾活动史料》，广东人民出版社，1994，第245—248页。

② 印度支那总督府在广州湾派驻海关及专卖局（douanes et régies）分支机构，负责监管货物进出口，办公地点在西营。

97

年也在法国海关工作，大概也是查船师爷，家父就是他带出来的。堂伯后来离职做寓公，靠收租为生。师爷不是一个职务，也不是职称，只是人们对在法国机构工作的华人文职人员的称呼。查船工作就是审查船到港或离港所申报的货物是否与报关单相符，以及应征收多少关税等。他一直在海关工作，直至日寇占领广州湾、法国人撤离。由于法国人给的待遇较高，且同乐戏院的收入不错，所以家父陆续置办了若干产业。

家父经过多年经营，先后置办了赤坎的欧亚酒店、西营的新亚茶楼、亚洲西药房（合资）及中国大戏院（合资）。欧亚酒店我幼年时曾去玩过，地址在法国大马路（今为赤坎中山路步行街）稻香村斜对面。这是一座三层的房屋，[①] 经营住宿，内有自来水——当年用上自来水的楼房为数不多。亚洲西药房的地址已记不清了。住宅方面，除了早年建造的兴华路一号，家父并在西营建造"吾庐"和民治路13号（在中国大戏院隔壁）两座住宅。另外，家父在赤坎高州街等处也建有两座房屋，在西营水鬼塘还建有一些房屋。

中国大戏院是二层结构，有700—900个座位。[②] 大多时候放电影，有省港粤剧团来时就做大戏。抗日战争时期省港下来的粤剧团多些，所以那段时间多演大戏，我只记得罗剑飞、蔡群玉、罗丽燕家族剧团来演过。[③] 票价分等，看大戏时前座及中间最贵，旁边及后边较便宜，楼上前边又贵点，后边最便宜。放电影时，楼上前座最贵。开业初期中国大戏院生意较好，到了日侵及解放前后，生意时好时坏，我记

图2　中国大戏院的广告

资料来源：韦健《大广州湾》，东南出版社，1942。

---

① 李宗泽和姐夫杨柱国投资的欧亚酒店高达五层，经营住宿和餐饮，并开办贸易公司，提供办货和金融服务。

② 广州湾著名建筑师梁日新设计和施工，1942年建成并投入营业，有座位978个，使用美国"K利"牌放映机，开幕放映美国米高梅公司出品的《日暖花开》，后来也放映香港影片和国产影片。黄履国：《湛江地区电影史略》，《往事·粤西电影百年印记》，第3—5页。

③ 罗剑飞是号称"星马四大天王"之一的粤剧男演员，蔡群玉和罗丽燕是二战前活跃在南洋的花旦。

得解放前后放映《出水芙蓉》①，盛况空前，站票也卖出不少。

戏院有三个出入口，两个出口在逸仙路，一个靠舞台，一个在中间，大门在逸仙路和民治路交界处。二楼临民治路处有办公室，以及职工休息和活动的场所。在靠近我们民治路13号住宅这边有一个小阳台，有两间浴室及洗晒衣服的地方，供粤剧演员使用。戏院职工不多，一人画广告，一人卖票，一个放映员，两个门口收票员负责楼上和楼下收票，还有管理和会计等。有一位老职工吴苏，20世纪40年代他已经在戏院工作了。他的工作就是画大型的电影明星像或与电影情节有关的画，画作挂在四周外墙上。吴苏也负责大厅的布置，如挂明星照片和张灯结彩等。年少时我曾跟他学画，20世纪90年代我还到他近海边的住处拜访他。②吴苏有一姐姐叫吴莲，也在中国大戏院卖票。抗战胜利后，戏院改名为和平戏院。解放后，戏院再度改名为东风戏院。③

水鬼塘④在民治路过逸仙路一直往南走，走一段较长的路有一水塘即是。当年此地比较偏僻，有人淹死，故名水鬼塘，很多越南人住在塘边。家父在水鬼塘处开一间名为"新亚"的茶楼，二层结构，面积不大。当年茶楼消费，大多是顾客下单，由服务员将茶点送到桌上，没有小推车。收费按大中小碟计数，客人吃完之后，点碟算账。由于茶楼临水鬼塘，有客人乘服务员不注意，随手把碟从窗口丢到水鬼塘，以图节省费用。此外，还有人把餐具偷偷拿走。当时付费有两种方式，一种是付现钞，一种是买簿仔——预先买下一定金额的票据，付费时把票据撕下来交服务员就成。买簿仔可能有优惠，但是这些顾客必须在本店消费，客源固定，对茶楼有利。我们家人当然拿簿仔消费。

日寇入侵广州湾后，生意十分萧条，加之家父在海关的工作也丢了，大多数时候做寓公，坐食山空，于是他先后把欧亚酒店、新亚茶楼及亚洲西药房卖了。此后家父产业只剩下同乐戏院和中国大戏院两处，以及李家

---

① 美国米高梅公司出品的电影，1944年首映，该片讲述作曲家和游泳教练相恋的故事。

② 李宗泽为广州湾商会属下的电影业商业同业公会常务理事，1946年9月接任理事长（商会已更名为湛江市商会），吴苏毕业于法华学校，是该会理事之一。湛江市档案馆藏，档案号：001 - A12.2 - 020 - 001 - 002。

③ 此处记忆有误，戏院落成后至解放前名为"中国大戏院"，解放后被政府接收，1953年改名为"和平戏院"，"文革"时期改名为"东风戏院"。

④ 水鬼塘在今霞湖公园东南，通避风塘，大致在东风市场和霞山冰厂一带。这片区域地势低注，易受海潮入侵，20世纪50年代被填平。

园祖屋、吾庐、民治路十三号、高州街等几处住房，此外尚有水鬼塘一块空地——地上几间房屋在一次火灾中被烧毁。

家父对海关工作熟悉，[1] 因此临近解放，与朋友麦昌合伙在西营码头附近开设报关行。[2] 同时家父在逸仙路开一间名为保和堂的中药店，自己任会计。林焕章曾在店内做药剂师兼医生，后来听说他调到湛江医专任教师。

家父的朋友大多数是生意场上的人和一些共产党地下工作者。生意场上的朋友我记得的有朱一划（因在法国人的蓝带兵营任一划而闻名）[3]、梁日新、陈锦泉（绰号"花昌"，因脸上留有出天花的疤痕而得名）[4]、单须（姓吴，因脸上的痣长出一根胡须而得名）、麦昌（曾与家父同开报关行）[5]、姚华屏[6]。我只知道家父与他们有交往，但不知道关系深浅。

家父朋友中还有一些画家和雕塑家。如他和香港有名的岭南画派领军人物赵少昂也是朋友，家父曾收藏他的十多幅画。有一位雕塑家为他做过一个半身真人大小的石膏像，[7] 可惜"文革"时这石膏像被捣毁了。家父和法国人没私交，从没有法国人来家探访，也从未听见家父谈起与法国人私交的情况。他与越南人倒是有些交往，但来访的越南人较少。我记得家父说过一些越南人情况，可惜忘记了。家父与太平墟的何保罗医生有交往，我只知他是留学外国的西医，曾任国民党军医。我读

---

① 1948 年湛江港的管理和秩序趋向正轨，7 月 31 日经国民党政府海关总税务司批准，雷州关公布《湛江市西营港口理船暂行章程》，管理对象主要为机动船舶及非机动船舶与动力船舶一同起卸的货物。当年湛江市外洋航运仅限于香港和澳门两地，进出口船舶 139 艘，次年 102 艘。湛江海关编《湛江海关志（1685—2010）》，2011，第 120 页。

② 国民党政府时期至解放初期，李宗泽担任湛江市西营报关商业同业公会和电影业商业同业公会理事长，前者设在祖晃路（即今霞山区汉口路）西营商会，后者设在赤坎百乐殿戏院。《湛江工商年鉴》，湛江工商出版社，1949，第 67 页。据解放初政府的调查材料，李宗泽作为上述两个公会的负责人，备考均为"该人妥当"。湛江市档案馆藏，档案号：001 - A12. 16 - 099 - 001 - 002。

③ 朱育英，生卒年不详，坡头人，广州湾时期曾做过警官，"一划"是最低等级。朱育英在西营经商，是中国大戏院股东之一，解放前赴香港定居。

④ 陈锦泉，生卒年和籍贯不详，中国大戏院股东之一。

⑤ 麦昌是李宗泽的生意伙伴，生卒年和籍贯不详，做过法当局职员，中国大戏院股东之一，国民党统治时期做过电影同业公会监事长。

⑥ 姚华屏（1912—1982），湛江人，广州湾时期经商，长兄在广州湾法当局任职。国民党统治时期曾任西营区副区长七个月，后辞职。

⑦ 可能是广东台山籍雕塑家陈锡钧（1893—1951）的作品。全面抗战初期，陈锡钧曾在香港为陈学谈、许爱周和陈斯静等广州湾名人塑像，1942 年逃难广州湾，战后返回香港。

小学时肚内生疮，就被送往太平墟居住，经何保罗治疗一个多月，不用开刀便治好了。

家父与地下党员的交往，因为事关机密，父亲很少提及，我只记得四件事。其一，曾有一女子经人介绍借住我家一晚，以躲避国民党追捕，介绍者应该是地下党员。该女子入住我家是我亲眼所见，女子离开我家后，家父说她是地下党员。其二，湛江刚解放时，家父有一地下党员朋友来我家探访，曾说他经常夜间活动时把宣传单丢入吾庐花园内给家父。其三，我在1992年前后经中学同学陈玉琨（地下工作者，新民主主义青年团团员）介绍，与湛江市公安局一科的科长联系，他自称是家父好友，而且是发小，可惜姓名忘记了。其四，我家祖辈葬在西营郊区的游击区内，每年扫墓都先与地下党通气，取得同意后再拜山。我们每次都顺利往返，未受阻拦。扫墓期间或有"村民"前来探视，没说什么就离开了。

在我们心目中，父亲是个忠厚善良、乐善好施、待人和蔼可亲的本分商人。有一年霍乱流行，许多人上吐下泻，家父利用他收集的治泻密方，自费制成中药丸免费供街坊使用。他还曾被选为西营救火队的领导，记得有一次水鬼塘的木栏①失火，他半夜起来施救。家父拥护共产党，1951年下半年或次年上半年，湛江市召开一次大会，家父把某件器材捐献给国家，受到登报表扬。家父喜欢唱粤曲，解放初自排自演《九件衣》慰问各界。正因为他拥护共产党，所以获邀参加湛江第一届各界人民代表大会，还被选为霞山区工商联合会委员。

三 盟军飞机误炸同乐戏院之惨况

同乐戏院在1943年日寇入侵后②生意不好了，少了粤剧团演出，于是家父将其改为跳舞厅，并有粤曲伴唱。

1944年某夜三更时分，忽闻飞机隆隆之声，随后一阵巨震。③ 这时乌天

---

① 售卖木材的商店。
② 1943年2月日军与广州湾法当局签订《广州湾自卫协定》，"和平进驻"广州湾，同时攻陷海康、遂溪等县。
③ 自日军侵占广州湾后，盟军飞机数次攻击当地的日军据点。1944年6月2日夜，盟军飞机投弹轰炸赤坎，其中一颗炸弹落入人员密集的同乐戏院，造成多人伤亡。此外还炸中店铺和民居，死伤者众多。

暗地，戏院方向却火光阵阵，我们才知道戏院被炸起火了。我们三兄弟当时住在兴华路一号，赶快起来想逃，但大门打不开，我们大声呼救，幸得街坊帮助才打开大门逃出来。当年大哥河清 16 岁，二哥华猷 14 岁，我 9 岁，二哥把我背起来还提着一个箱子，与大哥一起在我妈契女后沟姐护送下，逃到高州街她住处的二楼避难。

同乐戏院被炸后其状至惨，除了四周墙壁外全炸塌了，戏院正中炸出一个深坑。剧场内散满鞋和破碎衣服，人们花了好多天才把现场清理完毕。我们第二天就知道是美军误炸了，被波及的还有另外两三处民居。当时家父逃难到桂林，家母住在西营民治路 13 号。中国大戏院装有电话，因此惨案发生后，有人打电话到中国大戏院，再由戏院职工走到两楼连接处大声呼叫家母前去赤坎善后。当晚死伤的舞客和舞女有好几十人。此后我家已无财力去修复戏院了，只在周边建造了六间简易房屋出租。

说到此处，或许你们有疑惑，为什么父母都不在身边，留下三个幼儿在赤坎生活？原因在于日寇入侵广州湾后，家父在当地有点名望，他害怕日本人对他不利，所以和友人逃难到桂林，约一年后才返回。家里的产业需要人照看，我妈就住在西营民治路 13 号的家里。然而我们三兄弟都在赤坎培才学校读书，我读培才小学，两个兄长读培才初中，学业不能中断，所以父母请了一个从外地逃难来的保姆照顾我们生活。

四　西营吾庐和堂伯李文潮家

我们童年有时和家父住在堂伯李文潮家，有时和母亲住在赤坎。家父建造吾庐和民治路 13 号（后者建成晚于前者一年，登记在母亲梁惠芳名下）之后，我们就不住在堂伯家里了。吾庐建筑年份不详，我只记得入住是在抗日战争后期。这是一座带花园的三层房屋，漂亮雅致，可说是当时西营少有的三层楼住宅。吾庐外墙是水泥批荡加碎石贴面，底层正门在逸仙路，朝西。小边门朝南，临一条小马路。从逸仙路大门进入先经花园再到正厅，花园不大，中间种一棵松塔，门的左边种一棵杧果树，右边种一些木瓜树。靠两边墙壁花坛上放有一些花盘，种有绣球花、兰花、昙花等。园内靠餐厅边有一水井，不是一般常用辘轳摇动方式提水，而是用较先进的人工挤压泵水。

正厅右边是会客厅，有一张长沙发，四张单人沙发，有一些茶几和一张桌子放收音机和花盘。左边是饭厅，放一张可以坐八人至十人的长餐桌，全部是西式布置。过了大厅进入边门的小厅，因为边门临街，所以有两道门，外面是铁闸，供采光通风用，里面是木门，可以防窥视。小厅正中是一圆形桌子，上面镶白石，四周为红木，构形很美观。圆桌上放有家父好友、太平墟医生何保罗专门烧制的写有家父姓名和"何保罗赠"等字样的花瓶。圆桌四周有四张圆凳，与圆桌是同一风格，也是凳面上镶白石的红木家具。正对边门靠墙有一红木的长案桌，可放水果等，案桌左旁有一半人高的大花瓶。厅的四周有四张红木的太师椅，四周墙挂有多幅字画，正中墙上是一幅大型老虎画，四周有两幅古代美女画和一些其他字画，品味格调全是中式。边厅往里走是通二楼的楼梯和茶水间，再往里是工人住房，最后是厨房、厕所和浴室。

二楼朝南大间是家父卧室，内有分隔的大衣帽间，室外有一小骑楼阳台，可以看街景。朝西有一卧室，内有一大床一小床，还有一书桌及放衣服的镜橱，这是我们三兄弟的卧室。两卧室中间是一小厅，放一圆桌、几张圆凳。旁边是盥洗室，有一个抽水坐厕。相比而言，当年当地的民居大多用蹲厕，用水瓢淘水冲洗；而我们的浴室有浴缸、洗面盘和镜子等，浴缸和洗面盘都是用水龙头放水。三楼只有一间大客房和一客厅，还有一很大的晒台，占三楼面积近二分之一，供晒衣及乘凉用。厅旁是一个露天小间，放两口很大的水缸，我们用水泵从水井压水到三楼存放在两口水缸内，向下流动供全屋使用。

图3 经过改建的吾庐近貌
资料来源：吴子祺摄于2021年。

吾庐建成后即通电，全屋用上自来水，并有抽水马桶、大浴缸、洗脸盆和收音机等设施，在当年当地也算时尚了。20世纪90年代我曾访问吾庐旧址，该处已由文化局某单位①使用，花园已拆建成简易的碟片放映场，房

---

① 吾庐花园已改建平房，主体建筑仍存，湛江市城区电影公司使用至今，今霞山区民治三横路8号。

屋内部结构亦有改动,一楼大厅分隔成几小间做办公室。

在建成吾庐和民治路 13 号之前,我们父母和三兄弟都先后住过堂伯李文潮家。他家占地面积比吾庐大,有一座门前有柱的二层楼房,三楼顶层是晒衣的晒台、一个大花园和两排十多间的平房,[①] 另有一口手摇辘轳提水的井和两间蹲坑的厕所,大门朝南开向一条小街,平时一般关闭,从正门进入先经过右边养鱼的大水池、左边的大花园,并且走一段较长的通道才到达楼房。两排平房平行而立,中间只隔了 2 米左右的通道,外有一道木门开向逸仙路。平房大多是出租给别人住,堂伯一家只使用其中的几间,我们依稀记得祝宇一家住在平房内。

五 家父在吾庐掩护地下党

1949 年,国民党六十二军一部在湛江发动起义,[②] 策反这次起义的地址就在吾庐。这点经过查证并有多份资料证实,已无疑问。地下工作者选择吾庐作为策动六十二军起义的地点再合适不过了:一是吾庐有宽敞而隐秘的三楼可供密谈和接头使用;二是家父在当地有点名气,国民党特务不会怀疑;三是家父与地下党有交往,而且同情和支持共产党。起义成功且整个过程没受到任何干扰,也证明了上述三点。

家父对这次起义是预先知晓还是不知?家父是支持还是被动?为了查证相关历史,1995 年 9 月 17 日我在中学同学陈玉琨引见下拜访了前地下党粤桂边纵队司令部情报科长、湛江解放后市公安局首任第一副局长的张心吾同志[③]。他听见我自我介绍是李宗泽儿子时,立即说他和李宗泽从未谋面,也不

---

① 据实地考察所见,实际应有三排平行的东西向平房,每排数间,至于小楼,已拆除改建为多层住宅。

② 1949 年解放战争形势趋于明朗,粤桂边纵队司令部为了策反驻南路的国民党军,派赵世尧通过民盟成员苏翰彦争取第六十二军军长张光琼起义。由于张光琼避居香港,属下三个师非其亲信难以策反,因此 8 月中旬赵世尧来到西营后,会合军部参议何中行等人,面向警卫营长邱德明和其他直属部队做工作。10 月 16 日起义部队提前行动,击毙副军长张一中等,并捣毁敌军据点,控制西营。次日敌军反扑,起义部队在粤桂边纵队接应下撤往解放区。

③ 张心吾是粤桂边纵队的情报参谋长,解放后任湛江市公安局副局长兼第一科长,专管对敌特的侦缉工作和镇反工作。

认识，但他知道李宗泽的事情。张心吾表示，就是他本人派情报参谋赵世尧①到吾庐进行策反国民党六十二军起义。他说："赵世尧回来曾向我汇报说，选择李宗泽家做活动据点，李宗泽支持我们，还提供食宿。"因此张心吾认为家父冒着生命危险支持策反六十二军起义是有功的。拜访张心吾之后，我立即向湛江市侨联汇报，第二天侨联黄豪志主席②立即访问张心吾，并取得了他的书面证明。若无他的证明，家父在此历史事件中的作用就成了不解之谜。

我们回忆，1949 年 6 月某天，赵世尧提了一篮水果来拜访家父，家父向我们介绍说："这是赵二哥，是爷爷的越南朋友介绍来湛江做生意，借住在我家三楼，你们没事不要上三楼打扰他。"赵世尧住到三楼后，吃饭由工人送上去，他很少下楼闲坐，住了足足两个月。当他有客人来访时，家父就会拿一份报纸（大约是我家订的香港《星岛日报》）坐在底层小厅阅览，并且拉上铁闸，留心屋外动态。家父本来不时邀约朋友来家打扑克牌和吃饭，但自赵二哥入住后，就再也没有邀约。吾庐三楼也是赵二哥与参加策反起义的六十二军参议何中行和国民党营长邱德明的密谈和接头处。起义成功当晚，赵二哥手拿武器和全副武装的何中行带了几个士兵回到家里，匆匆整理行装就离开了。这时我们三兄弟才知道赵、何两人是这次武装起义的组织者，也才明白为何每当赵世尧有访客时，家父总拿报纸在边厅阅读，其实是在放哨。他们走后，家父就和工人把三楼住房全部打扫一番，把所有纸面东西都烧了。此后国民党曾把家父抓起来关了几天。放出来之后我们问他事情怎样，他说："无事，他们（国民党）问我什么，我都说不知道，他们又没有证据，只能把我放了。"

这次起义留下的最大谜团是，赵世尧怎样找到我家作为策反地点。有关人员全已作古，我们也不知其详，只能提供几条线索供参考。其一，越

① 赵世尧（1917—1970），广东北海（今属广西）人，因排行第二被称为赵二哥。赵世尧就读合浦一中时参加进步学生运动，1936 年在广州入党。抗日战争全面爆发后至 1948 年，赵世尧辗转在合浦、西江、广东南路、广州湾和越南活动，在越南期间曾以商人身份往来海防和湛江。1949 年 5 月赵世尧重返南路工作，调到粤桂边纵队司令部任侦查通讯科参谋。当年 8 月司令员梁广和政治部主任温焯华派赵世尧到湛江西营，主持对张光琼第六十二军的策反工作。湛江解放后，赵世尧被派到湛江市公安局工作，1955 年调到广州工作。（窦春芳、卢文编著《赵世尧研究史料》，中共党史出版社，2017）另据邱德明回忆，1949 年 6 月赵世尧已通过何中行接触他。邱德明：《湛江（西营）起义》，中国人民政治协商会议广东省广州市委员会文史资料研究委员会编《广州文史资料选辑》第 18 辑，广东人民出版社，1980，第 111—113 页。

② 黄豪志（1932—1999），约 1989 年调任湛江市侨务办公室主任兼侨联主席，1992 年退休。

南人介绍。因为家父向我们介绍赵世尧时，说他是爷爷的越南朋友介绍来经商的。当年很多越南人在广州湾做地下工作，家父认识的也有一些，但这点无法查证。其二，地下党了解家父情况且和他有交往，所以选定我家，但也无法查证。其三，家父朋友、太平墟何保罗医生介绍，这倒有点资料可供参考。撰写《湛江起义》的何青①在某次座谈会上说："沈以瑜②曾说驻太平墟的一个国民党军官与地下党有联系，也与李宗泽相识已久，相知甚深，他（指该军官——引者注）请李宗泽为其朋友安排食宿，并告知这位朋友从事保密工作，以后这位军官就介绍赵二哥找李宗泽。"因此我们推测，这位太平墟"军官"应该就是家父好友何保罗，因为家父在太平墟只有这个朋友，听说他曾是国民党军医。除了他的身份有点难以确定，其他情节都对上了。其四，我表哥杨春华③介绍。杨春华也是地下工作者，解放前夕他从中山大学回湛江搞地下工作，曾住在我家，会不会是他介绍？

从民治路过逸仙路向南走离中国大戏院不远处有一剧场，④ 发生过一次国民党兵械斗。临近解放时散兵游勇很多，经常有士兵看霸王戏。戏院为保安全，出钱请驻军派兵保护，中华戏院也不例外。某夜有几个国民党兵去该戏院看霸王戏，戏院守军不让进，发生冲突斗殴。双方都回去搬救兵并携带武器，结果发生交火，从晚上打到黎明，死了好几个人。我们当时住在民治路13号，离该剧场不远，听得真真切切，吓了一夜。

当年国民党兵吃霸王餐、看霸王戏是常事，市民非常反感，但无可奈何。国民党欺压百姓，军队无法无天，引起百姓的极大不满，这也是家父冒死掩护六十二军起义的思想基础。解放前夕一地下党人曾把一皮箱寄放家父处，言明解放后会有人来取。解放前原存放在吾庐，解放后移存至民治路13号，但到1952年我离湛到武汉读大学时仍无人来取，后听父母说把

---

① 何青整理《湛江起义》，《湛江文史资料》第1辑，1984，第74—91页。该文记载："赵世尧化装成越南归侨、商人跟（六十二军少校参议）何中行一起住在前法国师爷李宗泽家里。"

② 沈以瑜，又名启明，时任第六十军警卫营三连副连长，解放后留在湛江工作，曾任民政局副局长。

③ 杨春华（1924—1998），籍贯遂溪，同盟会功臣杨益三之孙，父亲杨柱国民国时期曾任县长。杨春华多次参加进步学生运动，1948年毕业于中山大学，任教于香港培元学校，1949年5月返回湛江工作。解放后从事教育工作，退休前担任湛江市电视大学副校长和民进主委。

④ 红卫剧场旧址在今霞山区东堤一横路，初为1940年落成的中华戏院。该戏院全为竹木棚架，共1000多个座位，主要演大戏，有时放电影。新中国成立后，政府投资建为砖混结构的湛江大戏院。"文化大革命"中改名红卫剧场，1974年改建混凝土预制板屋顶，1977年更名湛江影剧院，1984年更名霞山影剧院。2000年发生火灾，今已成废墟。

该皮箱交到市公安局了。皮箱上锁，我们从未打开，不知内存何物，但也看出家父和地下党有交往，且地下党对家父也是信任的。

六　冤案及平反

湛江解放后家父已无经济来源，所以1952年他到香港寻亲访友前，将吾庐卖给国家。几个月后他又回到湛江，与母亲住在民治路13号住宅。我们都不知道家父为什么到香港又回来，他是怎么想，因为那时我们三兄弟离乡读书都不在身边，只有他和母亲在湛江。

1953年家父曾被误捕误判，起因是公安局内部清理阶级队伍，公安人员自己交代及互相揭发政治问题。公安局内某家父朋友为了过关，诬陷家父出巨资收买公安人员，要在公安局水井内投毒和试图谋杀公安局第一副局长张心吾，因此家父被以"现行反革命罪"逮捕。家父与张心吾素不认识，该人可能认为"揭发"家父刺杀公安局大官会有最大效应且立功最大——这只属我们猜想。家父被捕后也交代很多"罪行"，但经审查都无实证。后来法院根据解放初的反动党团登记，家父自己登记曾被任命为三青团西营区分队长，才将他定性为"历史反革命"。[①] 其后家父被判处死缓，1957年病死狱中。

图4　20世纪50年代初李宗泽（中间者）与长子（后一）、侄子（后二）、儿媳（前二）和友人（前一）摄于广州黄花岗
资料来源：李河发提供。

---

① 根据1956年湛江市人民法院刑事裁定书刑字第37号，李宗泽家属获发还部分房产，重申1954年度刑字第306号"被告李宗泽系反动党团骨干分子，任过国民党西营区分部委员、三青团西营分队长、匪湛江大队经费筹给委员会委员"。湛江市档案馆藏，档案号：056－A12.19－028－001。1996年湛江市中级人民法院裁决，查明李宗泽在解放前任过三青团西营分队长等职务属实，有敌伪人员档案资料和证人证实，李宗泽亦供认不讳。而原判认定李宗泽所犯的罪行，主要依据是李宗泽本人的交代，但缺乏直接证据，而且李宗泽对革命做了一些有益的工作，因此宣告被告人无罪。湛中法刑再终字第17号。

"文化大革命"后，以我们对家父的了解，我们坚信他不可能做坏事，所以多年来一直为他申诉。改革开放后我们得到侨联黄豪志主席鼎力相助，并通过中学同学陈玉琨找到张心吾，1995 年 9 月 18 日张心吾本人证明家父案情有假，并在支持策反国民党六十二军起义上有功，根据政策，凡国民党三青团区中队长以上人员只有虚衔没有罪行的不以"反革命"论处，湛江市中院于 1996 年 6 月改判家父无罪。黄豪志主席为给家父平反，几年来尽心尽力，多方奔走，我非常感谢和敬重这样的好领导。可惜他英年早逝，我后来回湛江还在他的灵前敬香。

七　三兄弟求学和工作情况

我们三兄弟都曾在西营的法华小学读书。1941 年我 6 岁到西营法华小学读书，只读了一两年就转到赤坎培才小学就读，两个哥哥在培才中学读初中。之后转到西营，我在益智小学读书，两个哥哥在中正中学①就读。我小学毕业后也到中正中学读书，后转学到益智中学。法华小学只有一座教室兼办公室的主楼，四周为平房教室，中间是操场。胜利后中正中学是否办在法华小学原址记不清了，法华小学原址解放后才改成市二中。益智小学及后来的益智中学原址就是现在的湛江市第一小学。该校原只有小学，是一座庙宇②。解放后在操场空地上建了一些教室，才把小学搬过去，庙宇原址就成了益智中学。庙宇前面是一个很大的莲藕塘，夏天时我们常常躲在藕塘的荷叶荫下读书。庙宇正中是一座两层的办公室，四周是原来的僧舍改成的教室。由于生源少，有些僧舍就作为宿舍供男女生和教师用。我家虽然近在咫尺，但为图方便，我也曾住过宿舍，因为每天晚上都要上自修课。

高中最后一年，湛江已解放，全市中学调整，西营所有高三年级都并到市二中，我就是在市二中毕业。我 1952 年考入武汉水运工程学院，1957 年毕业后分配到北京交通部船舶研究所工作，后该所迁上海，此后就在上海工作和定居。两个哥哥则在 1951 年高中毕业后考入中山大学，毕业后辗转回到湛江教书。大哥在湛江电大工作到退休，20 世纪 80 年代移民澳大利亚。二哥先在湛江师专任教，后转到湛江一中任教，1977 年移民美国。

---

① 中正中学原址在民享路，1945 年创办，1953 年并入湛江市第二中学。
② 庙宇指荟英祠，这是西营附近几个大姓宗族仿照清代宾兴祠的格局和形式而建，1923 年落成，益智小学利用该址办学。

疫情中的跨境访谈

吴子祺

（2021 年）

我与李河发先生素未谋面——说起来可能令人颇感诧异。既然如此，那么前文怎么算是口述历史？虽然我们没有直接面对面交谈，但我们的交流却也具备了口述历史的要素：采访者与受访者的互动，受访者第一人称的讲述。且看下文一一道来。

2020 年新冠疫情蔓延全球，受疫情阻隔，我从香港中文大学匆匆返回内地，一直关心本人学业的旅港乡亲梁华棣先生常常通过微信询问近况，并交流广州湾历史。2021 年 1 月某次交流过程中谈起梁华棣先生父亲梁日新参股的中国大戏院，我对主要股东之一李宗泽的身份有些好奇，孰料梁先生说他曾通过老同学与李宗泽之子李河发先生通信，后者提供了一些资料。由此我大致得知李宗泽曾做过广州湾法当局的师爷，又投身商界，值得深入研究，可谓意外惊喜。随后，梁先生即试探性询问李先生，得知他去年赴澳大利亚探亲，因疫情滞留当地至今。梁先生为表诚意，亲自拟了一份两页纸信件说明采访之意，希望李先生答应。然而身为退休工程科研人员的李先生大抵出于谨慎，起初以自己所知不多为由婉拒了我们的请求。

然而梁先生与我心有不甘，于是再度跟李先生解释访谈的意义，表示"只言片语亦可呈现历史"。话说到这份上，李先生终于同意接受采访，于是我们的访谈从十几条问题的提纲开始。出乎意料的是，李先生所讲述的内容远比我想象中的要充实。另外，李氏定居赤坎的家族历史竟可追溯到清末。

清末赤坎处处有商机，来自潮州和广州等地的客商聚集于此，籍贯恩平的李秀然也从福建循水路而来赤坎经商。李秀然通过努力在赤坎埠西南角购得一片带水塘的荒地，他在此建造房屋，育有二男四女，于是人们将此地称为"李家园"。据老电影人整理的行业史料记载，20 世纪 20 年代初的李家园是广州湾最早放映电影的场所，并附设摄影设施。尽管摄影和电影早在广州湾初期已随法国人传入，但其流传范围有限，而且无人专门经营，故李家园可谓在文化落后的租借地开新式娱乐业之滥觞。作为公共场所的李家园理应是许多历史事件的发生地，目前有据可考的是 1921 年雷州匪患正炽，粤军参谋李荫轩与匪首李福隆在李家园商量收编事宜，[1] 反映了广州湾租借地对高雷地方社会和民国政治的影响。

李家确实善于把握历史机遇，李秀然的堂侄李文潮早年加入法当局的海关及专卖局充当师爷，即从事翻译和文书抄写等工作的文职办公人员。海关及专卖局直属于印度支那府，在广州湾的行政首府西营（1910 年至1945 年）设置办事处，负责监管货物进出口（主要是轮船航运）和个别种类商品的专卖等事宜，不属广州湾总公使直接管理。一战后法国在殖民管治地区推行"殖民合作"，广州湾的文教事业有所发展。1922 年在先后两任总公使柯德玛和赖宝时的争取下，西营法华学校开始开办中学教育，聘请法国人、越南人和中国人为教职员，命名为安碧沙罗学校，以纪念提倡"殖民合作"的印度支那总督阿尔贝特·萨罗。

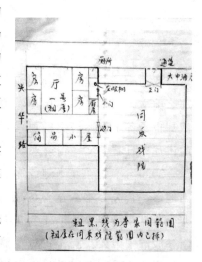

图 1　李家园平面图
资料来源：2021 年李河发手绘。

李文潮意识到安碧沙罗学校的开办是一个好机会，有助于本地华人更上一个台阶，于是他鼓励堂弟李宗泽入读安碧沙罗学校，勤学法语。李宗泽后来不负期望，法语会话和写作俱佳，中学毕业后得到堂兄引荐，也加入海关任"查船师爷"。广州湾号称实行"自由港"制度，进出口货物大多免税，然而并不意味着法当局放弃监管，对人货往来置之不理。查船师爷负责审查轮船到港或离港所申报的货物是否与报关单相符，以及检查来往旅客。20 世纪 20 年代，每年驶入广州湾的轮船在 300 艘次上下，年货值一度高达 1200 万西币，[2] 可见查船工作并不轻松。

20 世纪 30 年代，广州湾华人的合作进一步加强，并出现跨行业跨地域的态势。以"首席师爷"张明西为首的法当局文职人员投身商界，更起到助推作用。子承父业的李宗泽也受到影响，他将李家园改建为同乐戏院，

---

① *Correspondance de Kouang-Tchéou-Wan*（1922），INDO/GGI/40502，ANOM.

② 安托万·瓦尼亚尔：《广州湾租借地：法国在东亚的殖民困境》下卷，第 84—89 页。

于 1936 年建成开业。全面抗战时期大量难民和资本涌入广州湾，当地经济繁盛一时，新式酒楼、旅店和娱乐场所纷纷开业。李宗泽也邀请警官朱育英、师爷兼买办麦昌和爱民医院黄宁民医生等多名颇具经济实力的华人集股，在西营商业街区建造中国大戏院，1942 年落成开业。值得注意的是，这班股东明显不同于赤坎五大会馆的外来客商，也非出身草莽的陈学谈之流——他们生于本地，而且多具有法语教育背景，与法国人和越南人都有往来，可谓广州湾新生代。

"装潢瑰丽，空气充足，声光并美"① 的中国大戏院和李家园老字号同乐戏院分处西营和赤坎，确立了李宗泽的业界地位，无怪乎战后他担任两个行业同业公会的董事长。1943 年 2 月日军侵占广州湾后，广州湾经济趋于萧条，1944 年 6 月盟军飞机误炸同乐戏院事件无疑是一惨剧。1946 年湛江市政府正式开始办公，李宗泽经商之余，也在思考自身和社会前途。正因为他对革命的支持和同情，他做出了一个重要决定。

1949 年夏，中共粤桂边纵队计划策反驻扎湛江的国民党第六十二军，以配合大军南下解放全国。李宗泽无偿提供其西营住宅吾庐三楼给情报参谋赵世尧居住和会客使用，并总在一楼边厅读报把风。当年 10 月起义成功，李宗泽做出了一份贡献。湛江解放后，他受邀出席各界人民代表第一届会议，支持政府工作。然而 1952 年他不幸受假案牵连被捕，1957 年病故于狱中。改革开放后，李河发先生和两个哥哥经过多番努力寻找证据，终于争取到湛江市中级人民法院改判父亲无罪，还他清白。

在持续多日的粤、港、澳连线访谈中，我们克服距离和时差的阻隔，又经过春节假期和李先生小手术后疗养的暂停，李先生持续多日通过微信传来几大段文字，复由我整理和补充追问，如此互动形成的口述历史文稿竟有数千字之多，超乎最初预期。李先生不但用心回忆，对于记忆模糊之处，他还与兄长和家属共同探讨，尽可能回应我的疑问，体现了一名科研人员的求真素养。

定稿之后，梁先生和李先生提出一个请求，让我另写一篇"李家园往事"。起初我有几分犹豫，口述历史不就足以讲述往事了吗？何况注释也已补充史实。后来我才想通，对于并不熟知相关家族历史的李氏后人和一般读者，带有散文杂记属性的文章更易读懂。其后我花了几天时间写成"通

---

① 韦健：《大广州湾》，东南出版社，1942。

俗版"《李家园往事：广州湾娱乐业的滥觞》①，并在"广州湾历史研究资讯"上刊登，颇受读者好评，新中国成立后出生的市民对东风戏院（中国大戏院为其前身）仍津津乐道。更为重要的是，李先生和梁先生将该文广泛转发亲友，勾起大家的共同回忆，反响甚佳。李家园往事，何尝不是从广州湾到湛江百年变迁的缩影。我们感谢梁先生搭桥牵线和李先生接受访谈，付出多一些工夫让两位长者开心，既是理所当然，其实也是功不唐捐。换个角度思考，这种多方互动恰是口述历史的动人之处，于人于己，皆有收获。

《李家园往事：广州湾娱乐业的滥觞》广泛传阅后，李河发先生转来家族成员写的一首诗，以精辟之言概括李家园的盛衰哀乐，特附于文末：

> 大戏开锣无觅处，
> 东风依旧摇曳树。
> 李家园内歌声尽，
> 岁月悠悠藏吾庐。

---

① "广州湾历史研究资讯"第 353 期，2021 年 5 月 10 日。

三　四方来客会聚

赤坎商埠的大千世界

——陈翼忆明安公司

何斯薇　吴子祺　整理

一　开风气之先于安铺

抗战时期我生活在广州湾的赤坎，不过此前我们家族生活在安铺①，而这个港口与广州湾也有密切联系。安铺的地理位置在粤西很重要，以前陆路交通困难，航运是主要运输方式，九洲江②从安铺出海，一艘艘三桅大船通向北部湾，驶向越南、柬埔寨和暹罗③。交通发达，客人就多。因为越南海防当时轻工业不是很发达，需要进口物资，上海的许多货物运到安铺，在安铺转口运到海防。安铺也出口很多土特产，炮竹④、片糖、萝卜干和蒜头等。以前出外海不安全，这些做生意的大船为了避免海盗抢劫，有些配备枪械武装护航。

安铺出了很多华侨到越南和暹罗，尤其到越南海防最多。安铺港口当时很繁荣。父亲陈文卓⑤生于19世纪末，经常坐船到越南做生意，但是"行船走马三分命"。他看到当时安铺港口很繁荣，人口流动很多，但是没有人做洋服，于是他就想回安铺安定生活。大概1932年初，他从越南海防带两个华侨洋服师傅回来，又招了几个学徒，在安铺商会对面开明安洋服店。我们做的洋服有灰底黑字的织底标签，印着"安市明安洋服"六个字，

---

① 安铺位于雷州半岛西北端，属石城县（今廉江市），九洲江的入海口，与越南同处于北部湾。1899年中法两国签订《广州湾租界条约》，规定法国有权修筑连接广州湾和安铺的铁路，后因故未建成。
② 九洲江源自广西陆川县，流经廉江市注入北部湾，全长160多公里。
③ 暹罗是泰国的旧称。
④ 即爆竹，下文同。
⑤ 原名陈春元，后又改名陈梅村。

是父亲在广州和香港定做的。

祖父陈瑞和开了"茂和织布厂",用土机织布染布,小时候我闻到那些蓝色染料觉得好臭。后来上海洋布洋纱进口,土布不受欢迎,他就改行经营炮竹等土特产,安铺附近乡下多做炮竹出口。另外就是生产磨子,磨子的锐利木片可以碾压磨出白米和米糠,因此要用很硬的木材,多数是从越南和柬埔寨进口的结实红木和春花木。茂和开在忠义街①转弯处,往下走就到河边。忠义街转弯处整整一段都是我爷爷的物业,伙计有十多人。安铺八音很出名,吹箫弹琴,每条街都有一支音乐队,逢年过节都去巡游。父亲曾在河边的花园搞音乐社,经常组织忠义街八音乐手来练习。每年农历正月二十八是年例,② 游神很有名,广州湾和梅箓有很多人来看,所以好热闹。

安铺流行"年冬",也就是鼠疫,每年疫情严重,是世界上有名的鼠疫区。③ 特别是春节过后天气潮湿,街上一发现死老鼠,就知道"发人瘟"的时候到了。得了鼠疫是没救的,一到鼠疫流行的时候,安铺的人全部离开,通通躲到附近乡下。直到 5 月初天气没那么潮湿,大家才敢回来。有一年我们全家租了两条船,驶到河口外面避鼠疫,但是爷爷舍不得家里的产业,执意要留在家里看守,结果不幸染上鼠疫病死,还不到 60 岁。我奶奶生了13 个孩子,鼠疫过后只剩 8 个。1927 年旧历十月,我出生在安铺。

安铺港口热闹,饮食业也发达,各式酒楼很多。出洋频繁,安铺很多人喜欢喝咖啡,但是偏偏没有咖啡厅。于是开了明安洋服店之后两三年,父亲同亲戚集资在东街开了明安咖啡厅,他又聘请越南师傅来做西餐和咖啡。最初咖啡豆从越南进货,西餐食材如牛油、西饼、香料和罐头,都要去广州湾办货,因为有香港的食品代理商设在广州湾。当时有公共汽车往来,父亲都是坐车到赤坎。不过进货不用他经常去,因为交易多了有信用,他可以委托对方店铺把货物送到运输公司的车队,让车队运到安铺,我们

---

① 忠义街又名永宁街,今名中大街。此街北临九洲江,由八条路五条巷组成,是安铺镇东西交通必经之地。廉江县安铺镇志编纂小组编纂《安铺镇志》,1986,第 32—33 页。

② 粤西的民俗节庆活动,各村举行时间不一,游神是其中重要环节。

③ 19 世纪后期至 20 世纪中期,由于海上贸易和人员流动便于疾病传播,安铺及周边地区鼠疫十分流行,几乎每年都出现疫情。光绪年间,石城县人罗汝兰曾编纂《鼠疫汇编》传播防治知识,其中提到安铺的病例和用药情况。

收货再给钱回去。以前牛油是一块块四方包装，涂在多士①上吃。最矜贵②的是威化饼，给客人搭配喝咖啡，又香又好吃。威化饼是从香港进口到广州湾，然后再运回安铺的。

我们咖啡厅有四位师傅做西饼、西餐和咖啡，他们能自制松化饼和蛋糕。牛扒、猪扒等西餐当然有，也有炒粉、米饭这类中餐。明安咖啡厅在东街租了一处四进屋，门口一进最大，能摆放20张台，第二进小一点，第三进有大天井，厨房和烤炉都在那里，第四进是员工住房，大厅有一张长长的餐桌。不过后来市道转差，搬去一家稍小的店址。③ 我们有师傅专门炒咖啡豆。炒咖啡和磨咖啡时最香，用滚筒加热翻炒，并且加很多配料进去。咖啡师傅有自己保密的配方，我记得一定要加法国白兰地酒以及蜜糖和牛油，这样炒出来特别香。要冲咖啡的时候，用进口的机器分级磨，先是把咖啡豆磨成粗的颗粒，再换另一部机器磨成粉末，最后用罐密封保存，一次不能做太多，几天磨一次。冲咖啡的时候，把咖啡粉放到纱袋里，纱袋挂在壶上，用热水冲泡。冲好之后停一停，让细小的残渣沉淀下来，然后再倒入杯中端给客人。

明安咖啡厅有一位女招待，给客人送四方小毛巾擦手，毛巾消毒烘暖之后喷些花露水，吃完饭再送给客人擦手，以前没有纸巾。女招待穿时髦的旗袍，搽粉涂脂很漂亮。也有勤务员，类似于现在的外卖送餐员。有些住旅店的客人喜欢喝咖啡，他们想要咖啡或西饼，就写条子给旅店的杂工拿给我们，我们做好之后送到他房间。那时没有统一制服，穿得干净利落就行。整个安铺就我们咖啡厅有电灯，我们门口的招牌装了两三盏低瓦数电灯，用汽车电池供电。安铺有汽车站，电池用不了多久即耗完电了，就要拿过去充电。电灯在安铺是独一无二的，所以说父亲有先见之明和商业头脑。

二 明安迁到广州湾

1937年日本全面侵略中国，1938年侵占广州后形势更加紧张，安铺是交通要道，日本飞机常来安铺扫射轰炸，生意难做。所以1938年初父亲在

---

① 西式油煎面包片。

② 粤语"贵重、珍贵"之意。

③ 《安铺镇志》记载："该店资本不多，铺面不甚宽阔，设备也很简单，但厅堂雅洁，制作的咖啡质好味美。"详见《安铺镇志》，第114页。

赤坎一租到店面，即带上家属和师傅，将家具和衣车搬来，继续在赤坎中兴街开明安洋服店。咖啡厅结业后，父亲为扶持十三叔陈强，在安铺开了一家明安图书社给他管理。

香港沦陷之后有好多人走难来广州湾，有穷人，也有好多有钱人，娱乐业发达，酒楼、舞场、赌场、妓院兴盛。有的上海师傅举家走难来广州湾，我们聘请了上海和省港师傅之后，觉得中兴街铺面太小，于是搬去盐埠街的铺位，大了三倍，连上厨房有四进屋。那时盐埠街也算裁缝一条街，明安是最大的商号之一，所以我们改名为"明安服装公司"，什么服装都做，特别是上海师傅会做时髦旗袍，生意好了起来。他们手艺很厉害，用矜贵的提花织锦和苏杭丝绸做旗袍，所以收费很高。这些师傅不用我们包起，都是计件分成，一般是三七分。明安服装公司最多的时候有 12 台衣车，都是很漂亮的德国胜家衣车，① 分为白轮、黑轮两种。白轮专门缝纫细薄的材料，比如丝绸；黑轮专门缝纫硬粗的材料。

师傅加上厨房伙头和勤杂有 19 人，这在当时很不简单。两个工人专职买菜做饭，还有一个女工帮忙。师傅很多都带家属，他们在外面租房子住，我们包吃不包住。小部分工人住在铺里，晚上睡在楼下的工台上。有时我们也接到内地学校成批的衣服订单，我们的生意很多来自廉江，那边没那么多材料，也没什么技术，所以委托明安做校服，因此父亲赚了很多钱。我们派师傅去学校为学生量身，根据人数和尺寸分出大中小号。因为广州湾本地纺织厂生产的土布不适合，所以布料都是父亲从香港进口的。布料数量多，裁剪师傅来不及一块块地剪，于是把布料叠起来，在最上面一张画好规格，压着用锋利的纸刀锯开，一次锯出 20 多套，这样生产就很快了。

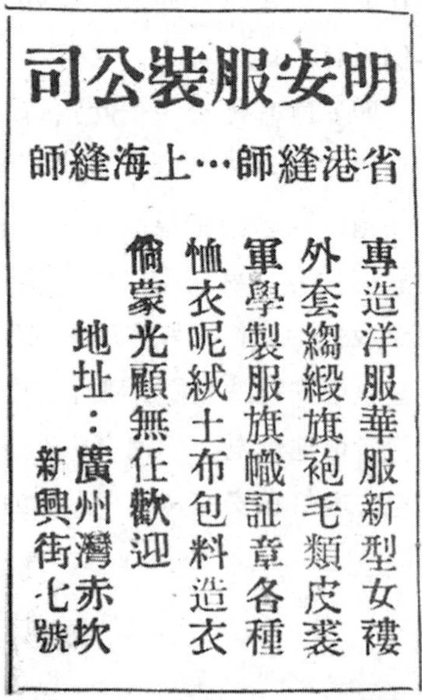

图1 1943 年的明安服装公司广告

资料来源：韦健《广州湾商业指南年鉴合辑》，第 54 页。

---

① 美国 Singer 牌缝纫机，始创于 1851 年，曾大量经香港转销华南各地。

我们有来料加工，也有全包的。很多都是全包，因为我们进料很好，有很多苏杭的丝绸锦缎和英国羊毛布任人挑选，在其他地方不一定买得到。上海师傅旗袍做得多，翻领西装也有其他师傅做，后来又做锦旗。日本仔来了后生意就不好了，抗日战争胜利之后，那些师傅全走了，生意就更淡，于是我们1946年搬去中山路。

后来父亲开了一家明安九八行①，虽然没有很大的资金，但是要准备一部分流动资金应付客人需要，比如预付货款给他们。特别是来自广西和内地的货主，他们带来的货物大多是烟叶，一大捆一大捆从玉林运来，还有军用物资桐油和松香这些东西。战时交通不方便，就靠挑担。那些挑夫也很厉害，一人挑100多斤，比如货主有10担货，就雇10个人来挑，他也跟着挑夫挑来广州湾的庄口。那时候广州湾有很多九八行，每家庄口都有先生记账，还有杂工和炊事员负责接待货主。我们有固定相熟的客人，每次都要安排好他们的住宿，因为他们来货是委托我们代销，先告诉我们最低多少钱可以卖出，我们到市场帮他们找买家。一般他们都没什么现金，那么我们就预支一部分钱给他们，等于借资给他们用，货卖出之后再还给我们。结算时我们要抽取2%的佣金，以及每天的伙食费，扣完之后再结账给他们。

因为要存放很多货物，九八行要很大的地方才够用。明安九八行在中国大马路②水井旁边，有两栋屋，每栋有两间，还有一间平房仓库，我们有六七个伙计。1943年日军入侵后歇业，抗战胜利后恢复，但不久受到内战影响，交通不安全，客人不敢把货放来代销，所以就不开了。

三 抗战时期赤坎繁华见闻

1932年以后，我每年都来广州湾，父亲进货偶尔会带上我。有一年春节放假来看年例游神，黄略人扛着一张八仙桌，上面放了一只很大的番薯披红挂彩，人们烧香当作神灵来拜。也有舞龙舞狮，赤坎的狮会③多，有庆武堂、镇武堂、群英社、大同社等。我记得有一年抵制日货，当时日本日

① "九八行"是贸易代理和中介商行的俗称。
② 1945年9月20日，国民政府粤桂南区总指挥邓龙光率部从寸金桥进入广州湾，次日在胜利大酒店正式接受日军投降，市政筹备处主任李月恒兼任党政接收委员会主任委员。1946年湛江市政府成立后，将中国大马路改名为九二一路，以示纪念。
③ 民间组织的武术社，也称"国技馆"。

用品充斥市场，在中国图谋赚钱，一些年轻学生在安铺烧过很多日本货以示抵制。

1938年，父亲看到日军侵略广东，为保安全，将我和弟弟妹妹迁到广州湾。父亲开咖啡厅之后，来广州湾办货时认识好多人，其中最好的朋友是林天然牙医，他在新街头开了牙科诊所。他每年带着家人来看安铺游神，吃住都是我们家招呼，所以父亲就安排我去林天然牙医在西更楼①的家里住。西更楼在九二一路北边上去的一道岭，即现在的大德路一带，当时不过10户人家，很荒凉，后来逃难的人多了才建了很多房屋。林天然牙医在岭下有间很漂亮的房屋，前面有个大花园，花园搭了间木棚房，我们就住在里面。

日本人来之前，赤坎商业很旺盛，特别是外贸业。那时全国其他港口都沦陷了，中国的物资进出口全靠广州湾，因为广州湾还可以有外国船运物资来，再转入内地，是比较重要的门户。进内地的物资都要经过雷州关，因为要在这里交税。当时那些物资扔在路边，一路准备验关，主要是洋纱布匹和医药。赤坎有一家老牌子祥顺隆，这是广州湾规模最大的百货店，老板梁均泉的儿子梁启俭是我同学。祥顺隆不只做百货，也搞金融炒卖外币，比如西纸和银元这些。他们有电台，信息直接联系香港等地。店内售卖的百货主要是化妆品和名贵丝绸，一楼摆满条形玻璃柜子。

我来到广州湾以后，看见广州湾的环境好像很安全太平，没发生什么大抢劫，不过小偷小摸肯定有，扒手特别多。因为外边的客商来广州湾做生意，卖完货就有钱，连那些挑夫也是一有钱就去大通街、南兴街购物。这些街走路很挤的，人多得互相挤碰，那时皮质钱包绑在腰带上，所以扒手就乘机割钱包偷钱。那些扒手好像有一个团伙组织的，捉到一个，其他人就围过来推推搡搡，外地商人不敢惹是非，法国兵对这些人又不怎么理，他们只抓大单的罪犯。

当时市内治安主要是赤坎公局负责，公局兵托长枪，衣服是土黄布做的。法国的安南兵巡逻每条街，托着胶棍②吹银哨，主要管秩序。一吹银哨，街上的巡警都集中过来围着捉人。火烛③方面有消防队，救火车是人工压的泵水机，水枪的射程不是很远，有的水枪从桶里吸水，再压着射出去。

---

① 法当局在赤坎城郊设置的若干岗哨，驻兵防卫。
② 指警棍。
③ 粤语用词，指火灾。

所以一般火烛容易处理，大火烛就难办。要是炮竹厂发生火烛，问题就大了，死伤众多，根本救不了。我见过最大的炮竹厂事故，就发生在近寸金桥头这边的生栈。[①] 南桥附近的广荣声没出过事故，工厂前面有口大水塘，平时用来养鱼，积水又可以用来救火，老板有远见。

法国国庆节，法国人找中国人"扮马骝"开玩笑给他们看。市政厅的大空地立着一根桅杆，四周有绳子牵着所以倒不下来。桅杆涂了蜡油，滑滑的，上面吊着一个砂煲装着钱银。一般是年轻人参加，他们爬上去拿锤子敲砂煲，敲破就能得到里面的钱银，但大部分人都爬不上去。那个砂煲装着墨水，打下来满头"乌糟邋遢"，所以说拿中国人开玩笑。有时还有跳麻袋，麻袋套在人身上，几个人看谁跳得快，先到终点的拿奖，法国人边看边笑。

南桥，那时叫作西赤桥，是法国人原来用钢筋水泥建的，下面是石墩。1948年被大洪水冲毁，因为这是交通要道，国民党政府在一侧搭座木桥临时使用。去运动场路上，广荣声炮竹厂后面有上海师傅谭文彪开的健身房，里面有杠铃、哑铃、单双杠这些器材。赤坎宾馆到运动场之间的围墙里面都是法国人的房子，有蓝带兵驻守。赤坎运动场很大，除了400码的田径场，还有沙地、篮球场和排球场各一个，以及攀登架。司令台是飘台形状，但不如马迪运动场的那么大和漂亮。周围植树不多，前面有栏杆，对面有一排平房，铺红色的安南瓦，是给法国公务员住的。运动场旁边就是"公使堂"[②]，管治赤坎区的区长在那办公。这座四方形的楼房后面就有法国头目的住宅。

市政厅北面就是新街市[③]，对面南京路一排两层楼都是陈学谈建的，用来出租。旧街市在中国大马路尽头的潮州塘附近。以前赤坎食物贵，麻章墟比较便宜，所以赤坎人买牛肉、猪肉都步行去麻章墟买，不论墟日还是

---

① 20世纪二三十年代，广州湾炮竹业发达，各厂达十多家。由于手工制作炮竹，场地拥挤，因此容易发生事故。生栈炮竹厂发生火灾，导致100多人遇难。骆国和：《湛江掌故》，中国文联出版社，2006，第121—122页。

② "公使堂"是赤坎市政厅的旧称，早期广州湾租借地划分为三起（"起"有时亦作"道"，意为区），赤坎是第一起的治所，设公使一名。1910年法当局改组地方行政，后设赤坎市长，公使堂改为市政厅。该旧址位于中山一路，已改建为公安单位楼房。

③ 今南华市场，相对应的"旧街市"在今九二一路与民主路交界处，已清拆。

平时。那时已经有海边街，但是龙总督街①和巴士基路②一带还没有多少建筑，都是有钱代理商的商行，他们搞批发和金融，其中最有名的就是三有公司和顺昌航运公司。海边一带多是仓库，其中南边有一座叫作"学谈仓库"。还有很多房屋属于许爱周，特别是有燕子窝似小阳台的楼房都是许爱周的物业。这些建筑都是钢筋水泥结构，楼板是木条做成，木材是从越南或者柬埔寨和暹罗运来，坚硬结实。

法国大马路还不是很热闹，只是有些酒店和戏院，百乐殿戏院旁边还是菜地，这些基本上是陈屋港村陈进郁的土地。抗战时期很多人来这里，陈进郁没那么多钱盖房子，于是就让他们筹资请建筑商来建，建好后向外租，每年适当给租金，若干年后把房子还给他。当时赤坎最热闹的还是大通街、南兴街、新街头和新街尾这些旧街，从福建街一直到大中酒店那里。

图2　20世纪20年代中期填海造陆前的赤坎港口街至海边街一带

说明：今幸福路至民主路。

资料来源：安托万·瓦尼亚尔提供。

至于鸭嫲港，就是河道而已，大船不能停泊，涨潮时候，稍微大点的船可以驶进来，退潮时就只有小船能进来。我来的时候那边是一片荒凉的滩涂。后来难民多了，市区内找不到房子住，就在鸭嫲港边搭茅棚，很多很杂，就像贫民窟似的。小轮船泊在赤坎外面的沙湾，当时没有码头，只有一座两米宽的石墩叫作"码头仔"，重一些的货物比如汽油从这里运上去。沙湾公路连接赤坎市区，公路上有两条桥，都是泥路铺些碎石。

四　赤坎的体育运动

赤坎每年正月都有很多节日，比如游神，现在叫作年例，附近的农村都来参加。近的有文章村，遂溪黄略村最远，全部加起来有20个狮队，所

---

① 纪念1922年访问广州湾的法属印度支那总督 Maurice Long 而命名，今赤坎区和平路。

② 纪念1931年访问广州湾的法属印度支那总督 Pierre Pasquier 而命名，今赤坎区光复路。

以好热闹。赤坎有很多武术团，历史最老的是福建街庆武堂，近寸金桥有一座镇武堂，头头是"黑眼元"陈元南。[1] 他是黑帮的头头，好像是庆武堂的师傅黄金龙培养出来的。庆武堂原址在赤坎大德路，系拳师黄金龙于1922年建立，武功以洪拳、蔡家拳为主，是广州湾的武术发源地之一。20世纪20年代迁至九二一路白马庙对面小巷，易名大同狮会。[2] 李元华是一个有名的健身大力士，从谭文彪处学来很厉害的运气功。运气出来，肌肉会动，肚子也动，靠表演收费。他在戏院表演过"汽车过腹"——一块板垫在身上，让汽车压着他腹部驶过去。

采青也很流行，商铺老板喜欢哪个师傅或狮队，就叫他们来表演。预先把钱塞进大红包，用生菜包着，红纸写上老板的名字和吉利话，然后用竹竿吊上去悬挂在二楼。狮队来了先开始舞狮庆祝，楼下放炮欢迎，狮队拜寿做礼。接着打功夫，南北拳刀叉剑戟表演很长时间，打齐之后就开始采青。狮队在楼下拿藤织的盾牌搭起三层人山，第一层有几个大藤牌，第二层两三个人托着小一点的藤牌，第三层两个人托着一个藤牌。狮子"咚咚咚"舞上去，在最顶层做礼，舞了一阵之后，"吃掉"吊青取走红包，整套下来要花一个多小时。

端午节赛龙舟在游泳场旁边举行——那里当时还是一片海尾，由赤坎附近的村落组织。当时广生源铜铁铺老板王进禄有一大片鱼塘，海沟连到鸭嫲港。他的儿子王寅跟我是同班同学，所以我比较熟悉游泳场的情况。那时鱼塘养的都是海鱼，都不用放鱼种，潮水一涨就开闸，很多鱼就进来，被他养得又黑又肥。换水开闸有竹排隔着，大鱼流不出去。他们家的油行建在鱼塘上，花生油运去香港卖。广生源铜铁铺卖钳、锉和锁等，还专门从香港买回自行车，一来一往，等于两头赚，所以很快发家发财。当时自行车很金贵，如同现在买汽车一样，英国的飞烈[3]很出名，最出名的还是三枪牌[4]。

---

① 另说陈元南是大同狮会头目，参与开办"大同义校"。湛江市赤坎区文化新闻出版局编《赤坎古商埠》，中国文联出版社，2013，第151页。日军占领广州湾后，陈元南曾出任治安伪职。

② 《湛江市赤坎区志》，第675页。

③ 指英国自行车公司菲利普（Phillips），成立于1892年，与凤头、三枪一样，是20世纪初期最早进入中国市场的自行车品牌之一。

④ 指英国伯明翰轻武器公司（Birmingham Small Arms Company）出产的自行车，商标为三支竖立的枪，故称三枪牌。

最初只有沙湾的海水浴场——以前那是一片山地荒野，其实就是退潮时露出来的泥滩。最初人迹罕至，我们同学去游泳，都听别人说有山贼。但走难来的人很多喜欢海泳，有些有生意头脑的人就用竹木架成"海鲜酒楼"以及几间茅草顶的木棚。其实也不怎么大，人们可以租下来打麻将，后面摆张桌子，叫人送餐来吃饭。以前海鲜都是调顺岛的渔船运来，填海之前海水很深，[①] 渔民捕的新鲜鱼总是拿来沙湾卖，所以很方便。谈到价钱合适，立即就拿去加工，石斑鱼和虾蟹都很多，主要看"流水"[②] 有什么。

当时市区有很多人白天来这里消遣，因为是自然泳滩，所以不用付门票钱，只是游完之后冲淡水澡要钱。洗澡间是男女分开的隔间，好像 2 角仙一桶水，自己拿进去冲。但 1943 年日本人的快艇开始在沙湾海边巡逻，所以就没人敢去游泳，海鲜饭店也全部结业了。当时陈学森[③]与王进禄这些商人彼此熟悉，于是他们商量："人们都没地方游泳了，不如借你的鱼塘做游泳场？"王进禄同意一起投资，由香港逃难来的丽池游泳场[④]的江卓舟出头设计，陈学森聘请他做游泳场的场长兼教练。游泳场有两座咸水池，用杉木在鱼塘上搭了三条木桥和一个 3 米高的跳台。

那时是要收门票的，很多人去，但谁收得了我的钱？因为沙湾一带是开阔的，泳池只占了一小部分，我们这帮小孩在鱼塘边脱下裤子就溜进去游泳。开始的时候还继续养鱼，后来逐渐改善环境，在岸上搭茅棚给泳客休息，所以我们叫它"游泳棚"。起初广州湾还没什么泳式，只有"狗爬式"。江卓舟和培才中学体育老师温樑游泳都很厉害，后来他们传来三种泳式：仰泳、蛙泳、自由泳。还有一位体育老师黄国杰教体操和跳水，后来湛江市最早一批的跳水运动员卢森堡、李元华和王寅都是他教出来的。培才水球队和游泳场队每星期都有友谊赛，很多人看。当时没什么正式水球，都是拿足球上蜡代替。

---

① 20 世纪 60 年代，赤坎多次填海筑堤，海岸线外移。1969 年驻湛部队与民众修筑军民大堤，调顺岛与陆地连成一片。详见湛江市赤坎区地方志编纂委员会编《湛江市赤坎区志》，广东人民出版社，2013，第 69 页。

② 指潮汐涨落带来不同的渔获。

③ 陈学森（1893—?），陈学谈三弟，广州湾时期曾经商，多从事社会慈善工作，旧居"森园"位于赤坎区中华路与九二一路交会处。

④ 香港华人游泳运动兴起于 20 世纪 20 年代，丽池花园位于香港岛的七姊妹海岸，1940 年 8 月开始营业，次年 5 月正式开幕，设有游泳池和舞池，为综合的娱乐场所。详见潘淑华、黄永豪《闲暇、海滨与海浴：香江游泳史》，香港三联书店，2014，第 66—67 页。

广州湾最早流行足球运动。没有球场之前，法国人已经在安碧沙罗学校教小孩子踢足球，后来传到赤坎的法华学校，在学校空地踢。法国人体育课给的不是皮球，而是橡胶做的小球。法国人来到之初就传来足球比赛，不过没那么频密。建了运动场之后就经常有正式足球比赛，最初是法国海军、蓝带兵和红带兵这些人，法国人做队长。后来香港和广州球员来了，他们在赤坎成立体育会，组建足球队。因为经常有法国军舰进来广州湾，水兵喜欢踢足球，他们就预约比赛，引起群众活动的高潮。① 王经国②也在赤坎体育会，他是很厉害的足球门将。我看过他和法国水兵比赛，那时候看球赛是不收钱的，谁都可以去看。香港沦陷以后，很多有名的足球运动员都来广州湾，比如中国球王李惠堂③、参加过世界赛的叶北华④。

图 3　1942 年越南足球队与广州湾足球队进行比赛
说明：两队在马迪球场合影，后排右二为王经国。
资料来源：许中儒提供。

五　南路学府培才中学

1939 年下半年，我开始读南强中学附小三年级。南强中学正门在岭南师范学院侧门的位置，侧面有个招牌"勤勤大学"。⑤ 里面的校舍很漂亮，

① 20 世纪 20 年代，广州湾法当局和民间已组织多支足球队，并设有"广州湾华人体育会"，陈学谈曾担任会长。
② 王经国（1915—2011），广州湾时期的著名足球运动员，其后长期从事湛江市足球运动的训练工作。旧居"适可楼"位于赤坎区木桥街。
③ 李惠堂（1905—1979），广东五华人，早年在香港接受西式教育并参加足球运动，其后长期入选中国国家足球队参与国际赛事，抗战时期曾辗转多地进行义赛募捐，实践"体育救国"理念。
④ 叶北华（1909—1987），广东惠阳人，曾加入香港南华足球队、广州警局足球队，擅长凌空抽射，被称为"飞将军""穿花蝴蝶"，作为国家队主力队员参加第九、第十届远东运动会足球赛及第十一届德国柏林奥运会。
⑤ 广东省立勤勤大学 1933 年在广州成立，抗战初期三所学院分开迁往内地，商学院曾短暂设在邻近广州湾租借地的麻章和寸金桥，与南强中学共用校址（今岭南师范学院内），1941 年迁往曲江。

有几栋一层的砖墙瓦顶房。南强中学有好几座木搭的茅屋，课室有1米多高的砖墙，上半部分是木板做的，梁上的窗户也是木框架。

由于担心日本侵占安铺，1942年父亲将明安图书社搬去廉江石岭，让十三叔和一个安铺侄子陈天管理。1943年刚过年没多久，我六年级下学期还没开学，日本人占领了广州湾。父亲怕出事，连夜把我们兄弟姊妹三个送上沙湾一条小船。我们经过调顺岛，晚上停靠石窝仔，那里有父亲认识的一位叶姓老师。后来我们在大埠①上岸，父亲再请手推独轮车来运行李和我们撤去廉江。当时我小学没毕业，但年纪大一点，所以我走得多一些，山区的路难推车。石岭再过去就是塘蓬，邻近广西边界。后来父亲从广州湾带来一位英文补习老师，安排他在石岭住下，教初级英语。当时石岭很平静，因为山区没有飞机轰炸，廉江中学和安铺中学都搬来石岭，就需要文化用品。明安图书社经营文具、笔墨纸簿和体育器材，都是从广州湾运来的，学校的课本我们也从广州湾代买进货。另外，父亲在安铺比较活跃，组织音乐社和体育会，认识比较多文化界人士，那些学校的校长、老师都和父亲关系好，生意上比较关照我们。

图4 陈玉燕肖像
资料来源：林允同提供。

1943年下半年，陈学谈掌握广州湾的治安，日本人要靠地方筹集物资，都让他三分。广州湾局势日渐平稳，日军反而逼近廉江。这种情况下，9月父亲就让我回来读培才中学。培才中学很正规，当时师资很好。各地沦陷后，一些有名的教师走难来广州湾，培才中学的董事长陈学森和校长陈玉燕②知道他们的名望，于是聘请他们来学校教书。我记得其中几位：王乃春，美国密歇根大学毕业，曾任香港英文学院院长；何中中，美国哥伦比亚大学教育硕士，任香港真光女中校长；何世明，曾任香港考试委员会委员；金陵大学的语文教授戴南冠，古文教得很好；著名音乐家黄友棣；美术教授邓昌中和王益伦；等等。校长陈

---

① 大埠是位于赤坎以北的小型港口，在租借地以外，抗战时期遂溪县政府一度计划将其开辟为物资运输站。

② 陈玉燕（1911—1980），原名如彦，是陈学森之女，生于广州湾，逝于香港。关于其履职情况，详见校注手记。

玉燕是陈学森的女儿，上海大夏大学毕业。培才中学可谓名师云集，所以当时学校的教育质量是比较高的。

我读初二的时候，来了一位美国留学回来的李爱华老师，她是王乃春老师的妻子，上课都讲英文。她一进课室，我们班长喊"Stand up"，向老师问好，"Good morning，Madam"，她就答一句"Good morning，class"，"Sit down，please"，我们就坐下听课。那时英文课本是中华书局版的 Direct English，老师说英语，我们就照着做动作，比如关门、开门和开窗，所以印象深刻，这么久也记得。

陈玉燕校长对同学们要求很严格，但是她很善良。她经常早上站在学校门口检查学生衣着是否整齐，我们初中要穿童子军装和戴帽子，高中穿白衣蓝裤。她虽然是有钱人家的千金小姐，但她没有贪图享受，反而很朴素。她总是蓝布长衫、黑鞋白袜，这就给学生一个好形象。陈校长觉得广州湾的殖民化社会现状不好，中国人要传播本国文化，所以她重视教育，积极办学校，多亏她父亲陈学森和伯父陈学谈捐钱支持。这样有身份的人如此认真热心办教育，我没见过其他例子。其他校董都是广州湾的有钱人，但主要出钱人是陈学谈，其他校董适量买什么设备，帮学校办些事而已。我记得的校董有许爱周、梁铢琚[①]和梁伯纲等。

我印象中的陈学森很开朗，很重视教育和尊重人才。他高薪聘请知识分子当老师，对老师生活上很关照，有什么市面上缺少的好东西，他一定找来送给每位老师，让他们不必忧愁生活，安心教书。陈学森重视学校的声誉，所以特意投资乐队，对社会影响很大。他对我们乐队很优待，每逢出去参加演出，他都请我们去南华大酒店或宝石酒店吃西餐，

图5　20世纪40年代的培才中学乐队
说明：前排左一为陈学森，右二为陈翼。
资料来源：陈翼提供。

如果在西营就去京华酒店。以前的西餐全餐先上忌廉汤或牛尾汤，喝完汤

---

① 梁铢琚（1903—1994），广东顺德人，长期在香港经营银号，抗战时期曾在广州湾继续从事金融事业，战后在香港参与创办恒生银行，热心公益事业。

到主菜，接着有面包、多士或粉，最后一步是咖啡或奶茶。

学校的设备也是一流的，有化学实验室、物理实验室和音乐室，化学物品比如硫酸、盐酸都有专门保管。培才当时有两架钢琴，一架在音乐室，一架在礼堂，每周一会弹奏。音乐老师郑秋英弹钢琴很厉害，他是武汉大学的钢琴演奏家。体育室虽然不大，但是单杠、双杠、跳箱、拳击装备和木马齐备，还有篮球、排球、足球和垒球运动场，外面有围墙，内侧有沙地和400码的黄泥跑道等。学校大楼在前面，后面有两排课室，一排有四间课室，另一排有两间课室。大楼地面是办公室，二楼基本是老师住的，还有乐队的练习室和器材室。绕过陈学森铜像，操场后面有荔枝园。一到荔枝熟的时候，没有同学敢偷来吃，因为这叫作"偷鸡"，等于作弊——按惯例，熟了之后有专人摘下来分给每班的同学吃。我们考试很严格，一抓到作弊，就要记两次大过两次小过，再有一次小过就要被开除了。

学生宿舍有饭堂和小卖部，还有劳作室。老师吴海秋从海南来，五金电器和土木农业样样在行。他教我们做五金，焊铁片和打铁；教我们做木工，刨和锯木板来做笔盒和书桌；还教我们做模具，捏泥公仔。每个班在运动场后面都有一块作物地，让我们种植，每季度的作物都不同，每学期评分一次，让我们懂得农业。

上课科目有中英数理化，以及劳作、图画、音乐、体育，星期一到星期六上课，不过星期六下午基本没什么课。大部分同学走读，只有少数外地学生住宿，但体育室要有人管器材，我和陈学谈的外孙吴华英是同班同学，我们一起住在体育室的房间。下课同学要借器材做体育活动，我们就做登记，比如网球、羽毛球、棒球、篮球和足球。当时没什么人打垒球，只有我们学校才有。比赛分两队，打分数走垒，有四个垒，看谁的分数高就是谁赢。一般每天早上七点钟做早操，之后有不到一小时的时间由自己安排，我们乐队不做操，在音乐室练习乐器。一般上午的练习不是很多或很复杂，因为要上主要的科目，就不敢消耗太多精神。下午课外活动多一些，学校规定每

图6 培才中学的主楼校门
资料来源：陈翼拍摄。

个学生放学之前都要参加活动，可以参加田径或球类练习。

每年上半年都有春游，下半年有秋游，我们步行去附近农村野餐，陈屋港村去得多。村民都欢迎我们，因为很多他们的子女在培才上学。我记得学校后面有一个小瀑布和很大的水塘，我们去过那里野餐。老师罗志刚也在那里组织童子军活动，比如夜间追踪。我们还学做担架救伤、救火逃生、游泳搭桥和手旗通信。白天打旗语，左挥右挥；晚上打灯光，一闪一闪，代表"一、二、三、四"的意思。罗老师还教我们天文地理，夜晚在森林里没法辨方向，那么就看树尾，一般树尾向西，或者看北斗星。有人说培才是"贵族学校"，因为多数学生是工商业家庭和地主家庭的子弟。我属于低收入家庭那部分，不过我家里很重视教育，也付得起学费。抗战胜利之前没几所中学，社会上流行一句开玩笑顺口溜："培才唱歌，益智踢波，四维打波，南强拍拖。"

六 抗战胜利管乐队奏和声

黄友棣①毕业于中山大学，创作了很多抗日歌曲，最初逃难到韶关，韶关沦陷后又逃到高州。可能是1944年底，他听到什么消息，来广州湾看一看，陈学森董事长就聘请他来学校教书。但是音乐老师已经有了，他不好占别人的位置，董事长便在三楼找了地方让他住下，作曲什么都好，没有人干扰他。所以黄友棣就很安心在培才指导音乐，组织合唱团，帮我们学校作曲。合唱团最初由郑秋英组织，后来黄友棣接手。我们合唱团都是四部曲、四重唱。黄友棣创作的曲最主要是《培才颂》，由戴南冠填词。每逢唱歌，都会有乐队的引唱作前奏。前奏过后，然后唱：

> 云树苍苍，烟水茫茫，唯我培才，雄踞高岗。藏修息游共朝夕，晦明风雨同一堂。明礼义，知廉耻，恪遵校训；如兄弟，如姐妹，其乐无央。五育及时须努力，一心笃学莫彷徨。我们要任重致远，我们要发奋图强。我们是更生的力量，我们是华夏的栋梁。

---

① 黄友棣（1912—2010），广东高要人，著名音乐家、作曲家。1945年1月经中山大学同学谭国柱推荐、陈学森邀请前来培才中学，驻校期间创作校歌《培才颂》。战后长期居于香港，为多所学校谱写校歌。

每周一开周会，先唱三民主义歌，① 老师校长训话后，结尾再唱培才校歌。胜利之后学校很活跃，合唱团到社会公开演出。首先是在太平戏院演出儿童舞剧《还我河山》②，有大人客串的，也找幼儿园的小朋友扮成兔子。剧情讲和平环境之中兔子在快乐活动，突然那些魔鬼，就是日本人来了，这时响起雷声雨声，魔鬼侵占和摧残我们的地方，把兔子抓去，最后王子前来解救，打败魔鬼，也即恢复河山的意思。这部剧由黄友棣编排，我们乐队演奏配乐，大获成功。

我们乐队最初的器材基本来自爱国将领张炎③，因为他在梅菉办抗日武装，组织学生军。1942 年他们开拔抗日，学生军的大件乐器如喇叭和大贝斯带不走，所以就送给培才中学。后来陈学森又托人从香港添置很多乐器，特别是高音的小件乐器，使我们的乐器更为完善。长号，trumpet；短号，cornet。这是乐队里面最主要的乐器，还有黑管和银管。萨克斯管有两种：小萨克斯管，small saxophone；中音萨克斯管，alto saxophone。中音的有长号、圆号和上低音号，低音的有两个大贝斯，还有一个大鼓和四个爵士小鼓，总共有四十几件乐器。所以我们四十几人的乐队声势浩大，出队时很威风。

乐队大概是 1943 年正式组建，总教练是香港皇家乐队的教练李广深。他什么乐器都会，教我们五线谱，高低中组互相配合，有时轮流吹，有时合奏。曲谱我记得最清楚的是《双鹰旗下》。曲谱是 G 调降 C 调，首先喇叭起音，然后各种乐器合奏，再接着低音演奏。乐队到外面演奏时间很长，所以大家都得有气魄。乐队到外面巡游都是演奏进行曲多，外界名人和有钱人搞喜庆活动，都邀请我们乐队去参加。特别是抗战胜利之后市政府开鸡尾酒会，邀请美国空军来参加，我们要奏些"时代曲"，比如《蓝色多瑙河》和华尔兹舞曲。一般都是演奏几分钟，乐队成员轮流演奏。我们的谱虽然不同，但是合起来就是和声。

我在 1944 年下半年申请去乐队，刚开始是见习，还不能拿乐器演奏，就像徒弟跟着师傅那样跟着同学学习。我学黑管，"师傅"叫吕森泽，他是

---

① 每周一上午"总理纪念周"活动中奏唱中华民国国歌，又名"三民主义歌"。
② 应指黄友棣为庆祝抗战胜利及广州湾回归中国而创作的歌舞剧《锦绣山河》，该剧由培才中小学及附属幼儿园学生参演，阐释"驱魔复国"主题，一连数晚在赤坎太平戏院上演。
③ 张炎（1902—1945），广东吴川人，著名爱国将领。1938 年受广东省政府命令在粤西南地区组织抗日武装，次年任第七区行政督察专员兼保安司令，在梅菉等地招收青年学生参军。

高二学生。直到 1946 年，我才成为正式队员。1945 年抗战胜利，乐队很活跃，参与庆祝活动。庆祝抗战胜利那天晚上举行火炬巡游，我们乐队打头阵，很是威风。

其实到了太平洋战争后期，日本人很被动了。盟军飞机在内地的昆明、桂林或者四川一带的机场起飞，经常晚上经过广州湾，第二天轰炸日本本土。盟军飞机不怎么轰炸广州湾，但是曾扫射日军停泊西营的船，炸沉了一艘运输船。因为我们学校在鸡岭上，目标又大又显眼，担心遭遇盟机误炸，学校就通过重庆的教育部通知盟机避开培才中学，还在屋顶用白油漆写明"SCHOOL"。不过我们也要有所防备，所以在球场边和荔枝园的坡地挖了防空沟。

图 7　陈翼吹奏黑管
资料来源：陈翼提供。

日本人虽然禁止私人有收音机，实际上禁不了那么多，特别是不敢来我们学校干涉。不过我们学校也不公开宣传反日，老师、学生表面上不公开反日立场，保持中立。和我住在体育器材室的吴华英，他有一部陈学谈所赠的收音机，我们经常偷偷听广播"美国之音"。8月 15 日那天，我们收听到一个讲普通话的中文台，说天皇宣布无条件投降。大家都高兴，消息很快就传开了。不过我们不知道什么时候办受降仪式，所以还不敢公开庆祝。一两天之后，整个广州湾赤坎才鸣放炮仗庆祝胜利。虽然日本人还在，但他们不敢嚣张。其实国民党早就有特务来控制，日本人派代表去和国民党军代表约定签约，后来就定在 9 月 21 日。我那天拍了照片。

9 月 21 日国民党政府正式接收广州湾，中午的时候，美国产的道奇卡车①开道，车斗两边载着全副美式装备的国民党兵，车头架着机枪，后面跟着小车，就是将军和军官，一直开到运动场。② 日军早在那里集结等待投降，枪械都摆放在运动场两边。当时民众搭了四座牌楼迎接，寸金桥一座，

---

① 美国 Dodge 牌汽车始创于 1914 年，二战时期设计和生产的 Jeep 军用卡车被美军广泛采用。
② 1945 年 9 月 21 日，国民党政府粤桂南区总指挥邓龙光率军进入广州湾，接受日军投降。

法国大马路宝石酒店花园后面一座，南华大酒店前一座，第四座在运动场。培才学生王曦参加设计，有工棚承接来做。这些牌楼都很漂亮，法国大马路的牌楼有三个门洞，中间的大一点，汽车可以通过，有三层高。用红、白、蓝三色彩带代表胜利，写着"victory"，挂着大红灯笼和很多彩带，上面有蒋中正和孙中山的像。

那天不上课，我带上相机和同学洪耀中一起出街。我从亲戚手中借来一部美国柯达相机，登上欧亚酒店旁边一座房屋，民众站满法国大马路两旁，我们一起等待车队到来。车队经过宝石大酒店的时候，我拍下照片。法国人没有在场，因为他们都被日本人抓进东方汇理银行的集中营，中国军队来之后，英国人才从香港派船来把他们接走。我们心情很激动，到了晚上举行胜利大游行，当时我们举起竹筒做成的火炬，一路点燃绕着赤坎前行。先在南华广场集中，接着往海边街去，从九二一路回来，队伍最后在运动场解散。

图 8　广州湾民众迎接中国军队的场景
说明：远处可见牌楼。
资料来源：梁日新家族收藏。

图 9　中国军队经过法国大马路的场景
资料来源：陈翼摄。

1945 年广州湾还没定名为湛江市，① 由吴川人李月恒②组织市政府建设，我们称他为"代市长"，1946 年派郭寿华来当第一任市长。后来李月恒在广州出车祸死了，因为他对成立湛江市有很多功劳，所以他的灵柩从海上运回西营，在赤坎开追悼会，之后送回吴川安葬。我记得很清楚，因为当时我们培才中学乐队为他送别奏哀乐。

·校注手记·

我的老乡"翼哥"

何斯薇

（2017 年初稿，2019 年修订）

"你是安铺人？我也是安铺人！"这是第一次与陈翼老先生会面时他说的第一句话。

2016 年 8 月，在"广州湾历史文化考察行"之公众报告会上，笔者第一次见到陈翼先生。此前，对他的印象来自《湛江晚报》上的多篇报道，他是湛江体坛的"百变金刚"，学生时代接受了培才中学的现代体育课程教育，成年后为湛江的游泳、水球和跳水事业做了突出贡献，他用相机记录了广州湾回归祖国的一幕，等等。我觉得这是位很有故事的老人家。那天他和梁爱棠先生一同前来，遗憾的是当天与两位老先生的交流并不多，只是在偶然间听到他们亲切地称呼彼此为"翼哥"和"爱棠"，于称呼之间可见拳拳校友情。

两位老人都在培才中学毕业，退休后在培才校友会共事，梁爱棠先生担任会长时，陈翼先生担任副会长，利用自己的人脉关系在诸多方面给予协助。例如，在筹谋树立培才中学校名碑一事上，校友会预计需款 20 万元，陈翼联系上当年在培才的同班同学梁洁华③，光她一人就慷慨捐款 8 万元；又根据陈

---

① 1945 年 8 月 16 日前，国民政府行政院已同意广东省政府的申请，于接收广州湾后将该地改名为湛江市。

② 李月恒（1890—1949），广东吴川人，抗战胜利后曾任湛江市政筹备处主任，因广东高层政治变动，后由郭寿华（1902—1984）接任湛江市市长。

③ 梁洁华（1930—），恒生银行董事长梁銶琚之女，著名企业家、慈善家和画家，长居香港。梁洁华多次向湛江第一中学捐资助学，该校建有"洁华楼"以示纪念。

翼当年拍下的培才中学旧照，凿出蒋介石所题的"培才中学"校名。在校友会的群策群力之下，校名碑一事始能落实。陈翼先生在经历过广州湾时期的湛江年老一辈之中也是知名人士，一提到他都会说"翼哥啊，我认识，翼哥我当然认识"。我们觉得这个称呼很是可爱，私底下也常喊"翼哥，翼哥"。

2017年3月28日是我们团队第一次采访翼哥，他从家乡安铺说起。安铺位于雷州半岛北部，面临北部湾，处九洲江出口，始建于明朝正统九年（1444），初建时称暗铺，因巷道狭窄，房屋前的阴棚互相遮掩，造成阴暗而得名。清嘉庆二十四年（1819）改名为安铺，隶属石城县。民国3年（1914）石城县易名廉江县，安铺属廉江县。① 1899年在中法勘界交涉时，法国提出了"修造铁路接连自北坜大湾安铺地方至广州湾……又愿中国允准法国独在安铺港择一停泊之所建立标记等物，起造灯塔，筑设码头，以俾船只运送"的要求。② 如若建成，法国便在中国南部有了一处出海口，可通过北部湾抵达法属印度支那。但1898年4月中法双方的照会中并未提在安铺择港之事，所以清廷以此"尤为原议所不及"③拒绝，这条铁路最终并没有开修。

在翼哥的口述中，我们或许无法了解到安铺之于法国在东亚殖民扩张政策中的地位，但看到了一幅满是市井风情的港口画卷。1927年出生的翼哥，已至鲐背之年，然而记性依然很好。喜欢摄影的他，仿佛在脑海里也有一个照相机，把过去的安铺、过去的培才、过去的赤坎定格成一张张"照片"，凝成珍贵的回忆，如今与我们一一娓娓道来。他记得明安咖啡厅有几进屋，每一进里面的摆设是什么样的；他记得赤坎那些已拆的、未拆的老建筑，当年在什么位置，是怎样的光景。说到兴起时，会用手比画，摄影机有时都跟不上他比画的动作。采访间隙听翼哥谈起安铺的中山公园，谈起它的建立与故事，身为老乡的我表示一概不知，翼哥笑说"你不算安铺人了"。说来惭愧，笔者虽是一名历史学子，但自小远离故土，外出求学，对于安铺可谓知之甚少。翼哥的口述，把笔者带回了童年那个吹着咸腥海风的码头，那条遍布骑楼的中大街，那里有我爱吃的"炸番薯"、"鱼

---

① 廉江县安铺镇志编纂小组编纂《安铺镇志》，1986，第24—25页。
② 《照送广州湾租地界图并节略请查阅允准由》，1899年3月13日，总理各国事务衙门档案，台北中研院近史所档案馆藏，档案号：01－18－065－04－002。
③ 《照复广州湾占地太广请删减界线由》，1899年3月18日，总理各国事务衙门档案，台北中研院近史所档案馆藏，档案号：01－18－065－04－003。

生粥"和"菜头粄"。

翼哥的祖父在安铺忠义街开了茂和织布厂，父亲经营明安洋服店和明安咖啡店。1938年广州沦陷后，因安铺是交通要道，日本飞机来安铺扫射，为躲避战火，其父将翼哥等一众子女迁至广州湾，在1939年初又将洋服店迁至赤坎，改名"明安服装公司"。到广州湾后，翼哥先入读南强中学附小，后在培才中学就读初中和高中。

无论是在安铺还是广州湾，翼哥在读书时可以说是很"洋派"，他说过："（一九）四几年的时候我就有瑞士手表戴了。"确实，他是很时髦，喝咖啡，吃西餐，用相机，学乐器，对于他来说都不是新鲜事。第二次采访结束时，我们和翼哥去吃西餐，翼哥使用刀叉很熟练，对于西餐的餐桌礼仪也很熟悉。他说，当年的培才管乐队很威风，待遇也很好。每逢参加活动出队回来，就有一次西餐吃。在赤坎就去南华西餐厅或者宝石餐厅，在西营去京华酒店比较多。

作为培才管乐队的一员，翼哥使用黑管始于培才中学。培才中学成立于1939年8月，初办时校址设在高州会馆内，首任校长为庄润德，而后由梁其浩和陈全道继任校长，任职时间均不长。1941年2月起，陈学森之女陈玉燕接任校长直至解放。1942年1月，学校在赤坎鸡岭建新校舍。[①] 翼哥即于1943年入学读初一，且在校内很积极，既参加乐队，又参与田径、游泳、跳水等体育运动。在初二那年因数学不及格留级一年，因为在数理化三门主科中，只要有一门不及格就要留级，这样原在旭社的他就到了珏社。"社"是培才学生按年级组成的集体，每个社的名称都由学生集体讨论决定，并定出社训，作为全年级的集体精神代表或奋斗目标。共有11个社，其顺序和含义为："一"——"一心一意"；"雁"——"雁行有序"；"群"——"群策群力"；"浩"——"浩然正气"；"旭"——"旭日东升"；"珏"——"珏玉无瑕"；"毅"——"毅力致远"[②]；"正"——"正义是彰"；"力"——"力学致用"；"贯"——"贯彻始终"；以及最后一届忠社。

---

① 程永年编写《湛江教育史话》，广东湛江教育学会、湛江教育志编辑室，1988，第160页。

② 此处疑有误，文献资料的记载为"毅力致果"。（程永年编写《湛江教育史话》，第168页）陈翼的口述可与《湛江教育史话》上的记载互通有无，但两者均未提及忠社社训。据忠社学生梁华棣先生回忆，忠社是1949年9月入学的一届，也是培才中学的最后一届学生，开学三个月湛江就解放了，因此没来得及定社训。

第三次采访时已到 4 月 6 日，长期患有咽炎的翼哥身体有些不适，比起之前两回的神采奕奕，那天的叙述稍稍有些凌乱。几天后，听闻翼哥住院的消息，我们很是讶异，当天上午即赶去医院探望，幸好翼哥已无大碍，但仍需多加休息。翼哥一直对我们很热情，很关怀，即使当时他带着氧气罩，我们不忍说话打扰他，他也多次拆下氧气罩问候我们，我们心中更是不忍，便早早离去。此后，我们对翼哥的采访暂时中止，静候其休养。7 月笔者再次抵湛，本期望能拜访翼哥，听闻其身体尚未完全康复，心中很是担心，也只能作罢。直至 8 月下旬假期结束，笔者返校上学，留在湛江的团队成员对身体状况好转的翼哥进行第四次采访。

说来凑巧，此后笔者在查阅湛江市档案馆档案时，偶然发现部分培才中学的遗存文献，与此前翼哥和棠伯的口述多有相互印证之处。多了亲历者的深情忆述"加成"，这些枯燥的公文档案倒也多了几分生趣，笔者由此萌生了深入研究培才中学的兴趣。更为有趣的是，在这些档案中还发现了当年的珏社毕业同学录，内有 18 岁的翼哥照片，一个打摩丝、梳背头的时髦青年，他被同学称为"精神奕奕的健美男子"。翼哥用他的口述描绘了战时的南路学府，档案也定格了他的青春年华，人物与文献用各自的方式保存历史，又在机缘巧合之下重新相遇。

图 1　培才中学珏社毕业同学录
资料来源：湛江市档案馆藏。

2018 年 7 月，趁着到岭南师范学院参加广州湾历史人物学术研讨会的机会，笔者复印了一份上述同学录带给翼哥。当翻到自己的照片时，翼哥说"这个就是我"，语气中带着几分惊喜。尽管身体欠佳，翼哥仍以培才校友会代表的身份出席，坚持旁听了一整天的研讨会，体现了他对校友工作的热忱。最后发表感言时，他还起立向在场研究者表示敬意，感谢他们的研究开垦出一个连亲历者都不甚了解的面相。笔者以为，这恰是口述者与研究者的良性互动，前者提供鲜活素材、生活体悟，后者致力填补拼图，勾连时代，丰富认识。不曾想到的是，这竟是我最后一次见到翼哥。

图2　培才校友会代表在湛江第一中学雪卿艺术馆合影（约2006年）
说明：前蹲左四为陈翼，后排左五为梁爱棠。
资料来源：陈翼提供。

图3　2017年3月广州湾历史研究资讯团队采访陈翼
说明：左起何小婷、吴子祺、陈翼、何斯薇、李宜珍。

　　一年后，棠伯传来讣告，翼哥于8月24日逝世。一本湛江的"活字典"从此绝版。哀悼之余，又感慨91岁高龄的他仍抱病出席历史研讨会，尊重、珍惜历史的态度令人动容，我们也十分感谢他为广州湾口述历史所做出的贡献。

为广州湾留下著名地标

——梁爱棠忆建筑师父亲梁日新

钱源初　　何斯薇　　吴子祺　整理

一　越南师爷知恩图报

我们家族祖籍是吴川黄坡镇里屋村，追溯历史，祖先从福建搬来。祖辈从梁安国公讲起，安国公生了三个儿子，其中有我的爷爷。爷爷生了我父亲一辈四男三女，我大伯叫梁伯纲①，二伯梁德新，父亲梁日新排第三，四叔梁同新。我大妈生我们四个，三男一女，我是老大；小妈生了六个，两女四男。现在我们亲人分布在加拿大、澳大利亚、中国香港和广州各地。

我们家族有中医传统，曾祖父梁安国和爷爷梁泰乾医术高明。当时农村土匪猖狂，爷爷带着全家搬去洋界②里的坡头墟，开了一间杏林春中药店当坐医，偶尔也到重病病人家里诊疗。有一次一位范师爷③，也就是越南人范昂得了重病，经朋友介绍找到爷爷，爷爷治好了他的病。范师爷很感恩，想报答我爷爷。他既是法国师爷，又是建筑师，所以说："我没什么东西可以报答你，就把我的建筑技术传授给你的儿子吧。"我爷爷当然很高兴，再加上父亲年轻时在坡头就对建筑很感兴趣，经常去看建筑，所以就接受范师爷意见准备学习建筑。但是范师爷说要用法文传授，于是就叫父亲先去

---

① 梁伯纲（1895—1983），又名梁维新，行医数十年，20世纪20年代受邀任赤坎公局录事，四兄弟一起开办建隆建筑公司和普济西药房，曾任吴川县参议、广州湾商会执监委员、培才中学校董，战时参与难民救济等慈善工作。

② 即广州湾租借地范围内。

③ 广州湾租借地行政上隶属于法属印度支那，法当局从越南引进一批官吏，辅佐其在广州湾的殖民管治。这些越籍官吏往往担任秘书、翻译，或是低级行政工作人员，民间称为"师爷"。

法华学校学法文，等他毕业后再用法文教建筑技术。结果父亲 1927 年到法华学校读书，学了两年法文、数学和物理。父亲在学校读书期间，17 岁那年就有了法国人颁发的身份证。[①] 学成之后，范师爷很细心地向他传授建筑技术。

爷爷奶奶去世得早，后来杏林春中药店全靠大伯维持，养活全家。我们梁家发迹主要靠我大伯，大伯担家时大概 30 岁，他努力挣钱培养弟弟读书。我父亲掌握建筑技术之后，大伯带着三个弟弟全部搬到赤坎，因为赤坎公局的公局长陈学谈请大伯当录事[②]，抄抄写写做了两三年。虽然大伯不懂法文，但是他古文相当好，对四书五经等古籍相当熟悉，所以能够胜任文书工作。

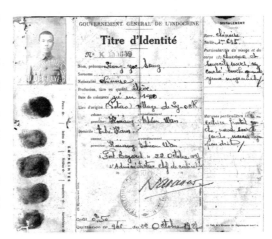

图 1　1927 年签发的梁日新身份证

资料来源：梁氏后人提供。

二　首屈一指的建筑商

大伯有一份工资负担家庭费用，渐渐攒下一笔钱，30 年代初期就在赤坎大众路开了普济药房，这算是广州湾早期的一家西药房。接着又在旁边开了建隆建筑公司，父亲当时已经有建筑师资格了，于是他当经理，手下聘请技术员和财务等。当时广州湾建筑行业有三十几家，但建隆建筑公司首屈一指，[③] 在当时规模最大、资金最多、技术最好。

由于父亲信用好、技术过关、资金雄厚，加上又懂法文，所以负责市

---

① 由广州湾法当局颁发，样式与法属印度支那一致的身份证书（Titre d'Indentité）。该证记录梁日新本人的个人信息和体貌特征，是广州湾时期的珍贵实物，现由梁氏后人收藏。

② 录事，即书记员。

③ 国民党统治湛江市时期曾对各营造厂做统计，其中梁日新担任经理的建隆营造厂资本达国币3.5 亿元，位列甲等，是各厂中资本最多者。梁金木编《湛江市建筑志》，中国建筑工业出版社，1991，第 78—79 页。

政建设的法国工务局①邀请父亲承建几个大项目，包括长桥码头的扩建工程，② 西厅机场的跑道扩建工程，③ 八角市场的建造工程，④ 以及铺仔墟至赤坎公路沿线的所有桥梁，都由建隆建筑公司承建。

图2　中年梁日新（约1940年）
资料来源：梁氏后人提供。

建隆建筑公司建造的民用、商用建筑更多，最具标志性的是南华大酒店，1937年投资方陈学谈邀请父亲承建。父亲也要找工程队参与施工，当时有化州、电白和本市的三支工程队参加比试，父亲让他们先各自建造一座平房，比比他们的施工质量，结果本市的黄国本中标，父亲就同意他的工程队参与建设南华大酒店。南华大酒店面积大，技术要求高，父亲经过反复论证，地址选了一片滩涂地。地基满是淤泥，又有很多暗涌，当时钢筋水泥还不普及，要打几百条木桩下去。因为处理软地基的成本高昂，父亲把情况反映给陈学谈，得到他的同意。为了确保施工质量，父亲引进先进设备，打木桩之后，回填花岗岩，然后再打桩。因为地基一定要稳固，否则建不成大楼，地基处理了整整一年。1939年农历五月初五南华大酒店建成开业，到现在已经七十几年了，都没有出现地基或者楼宇破裂问题，建筑还保存得很好，说明技术处理得好。

西营的南天大酒店⑤也是建隆建筑公司承建，两间大酒店由一家公司承建在广州湾建筑界是少有的。之后父亲又承建百乐殿电影院⑥，他之前从未建造过电影院。电影院的技术要求高，因为要适应电影的视觉要求，座位

---

① 工务局（Travaux Public），广州湾法当局的行政部门之一，设在西营工程街（今霞山区土木路），负责公共工程。

② 此码头为突堤式兼栈桥式，全长334.7米，突堤式约1912年动工，1918年竣工，栈桥式约1939年秋动工，1941年竣工，构筑材料为钢筋混凝土。沈荣嵩：《法国统治广州湾时期的广州湾港》，《湛江文史资料》第9辑，1990，第205页。

③ 1932年广州湾法当局在西营西北方向西厅村附近建造的机场，故称西厅机场。1943年2月日军入侵广州湾后将此作为日军军用机场。

④ 1937年广州湾法当局在西营建造的农贸市场，因八面有角，民间俗称"八角市场"，即今霞山东堤市场旧址。

⑤ 陈学谈投资建设，广州湾时期是西营的主要酒店之一，解放后一度改为湛江大旅店，建筑今已不存，原址改建为南天苑小公园。

⑥ 即百乐殿戏院。

的弧度相当讲究，椅子都是从香港进口的。第二个承建的电影院是中国大戏院，这座电影院由几位政商人士投资，父亲在其中也有股份。

父亲早期的建筑杰作是李汉魂故居。1934 年李汉魂将军邀请父亲建造他的居所，那时父亲才 24 岁。大伯和李汉魂是吴川县立小学同班同学，大家比较熟悉，当然也要看建隆建筑公司的实力。李汉魂故居

图 3　落成之初的南华大酒店（右侧）
资料来源：梁氏后人提供。

在吴川岭头村，是一组中西合璧建筑，由勤园、俭园、朴园和布衣一巷、布衣二巷组成。勤园是李汉魂将军的居所，天花板用的是玻璃，设计比较透光。因为李汉魂是高级将领，为了防盗，在建筑周围四角建造炮楼枪眼，构成立体防御系统。

父亲一共承建了近 20 个项目，除了这些标志性建筑，还有赤坎育婴堂、雷州关大楼、吴川梅菉麻袋厂和培才中学校舍等。他也建造私人住宅，包括林质甫师爷的霞村别墅，以及为一位潮州商人建了连体的姊妹楼——"聚德楼"。①建筑公司需要场地囤放物资，公司后面有个 2000 平方米的工场，此外在西营也有工场，用来储存竹、杉木、石灰和砖瓦等建筑材料，特别是杉木又长又大，是从高州和化州等山区砍伐，扎成竹排顺着鉴江运来的。砖瓦、石灰也从梅菉运来，在赤坎民生路②运上岸。工场里面有化州请来的木工，当时门窗都是公司自己做的。

既然建隆的规模大、生意好，为什么到 1943 年突然结业？这是因为日本人侵略广州湾。当时建隆建筑公司有几桶汽油供给两辆载货汽车，有汉奸向日本人告密，他们来查封"战略物资"，说建隆建筑公司准备将汽油供给国民党，还把父亲抓去审查。后来查无实据，才把他放回来。但大伯担心日本人还会来找麻烦，索性将建隆建筑公司停业。停业以后就分家，建隆建筑公司由四兄弟合作，父亲管建筑，大伯梁伯纲管全面，二伯开车运材料。我父亲分的股份比较多，因为他功劳大一些，也就是说他在建筑方面赚钱多。

---

① 霞村别墅近今赤坎区中山一路，今用作幼儿园。聚德楼在赤坎区幸福路。
② 赤坎民生路在广州湾时期为海岸。

父亲曾与日本人斗智斗勇。抗战时期物资可以通过广州湾运到内地，经由桂林、贵州运到重庆，这是抗日战争时期华南的重要海上通道。所以日本就派贸易检查员，不准货物经广州湾进出。既然生意没得做，广州湾商人就向法国当局提出申请，要求货物流通，但日本检查员没同意，所以商会就在1940年发动市民起来反对，造成舆论压力，并以商会的名义选出15位商界名人为市民代表，其中就有我父亲

图4　建隆建筑公司（右）与普济药房（左）
说明：位于赤坎救火局街（今大众路）。
资料来源：梁氏后人提供。

梁日新。父亲就同大家商量对策，说既然日间不能运出去，那么就夜间运，所以他们就在夜晚把货物偷偷运出去。虽然说有检查员，但力量单薄，所以后来还是将货物运了出去。

除了建筑行业，梁家还开了三间药房。第一间是普济药房，大概是1931—1932年开，四兄弟一起经营，主要是伯父梁伯纲家人管理。第二间是法国大马路的新亚药房，大概是1937—1938年开。① 第三间是抗战胜利后在广州开的新中国药房，后两家都是父亲自己开的。大伯是中医出身，穷人来买药，价钱比较便宜。1945年底父亲曾开过油行，和两个亲戚合股开一间旧式油行"建新行"，做土榨花生油出口，油行就在建隆建筑公司附近填出来的土地上。花生油用大大的汽油桶运去香港销售，但是只做了很短时间，大概到1946年停止。

1945年抗战胜利之后，父亲去了香港。因为在广州开药房，在赤坎有两间药房，他经常要去香港采购西药。香港沦陷后很多商人离开香港避难，抗战胜利后又回到香港。父亲发现这个情况，知道他们要建大量楼房，1947年就定居香港，又开始从事建筑行业，成立了顺利建筑公司。他已经有技术基础，所以在香港承揽到很多建筑工程，主要是学校，一共承建十多所。② 1975

---

① 此处回忆有误，应为1941年开办。参见《广州湾新亚大药房八月十日开幕》，《大光报》（粤南版）1941年8月1日，第2版。

② 包括1958年落成的全完学校，1965年落成的何福堂书院，以及同一时期的基协实用中学和铭贤中学等，出资方多数是中华基督教会香港区会。

年父亲退休后移居加拿大，带了小妈和六个孩子一起过去。

1979 年刚刚改革开放，父亲第一个从海外回湛江探亲。市领导比较重视，时任湛江市统战部部长梁乔栋亲自接见，侨联主席林励华陪他参观游览湛江市区，又带他去看以前建造的建筑，他很是开心。

三　维德日同家庭生活

梁家的家族生活既是大时代大环境的缩影，也因为兄弟几人与外籍人士交往，而有不少现代元素。应该可以说，我们家族在广州湾时期做出过一些贡献，因此我们作为后人，有责任将历史传下去。我之所以了解家族的事迹，是因为大伯和四叔都曾讲给我听。

母亲陈懿芬于 1909 年在坡头垌屋村出生，旧式婚姻凭媒人介绍，父母同意就结婚，我估计父母没有谈过恋爱。母亲是典型的贤妻良母，没分家之前所有家务都是由她来承担。家务事她很在行，懂得裁衣，我的衣裤都是她做的。她又懂养猪，善于烹饪，勤俭贤惠，心地善良。

我的小妈钟月如，我们叫她"如母"，她是法华学校的学生，她父亲在法国工务局工作，可能是管材料的职员。父亲承揽一些市政建筑，和工务局的官员有些来往，工务局局长把她介绍给父亲。小妈读法华学校有些文化，比较善于交际，她信基督教，可能与越南同学来来往往，所以学会做越南菜。其中有一种叫"哟"①，好像火腿肠，味道好香。她还会做雪糕，用冰箱做。她也善于烹饪，家里来客人应酬，都是她做饭。父

摄于1936年赤坎海萍村机房
陈懿芬 梁华棣 梁华玲 陈元碌
梁启宪 梁聪翔

图 5　1936 年梁家合影
资料来源：梁氏后人提供。

①　应指越南扎肉，该食品一般以猪肉、薯粉和鱼露制成，同时加入香料混合，切片食用。

亲有一位越南好朋友黄恭，他是电灯局的大班。[①] 我记得我们在海萍村别墅住的时候，黄恭经常带着妻子开小车过来，请父亲去吃饭。越南女人穿白裙，很斯文，牙齿却是黑的，因为她们经常嚼槟榔，可能因为槟榔有石灰，所以牙齿就变黑了。[②] 20 世纪 70 年代，父亲还曾去巴黎探望过黄恭一家。

海萍村别墅的门楼正对着华光庙，别墅楼下是一间机房，里面有四五部脚踏织布机。母亲和其他眷属就织布，用进口的洋纱来织出土布。我当时大概 3 岁，坐在织布机旁边看母亲织布。此外，机房还做包装煤油，把大桶火水，也就是煤油包装成小罐。父亲在二楼有间办公室，他在那里画图纸和晒图纸。他有一部法文打字机，他懂得打法文文件。起初父亲开摩托去工地，我都见过，大概到了 1938 年才有一台黑色私家车，是叔叔梁同新从香港买回来的英国车，同时从香港进口了两台美国道奇货车，只是运回来一个车头、一条车梁和四只轮子，装货的车斗是在广州湾组装的。

别墅后面有口鱼塘，用作淡水养殖，父亲还在建隆建筑公司旁边填海。原来那里都是海尾，海水漫到现在北桥这边。父亲填了好大一片来建楼房，后来分家他分到四个铺位和两层楼，是砖木结构的。大概 1937—1938 年，大伯去志满[③]建过农场，范围很大，有六七千平方米。他从罗定请些工人来开荒耕田，种稻谷、番薯、甘蔗，他又有生产土糖的榨糖机，懂得制作片糖。农场有

图 6　20 世纪 40 年代黄恭（前右）嫁女之日家人身穿越南传统服装
资料来源：梁氏后人提供。

两台牛车，当时他从建隆运物资去建设农场就是靠牛车。他在那里建了楼房和炮楼防御土匪。

四　求学生涯与培才校友会

我 1933 年在坡头出生，大概 1935 年全家跟父亲搬来赤坎住。1940 年大伯和父亲送我入读培才小学。最初培才小学设在高州会馆，学校师资相当好，

---

① 东洋电灯公司（Société indochinoise d'électricité）是法资企业，大班指经理级别的管理人员。
② 古代至近代的越南女性以黑齿为美，有染黑牙齿的传统。
③ 位于湛江市麻章区，今设有湖光农场。

因为广州、香港沦陷后，大批知识分子逃难过来获聘为培才小学教师。培才小学大概有学生 300 人，开七八个班，课程有语文、数学、英语、体育、音乐、图画、劳动，还有童子军课。高州会馆课室没那么好，光线又很差，不过老师很正规，纪律又好严，迟到或者没用心听课，就要受罚。我记得有两种办法：一种是托棍，有一条长长的童军棍叫你托住；另一种是坐墙，就是蹲在墙边。总理纪念周活动在高州会馆的礼堂里举行，凡是星期一都过纪念周，学生集中在礼堂唱国歌，再请校董上台讲话，一般都是教育学生勤奋读书、遵守纪律，以及讲做人道理。大伯梁伯纲是校董之一，他也曾上台讲话，我在下边听。

可是 1943 年我刚刚开始读三年级时，日本便侵略到广州湾了。父亲和大伯很担忧日本人干扰和盟军飞机轰炸，我们子弟读不了书，所以就把大伯的两个儿子和我送回乡下里屋村。躲避了三四个月，他们觉得还是不安全，于是再分两条路走难。大伯两个儿子和大伯母留在乡下，我和弟弟妹妹随父亲到坡头墟避难。后来大伯和父亲干脆说你走远点，去后方再读书。里屋村去黄坡就几里路，大伯母带了两个儿子和我以及一个用人，在黄坡雇一艘木船，沿鉴江上化州。上到化州之后，因为江水太浅，船没办法驶向上游，就改去高州，到高州之后就改成坐轿。那时候我们家里有钱，请了三顶轿，我同用人坐一顶轿。我们要经过山区，有些山有老虎，又怕那些贼来抢劫，所以钱就绑在腰上。坐轿到了信宜，就在县城镇隆落脚，接着读三年级。抗日战争时期好艰苦，艰苦到什么程度，就是那学校没有课室，都是简易课室，在大榕树底下上课，而且没有饭吃，中午开餐，从木桶舀一碗粥给大家，吃些蚕菜等粗糙的东西。书也没心思读，因为飞机经常来干扰，警报一响就要躲进防空洞。

过了半年左右，看到没有很大危险，又坐轿回到坡头墟，我在坡头小学读到四年级。看情况又平静些，1944 年父亲就让我跟一个亲戚到了麻斜小学读五年级，我寄宿在同学家里。当时日本人还在，盟机经常来，用机关枪扫射日本运输船。我怕中弹，有时候躲在大木头后面看。有的同学大胆，跑去海边捡飞机掉下来的子弹壳来玩。

那时父亲经常去香港做生意，叔叔当时也在香港做生意，就把我接来香港读中学。解放的形势变化很快，父亲为了我的安全，又把我送回湛江。9 月我考入培才高中。但到了 11 月，父亲又托朋友庞子铭①带我坐许爱周的

---

① 庞子铭，曾任广州湾商会第六次执监常务委员。

轮船到广州。1950 年 9 月我考上知用中学，入读之后觉得好稳定，以为可以读完高中，后来解放军在广州招收学生参军，我与很多同学考入，简称军干校①，之后在航校学习和工作，又被分配到山西省统计局，直到 1971年调回湛江，在轻工系统的酱料厂负责供销工作，1992 年退休。

培才学校在我们老一辈校友一生中留下深刻印记，为了恢复历史联系，退休之后我为学校做了一些工作，1997 年我当选培才中学湛江校友会的会长，虽然我在培才的时间较短，小学和中学加起来也就两三年。校友会主要就是服务校友，我很庆幸有几位好拍档。第一个是陈翼，他公关比较拿手，熟人多，够热情。第二个是第三届毕业生方仲侣，他是大学生，当过农业银行科长，善于写文章，校友会的文章基本上都是他写的。还有一个是王国昌，他是我同班同学，也是从部队转业回来，他善于搞财务。

这么多年过来，湛江市第一中学与香港、广州外地的老校友联系，主要靠我们培才校友会。我们举办过两次大聚会，湛江校友会1987 年创办之初有两三百人，现在只剩下四五十人，每年两次大聚会，一次是正月初九团拜大聚会，一次是 11 月 11 日校庆。培才校友会比较突出的一件事是在 2012 年树立"培才中学"校名碑。最大功

图 7　1979 年梁日新（中）返湛江探亲
资料来源：梁氏后人提供。

臣是两位关键人物，一位是陈锡森，当时他是学校的工会主席，思想比较开明。他认为全国没几间中学的校名是蒋中正题字的，学校应该利用这个做宣传，时任校长杨耀明听了陈锡森的解释开导之后，也积极同意设立校名碑。但问题是资金，我们校友会当场表态，由我们发动培才校友集资，不用学校考虑。最大一笔来自梁洁华校友，她是恒生银行董事梁銶琚之女，她捐了 8 万元，其他大额捐款的还有陈基先生和陈玉燕女士，200 名校友总共捐了 20 万元。我们根据陈翼拍的老照片凿出蒋介石所题的"培才中学"校名，附上陈锡森撰写的《培才中学志》，以志纪念。

---

　　①　全称为"中国人民解放军军事干部学校"。

棠棣之华

何斯薇

（2021 年）

回忆起 2016—2017 年初识棠伯和翼哥时，两位老先生总是一起行动，出现在广州湾历史相关的各种活动上，比如广州湾历史文化考察行之公众报告会、首届广州湾历史文化国际学术研讨会、首届广州湾历史人物学术研讨会等，就连某次棠伯约我们在采访结束后吃饭，都说："我叫咗翼哥一齐，去饮茶咯。"两位老先生都是培才中学的毕业生，但不同级，起初并不相识，友情源自在培才校友会共事。广州湾时期与培才中学齐名的学校还有益智、四维与南强中学，但其他几所学校却从未听闻有成立校友会。我们的采访对象中亦不乏培才校友，每当他们提到自己的母校，赞美、感恩、怀念之情往往溢于言表，使得笔者逐渐对培才学校产生研究的兴趣。

培才学校是由赤坎公局长陈学谈出资筹建，由其胞弟陈学森出任董事长，由其侄女陈玉燕（陈学森之女）[①] 出任校长，又得戴朝恩、袁学伟[②]、许岐伯[③]、梁伯纲、梁日新、霍子常[④]、张明西等地方名流捐资办学。1937年秋，广州湾赤坎私立培才小学校成立，创办之始只收一年级至五年级学生，租赁高州街 11 号高州会馆为办学地点。1938 年 2 月，加设幼稚园。1939 年

---

① 培才小学首任校长为庄润德，任期为 1937 年 9 月至 1939 年底。而后由国立中山大学文学系毕业的梁其浩出任校长，他于 1940 年 7 月底辞职，由陈全道继任，后者于 1941 年 1 月底辞职，由陈玉燕继任。培才中学成立后，校长由陈玉燕兼任。《广州湾赤坎私立培才小学校二十九年度教职员一览表》，1941 年 5 月，湛江市档案馆藏，档案号：001－A12.3－004－014001。陈玉燕曾任海康县立女子小学与培才小学级任（负责班级组织教育工作的导师），1937 年 8 月，陈学森将其送入上海大夏大学就读教育学，1941 年 1 月毕业后返回广州湾，2 月就任培才小学、中学校长。《广东省公私立中等学校校长文教职员履历表·陈玉燕》，湛江市档案馆藏，档案号：001－A12.3－004－017035。抗战胜利后，陈玉燕继续担任培才中学校长，辞去小学校长职务，由丈夫林寿彭接任。
② 袁学伟，遂溪人，生卒年不详，曾任寸金桥公共医院董事、广州湾互助救济会委员，后赴港定居。
③ 许岐伯（1906—1973），顺昌航业公司创办人许爱周长子，曾任西营商会长、宝石酒店店东，后赴港打理家族生意，曾任香港保良局主席。
④ 霍子常（1887—?），广东顺德人，清末与友人集资在赤坎大通街开办裕源号经营土洋百货，是三有公司股东之一，1940 年陈斯静逝后继任广州湾商会主席。

夏，第一届小学生毕业，随即于秋季增办初中，初中部名"广州湾赤坎私立培才初级中学"，小学改名为"广州湾赤坎私立培才初级中学附属小学"，校址仍设于高州会馆。1940 年 1 月，初中校董会奉广东教育厅令准立案；1941 年 5 月，初中奉广东教育厅令准开办；1941 年 10 月给钤。① 1942 年夏，第一届初中生毕业，随即又增招初中生两班，并开办高中，招高一年级学生两班，改名"广州湾私立培才中学"，扩充至完全高中。② 因高州会馆已不敷使用，同年陈学谈、陈学森等斥资国币 400 余万元于城郊鸡岭兴建新校区，1 月开始动工，是年秋已大部落成，将初、高中迁入开学。③ 鸡岭新校区建筑设施非常齐全，有图书室、实验室、礼堂、医药室、仪器标本室、家政实习室以及足、篮、网、排、棒球场等，全校面积共 21087 平方米。④ 同年 11 月，建校工程初步完成时，蒋介石为培才中学题额校名。⑤

培才创校后，又于 1938 年起附设平民义学（夜校），由培才学子担任义学教师，推行社会教育，收容贫苦学生，赠送书籍文具，不收任何费用。⑥ 还有部分如王曦般极具才华或成绩优异的困难学生被破例免费入读培才中学。但从总体上看，就读学生多为地方名流之子弟，彼时有"贵族学校"之称。沈紫音指出，中国传统的慈善目的不在消除贫困，而在维持社会等级秩序。当遭遇西方殖民主义入侵，地方政府无力组织，商绅阶层取而代之，上台主持救济事务，在广州湾则表现为广州湾商会和赤坎公局的实权人物利用慈善特别是教育作为确立社会地位的手段。培才学校的创办"是为广州湾各界名流培养继承家业的接班人，他们自然会贡献出最好的资源以培育后代"。⑦

---

① 《广州湾赤坎私立培才中学立案用表之一·学校概况》，湛江市档案馆藏，档案号：001 – A12.3 – 005 – 015002。
② 《培才中学概况》，湛江市档案馆藏，档案号：001 – A12.3 – 005 – 015001。
③ 《培才中学概况》，湛江市档案馆藏，档案号：001 – A12.3 – 005 – 015001；《广州湾赤坎私立培才中学立案用表之一·学校概况》，湛江市档案馆藏，档案号：001 – A12.3 – 005 – 015002。
④ 《广州湾赤坎私立培才中学立案用表之十六·全校平面图之说明》，湛江市档案馆藏，档案号：001 – A12.3 – 005 – 019001。
⑤ 《广州湾赤坎私立培才中学立案用表之一·学校概况》，湛江市档案馆藏，档案号：001 – A12.3 – 005 – 015002。
⑥ 林寿彭：《培才中学史略》，《大光报》（粤南版）1946 年 11 月 11 日，第 3 版。
⑦ Melody Tze Yin Shum，Youth in the Forgotten Colony：Orphans, Elites and Arrivistes in French Kwang Chow Wan（1919 – 1940s），master's thesis，The University of Hong Kong，2015，pp. 137 – 139.

参与校务的广州湾商绅除了建立新校、完善各项设施，还重金延聘逃难名师。战时在培才中学任教的名师众多，有美国密歇根大学教育硕士王乃春，曾任广州文华英文专科学校校长、圣三一中学校长，战时在培才中学任教务主任；国立中山大学文学士何世明①，曾任广东省警察学校校长、香江中学训育主任，战时在培才中学任训育主任兼舍务主任；燕京大学国学研究院毕业的戴南冠，曾任岭南大学附中国文系主任，战时在培才中学任国文与历史教师；国立中山大学教育学士黄友棣②，曾任中山大学师范学院、省立艺术专科学校教师，创作了《杜鹃花》《归不得故乡》等脍炙人口的抗战歌曲，战时在培才中学潜心创作，指导银乐队与合唱团。③

1942 年秋，培才开始在小学至中学的每一级中设"社"，至 1952 年培才中学合并至湛江一中，这 11 年间，共成立了 11 个社。④ 1949 年夏旭社同学毕业，陈玉燕为其同学录作序："愿其离校以后，能本其既往之团结精神，同学间友谊□□，情感更切，磋琢辅助，不灭于□□时！吾更愿其本斯热情，进而联络历届毕业同学，以及培才中小学之同学，使'培才一家'之精神，发扬光大，则同学录之意义更广也。"⑤ 培才素有"培才人一家亲"的口号，培才人为什么是一家亲，又要怎样才能够一家亲？要理解这个口号，则须了解培才的组织和生活。

在组织方面，关键即是学生自治会与社。自培才创校起，便已出现学生自治会的雏形，不过当时只是各班独自设立，各自为政，互不统属。1939

① 何世明于抗战胜利后离开广州湾，搬至香港，被香港圣公会按立为牧师，后任香港青年会中学校长，传道和教育事业颇有建树，著述广泛，有《世明文集》三辑。1999 年起，中山大学哲学系开设何世明博士文化论坛，学者讲稿收入中山大学比较宗教研究所名誉所长冯达文主编的"何世明博士文化讲座"丛书。

② 黄友棣，著名音乐家、作曲家，留下的音乐作品极为丰富，一生奉行"大乐必易"的音乐哲学，著有"沧海丛刊乐教文集"十二册及《中国音乐思想批判》《音乐创作散记》《音乐教学技术》等，被誉为国宝级的音乐大师。

③ 《广州湾赤坎私立培才中学立案用表之十二·教员履历》（甲），湛江市档案馆藏，档案号：001 – A12.3 – 008 – 001030；黄友棣：《乐海无涯》，东大图书股份有限公司，1995，第 39—48 页。

④ 小学毕业后，社名会跟随进入中学，尽管社友有离散有重组。如"珏社于 1942 年十月一日开始诞生在培才小学期中的怀抱里。经两年后，我们毕业了，但多数再投入母校初中部。起初本有社员一百五十余人，但都是来自各地的居处，那时正在日敌蹄下，团结力量很薄弱，离散的亦属不少，但经旧社友重组后，珏社便开始新生起来了"。《湛江培才中学毕业同学录（珏级）·社史》，湛江市档案馆藏，档案号：001 – A12.14 – 052 – 001004。

⑤ 《高中第五届旭社毕业同学录》，湛江市档案馆藏，档案号：001 – A12.14 – 051。

年秋各班推出代表，组织全校的学生自治会，定名为"培才学生镇公所"。各班则依照保甲制度之组织，设有保长、甲长、户长等级，统属镇公所之下。到学校开设高中时，则将镇公所改为"培才学生自治会"，将保甲制度改组成社。① 社即为统属每一级的最高组织，便是每一级的学生自治会。

社的组织和全校学生自治会的完全相同，分为主席、文书、财务、事务、卫生、体育、游艺、学艺、风纪等若干股。每股有若干负责人，先由各班全体大会选出各股负责人，再由各班的各股负责人，产生全班干事会；再由同级的各班干事会联合组织起来，成立级（社）的；再经

图1 《培才中学高中第一班一社毕业纪念册》封面（1945 年编印）

资料来源：林允同提供。

过宣誓就职典礼，同时呈准学校当局，经训育处许可后，社就正式成立。级社的职员，就是班社的职员。合起是一级，分开是各班，而班社同时也是级社的支社，可以分工，可以合作。由班产生社，再产生全校自治会。各级的干事会，总属于学治会的干事会。"培才人一家亲"，就是由学校方面领导全体学生，由学治会领导级社而至班社，这就是学生自治会、级社、班社三体合并为一，于是和培才发生关系而成"培才人"，相互作用而构成"一家亲"。②

在生活方面，培才中学努力培养同学间"如兄弟，如姐妹"的手足之情。培才中学素重音乐教育，有"培才唱歌"之誉。1945 年 1 月，著名音乐家、作曲家黄友棣逃难至广州湾，陈学森高薪聘请他至培才中学，令他潜心创作即可，无须承担教学工作。因此，在短短数月间，黄友棣为培才创作了校歌《培才颂》、社歌、运动会进行曲、欢送歌、毕业歌等乐曲。其中由戴南冠作词的《培才颂》，"如兄弟，如姐妹，其乐无央"这一句令人印象深刻。据忠社学生梁华棣先生回忆："同学们歌不离口，慢慢地这种兄

① 黄泽民：《培才学生自治的回顾与展望》，《培才学生》（创刊号）第 1 卷第 1 期，1943 年，第 2 页。
② 曾广铨：《培才人一家亲》，《培才学生》（创刊号）第 1 卷第 1 期，1943 年，第 3 页。

弟姐妹情就植入脑海中。还有《欢迎新同学歌》和骊歌《欢送校友歌》，其歌词都体现出欢迎新同学的喜悦和欢送毕业同学的依依不舍之情。"在实际操作上，则建立兄弟姊妹班，抽签相认为学姐学妹、学长学弟。梁华棣读的忠社与正社是兄弟姊妹班，抽签后正社的李子丰认他为弟，二人常有交往直至现在。他的同班同学霍凤娥①则与正社庞志均结为兄妹，后来在香港共偕连理。

培才中学于 1952 年并入湛江一中，但陈玉燕校长对历届毕业校友加强联络、发扬"培才一家"精神的期冀在学生心中已播下种子。梁爱棠与梁华棣兄弟二人，曾断断续续就读于培才小学和中学，前后加起来只有三四年时间，但这并不影响他们对培才中学的认同。培才中学校友会成立于1987 年，五年一届。

梁爱棠退休后，当选为第三届至第五届的校友会会长，直至 2013 年才卸任。校友会的宗旨，一是在母校（现湛江一中）的指导下，加强培才校友与母校的联系沟通，爱护和支持母校的建设发展，例如树立培才中学校名碑一事就一呼百应；二是服务校友，上门慰问照顾患疾校友，给 80 岁以上校友祝寿，对其子孙入读一中报请母校给予照顾和学费优惠，校庆日和每年正月初九组织全体校友茶叙等；三是热情接待外地回湛校友，也曾与54 届、55 届一中校友于 2009 年成功举办一次"培才一中人一家亲"大型活动，加深了培才、一中校友的友谊和感情。梁华棣退休后到香港生活，借此之便，他与两三位朋友于 2002 年组织了 100 多位在香港的校友回湛参加 65 周年校庆。校友会的种种活动与成绩，是"培才一家"精神在当代的最好诠释。

梁爱棠与梁华棣兄弟与培才的渊源绝不仅是培才学生如此简单，他们的伯父梁维新是培才中学校董会董事，父亲梁日新是培才鸡岭校区的建筑师，他们是广州湾名流之子。在采访时我们曾经问过华棣先生，追寻广州湾历史是否为追寻父亲的历史及家族的历史，答案却恰好相反，追寻家史反而是受到广州湾历史研究的影响，一为受到中共湛江市委党史研究室符铭写南路革命史的影响，二为受到湛江往事书吧、广州湾研究会及广州湾历史研究资讯团队的影响。看到新一代的青年学者能够秉持客观的态度致力还原真实的广州湾历史，他们开始关注广州湾历史。而其父辈对广州湾

---

① 霍凤娥系广州湾富商霍子常幼女。

的建筑、医药、教育、慈善等方面做出了一定的贡献，又见证和经历了那个年代的浮沉，家族的历史亦可谓时代历史的一个侧面，从而促使他们开始追寻父辈的故事。

《维德日同纪念册》（第一辑）是梁家兄弟努力的第一个成果，既收录了后人撰写的纪念文章，记录维新、德新、日新、同新四兄弟的事迹和生活点滴，又收录了许多珍贵的一手史料和照片。此外，梁华棣先生还是 1952 年广东省文教厅第一期电影放映训练班的保送学员，在粤西地区从事电影放映发行工作整整 30 年。电影放映员为将电影普及偏远的乡村地区，不惜跋山涉水，"吃千家饭点万家灯"，为电影放映和宣传教育工作做出了诸多贡献。但时至今日，学界对粤西电影的研究还十分薄弱。有感于此，梁华棣先生开始牵头编撰《粤西电影百年印记》和《足迹·不忘初心》两册刊物，前者着重撰写粤西电影百年来的发展历

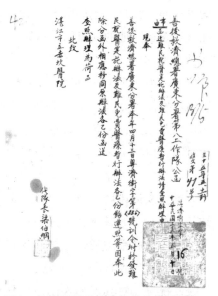

图 2　抗战胜利后梁伯纲兼任善后救济总署广东分署第八工作队队长签发有关救济难民的函件

资料来源：湛江市档案馆藏，001 - A12.7 - 011 - 023。

史，后者则将视角投向熊夏武、徐师达、黄履国、陈廉等在解放后从事电影工作的老革命、老战士，记述他们的事迹和发扬老党员的革命精神。2018年梁家又出资编印《建筑大师梁日新》一书，收录多篇文章，进一步探寻父辈历史及其承建的建筑遗产。

自称"广州湾发烧友"的梁华棣先生多次提到自己没有贡献具体的研究，只是"为他人做嫁衣裳"，他赞助了 2018 年首届广州湾历史人物学术研讨会的部分经费，呼吁学界依据政府有关文件，对陈学谈等历史人物做出公正评价。而且他数年来十分乐意为研究者提供资料和牵线搭桥，梁爱棠先生亦然。当他们知道笔者有意研究培才中学历史时，棠伯专程为笔者引见培才校友会的主要成员，华棣先生每当翻阅《大光报》（粤南版）发现有相关报道时就立即发给笔者，甚至自己操作电脑转录文字或传输照片，亦曾带着笔者走访于赤坎的大街小巷，厘清培才、慈光等校的校址变迁，

每当笔者有问题于微信上请教时，他也总是及时、耐心地一一回复解答。而在本书编撰过程中，正是多得两位先生等的热情引荐和多方联络，口述史工作才能进行得如此顺利。正如华棣先生所言，"挖掘和研究广州湾—湛江的历史是湛江人的共同使命"，唯望此文此书能够符合前辈的期望，聊以表达后辈对前辈帮助的感激之情。

图 3　2017 年 4 月梁爱棠接受访谈
资料来源：何小婷摄。

做海人在赤坎埠

——陈家如忆潮州会馆

吴子祺 整理

一 暹罗华侨回归

我家乡在汕头莲阳下莲村，曾祖父陈孝亲这代已经在泰国①曼谷给家乡人打工，后来创业定居。因此，我1931年出生在泰国，出世纸至今仍保留在泰国族人那里。20世纪30年代初，曾祖父病重，按照家乡汕头澄海的习俗，长子长孙都要回乡，于是祖父陈友新和父亲陈传薪带着我们回乡，在家乡干了两年，其他叔侄则留在泰国。

1941年，父亲去广州湾谋生。父亲的舅父李俊卿是我们村附近的竹林村人，早在父亲来之前20年就在赤坎大通街②做布匹和洋杂生意，所以父亲经李氏介绍在他的广昌商号工作。两年后情况稳定下来，父亲便写信过来，从广州湾到香港来接我们，后来又从家里带了几个人来当伙计。

日本人打来的时候，③ 妹妹

图1 1934年的陈氏家族合影
资料来源：陈家如提供。

---

① 泰国，旧称暹罗，1939年改称泰国，1945年复称暹罗，1949年正式定名泰国。
② 赤坎商埠最早形成的街道之一，商铺云集，位于小坡上，东面有多座踏跺式渡口。
③ 1939年6月，日军先后攻占汕头、潮州和澄海等地。

丽如和倩如留在乡下，母亲陈李氏去世后，我坐木船走难到香港，住在皇后大道。母亲没来过广州湾，父亲拿着她的照片到中兴街让沈定庵母亲①画了她的画像。丽如后来嫁给胡静澜②的儿子胡潮生，生子胡贤光。因为胡静澜曾在汕头做生意，儿子在汕头出生，所以取名"潮生"。胡静澜来了广州湾之后，在赤坎开书店做生意，后来当过闽浙会馆③的理事。他与我父亲相识，大家又经常在"潮园"俱乐部玩，所以两家结了姻亲。

我们搭许爱周的大宝石轮船④来到西营，看见海边的西式楼房。坐驳船上岸后，有苦力帮我们挑行李，在汉口路⑤做生意的一位同乡到码头来接我们，然后我们在长桥码头坐一个钟头的汽车到赤坎。

二　做海人建立潮州会馆

道光《遂溪县志》记载："先有双忠，后有赤坎。"⑥ 双忠庙⑦的传说是这样的，潮阳有个姓李的商人去南洋，途中遇台风，船沉了，他和一个伙计漂到海边。这时有两个木头公仔漂来，他扔回海里，又漂来，连续扔了

① 指沈华山之庶夫人诸素君。

② 胡静澜（1897—1966），浙江绍兴人，14 岁进入上海商务印书馆工作。1939 年为躲避日军入侵，举家迁往广州湾。先后在赤坎开设文风书店、联合书局，推动广州湾文教事业发展。抗战胜利后，被推举为湛江市图书公会理事长。湛江市文化广电新闻出版局编《广州湾钩沉》，岭南美术出版社，2015，第88—89 页。

③ 闽浙会馆旧址位于赤坎区民主路 73 号，始建于清中期。

④ 大宝石号轮船在 20 世纪 20 年代投入香港至广州湾航线，主要搭载乘客，并运载货物。1943 年，大宝石号被日军强行征用。参见黄国威主编《爱国巨商许爱周》，中国文史出版社，2005，第 9—22 页。

⑤ 西营的商业街道之一，临近海岸。

⑥ 康熙和道光《遂溪县志》均无此记载。道光《遂溪县志》卷 10《礼俗二十五》记载："……奇赢者，即麻章、赤坎货物丛集处，行店多潮广客为之，本处人业此甚少。"2006 年骆国和的《湛江掌故》中一篇短文《未有赤坎，先有双忠》对双忠庙历史进行了介绍。

⑦ 原址位于赤坎区南华小公园，始建年份不详，20 世纪 50 年代被拆毁，湛江市博物馆藏有嘉庆丁丑年双忠庙石匾额一块，背面镌有"保障全潮"。关于双忠庙的来历，赤坎本地有"潮州李姓商人和其犬（或言两位潮州商人）乘船到南洋经商，路上遇风雨流落赤坎而幸免于难，立誓日后归来建庙"的传说。另《大广州湾》记载："赤坎方面，初为一僻静小镇，海边街对望即大海，附近尚无屋宇。古老渡为渡船码头，但甚少船舶驶至。清乾隆末年有福建商人方某载货到此贸易，颇与土人相得，寻且陆续招致其同乡到坎经营。"韦健：《大广州湾》，东南出版社，1942，第 6 页。至于潮阳人信奉的双忠庙，则是崇奉唐安史之乱中牺牲的张巡和许远两位将领，是潮汕地区的广泛信仰。

三次，他才意识到是菩萨①，自己的生命得保佑。于是他用石头围住木头公仔，发誓说去南洋做生意发达后就回来建庙。几年后他果然回来建庙，花了很多钱从潮汕一船又一船运材料来。

这就证明赤坎是潮州人开埠，后来逐渐有潮州人定居，全国只有香港、潮阳和赤坎有双忠庙。② 双忠庙由另一班潮州人管理，潮阳人多一些，他们有自己的庙产，不属于潮州会馆，财政上没有联系。"文化大革命"前一年，双忠庙被拆去，一块石碑现在保存在博物馆，前面写着"双忠庙"，后面写着"保障全潮"。双忠庙建了大概二十年后，又建造潮州会馆。③ 潮州会馆建筑比潮州城祖庙还大，仅次于广州陈家祠。泥塑、雕塑、瓷艺都很精美，举个例子，会馆里的菊花片不是泥塑，是用瓷片一片片剪成，你说要用多少陶瓷。④

以前潮州做海人和船家驾驶木帆船航海，想在中途找个地方停泊休息，就在赤坎捐钱买地，成立潮州会馆。其他同乡想要潮州会馆的地来建屋亦可，按规定若干年后连屋带地归还给会馆，潮州会馆 500 多间房产就是这样来的，不过那些房子质量都不好。⑤ 我们来的时候潮州会馆没有空闲的田地

图 2　约 1910 年的赤坎潮州会馆
资料来源：私人收藏。

---

① 泛指神像。
② 有误，福建泉州、河南商丘、广东汕头等地区均有双忠庙。
③ 赤坎潮州会馆始建于清代乾隆年间，旧址位于赤坎区福建街湛江市初级实验中学原校址内，20 世纪 70 年代被陆续拆除，建筑已不存，仅余少数建筑构件和碑刻。
④ 嵌瓷是清代潮汕地区出现的一种建筑装饰工艺，其特点是运用各种彩瓷经剪取、镶嵌、黏结和堆砌等手法，在建筑物屋脊和墙体形成人物、花鸟、虫鱼、走兽和山水等半浮雕或立体雕效果。
⑤ 据时任潮州会馆理事长陈渭川 1947 年 2 月在一起争讼铺屋产权的官司中所述："乾隆初年旅坎潮属同乡为联络乡情起见，捐资设立潮州会馆，购置产业以为该馆常年经费。乾隆三十七八年间，与吴锡琪、郑国利等先后买断坐落原日牛车路，后易名为福建街吉地一段。至嘉庆初年将该地全段批与林俊利建造铺屋。上盖七间，嘉庆五年林俊利将自建七间铺屋之上盖立契出当与原告潮州会馆。"湛江市档案馆藏，档案号：001 - A12.43 - 070 - 003。与陈家如讲述相印证。

了，① 几乎已经通通建房，会馆的主要收入是靠出租房产。潮州会馆的房子主要在附近的福建街、中兴街、新生街和力行街这几条街，广州湾商会馆②附近有一些，比如有一次理事会决定一次性卖了 11 间，民主大道③往下就没有了，甚至电白、水东都有潮州会馆的产业，有几间屋。我是怎么知道的？1952 年会馆将财产交给学校，有老师去电白、水东收租，听他们说我才知道的。总之潮州会馆附近住着很多潮州人，甚至整条街讲潮州话。小时候我白天不怎么出街，就到会馆和花工、老乡玩。潮州会馆收潮州人的租金比外人低很多，④ 比如外人要 100 块，潮州人只要 30 块，所以潮州人基本是租会馆的房子，每间屋都有一块石碑，按千字文排列。⑤ 潮州会馆房屋大部分是租给外人的，租户的小孩可以到韩江小学读书。

　　赤坎的潮州人做生意，可以说是通过潮州人的网络。比如蒲包生意，赤坎的潮州商人收购，然后转运卖给东南亚的潮州商人。⑥ 以前都是木头船从汕头来的，赤坎的潮州人不经营轮船，我记得广昌、广安、广发做进出口贸易比较多，会馆的产业起初是船业捐来的，后来没有船来了，就靠商号捐款。

---

① 此处回忆似不准确，1941 年 5 月潮州会馆委员会常务会议讨论收回振农园土地，"查振农园承批本会馆空地，现因积欠租项甚多，并前函请其将该地竹树伐清"。湛江市档案馆藏，档案号：001 - A12.11 - 010 - 015。振农园经营花果秧苗和盆景等，原址在今赤坎迎宾馆和南桥河畔之间。1953 年接收改建为公营赤坎果苗场，面积 5.13 公顷，1980 年因城市建设被征用。湛江市地方志编纂委员会编《湛江市志》，中华书局，2004，第 527 页。

② 1917 年广州湾商会成立，原借广州会馆场所办公。1925 年在赤坎海边街建成会馆大楼。

③ 即海边街，今民主路。

④ 1942 年 6 月 7 日委员会常务会议上陈渭川提议："为清理乡人承批会馆尝屋，需改善沿数十年之习惯。建议租价改为，承批十年以内者按照时价七折算，十年以上二十年以下者六折，二十年以上者五折。"湛江市档案馆藏，档案号：001 - A12.11 - 010 - 020。但后续会议没有继续讨论该提案，至 7 月 5 日常务会议决议："凡本帮人承批本会馆铺屋而经手转批与他人者，应即通知其于二星期内，将该铺屋交由本会馆收回。"湛江市档案馆藏，档案号：001 - A12.11 - 010 - 027。11 月 22 日决议通过蔡惠茂所拟的简章："本邦人士租用旧铺屋者得依时价九折优待，新建铺屋按底价出租，每年分两季交租，承租人不得转租。"湛江市档案馆藏，档案号：001 - A12.11 - 009 - 020。

⑤ 1942 年 6 月 7 日所制的潮州同乡批租会馆尝业名单，计有字轨 34 间。湛江市档案馆藏，档案号：001 - A12.11 - 010 - 021。

⑥ 1943 年原《香港工商日报》驻广州湾记者韦健记述："1899 年租与法国之后，始渐与外间贸易往来。其始亦只有福建及潮州商人利用帆船载运瓷器、漆器、茶叶等到坎推销，换购土产，继之则有上海货船……俗称'大眼鸡船'，运销苏杭洋货到湾，分售与附近各县。内地商人以棉花、木油、烟草、青麻、土药与本地土产如草苗（即蒲包）、花生油豆等售与上海商帮，至此来往贸易渐大。"引自韦健《广州湾商业指南年鉴合辑》，第 9 页。

我们说潮州人是"做海人"，做海人都信天后，我们叫"阿婆"。据我所知，那时湛江最大的菩萨就在潮州会馆，正厅"天后圣母"坐姿神像从脚底到头顶足足有两米高。两米高不奇怪，这是用一整棵樟树雕成，从福建做好用木船运来。这个天后圣母很旺的。附近也有一个天后庙①，那里地方小菩萨也小，就连本地人都很少去，每逢三月二十二圣母诞，人们通通来潮州会馆拜。潮州人舍得花钱，每两年为神像上一次金衣，通通刮掉原来的金纸，重新贴上一张张金箔，刮下的金碎就给庙祝。20 世纪 50 年代"破除迷信"的时候，神像被扛去潮州塘旁边烧。街坊群众听闻要烧神像，就去旁边拜。

赤坎五大会馆②都坐南朝北，规模最大的是潮州会馆。潮州会馆有两进，有围墙，平时不开门。守门的是一个戴头巾的"摩罗叉"③，正宗印度人，奇怪的是他会讲潮州话，我们小孩子想进去会馆玩，就跟他说潮州话："阿伯，开门。"会馆内有三口塘：一口是龟塘，养着二三十只乌龟；一口是机器从水井抽水到榕树下的观音像，水从观音抱着的白瓶流下，积成水面；还有一口金鱼池在花园。观音诞时会馆打开铁门让人来拜观音，他们都拿瓶子来接观音水。

会馆后面有一片竹林，后来砍去一部分，开辟成一个广场给潮州人打太极和练书法。20 世纪 40 年代，在会馆旁边建起西式一层高的"潮园"俱乐部，一半架空在龟塘上，一半建在地面，有两三百平方米，地面铺花阶砖，墙上贴瓷砖。每到晚上大家聚在这里玩，可以在里面打台球打麻将，抽鸦片的人不能进来。会馆有图书馆，通过胡静澜的联合书店从上海买来万有书库和四库全书，放在酸枝木柜里向大家开放阅读。潮州会馆庙祝叫陈子成，比我父亲年纪大，住在中兴街。还有三个吴川花工，他们是三兄弟。花工平时养花摆花，年尾 12 月在潮州会馆天井台阶摆菊花展览，解放后他们去了寸金公园，后来寸金公园的菊花比不上当时潮州会馆的好看。

---

① 在今赤坎区益民路，始建年份不详，道光《遂溪县志》卷 4《坛庙五》有记载。
② 分别是潮州会馆、闽浙会馆、高州会馆、雷阳会馆和广州会馆（又称广府会馆），推算都建于清中期。丁日平：《从遗存碑刻看赤坎古埠的海上商贸地位》，政协湛江市赤坎区委员会编《赤坎文史》第 6 辑，2016。
③ 粤语对印度人的称谓。

三 振兴和记与雷公牌

我的父亲大概 1942 年在赤坎中兴街开设振兴和记，租用会馆的铺屋，我们也是租住在会馆的房子里。振兴和记主要卖山货、菜种和洋杂，一直做到解放后。铺面面积七八十平方米，前面是商铺，后面是仓库，上面住人。四五个伙计都是自家亲戚，他们负责铺面销售，有时拿种子到潮州会馆前的水泥灰空地翻晒，晒完直接扫起来就行。

我们经营的雷公牌菜种最出名，为什么呢？一是想法忠忠直直，只挑好的来卖；二是之前赤坎卖得少，别人卖也不熟行。直到现在我去外面，还有个黄略卖菜佬认得我说："哎呀，雷公仔！"

赤坎人都认得雷公牌，为什么叫"雷公"？这原是汕头一家锡箔厂的名字，我父亲又利用本地雷州人的信仰，[①] 用雷公做图案，可以让人觉得我们没有作假。标志中的雷公有着鹰嘴鼻和鸡嘴，一边手拿斧，一边手拿凿，脚踏萝卜，意思就是"因为靓，凿不破"。[②] 以前梅菉种的萝卜小，就像红萝卜那么大，而潮汕的有三四斤重，所以种子销路好，雷州半岛墟镇都有人来我们这边拿货，广西东兴也有，甚至远销越南。顾客一般都是上门买，熟悉以后可以订货，由我们寄过去。种子一般是一箩箩摆卖，小的用玻璃瓶装，多的批发一两百斤，零售就是一斤、两斤。海康、徐闻的人在墟日卖雷公牌菜种，都用印着我们招牌的纸袋铺在地面打广告。

我们卖的菜种有三四十种，单单萝卜就有十几种，有早种、晚种、坡种等。祖父在汕头附近的家乡莲阳镇开一家店叫"怡和"，菜种都是向农民收购的。父亲每年有三个月不在赤坎，清明节到五月节[③]后，他要回乡下

---

① 雷州半岛有雷神雷祖信仰，东汉王充在《论衡·雷虚》中描绘雷神形象："图画之工，图雷之状，累累如连鼓之形。又图一人，若力士之容，谓之雷公，使之左手引连鼓，右手推〔之〕，若击之状。"

② 在潮州会馆附近的潮州街、新街头（今中兴街）、手车街（今力行街）等潮州人聚居的地方，其商铺住屋亦散落不少各具特色的木雕、瓷雕、砖雕和石雕。其中振兴和记雷公牌菜种店的雕塑招牌最有特色。雷公穿着色彩鲜艳，长着猴头鸡嘴，一手执斧，一手抓凿，凤爪背翅，树叶掩腹，脚部绑带，站在一个大萝卜上。图案设计想象大胆，形象栩栩如生。《广州湾钩沉》，第 41 页。

③ 指端午节。

收种子，清明节把钱给农民去订货，五月节就收回种子来，用麻包装好塞进竹箩里，一个箩有七八十斤重，然后从汕头用木船运到香港，再经父亲的香港朋友装上轮船转运到西营，一般是通过许爱周永华公司①的船。船到后，我们派人到霞山码头提货，再由运输公司的汽车运到店铺。

卖种子只是半年的生意，此外我们还卖潮州土杂——迷信纸②。迷信纸大部分卖到南洋，少数卖到广州湾。潮州做的锡箔要一锤一锤敲出来，而且中间有红印，我们叫"寿金"，别的地方没有。洋杂业务只有报纸一种，就是从香港入旧报纸，这边用来做成包装纸袋。父亲有朋友在香港做新闻纸，就是用来印刷的白报纸，德国原产，这边的人也叫"德国纸"。他运回来赤坎卖，汽车一次拉来就一两百卷，我们都没地方放，全部堆在潮州会馆走廊。所以说，父亲出去做生意是靠香港那班同乡的支持和帮助。父亲还租过会馆围海造出来的潮州塘③养鱼，潮州塘周围有一列小铺，会馆租出去给人做生意。

我们定期汇钱回汕头家里，华侨叫作"侨批"④。赤坎没有专门的侨批馆，潮州人办理侨批业务，信任谁就让谁帮忙寄钱回去，一般用港币，到汕头再转回国币。我们要向法国人交税，一个是门牌税，做生意的还要交营业税，数额不多，但要求准时，一个季度的头十日

图 3　1943 年《广州湾商业指南年鉴合辑》上的振兴和记广告

资料来源：韦健《广州湾商业指南年鉴合辑》，第 78 页。

---

① 为经营业务方便，许爱周曾与友人临时组合一些船务公司，仍由许爱周主持，其中包括"太平轮船公司"。黄国威主编《爱国巨商许爱周》，第 22 页。另有资料显示，永华、大宝石等行驶香港至广州湾航线的轮船属赤坎的太丰轮船公司，该公司与太平轮船公司的关系未详。陈玉潜：《广州湾及南路各地调查报告》，《银行周报》第 23 卷第 6 期，1939 年 2 月，第 6 页。

② 指祭拜先人或做法事所用的纸钱。

③ 广州湾时期赤坎城区西北角的一方水塘，20 世纪 50 年代初被填平建屋。

④ "侨"是指华侨，"批"是闽粤方言对书信的称呼，又称为"银信"。侨批实际上就是华侨华人通过民间渠道，以及后来的金融邮政机构寄回国内的家书或简单附言及汇款凭证，是一种"信款合一"的家书，出现在 19 世纪 30 年代至 20 世纪 70 年代。根据图 3 振兴和记广告，似能说明其兼营相关业务。

交。要交税的时候，他们派人在星期日敲锣通知，次日即星期一去赤坎市政厅交税。

四　商号轮值理事会

潮州会馆有来自潮阳、澄海各地的人，澄海人更多一些，里面没有再区分，在赤坎没有"帮"，① 大家在一起，讲话都一样的。大埔那边的人讲梅县话的，一般不加入会馆，② 只有很少的人加入。

赤坎潮州商人要向会馆交会费，只是象征性的。我们不用向会馆交钱，会馆反而过年过节会送钱来。会馆很有钱的，每当大家高兴，或者戏班顺路，就从香港请人来潮州会馆演潮剧。每年春节、清明、三月二十二圣母神诞和中秋开大餐聚会，女人和小孩不能去，会馆分生猪肉、生羊肉、金猪，一份份送去每家每户。广州湾商会和潮州会馆的人是相互认识的，大家都是生意人，陈斯静③做过第二、第三、第五届会长。陈斯静家族在大通街开泰发商号，陈斯静儿子陈介中和我父亲同年纪，他做过广州湾商会委员。④ 陈斯静在香港治病时父亲去探望过，他的女儿住在我们家对面。广州湾商会下面分一个个行业，⑤ 会员要遵守要求和交会费，我父亲在纸业公会。

潮州会馆理事会由选举产生，一届做四年，每年开会员大会。开商号的人会被选为理事，每五年选举理事长，正月十五大家聚在潮州会馆开大会。⑥

---

① 汕头商会内，按籍贯分为"海天派"和"商运派"，分别来自澄海、潮安、饶平和潮阳、揭阳、普宁，两派在商业利益和商会地位中有争端。陈海忠：《近代商会与地方金融——以汕头为中心的研究》，广东人民出版社，2011，第121—123页。就赤坎潮州会馆而言，澄海籍人士居多。

② 1946年上任的湛江市首任市长郭寿华即大埔人，潮州会馆曾有意推其为旅湛潮州同乡会委员。湛江市档案馆藏，档案号：001－A12.11－011－039。

③ 陈斯静（1878—1940），潮州人，早年随父来赤坎经营泰发号售卖百货，广州湾主要商界领袖之一。推进成立广州湾商会，先后任第一、第二、第四至第六届商会长，其后改委员主席制，任首两届及第四、第五届主席，任内在香港病逝。参见韦健《大广州湾》，第77页。

④ 1942年7月选举广州湾商会第六届执监委员，选出主席1人，常务委员4人，执行委员10人，陈介中为执行委员。韦健：《广州湾商业指南年鉴合辑》，第77页。

⑤ 指广州湾商会下设的各同业公会。

⑥ 陈渭川1947年称："潮州会馆理事人员均由各商号轮值，每六个月更换一次。"湛江市档案馆藏，档案号：001－A12.43－070－003。根据潮州会馆的会议记录，开设商号应是加入赤坎潮州会馆，成为议事决策之"会友"的必备条件。

1946 年父亲是理事长，① 时年 42 岁，我了解会馆也是因为看到他留下的资料。理事会负责处理会馆事务，包括房屋维修和收租。会馆内有四个厅，如果理事在俱乐部开会觉得嘈杂，就到厅内闭门开会。潮州会馆的理事不领工资，李源豪、陈国祥、陈渭川②是同时期的理事，潮州会馆领工资的有三个人，办公室两个专职工作人员，我记得一个姓蔡，一个姓余。其中一个专门管财务，另一个是管后勤、收租、办事跑腿的。还有一个叫金少石的文书，他是上海人，文化水平比较高，我们都叫他金先生，工作了四五年。

振兴和记不算大的商号，较大的有广昌、广发等，据我所知，这些商号只在赤坎经商，在潮州或汕头没分号。③李源豪代表广昌，这是"化名"，他叔叔李俊卿才是背后真正的老板。李俊卿当过会馆理事长，是我父亲的舅舅，他们在潮州会馆斜对面开了广昌酱油厂，每天在潮州会馆前的广场翻晒黄豆。赤坎本来是本地人开的广香酱油厂生意好，但有一次旁边的广荣声炮竹厂爆炸，④ 一条手臂落到广香酱油缸里，直到几个月后倒出酱油才发现。消息传开以后，就很少人买他们的酱油了。陈国祥是我们的老乡，经营土产杂货，他当过国民党时期的赤坎区长，1946 年他是一般的理事，住在力行街。

五　办学、善举和会馆没落

潮州人很重视提高青年知识和文化水平。1944—1945 年，潮州会馆开办韩江小学，⑤ 大概 1946 年开办幼稚园，在广州湾是比较高级的。小学有

---

① 湛江市博物馆所藏的赤坎潮州会馆会议记录未记载陈传薪在 1946 年担任主席或理事长，但他是排名较前的委员。

② 陈渭川的恒利商号在民主大道，经营土杂货，曾出任潮州会馆理事长，1942 年被选为广州湾商会第六届候补监察委员。

③ 此处记忆疑有误。曾任潮州会馆委员会主席的柯侥龙的南大行，就在上海、香港、汕头、广州、澳门、柳州、梅箓设有联号，经营杂货、土产等南北行业务。韦健：《大广州湾》，第 41 页。

④ 广荣声是广州湾著名炮竹厂之一，"生栈"和"光天德"炮竹厂曾发生严重的火灾，造成大量伤亡。骆国和：《湛江掌故》，中国文联出版社，2006，第 121—122 页。

⑤ 此处记忆疑有误，有资料记载韩江小学"民国卅二年秋开办"。郭寿华：《湛江市志》，大亚洲出版社，1972，第 208 页。亦有资料记载韩江小学在 1942 年秋开办。湛江市赤坎区地方志编纂委员会编《湛江市赤坎区志》，广东人民出版社，2013，第 593 页。

二三十个老师，不少是从广州、香港逃难来的资历老、有经验的教师，所以办学水平比较高。还专门从北京请来三个老师教普通话，是湛江最早开展普通话教学的学校，当时其他学校都用湛江白话教书。幼稚园从香港请了两个女老师，1945年我父亲从香港买来一部钢琴送给小学，这是湛江第一部钢琴。40年代的时候，韩江小学有十多个班，差不多每个年级两个班，一个班三十多人。韩江小学由校董会管理，校董会成员基本是潮州会馆理事会的人，可以说是理事会的下属，办学经费也主要是潮州会馆提供。

1945年在俱乐部办夜班，请遂溪最后一个贡生冯凌云①来教古文、诗词、书法、珠算。冯凌云一周来四天，他的私塾式教学很严格，一直教到解放后。他用白话讲课，来读书的都是二十几岁叔叔辈的人。我日间在韩江小学上课，晚上来听听。

乐善堂专门施救穷困之人，救济流浪汉，给孤寡老人收尸，用棺材安葬，由四个会馆和广州湾商会共同出钱，共同主持，雷阳会馆不参加，② 它很小。乐善堂管理的人姓李，是潮汕人，有工人住在楼上打理。抗日战争中，会馆捐钱给政府，捐到广西那边。潮州要是有风灾、水灾，我们也会捐钱，由会馆收集寄过去，③ 这些信息都是老百姓传来的。抗战时候很多人逃难来广州湾，潮州会馆也安置了很多潮州人，④ 从香港逃来的人还组织了

---

① 冯凌云（1874—1954），麻章区长布村人，清光绪三十一年廪生，毕业于两广法政学堂。冯凌云是广州湾及高雷地区有名绅士，民国初年在广东各县担任公职，后返回广州湾任职于赤坎公局。其与上层华人交游甚广，文化水平高，曾任遂溪七小、晨光学校、河清中学校长。

② 乐善堂，位于赤坎区中华路，今存两通光绪年间碑刻，记载赤坎五大会馆共同出资买地和放本钱在当铺收息，以维持乐善堂运作。陈家如回忆"雷阳会馆不参加"疑有误，因为光绪二十一年（1895）《乐善堂碑记》落款有"雷阳会馆"。

③ 如1944年9月潮州遭受风灾，赤坎潮州会馆捐款"由澳转省汇汕"。《乙酉年二月初一日委员会开第二次常务会议纪录》，湛江市档案馆藏，档案号：001 - A12.11 - 009 - 015。

④ 1943年1月，潮州会馆应遂湾联合救侨会之请，捐送国币3000元，向香港九龙潮侨归乡指导会捐送国币1万元，并向在广州湾的90名潮侨每人发国币20元"度岁"。《壬午年十二月初五日委员会开第四十五次常务会议纪录》，湛江市档案馆藏，档案号：001 - A12.11 - 009 - 02205月，潮州会馆拨国币3万元，并向同乡募捐，由时任主席陈体臣协同理事援助在广州湾的避难同乡。8月，澄海、苏南通过德善堂向潮州会馆请求继续捐助救灾，但赤坎潮州会馆以"在本湾现时情况下难于办到"为由拒绝。《癸未年七月初一日委员会开第十一次常务会议纪录》，湛江市档案馆藏，档案号：001 - A12.11 - 009 - 023。

一支"潮青"篮球队，拿过广州湾比赛的冠军。

潮州会馆最多时有500多间房子，1952年学校接收时只有200多间。为什么？一个是办韩江小学用钱;① 一个是抗日战争后东南亚排华，② 越南的潮州籍华侨听说这里有潮州会馆，他们就经广西逃难过来。我们接待他们包吃包住，后来想办法让大宝石船整船把人运走，最多时一趟送了200多人到汕头，走时还送大红包。这是我们作为潮州籍同乡的义务，所以会馆穷了。

日本投降后，很多同乡走了，尤其是战争时期从香港和广州来的那一批，大多数回到原地，只剩在香港没有生意的少数同乡留下来。但也有很多几代都在赤坎的家族，只知家乡而不懂潮州话，所以多数留在赤坎，因为大家都已经在此地落叶生根。1950—1951年，潮州会馆收支交给小学管理，因为解放后很多生意人丢弃商铺返回老家。1952年，理事会退出管理，将潮州会馆和产业交给办公室。政府正式接收潮州会馆，房产没收，学校由政府办学。③"文化大革命"开始，逐步破坏潮州会馆。那时候政治运动一波接一波，多美的雕刻都没人敢收藏，就连我们雷公牌种子店的"招牌纸"，我都不敢留下一张。

由于政府办学需要更多场地，因此逐步拆除潮州会馆。80年代初拆会馆正厅的时候，我偷偷捡几块木材到仓库盛东西，其中有一块包金的"潮州会馆"大牌匾，可惜后来给白蚁蛀蚀掉了。时任博物馆馆长阮应祺捡起两块碑刻放在博物馆，有些木构件现存广州湾历史民俗馆。旧时赤坎潮州会馆的建筑，几乎完全消失了。

---

① 1945年11月19日委员会议决："潮州会馆上学期拨给韩江小学本邦子弟津贴学费十二万两千元，每年奖学金由学校董事会负责，如学校预算倘有不敷，则由会馆酌量补助。"《乙酉年十月十五日委员会开第十七次常务会议纪录》，湛江市档案馆藏，档案号：001－A12.11－009－017。

② 湛江市档案馆所藏的潮州会馆会议记录未见相关内容，类似事例见1943年5月，潮州会馆曾拟向旅湾同乡拨路费酌送回乡，派理事与难侨代表协商。《癸未年四月初十、十一日委员会开第二、三次特别会议纪录》，湛江市档案馆藏，档案号：001－A12.11－010－039。

③ 新中国成立后韩江小学先后改为第三联合小学、雷师附小、三十一小，后来是十一中、初级实验中学。21世纪初初级实验中学搬走，校址空置，2016年改造其中一栋教学楼为赤坎区图书馆。

跨越三个世纪的兴与衰

吴子祺

（2021 年）

一 潮州商人扎根赤坎

我对陈家如老师的印象，几乎一直停留在赤坎潮州会馆故址里面。因为我们与陈老师的几次见面，要么在院内的学校宿舍，要么就在昔日中学教学楼下。除了访谈的场景，我还想起陈老师领着我们指认会馆建筑的大致方位，虽然如今仅余老榕树盘踞的一角砖墙。陈老师自 20 世纪 40 年代迁居赤坎，见证了潮州会馆由盛转衰的急剧变化。80 年代上级命令扩建学校，完全拆除会馆建筑，他是该校当事者之一，真是令人唏嘘。

笔者多次听到老一辈赤坎街坊惋惜潮州会馆未能保存至今，而陈老师鲜少流露情感，他的讲述总是和缓平顺。然而这并不意味着他对历史不在意，相反，他从小留心家族生意的情况和父辈之间的来往交谈，数十年后向我们忆述，便是难得的史料。陈老师的口述历史不仅可与湛江市档案馆所藏的 200 多页潮州会馆档案（以会议记录为主）相互印证，更为我们补充了档案所不及之处，如各位理事历史的身份和相关商号情况，以及他们彼此之间的姻亲关系等。[①] 得益于此，文献中的工整毛笔字变得鲜活起来。

陈老师的祖父陈友新来自澄海，在泰国成家立业，陈老师也出生在海外，尔后其父陈传薪来到广州湾投靠舅父李俊卿，再把家眷从家乡经香港接来。以上轨迹是潮州人跨地域商业网络的一个典型，充分说明了潮州人敢闯敢拼的开拓精神和乡亲相互扶持的人际关系。

赤坎潮州会馆是清代沿海商业网络的一个点，与海上贸易紧密相关。就粤西南而言，光绪年间赤坎、徐闻、海口、万宁、水东和安铺都有潮州会馆。潮州人参与赤坎埠的开发可追溯到乾隆年间，两通《题名正座碑》记载了多家船商的名号。另外，双忠庙的传说和匾额反映了清中期赤坎的

---

① 吴子祺、徐冠勉：《赤坎埠潮州会馆档案说明》，《田野与文献：华南研究资料中心通讯》第 88 期，2017 年 10 月。

潮州人社区已然成形。据徐冠勉与笔者的研究，潮州商人因为江浙沪旺盛的食糖需求而来到遍植甘蔗的雷州半岛，他们随季风驶船往来于南北沿海，赤坎是其中一个输出土产和输入华洋杂货的重要港埠。[①] 由于潮州人定居较早、财力丰厚，且在各港埠有许多定居经验，因此赤坎潮州人多购置土地，为潮州会馆积累了许多尝业，造福于后人。1899 年遂溪知县李钟珏和法国人皆重视赤坎商埠的价值，也都意识到这是一个以外来客商为主的"会馆社会"。

进入广州湾时期，赤坎潮州会馆和潮州人社区的实力和地位集中体现在领袖陈斯静身上。陈斯静乃潮州澄海（今属汕头市）人，早年随父来赤坎经商，开设泰发号经营土洋百货，代理亚细亚石油公司的产品，是以"万世瑞"为代号的赤坎潮州会馆的领袖。1916 年赤坎市政厅下设参事会，为赤坎市长提供政策意见，辅助市政工作，陈斯静是其中一员。1922 年广州湾咨议会成立，陈斯静也加入该机构。1917 年广州湾商会成立，陈斯静是主要创始人之一，任第一、第二、第四、第五届会长（第三届会长由本地人陈家劭担任）。他多次为广州湾商界利益奔走，如 1929 年 8 月参加广东省商会代表大会，反映中国政府征税繁重的问题。1929 年广州湾商会改为委员主席制，其又连任前两届和第四、第五届主席（第三届主席由广州增城人陈澄甫担任）。[②] 陈斯静在广州湾名望崇高，"所有该埠之商会及益智中学、救火局与其他一切社会事业，莫不由其提倡创办。抗战军兴，又倡设赈灾会，热血公益，社会同钦"。[③] 1924 年绅商创办益智中学，陈斯静是校董会主席。陈斯静对于潮州籍子弟亦颇为关心，抗战时期倡建西园俱乐部以供夜间学习和联谊所需。陈斯静与香港商界关系密切，1940 年在香港病逝，其后灵柩运回赤坎，在体育场停厝开祭，香港报纸赞其"急公好义，且能诗文，富于爱国思想"。[④] 陈斯静在南兴街建有"静园"西式大宅，旧址仍存。

广州湾时期，赤坎五大会馆共同形成的会馆社会和营商环境发生巨变。民国以后，租借地内外形势更为复杂，客商不得不同时应对法国殖民管治、

---

① 徐冠勉、吴子祺：《埠与墟：商业会馆与清代粤西南地方社会》，《历史人类学学刊》2019年第 1 期。
② 韦健：《大广州湾》，第 77 页。
③ 《广州湾闻人　陈斯静在港逝世》，《大公报》（香港）1940 年 11 月 17 日，第 6 版。
④ 《陈斯静灵柩运湾日内开祭》，《大公报》（香港）1940 年 11 月 23 日，第 7 版。

军阀战乱和匪患等新变化。以陈斯静为首的潮州商人与赤坎会馆社会的各个群体本已有着密切的互动关系，到了民国初年更是因为共同利益而走向联合，于1917年建立广州湾商会，1925年商会大楼落成，给当地华人社会带来深刻影响。法当局为了笼络华人，在其行政架构之内设定赤坎市政"自治"，而商会拥有商事管理权，负责制订行业规则和处理纠纷。陈斯静长期担任商会会长和主席，说明他享有崇高地位，也反映了潮州商人经济实力之强。

二 难以承受之重

通过陈老师的讲述，我们如同进入了当年潮州人社区。会馆是社区的中心，具有一定经济实力的头面人物参与日常管理，开发土地、房屋收租和筹办节庆等措施既为社区带来稳定收入，又能维系彼此情谊和保持团结。抗战时期潮州会馆参与广州湾商界的赈济活动，救助同乡，兴办教育，也是其社会职能的延伸。笔者认为，陈老师的口述历史和现存的潮州会馆档案主要说明了20世纪40年代的情况，这恰恰是"后陈斯静时代"——会馆因为缺乏领袖而采用集体决策。各主要商号轮值担任理事应是传统，而陈传薪的振兴和记规模不算大，他却可以较快跻身理事会，享受会馆的优待，除了李俊卿的引荐，也反映了成为持份者的门槛降低。

抗战时期广州湾是国际海上通道，经济一度畸形繁荣，给潮州会馆带来机遇与危机。数以十万计的名流富商和平民逃难来到广州湾，不少人在此投资和居留，刺激广州湾的经济繁荣一时。与日俱增的外来资本和难民商住需求，促使拥有大量物业和土地的潮州会馆加快开发土地，建造铺屋用于出租，并加强租务管理，尝试稳定租金收入。然而好景不长，抗战后期形势恶化，1943年日军全面入侵是其由盛转衰的转折点，大量资本和难民被迫逃离。潮州会馆本已因为救济和遣送滞留在广州湾的同乡难民而耗费巨资，并且疲于应付广州湾法当局和国民党政府官方组织关于修筑战备设施和资助救侨工作的要求，还曾从道义考虑，数次向家乡和香港同乡捐款。另外，开办韩江小学和雇员所需费用，也使会馆更加难以负荷。由于租约时长和同乡优惠，潮州会馆即使提高租金，也难以追上物价和支出的增幅。潮州会馆的会议记录记载理事会几次订立和修订批租章程，以求加强管理。但到了1945年，欠租问题仍频频发生，无疑影响了会馆的收入。

潮州会馆作为一种以地缘为纽带的实体机构，"同乡地缘"和"商业网络"双重属性相辅相成，无法独取一端。分布在华南沿海地区和东南亚的潮州人商业网络带动人员和资本的流动，推动广州湾潮州会馆在全面抗战前中期的兴盛；而后期日军侵占广州湾使当地经济陷入萧条，这种同乡地缘关系就转为消极的负担深渊。会馆无法舍弃照顾同乡的道义责任，即其"同乡地缘"的公益属性，以致拖累其"商业网络"的经济谋略，造成不堪负荷的沉重财政压力，即使有雄厚尝业和较完善管理制度亦难以招架。

1945年中国政府收回广州湾并设湛江市，但数年间国民党当局并无真正建设，赤坎潮州会馆亦难挽颓势。解放后更多商人离开湛江，加上政治形势的变化，潮州会馆终在1952年宣布结束，交由政府接管，物业移交学校。随着建筑年久失修和不敷使用，有关部门拆除会馆，建造新的教学楼和操场，昔日美轮美奂的中式建筑几乎荡然无存。

陈老师不能去阻止什么，但他曾在废墟捡拾几块雕工精细的木构件保存下来，后来辗转陈列于广州湾历史民俗馆中供人怀想潮州会馆旧貌。潮州人是赤坎埠的早期开发者，这个曾为经济发展和公益慈善做出贡献的群体经历了300多年的历史变迁，早已完全融入当地。会馆兴衰已成陈迹，而古埠却韵味悠悠、魅力渐增，吸引游客探秘参观。当我们跟着陈老师的口述历史徜徉老街，想必别有一番感悟。

图1　2016年7月吴子祺（左）、徐冠勉（右）①采访陈家如（中）

---

① 徐冠勉时为香港中文大学硕士研究生，博士毕业于荷兰莱顿大学，现任北京大学历史系助理教授。

西营枇杷街咖啡飘香

——祝宇忆法国风情

何斯薇　何小婷　整理

一　创业结业在西营

广州湾时期，西营人口较少，[1] 主要是作为法国人的行政中心。我们祝家在西营创业和定居的多年经历，多多少少反映了西营的历史发展。我的家乡在化州市以南，不到一华里的邻村就是吴川县。爷爷祝英华出生在1886年，他是祝氏第十四世后人。曾祖父在农村生活不下去，就带着我爷爷去了北海，被人贩子骗下南洋，也就是"卖猪仔"。那时爷爷才15岁，人很瘦小，没被选上而一个人留在北海，幸亏一家药材店收留他打工。本来药材店老板要认他做儿子，他说："我姓祝，跟了你当儿子，那我祖宗谁继承。"他记得妈妈说过："你长大后要使我们祝家人丁兴旺，生活好过。"虽然他不肯答应，老板仍坚持把他留下，他继续打工两三年，之后来到广州湾的赤坎。

爷爷先在赤坎大通街的药店打工，帮忙配药和跑腿。那时候大通街往下走就到海边，很多帆船停泊在码头做生意，商行很多。爷爷有点书生气，做药工之余成天看《金匮要略》[2] 之类的医书。后来认识了一个女孩子，也就是我奶奶。她也是穷人出身，生于1898年，她父亲从潮州来赤坎做生意，去世之后母亲改嫁，她不肯跟母亲走，于是独自在街头摆小摊卖甘蔗和糖

---

① 1910年广州湾法当局将行政中心迁至西营之后，数以百计的法国官员、驻军与越南籍僚属居住当地，并吸引一些华人移居。早期西营城市规模狭小，人口仅数千人。随着城市建设和商业发展，人口逐渐增多。抗战中期大量难民涌入广州湾，西营人口增至3万人。

② 东汉时期张仲景撰写，经后人进一步补充编辑，针对不同病症开列药方，是中医临床经典著作之一。

果等维持生活。两人相好以后早早结婚，她足足比爷爷小十几岁，1913年生下我的父亲。

此后爷爷就不帮人打工，跟别人借钱开了间小店，从老板那里进点货，摆小摊卖些成药，奶奶卖些零碎的日常用品。我听妈妈说，奶奶很勤奋，工作效率很高，她上山摘一种我们俗称"大糯叶"的树叶，果实能吃，果实熟了以后是红黑色，捣碎之后加一种粉制成白色的酒饼，卖给人家用来酿甜酒。他们零零星星攒了点钱，但是因为资金不足，生意做得不好，慢慢就开始亏本，所以1915年从赤坎搬到西营。西营做生意的人不多，当时主要聚集法国人的行政机关、教堂、银行、军营和学校。搬到西营以后，爷爷奶奶摆摊卖些烟酒，依旧经营惨淡，中间爷爷曾经教书帮补家用。

后来生意渐渐有些起色，1927年他们向朋友借了毫银①100多元在贝丁街②开了"遂源号"饼铺。生意多由奶奶主持，她是潮州人，善于经商，所以生意做得风生水起。遂源号月饼有名，奶奶要求工友一定要用好的原料，比如椰子要海南的，火腿要金华的。她说回头客最重要，长期生意要靠回头客维持，做得好才有回头客。遂源号出产的饼种类有很多：五头饼、四头饼、拖罗饼、豆沙饼和火腿饼等。做饼用很大的烘炉，铁锅在下面烧火，火旺了以后把饼一个一个摆在烘炉上推进去烘烤。包装也很好看，用反光的红纸包好以后，用金色染料印上饼的名称和"遂源号"出品，并且印了一条金龙贴在招牌那里，一封封摆出来卖。

生意赚钱以后，爷爷从农村请来叔伯兄弟做工人。因为农村比较穷，每一个来做工的都给毫银200元让他回去娶老婆，所以到现在那些叔祖都对他们子女说："你一定要记得三爹。"奶奶威信很高，他们都叫"三奶"。我的原名叫祝云祥，解放之后我才叫祝宇，小名叫云。我的几个叔叔都在这一时期出生，那时是生活最好的时候，所以有人说我爷爷一生两头生活最苦，中间生活最好，因为他开头是穷人子弟，后来回到农村生活就又苦了。开铺时候家里比较兴盛，子弟都有时间读书，父亲、叔叔和我都在法华小学读书。

---

① 清代光绪年间开始在广东铸造和流通的银质硬币，民国时期继续在两广地区流通。
② 今霞山区逸仙路，为纪念法国一战英雄贝当元帅（Henri Philippe Pétain）而命名。

为何说后来生活苦？有段时间生意不好，爷爷把铺位的一半租给邻村的杨汉卿，他开了一间鸦片烟馆。但是经营鸦片要经陈学谈的三有公司发证批准，否则就是犯法。① 结果他被警察抓了，连我爷爷都被抓了，就因为租铺给他。坐牢要带枷锁和两只脚镣，铁链从木枷吊下来连着脚镣。我记得小时候爷爷每天要扫街劳动，② 扫到家门口时候，妈妈他们都哭。所以说西营街道那么漂亮，那么干净整洁，就靠这些犯人打扫。

监狱在运动场斜对面，探监要去公使署开证明。有一次由妈妈和婶婶去开证明，四婶在公使署台阶下等。门前有越南警卫站岗，四婶那时才二十几岁，卫兵调戏她。四婶害怕到颤抖，正好踩到蚂蚁窝上，但她胆小也不敢动，蚂蚁爬上脚咬她，她还一动不敢动。这时我妈妈从公使署台阶走下来，四婶连忙说："哎呀三嫂！你再不下来我就要死了！"我妈胆子很大，敢作敢为，走上前打了卫兵两巴掌，拉着我婶婶就走。

所以我从小就对公使署很有意见，因为爷爷被法国人抓去坐牢，奶奶也跟着生病，家里生意就差了下去；再加上四婶在公使署前面受辱，我就想什么时候有炸弹把它炸掉最好。但世事难料，没想到几十年后我做文化局局长③时，竟将这座建筑保存下来。

1931年奶奶生下最小的儿子祝缅之后病倒，当年去世。爷爷坐牢半年回来以后，就开始抽大烟不管生意，

图1　20世纪二三十年代的西营福克大马路
说明：两侧主要是营房、行政机关和监狱。
资料来源：法属印度支那总督府发行的明信片。

店铺没有人主持，生意就垮台了。在这样的情况下，全家回到农村生活。爷爷虽然只读过三年书，但是他自学能力相当好，四书五经他都读得懂，他的字写得很好看，劳动回来放下锄头就写字，整天吟诗朗诵。因为在西

① 广州湾时期，法当局长期实行鸦片专营制度，将鸦片专营权高价批给少数商人，以补贴财政收入。陈学谈主导、澳门商人高可宁等人参股的三有公司创办于1928年，位于赤坎龙总督街（今和平路），曾垄断广州湾鸦片的进出口和分销批发。
② 法当局的中央牢房设在西营，羁押犯人须服劳役，如打扫街道，犯人外出劳动期间佩戴木质刑具。
③ 祝宇曾于1984—1993年任湛江市文化局局长。

营做生意攒下财富，回乡建了很大的房屋，内有两个天井，分为多间房，很有气势。

我们回到农村，农村也没学校，爷爷教我们读书。他就在中厅摆了一张桌子教我们读书，有我、小姑、小叔和两个妹妹好几个人，爷爷教我们读古书，读《古文观止》，我记得有篇文章是《咏燕子》："举翅不回顾，随风四散飞。雌雄空中鸣，声尽呼不归。"① 作者从传统道德教我们要孝顺和尊重老一辈。我特别喜欢听《聊斋》说鬼说怪，但是又害怕，一说到精彩的时候脚都缩起来不敢放在床下。爷爷平时在农村里给人看病，农村人有什么小病去看，他甚至送药送医，做了很多善事，所以在农村很有威望。村人很尊重他，逢年过节凡是家里杀鸡，都送一小碟给爷爷，年年如此。每当回乡下的时候，村人都记得我们是"祝汉三的子孙"，这么多年过去还保持一份尊重。

二 西营的商业市况

赤坎是商埠，遍布狭窄的小街道，像个乡镇。西营则反映法国管治的情况，像个真正的现代城市，街道平直能通车，市区规划得比较好。西营城区基本以解放大道对称，有钱人主要住在北边。建筑一间间，院落一处处，都有围墙围着。南边则是华人聚居，贝丁街是西营商业最繁华的地方，商铺主要集中在此。我还小的时候，街对面还没有店铺，是一片海滩，有时我去海边戏水和捉小螃蟹。再往下面走叫"括流街"，就是说海水涌上来。东堤路以前也叫"水浸街"，② 每逢涨潮海水一涌上来，经常淹没街道。

图2 20世纪二三十年代的西营
南部华人街区

资料来源：法属印度支那总督府发行的明信片。

贝丁街的一条横路③有间咖啡店相当出名，由一位姓阮的越南人开办，

---

① 该诗出自唐代白居易的诗作《燕诗示刘叟》。

② 括流街即今东堤一横路，水浸街即今爱国路，皆为民间俗称。

③ 今逸仙北二路。

叫宝生源。爷爷刚来西营的时候，经常到那里喝咖啡。虽然坐落于小巷子，铺面也不大，只有三四张桌子，但是宝生源名声很大，名人绅士都去喝咖啡，抗战时期不少名演员都曾去光顾。咖啡豆炒了之后现磨，一冲出来隔着半条街都能闻到咖啡香味。所以爷爷后来从农村回来，凡到西营一定要去喝咖啡。

贝丁街的一个街口处开了中国大戏院，主要放电影，那里是最繁华的地方。中国大戏院建于 1942 年，主要由三个人合股投资，法当局的警官朱育英，加入法国籍的爱民医院院长黄宁民①，还有一个是父亲的朋友李宗泽。我对中国大戏院印象很深刻，因为以前读书的时候，每到晚上九点多，就听到电影散场播放歌曲，当年流行《天涯歌女》《四季歌》，远远就能听到。电影院在北边，我住在南边，顺着北风，听歌入眠。

贝丁街有一家照相馆，老板叫吴景南。当时照相没那么方便，照相机要固定在架子上，我们定定坐着一动不能动。有一家"唯一粥铺"，淮山粥最好喝，还可以临时帮你找点瘦肉或海鲜煲粥。还有中国大戏院南边的统一饭店，烧猪肉最好吃。还记得有一次叔叔带我去吃烧猪肉，我吃了很多被他骂："吃那么多干嘛！这些东西肥肥的！"统一饭店当时是用木板搭起来的，走进去就踩着板子咿呀咿呀作响。

西营还有两家金铺，在东堤路的叫"柯东盛"，在贝丁街的叫"柯西盛"，可能是西营仅有的两间。这两间金铺的门最坚固，是推拉式的铁闸门，我记得门口有一副对联。在外面可以看到里面的玻璃柜，里面摆着金戒指这些。这是海南柯氏家族开的，他们的子弟柯景辉是我法华学校的同学，但是他在女生班，我在男生班。柯景仁足球踢得很好，姐姐柯秀娟是校花。

汉口路的报关行多，因为靠近海边，很多船来往报关，西营商会的二层楼房也在汉口路。② 往海边走就到栈桥码头，海边全部筑成石砌堤岸，往南连着避风塘。③ 人们把它叫作"水鬼塘"，因为那里曾有两个妓女被老鸨

---

① 黄宁民生于 1901 年，卒年不详，原籍广东兴宁，生于广州湾，青年时被法当局选派至越南河内学医。1922 年广州湾爱民医院开诊，黄宁民学成后到该院任医师，并到乡村开展防疫治病工作。1946 年出任湛江市立西营医院院长，1950 年赴港定居。

② 法当局在广州湾实行"自由港"制度，进出口商品无须缴付关税。但法当局仍设立水警负责船政，因此带动西营的贸易行业发展。

③ 广州湾法当局在西营海边先后建成堤岸码头、突堤式桥码头和帆船避风塘。中小型船舶可以直接停靠码头，大型轮船则需小船接驳运载客货。

逼迫跳海自尽，有个学生也在那里跳海。水鬼塘周围都是小小的木屋，只有两三米宽，用柱子在水面上撑起来，就像"吊脚楼"，伸向水鬼塘，住在其中的居民卖些针头线尾和零零碎碎的杂货。水鬼塘附近原来有间世界戏院，专门演大戏，门面很矮小，抗战时期马师曾、红线女、谭兰卿和梁醒波这些名演员都曾在那里演出。

　　船很少直接停泊西营码头，因为海水不是很深，轮船都要停在海中，于是就有很多一人划的小艇驶向轮船把乘客接上岸，他们生意很好。这些小艇也不能直接到岸边，最后还要乘客涉水上岸。有一些达官贵人和有钱人穿鞋不想下海，就有人到小艇上背他们到岸上。我也见过苦力运水到船上，因为船上要用淡水，都是靠人一担担挑上去，很落后。

　　每次从东营来西营，一眼望去，见到东堤路的骑楼一个个拱形门面，下雨都可以在底下穿行。这就是南方建筑的特点——遮风避雨挡太阳。这些骑楼楼下通通是店铺，出口生猪和蒲席等，生意很多。东堤路也有一个法国人建的八角市场①，内部是一个没有梁柱的拱形结构，规模很大。我记得我在市场吃过"薯粉嗦"②，倒一点糖浆凉拌，天气热的时候

图3　20世纪20年代的西营码头
资料来源：安托万·瓦尼亚尔提供。

特别好吃。还有一种油煎饭，它有雷州话的名字，就是用糯米煮熟后捏成饭团，放在平板锅上用猪油煎得焦香，再淋糖浆上去。现在回想起来依然觉得美味，这些都是湛江的特色食物。

　　牛角包则是法国人引进的特产，那些牛角包两头尖尖像橄榄，中间裂开，咸甜皆有，刚出炉特别酥脆好吃。法华学校南边有家法国人开的商店，我们上学的时候，几个铜仙就能买到新鲜出炉的牛角包，又便宜又好吃。面包店旁边有间巴黎戏院，这是广州湾最早放电影的地方，是几个法国商

---

① 20世纪30年代建造的市政工程，由建筑师梁日新承建，旧址尚存。
② 用番薯淀粉做的凉粉。

人合股开的，初期主要为法国人家庭的娱乐而设。有资料记载这座戏院1930年建成，两年后营业，有500个座位，设备简单但是布置美观，有铁闸门口。影片由法兰西谷舍洋行从越南和香港运来，曾经放过美国片《黑海盗》《泰山野人记》，法国片《三剑客》，还有卓别林的笑料影片。这个影院也有中国人来看，电影虽然是外文，但配有解说员，就是银幕旁边有人解说电影的故事，当时还设有翻译。我们最欣赏两个女演员，一个是黄曼梨，一个是陈云裳。[①]

西营的交通工具主要有人力车，去赤坎有公共汽车，公共汽车站设在南天大酒店前面的平台，那里地势比较高。汽车发动时从斜坡推动滑下来，这样比较容易启动，可见那些汽车多么落后。小轿车很少，我只知道爷爷认识的一个姓杨的朋友有汽车——为法国人监狱供应粮食和猪牛肉，他的儿子平时开车。两父子经常供应小牛犊给法国人吃，所以爷爷经常说："这个人不得好死，牛犊小小便抓来宰。"他的儿子出入都带着一支手枪，后来日本人入侵时当了汉奸，抗战胜利后听说被处决了。

西营整座城市是南低北高，海头岭一带地势高，上面有一个小小的海头墟，岭头最高处以前是麻风病院。岭下公路边有"老番坟"，就是安葬法国人的墓园。之所以记得这地方，是因为每次从西营坐车去赤坎都经过这座斜坡，客车爬坡很慢，有时上不去。那时是烧炭车，跟车的伙计就拿一桶水泼进火炉，蒸汽冒起来才能把车开上去。由于乘车路过，我在墓园门口看到冯凌云写的对联："江山信美谁家土，天海苍凉故国魂。"[②] 一语双关写得很妙，所以我的印象很深刻。

图4　20世纪初从较高处的道路远眺西营
资料来源：私人收藏。

---

① 黄曼梨（1913—1998），广东中山人，生于香港，曾加入联华电影厂出演多部影片。陈云裳（1919—2016），生于香港，在上海投身影业，出演《木兰从军》等多部影片。

② 《明光吟草》录为"江山信美谁家土，天海苍茫故国魂"。戴明光：《明光吟草》，花城出版社，1994。1998年出版的《雷州古今楹联选》则录为"江山信美谁家土，天海苍茫异国情"。

三 昔日法国风情

法国公使署在霞飞路，那里政府机关居多，公使署南面是一座大楼，[①]西面是天主教堂，教堂的对面是东方汇理银行。这些都是标志性的建筑。教堂前面有块三角地带，法国人树立金鸡纪念碑，[②] 所以青岛路原来叫金鸡路，这是广州湾最具法国风情的地方。所谓"法国风情"，在我眼内，就是处处法国建筑都有围墙和花园。天主教堂是西营最高的建筑物，远在麻斜都能看见塔尖上两个尖尖的十字架。我记得教堂原来还有一间附属建筑，圆圆的屋顶，满是菱形的彩色玻璃。教堂外面的地上铺了很多白色石子，也很漂亮。我们小时候最喜欢晚上抓起一把石子撒下去，石子碰石子溅出火花来。

图5 20世纪40年代的金鸡纪念碑
资料来源：梁氏家族照片。

西营有路灯，电灯柱用钢筋水泥建成，一些立在道路中间，贝丁街的电灯柱立于两边店铺前，夏天的时候很多燕子立在电线上。广州湾时期西营街道主要种植枇杷树[③]和凤凰树。枇杷树是法国人引进的，主要种植在贝丁街和青岛路，树叶冬天变成深红色落下。在法华学校读小学时，校园里也种了很多凤凰树，我们摘凤凰花的花蕊来玩，两人各拿一支勾住，看谁先把对方的花蕊扯断，扯断对方的花蕊就赢了，很好玩。一到凤凰树开花的季节，通街红透。

抗法[④]那时候我还没出生，不知道当

---

① 广州湾总公使署是租借地最高行政机关，一路之隔为总公使官邸，新中国成立后长期用作霞山区公安分局。2013年，两座建筑被列为第七批全国重点文物保护单位。
② 第一次世界大战期间，广州湾警卫军曾赴欧洲为法国而战，约1919年广州湾法当局建造此碑纪念战死者。中国政府收回广州湾后，拆除此碑，顶部之铜制雄鸡像现存湛江市博物馆。
③ 小叶榄仁的俗称。
④ 1898年4月，法军登陆海头，其后引起南柳村吴邦泽率众抵抗。1899年，遂溪知县李钟珏（1853—1927）支持团练武装，遂溪团练在麻章、遂溪等地英勇抵抗法军侵略，一定程度上遏制了法方扩大租借地范围的野心。

时人们对法国的情绪。到我出生之后，法国人管治的广州湾已经很平静了。但是法国人支持陈学谈经营鸦片，社会环境受毒害很严重，而且嫖、赌、饮、吹都合法，风气不好。说起广州湾的社会风气，现在以批判为主，但当时作为小孩子，我对这些现象很是好奇。五婶曾经在万利俱乐部摇骰子，我进去看过，在里面玩"买大细"的人最多，因为不用动什么脑筋。万利俱乐部还可以打麻将和打骨牌，也有人赌番摊。就我看来，赌钱的往往是一般老百姓，衣着都很普通。

土木路与青岛路交界处曾有一家越南会馆，旁边有一个不大的网球场，环境很漂亮。越南人住得分散，很多行业都有越南人，因为法国人相信和依靠他们，有技术的职位都让越南人来做，比如安排他们出任电厂和医院的管理职务。[①] 由于广州湾归还中国之后越南人大多离开，越南会馆[②]在解放初期已经荒废了。

西营海滨有一个小小的长条形公园，公使署门口的右边有一块空地，那块空地上立了一根木杆用来做气象预报，刮台风时就把风球挂上。每年7月14日法国国庆节，那天就在公园搞活动，找人参加赛跑运动。每个人都用一个麻包袋套着脚，比谁跑得快。但他们跑着跑着就摔倒，观众在旁边哈哈大笑。前几名可以跑到木杆下面，接着往上爬，上面挂

图6 1922年越南会馆落成

说明：时任广州湾总公使柯德玛（居中者）和当地绅商出席仪式。

资料来源：阮文中提供。

着很多日用品，比如帽子、衣服和雨伞，拿下来就等于得奖。还有一种玩法叫"打砂煲"。法国人挂一根长长的竹竿，吊着很多砂煲，砂煲里面装了水。跑完之后，领先的几人有资格打砂煲，他们蒙着眼睛转几圈，再拿着竹竿打，打中砂煲就可以爬上去拿奖品。这两种游戏是羞辱中国人的，因

---

① 广州湾租借地在行政上隶属于法属印度支那，而法国人在越南较早实行殖民管治，因此引进一批越南人协助他们管理广州湾的行政、司法以及多项专业事务。

② 越南会馆旧址位于西营工程街（今霞山区土木路），落成于1922年，周边是越南人聚居区。解放后仍有一定数量越南技术人员及其眷属留在湛江，使用该会馆进行联谊活动和接待越南来宾。对越自卫反击战期间，该会馆改建为楼房。

为套着脚来跑，跑不快又容易摔倒；打破砂煲，水淋得满身湿掉，仅仅拿到一顶帽子或一双鞋。

我在法华学校读小学，老师相当好。我记得有一个数学老师叫徐立业，他很斯文，穿着长衫，很严肃，大家很尊敬他。美术老师姚华屏①后来做过西营区区长，还有一位美术老师叫吴苏。学校每天都有法文课，但不考试，学生便不大重视。有一次，法国督学来检查，向学生发问功课，但我们都答不出来，这位督学扇了法文老师一记耳光，简直把中国老师看成奴隶。法华学校旁边是红带兵营，我没进去过，里面很宽敞，是一座一座的平房。法国在广州湾的军事力量分为三种：红带兵是法国国防军，蓝带兵是地方军，绿衣兵是警察。② 每逢礼拜六，邻近学校的红带兵营军乐队就会出来，从学校外面走过，那些音乐太吸引人。有一次上地理课——老师姓张，腰有点弯，我们叫他"佝腰先生"——军乐队吹号打鼓，我们也跟着在桌子上敲节拍，于是"佝腰先生"就发火，大家安静下来两分钟，但军乐队还在吹奏，我们又敲起节拍，整堂课简直都没法上。

马迪运动场当时在西营边缘，其实广州湾时期的西营城区很小。马迪运动场很漂亮，四周有围墙，中间是一个很大的足球场，周围有水泥钢筋的围栏。足球场旁边有篮球场、溜冰场，还有双杠、单杠和沙池等，很整齐。足球场与篮球场之间有一间器械屋，用来存放体育器材。当时体育设施都是免费使用的，很多人去踢球和溜冰。马迪运动场附近有一处飞电楼，就是收发电报的无线电台，竖立很多高高的电线杆。马迪运动场东面是爱民医院③，再过去就是郊外了。医院规划整齐，种了很多菠萝树。一进去就是挂号的地方，穿过去就到了病房，住院室在药房里，办公室在旁边。医院有药房和手术室，用篱笆隔开职工宿舍，宿舍区种了很多凤凰树。

父亲祝伯瑾曾在法华学校读书，在益智中学读初中时加入校足球队，

---

① 姚华屏（1913—?），1946年初湛江市市政府成立后，曾做过西营区副区长，担任若干社会公职。1954年被判徒刑，1956年免于刑事处分。

② 蓝带兵正式名称为"警卫军"（garde indigène），驻守广州湾的军人大多在越南北圻地区（如芒街）招募，法国人担任主要军官，下级军官和士兵则为越南人和华人。警卫军300多人，主要驻守市区以外，而以法国人为主的国防军（俗称"红带兵"）驻守西营城区。

③ 爱民医院的法文名是 Hôpital Indigène，1922年广州湾法当局开设于西营。该医院条件较为简陋，一般只有一名至两名医生和若干护士，为华人提供诊疗、留医、派药、接种疫苗和船舶检疫等服务。1945年后，先后改为湛江市立西营医院、湛江市人民医院、湛江市第二人民医院、广东医科大学第二附属医院。

1927 年参加第十一届省运会，拿了全省冠军。① 毕业后他在广州加入十九路军，投身军旅多年，抗战时期辗转江浙和西北多地。四叔祝瑞瑜原名瑞璜，为了在广州参加陈济棠办的燕塘空军学校，② 借我父亲的学历冒名顶替。两广事变之后，他在洛阳等地受训，被同学称为"高佬"，最后在昆明的空军总校毕业，成为一名驱逐机飞行员。1945 年 7 月 1 日，他从重庆白沙驿机场起飞迎战日军，不幸中途机械故障而坠机牺牲，生前共有 33 次战绩。

图 7　1940 年印度支那总督德古（Jean Decoux）访问广州湾爱民医院

说明：右二是黄宁民医生。

资料来源：*L'Indochine hebdomadaire illustré*, n°12，le 28 novembre 1940，p. VI.

　　父亲在重庆料理完四叔的后事，1946 年底回到湛江。他曾经的法华学校同学不少做官和发财，其中有一位为法国人服务的同班同学叫李宗泽，他在法国海关做过翻译，父亲回湛江第一个落脚点就是他家里。经李宗泽介绍，父亲在爱民医院做办公室主任，1947—1948 年我也曾住在里面，读初中的我有时帮他抄写公文。医院院长是外科医生黄宁民，有人说他是法国的"四划官"③。医院里只有一两个医生，黄宁民的外科手术很高明，但我有一次看他做手术觉得很恐怖。医院里有很多越南护士，这些越南妹的名字都是阮氏莉、阮氏德之类，她们瘦瘦的，很斯文。因为相识，我也学会了越南数字：Một，Hai，Ba，Bốn，Năm，Sáu，Bảy，Tám，Chín，Mười…④

四　力保法国公使署旧址

　　1943 年日本人来了之后，我们离开西营回乡下，刚开始跟爷爷在家里

----

① 此处记忆有误，新中国成立前广东省第十一届运动会举办时间为 1928 年 11 月 1—6 日，地点在广州中山大学运动场。

② 广东空军学校始创于 1924 年底，陈济棠主政广东时期，1932 年曾从燕塘政治军事学校招考学生入读训练。

③ 指黄宁民被授予法国军阶或军衔。

④ 越南语"一、二、三、四、五、六、七、八、九、十"。

读书，一年后我们邻村冷水村的大族杨氏开办那良小学，我和叔叔、姑姑三个人去那里读书，成绩都很好，每学期公布分数，姑姑祝群第一，祝缅分数是第二，我排第三。所以老师就取笑杨氏子弟，说"三条竹（祝）管你们一群羊（杨）"。

1945 年小学毕业之后，我考上川西中学，1948 年中学毕业考入雷州师范，但半年之后因家庭经济困难，父亲要我去海关工作。我的雷师同宿好友黄先登当时是共产党员，他告诫我已经快解放，进步青年不应去帮国民党打工。因此我拒绝进海关，1949 年经介绍到赤坎西更楼的远光小学教书，从此我参加革命工作。1949 年 6 月，我在远光小学参加新民主主义青年团，湛江刚解放的时候我便在新民主主义青年团湛江筹备处工作。后来因为受父亲的历史问题牵连，我从市委调到劳动报社当记者，后来又到市文联工作。改革开放后，我的政治问题终于解决，历史错案得到彻底平反。地市合并①之后，1983 年 8 月我被调到湛江市文化局任副局长，次年任局长兼党组书记，我提出从"高层文化、基础文化、深层文化、横联文化"四个方面推动湛江文化立体发展。

法国公使署旧址在解放后曾被多个单位占用，1985 年市政府要拆除公使署，建成干部宿舍，给我们的压力很大。市政府打过几次电话，发了两次书面通知，我都说不行，认为公使署旧址有历史价值。当时有人批评我说："坚持什么，坚持殖民主义啊？"我说要作为爱国主义教育基地去保护，让人们知道国弱的时候，敌人怎样侵略我们，我们怎样抗争胜利。这座建筑物是历史见证，要是拆了，子孙后代会骂我们。我对时任市博物馆馆长阮应祺说："老阮我顶不住了，要拆公使署了，你快写报告，请求省的支持作为文物单位保护。"于是他马上起草，由我签批报告给省文物管理委员会，我当时兼任湛江市文物管理委员会副主任。

1986 年大年初四，市政府秘书长叫我去谈话，一进门口，他说："你为什么不肯拆公使堂？"我说公使堂有历史价值，这是法国人的行政机关，日本人在这里设过大本营，国民党和共产党都在这里设过市政府，这能反映湛江的历史。我作为文化局局长，不提意见保留就是失职，若我提意见之后你还要拆，就不是我的责任。他想了想说："你说的也有道理。"我再进

---

① 解放后湛江行政区划多次调整，1956 年设湛江专区，管辖范围最大时东至阳江，西至钦县，专区地委和专员公署设在赤坎，湛江市委市政府设在霞山。1970 年改称湛江地区。1983 年湛江地区和湛江市合并，下管五县四区，市委市政府设在赤坎。

一步要求将旧址全部交给市文化局管理。

1986 年 9 月 17 日，我正在开会，接到电话说工程队正在拆公使署的外围建筑。我赶紧追问省里的批复，办公室主任拿来刚刚收到的报告，我拆开报告一看，"同意作为文物保护"，才松口气。但是批示还要市长签字才能生效，我让丁映茜副局长快去找市长。恰好郑志辉①市长去参加某位老同志遗体告别会，丁副局长一直追到殡仪馆。郑市长看了省文管委的文件后，从上衣口袋拔出笔，写上"任何单位不得拆除"，这才最终阻止拆除工作，将公使署旧址作为广东省文物单位保护下来。

图 8　20 世纪八九十年代残旧不堪的总公使署旧址

资料来源：湛江市档案馆藏。

回顾过往，我 1949 年 6 月参加工作，在文化局工作十年，1993 年 9 月离休。我觉得自己一生忙忙碌碌，贡献不大，但是有个优点是勤奋。经历曲折，受苦不少，挨斗又不少，但我始终坚信光明的到来。

·校注手记·

岁月催人偏不老，心如朗月不沾尘

何斯薇

（2017 年初稿，2021 年修订）

早前因《讲，广州湾》②的采写和编撰，子祺、宜珍、小婷就与祝局长熟识。2017 年，当团队开始承担《口述广州湾》的项目时，祝局长因其力保总公使署旧址的事迹，就任湛江市文化局局长期间的作为，以及丰富翔

①　郑志辉（1935—1995），广东吴川人，1987—1993 年担任湛江市市长。

②　湛江往事书吧编《讲，广州湾——法国租借地的多元人生》，2014。

实的表达，被列入我们的首批采访名单。从家族历史到儿时见闻，从西营商业市况到法国风情，从个人命运浮沉到湛江文化发展，在前后多达七次的采访中，他一一娓娓道来，最后整理的逐字稿共计 13 万余字。

2017 年 3 月 22 日，子祺带团队成员首次登门拜访祝局长。我们自我介绍时，他立即拿起一旁的《广州湾历史文化考察行文集（2016）》① 说："我读到了你的文章。"祝局长确实认真地读了，在后面的采访中，时不时会说"你的文章有写到"，"你文章的观点我很认同"，只言片语就透露出前辈对晚辈的关爱。4 月 9 日首次正式采访时，他已经能挨个说出我们的名字，"你是斯薇"，一下就让我紧张和不安的心淡定下来，真是一位儒雅和蔼的长者，令人如沐春风。祝局长笑说："你们学历都比我高，都是大学生，我才初中毕业。要我当文化局局长时，很多人有反对意见，居然让一个'最没文化'的人来当文化局局长。"

这是自谦，祝局长虽未提及，但我们注意到客厅的壁柜里有一幅"广东省首届十大优秀书香之家"的匾额。因家道中落和战事变迁，祝宇和父辈未能接受高等教育，但在家风熏陶和传承下，每人都坚持自学，到子孙辈终学业有成，于 1999 年获此殊荣。20 世纪 40 年代祝宇因家贫在雷州师范辍学后到远光小学教书，50 年代初在湛江市委机关工作，不久后受父亲的历史问题牵连，从市委调到劳动报社当记者，后来又到市文联工作。虽然都是文字工作，但机关材料、新闻纪实与文艺创作大不相同，祝宇每到一个新的工作岗位，就边学边做，边做边学，在报社当上编辑部长，主持文联工作时创办《港城文艺》（后改名为《港城》）和《凤凰花》，这一刊一报成为全国市级文艺报刊中的佼佼者。十一届三中全会后，祝宇身上背负的历史错案被彻底平反。1983 年，湛江地市合并，干部调整，祝宇被任命为湛江市文化局副局长，1984 年又升任局长。

时逢改革开放之初，祝局长面临的一切挑战都是新的：机构队伍重新组合后的磨合，十年浩劫的禁锢与思想解放的矛盾，领导与群众对文化生活要求的距离。在此环境下，文化要如何发展？文化局的工作重点是什么？"李瑞环同志说过，一个地区的文化工作有没有成绩，主要看创作和演出是否繁荣。创作和演出要有队伍，这个队伍要适应新形势，必须进行体制改

---

① 广州湾历史研究资讯编《广州湾历史文化考察行文集（2016）》，2016。

革、艺术改革。"① 在体制改革方面，文化局直属的艺术团体原有五个——雷剧团、歌舞团、木偶剧团和地、市两个粤剧团，祝宇任局长后，撤销木偶剧团，精简歌舞团、雷剧团的人员，将两个粤剧团合二为一。如此大刀阔斧的改革，使祝宇遭受强烈的非议。"祝宇你识乜嘢啊，你以为你系文化功臣咩，你系文化罪人啊。"面对非议，祝局长选择坚定地往前走。在艺术改革方面，对文化工作提出"优质特色"的要求。所谓优质，就是既有深刻的思想性，又有高超的艺术性，即好看有益；所谓特色，就是有自己的风格，有地方色彩。在此思想指导下，1988年后湛江粤剧团以率先演地方题材剧目著称，多次赴香港和新加坡演出；1990年湛江歌舞团创作的南海特色歌舞《雷州半岛——海之歌》，应邀赴北京亚运会和新西兰演出；1993年湛江雷剧团的《抓阄村长》获中国最高文艺奖项——"五个一工程"奖，这也是广东戏剧首次获此殊荣。

然而在改革之初，湛江的文化设施很落后，歌舞团借工人俱乐部的地方来排练，雷剧团则借工厂生产车间来排练，祝宇争取仅有的经费为三个艺术团体先后建起了排练场，而文化局则借博物馆的一条走廊办公。为将露天影剧场改建为艺海影剧院，祝宇多次去财政局筹经费，屡屡碰壁，最后采取向银行贷款的方式筹建。霞山延安路的湛江市图书馆始建于1957年，1984年改为湛江市少年儿童图书馆，建筑设备已破陋不堪，祝宇一方面向地方财政争取拨款，另一方面发动旅港澳湛江乡亲捐助，终于1993年建成新馆。少儿艺术培训中心吸纳了部分艺术团体的精简人员，而建立之初，只有这些编制人员，没有场所，文化局内部在先建艺术培训中心还是先建文化局干部宿舍这一问题上产生分歧，为缓和矛盾，最终将原计划建七层的培训中心，改为暂建四层，剩下三层的资金另外觅地建宿舍；而原地区图书馆、市博物馆、群众艺术馆等因经费支绌，至1993年祝宇离休时尚未能修缮。

力保法国总公使署旧址是祝宇就任文化局局长期间最浓墨重彩的一笔。位于现霞山区海滨大道南的法国总公使署旧址于1913年建成，初为法当局的旅馆，1918年前增加行政功能，逐渐以"总公使署"之名为人熟悉。② 1943年日军占领广州湾，遂成为广州湾日本占领军军部。1945年日军投降，

---

① 祝宇：《路长长》，中国华侨出版社，1998，"自序"，第2页。

② 《分享会纪要：白雅特城建筑的新读》，"广州湾历史研究资讯"第343期，2021年2月27日。

国民党政府接收广州湾，这里成为湛江市政府机关驻地。1949 年底湛江解放后，市人民政府亦曾驻此。1958 年市府搬入新大楼，此处先后为华南工学院湛江分院和无线电一厂等单位所用。改革开放后，在文化部门的多次要求下，无线电一厂才将部分交回文化单位。幼时因祖父在此受审和四婶在此受辱，祝宇对总公使署一度十分反感，将其对殖民管治的仇恨情感投射于其上。时过境迁，到总公使署旧址褪去殖民管治象征的色彩而成为历史见证之时，到总公使署旧址要被强拆的紧急关头，他站在传承历史记忆的角度，将总公使署旧址作为广东省文物单位保护下来。

近十余年来，湛江的历史遗产保护有诸多可圈可点之处，如总公使署旧址和总公使官邸旧址于 2013 年被公布为全国重点文物保护单位，西营邮政局旧址被改造为霞山区博物馆并正在修缮施工。但相关文保工作亦屡遭非议，原因诸多，包括广州湾时期的法式建筑已于 20 世纪下半叶被大量拆毁，近年市政府启动的"法式风情街"项目大部分是新建建筑，失去历史的鲜活和印迹，而难得保存下来的西营邮政局旧址的修缮方案与建筑原状差异较大等。在解放后的"去殖民主义"运动中，因法国管治广州湾的过往，广州湾历史被视为耻辱的标志，[①] 成为城市建设和意识形态工作中急于抹去和抛弃的部分，导致当今湛江的发展存在一种文脉断裂。长期以来，又因资料和语言的限制，广州湾城市史、规划史、建筑史研究进展缓慢，至今研究仍尚薄弱，大多局限于对个别建筑历史的挖掘，而缺乏整体的视野。在此情况下，城市规划和城市建设无异于建造空中楼阁，因缺乏城市根基和文化脉络而失去地方特色。有关部门如何吸收学界最新成果合理运用到城市规划和城市建设之中，[②] 学界如何从现实需要出发，更多地立足于整体视野为城市规划和城市建设提供切实有效的建议，是亟须思考和解决的难题。

第一次采访结束后，祝局长给我们展示他的部分书法作品，其中一幅为他本人于 2000 年的中秋诗作："千禧中秋月一轮，淡淡光辉喜照人。白

---

① 黄明德：《关于"广州湾"》，《晚晴集·文选》，1996，第152—154 页。
② 近些年这一研究领域逐渐得到重视，出现了一批硕士学位论文。刘勇：《近代广州湾城市发展研究》，硕士学位论文，华南理工大学，2007；谭青惠：《湛江"广州湾"时期（1898—1945 年）的建筑艺术研究》，硕士学位论文，广东工业大学，2013；莫楚卉：《近代粤西广州湾的城市空间形态演变与特征》，硕士学位论文，广州大学，2020；刘一：《广州湾租借地的规划史研究》，硕士学位论文，东南大学，2020；蔡为哲：《广州湾白雅特城建筑研究》，硕士学位论文，华南理工大学，2021。

著作供我们参考。

回想起来，初次采访最深刻的印象竟是"尴尬"，因为祝老的经历实在太丰富，知识实在太渊博，以至于他提到的许多历史事件和人名、地名于我们而言简直"信息量过载"，做记录都颇感困难，遑论一一查证。贝丁街的咖啡馆、教堂前的花园、抗战时期的军队、革命工作的隐蔽战线、解放后不同时期的报刊和人物、改革开放后的各个演艺团体和文化机构……彼时我们对口述历史仅是一知半解，听得云里雾里。好在祝老思维清晰，又有多部著作奠定叙事基础，讲述相当流畅，弥补了我们知识储备的不足，因此采访还算顺利。2014年3月和7月我们数次登门采访，初步形成了数千字文稿。

图2　2014年印刷的《讲，广州湾》

资料来源：湛江往事书吧编《讲，广州湾——法国租借地的多元人生》。

祝老做过秘书和记者，长年与文字打交道，因此对文稿相当较真。当年湾友韵诗如此记录祝老的审阅过程："（祝老）大到文中史实出现偏差处，细到遣词造句，均清楚地标注在旁，末了还对我念一遍确认。严谨的态度让人肃然起敬……祝老是真正值得尊敬的人……无论世事如何变迁，总有些东西我们应该坚守，应该追求，那是我们生活和生命的价值所在。"同年广州湾调研行动的网络众筹告成，我们印刷了湛江首部口述历史读物《讲，广州湾》，祝老的讲述放在第二篇，颇受读者关注。

2017年广州湾历史研究资讯团队集中开展《口述广州湾》的采访工作，祝老是我们的重点采访对象。时隔两三年，祝老搬进了新家，健康状况略为转差，他

图3　2017年4月采访祝宇先生

资料来源：何小婷摄。

学校毕业后外出参军。祝宇成长在大家庭，自幼受家风熏陶，动荡年代中经历了种种变故。1949年投身革命，参加湛江市地下工作，解放后先后在团市委、中共市委等机关工作。因为家庭出身和冤案牵涉等问题，祝宇遭受长期审查，1956年调劳动报社做记者，后又调到文联，直到改革开放后卸下历史包袱，1983年至1993年离休前出任湛江市文化局副局长、局长。

祝老的口述历史翔实可信，具有丰富的史料价值和精神力量，至少体现在以下两方面。

首先，祝老的祖父辈、父辈都在西营生活，早年属于小康之家，故祝宇从小有许多机会在充满法国风情的西营城区游玩，对学校、教堂、兵营、街道和花草树木等都有直观印象。全面抗战前的西营人口不过数千人，祝家所居的贝丁街是华人聚居和经商的主要商业区，所以祝宇遍尝法、越风味和本土饮食，七十年后向我们讲起，仿佛"色香俱全"。此外，祝老还因祖父蒙冤入狱和父亲工作的关系，到过总公使署和爱民医院等处，这些历史建筑也因他所讲的鲜活故事而更具魅力。

其次，祝老自强不息、逆境中坚持己志的品格可谓一以贯之，令我们深受启发。解放初，他是一名受到领导赏识重用的年轻人，却受家庭出身等影响而被迫调离机关，还受到开除党籍（后改为留党察看）的处分。但他从不气馁丧志，或住西营海边的小楼中勤奋写稿，听月夜涛声；或与同事外出采风，赏凤凰花开。几个青年各施所长，把复刊不久的报纸办得有声有色。后来报纸停刊，祝宇曾下放劳动，之后调到文联。

图 5 祝汉三留下的书法作品
资料来源：祝宇提供。

图 6 20 世纪 50 年代初风华正茂的祝宇
资料来源：祝宇提供。

10月8日当天，广州湾历史研究资讯向祝老亲属致唁信，湾小讯的追思朋友圈也收到读者们的悼念留言。10月10日上午，我们按照祝老儿媳马兰阿姨提供的信息，来到殡仪馆参加祝老的告别仪式。仪式简朴而肃穆庄重，我们敬献素花，并与祝老遗孀和儿孙一一握别。回程路上，我们再度想起当年祝老保护总公使署旧址的关键一步——1986年正是祝局长等人拿着省里的批复，在殡仪馆前守候郑志辉市长出来签字，才把这座历史建筑确定为市级文物保护单位而免遭拆除。当时我们反复想着，总公使署北侧的西营邮政局旧址正遭受破坏，为何悲剧即将重演？如同历史回响扣人心弦，我们不免心潮澎湃，甚至远在广州、忙于加班的为哲亦有同感。

图8　20世纪50年代祝宇与夫人刘精忠合影

资料来源：祝宇提供。

我们不敢攀比祝老的功绩，况且30多年过去，我国文保法律法规愈加完善，社会各界对历史建筑的保护意识也大有提升，环境已不可同日而语。然而西营邮政局旧址面临的挑战却是真真切切且迫在眉睫，[①] 若是大家置之不理，这座建筑很有可能就按照错误的原设计方案被毁得面目全非，整个保护工程将与"不改变原状"的要求背道而驰。

图9　20世纪50年代祝宇与友人崔冠璋等合影

说明：身后建筑是湛江博物馆。

资料来源：祝宇提供。

---

① 2021年，本团队和热心读者蔡为哲等人持续关注湛江市霞山区西营邮政局旧址的不当修缮，多次向有关部门反映意见，在当年10月引起较大反响。经领导批示，广东省文化和旅游厅组织专家到现场考察指导，并发文要求责任单位纠正。参见《呼吁关注！不当修缮中的广州湾120年古建筑危在旦夕》，"广州湾历史研究资讯"第373期，2021年10月18日。

富甲一方大商人

——林一经忆祖父两代人

吴子祺　整理

　　我的爷爷林昌庆（1875—1945）生于清光绪年间的菉塘村①，年轻时家境清贫，为谋生计做过小贩等，只读过私塾。他勤劳肯干，逐步积累，进而经营一些小本生意。

　　某次他从广州湾运银元到香港换外币，赚取了较高利息。在港期间，恰好遇到一辆汽车驶过，掉下几袋用草席包装着的东西，昌庆公捡起来一看，竟然是一包包银元，他认为横财要不得，非正人君子所为。于是他静静地守立在旁边等主人来捡回。那失主是个有钱人，见昌庆公路不拾遗，为了表示感谢，请他和一些有钱人吃饭。失主向他们介绍说昌庆公老实可靠，是个信得过的人。于是，这些富商就让昌庆公赊销他们旗下商号的货物。他凭借自己的诚信，得到香港一批商人的信赖和支持，做通了广州湾和香港之间的生意。

　　在西营贝丁街，即现在的汉口路②，昌庆公和新村一位林姓朋友合伙开了"利兴"商号，出口土产，包括豆类、牛皮、鱼、良姜等。返程从香港运回铁钉等洋杂货，也在利兴售卖。新村林氏有钱，想迫使昌庆公押铺转让。后来昌庆公与他分道扬镳，找香港朋友借钱，投标出价更高而得到商铺，改名为"利兴昌记"。店里有六七个工人，其中一些是村里人，主管是族人。

---

①　菉塘村近海岸，村民半农半渔，今属湛江市霞山区，因城市发展，村容村貌和周边环境已经改变。

②　此处回忆有误。贝丁街（Boulevard Maréchal Pétain）为纪念法国一战名将贝当（Philippe Pétain）而命名，今霞山区逸仙路。而汉口路旧称"丹社街"（Rue d'Alger），取名自法国殖民地阿尔及尔。丹社街为南北向，贝当街为东西向，两条街首尾相接，都是商铺密集之处。据考证，"利兴"位于丹社街。

铺祥顺隆的老板。我与云大棉①是同班同学，常常一起游泳，早餐买两份一起吃。1953年我从培才中学毕业，进入海军4804船厂工作。

关于利用菉塘村搞地下工作的林其材②，父亲与他是同一个乡的，但不同村，我们是卜园村，他是边坡村。他们两人岁数相近，关系好。在父亲的支持下，林其材创办了世基小学。③说到教育和慈善事业，昌庆公有份捐钱建益智中学，该校有三间校舍刻着黑字纪念主要出资者，分别是昌庆堂、爱周堂、学谈堂。后来陈学谈和许爱周不怎么理学校事务，学校都是找爷爷拿钱办学。菉塘村没有耕牛的农民，也来找我们家要钱买牛。因此在我小时候，村里父老对我们家族好，改革开放后老村主任还帮我们找地起屋。

许爱周的顺昌船公司的西营办事处在我们铺头对面，④由姚平（音）负责。父亲也有代理船务，某次吊机吊钩跌落，正好砸中一个工人致死。解放后农民以"血案"起诉父亲，政府认为这不是血案，而是工伤事故，事情才得以平息。解放后我们多次搬家，多住在逸仙路，很少回菉塘村，只是逢年过节才回去。爷爷在村中买了几亩地，说万一生意失败子孙还能回去耕田，平时请

图1　1948年益智小学毕业典礼合影
说明：居中者为林华奎。
资料来源：林氏后人提供。

---

① 云大棉（1935— ），籍贯海南，战时其父云镜涂曾任广东省银行驻雷州办事处主任，云大棉在广州湾生活数年，后赴香港发展，是著名企业家和慈善家。

② 林其材（1915—1974），菉塘边坡村人，1938年2月参加革命，次年3月入党。林其材是中共广州湾支部创始人之一，任组织委员，主要负责琼崖与高雷地区之间的情报传输和转运工作，益智中学毕业生、教师林熙保任支部书记，陈以大任宣传委员。

③ 为培养革命人才，林其材争取林华奎捐款2000银元办学校，林华奎任校长，林其材负责学校具体工作。1939年9月，世基小学正式开学，招收一年级至五年级学生共100多名，三个夜班学生近100名。中共南路特委和广州湾支部选派一批党员和进步青年到校任教，以教师身份隐蔽开展抗日救亡工作。中共湛江市霞山区委党史研究室：《中国共产党湛江市霞山区历史》第1卷，中共党史出版社，2015，第42—43页。

④ 利兴和顺昌航业公司皆在西营布端街（今东堤路），赤坎的宝石酒店和龙总督街亦设有顺昌航业公司办事处。许爱周经营航业应始于20世纪20年代初，1921年《香港华字日报》已有关于"广州湾顺昌轮船"的报道。与此同时，许爱周等人在香港建立广州湾旅港侨商公会。

人来耕种。因为这些田产，解放后我们家被划为"工商业兼地主"。

1950年湛江市政府派出陈以大和吴彬到香港推销公债，[1] 父亲积极响应，并与陈学谈和许爱周等头面人物带头，动员乡亲认捐，圆满完成公债认捐任务。1952年政府函邀父亲返湛，父亲二话不说，立即启程返乡配合土改和公私合营运动，后当选为广东省政协委员兼湛江市政协副主席。1961年政府派他出港买化肥，他通过各种关系，为湛江市从香港进口大批化肥、农药和西药等紧缺物资，受到市政府的表扬。

图2　20世纪80年代林华奎（右一）
回湛江探亲
资料来源：林氏后人提供。

1961年父亲赴港定居，得到许爱周慷慨资助，与朋友开公司，代理某名牌皮鞋。父亲生活安定后，1980年向政府申请让我和弟弟等赴港团聚。

·校注手记·

联结古今的乡情

吴子祺

（2021年）

广州湾口述历史工作离不开各方支持，其中香港的同乡长辈对我们帮助甚大。抗战胜利后至解放初，昔日广州湾的许多商绅名流出于种种原因而移居香港（其中亦有战时逃难者重返香港）；改革开放后，他们又有子女等亲属申请赴港，因此有相当数量的广州湾亲历者住在香港。

---

[1] 1949年12月湛江解放后，成立了军事管制委员会，开展支援前线工作以配合解放海南岛，下设推销公债委员会以筹募经费。中共南路地委书记刘田夫任主任，陈信材、沈斌任副主任，陈以大和民主人士吴彬、蔡挺生、吴永孚任委员。1950年3月，陈以大和吴彬、陈学熙、陈泽等人去香港，重点说服陈学谈和许爱周支持家乡，并举行高雷同乡座谈会，完成公债认购任务。蔡进光：《陈以大赴香港推销公债》，政协湛江市赤坎区委员会编《赤坎文史》第8辑，2018，第114—120页。

1959 年秋，茂名人、珠海大学创办人之一江茂森"约集茂名、信宜、化县、电白、廉江、吴川、梅茂、海康、遂溪、徐闻、湛江等十一县市之友好，着手调查高雷旅港同乡，本爱国爱乡敬恭桑梓之义，组设高雷旅港同乡会，借以增进乡谊，发挥团结互助精神"。同年 11 月 22 日，同乡会正式成立，有会员 200 多人。1966 年同乡会注册为有限公司，会员达 400 多人，包括家人子女则有 2000 余人。① 第一届领导层为会长庞鼎元、副会长陈锡余和陈统元、理事长江茂森、监事长袁学伟以及理事监事多人，李汉魂、陈学谈和许爱周等人被选为荣誉会长。

高雷旅港同乡会购置九龙亚皆老街 72 号四楼作为会址，除每年举办乡亲联谊会和敬老大会外，还开展福利工作，如对受灾和贫困同乡施以救济，还设"福寿帛金会"应对同乡逝世所需费用。② 此外同乡会一直致力于教育事业，1971 年租用校舍创办高雷中学，直至 1982 年获得政府拨地建校，1991 年迁入观塘新校址。

近七十年过去，高雷旅港同乡会换届多次，了解广州湾历史的老人多已去世。自 20 世纪 80 年代移居香港的梁华棣籍贯吴川，长于赤坎，是同乡会的热心人士，经常返湛与亲友聚会。早在 2014 年我们开展青年志愿者参与的"广州湾调研行动"时，梁老闻讯主动参加《讲，广州湾》口述历史展览，提议我们采访香港乡亲。

2015 年是抗战胜利七十周年，当年 6 月本人本科毕业，梁老邀请笔者到香港，借用高雷旅港同乡会会所，安排采访李以劻将军之子李龙生、知名报人许桑、林华奎之子林一经和林质甫之子林国富。这四位同乡长辈分别讲述了各自的家族历史，他们的父辈当年都是上层人物，其间又有交集，所述很有史料价值。梁老谦称自己是广州湾历史的"票友"，但若无梁老居中联络和同乡会提供方便，我也很难抓住采访机会。

2017 年《口述广州湾》项目正式启动，我们团队赴港采访，梁老再度牵线搭桥，并接受我们采访。同年秋我到香港中文大学历史系就读硕士课程，梁老更是给予许多关照。比如他邀请我参加高雷旅港同乡会和其他同乡会的年度春茗聚餐，介绍我认识老前辈；当他与了解历史的老朋友饮茶时，也常叫上我，因此在各家酒楼的餐桌上，我有幸听说和记录了许多趣

<hr>

① 《创刊小引》，《高雷旅港同乡会会刊》（创刊号），1971 年 1 月，第 3 页。
② 《本会简史》，《高雷旅港同乡会会刊》，1984 年 2 月，第 24 页。

闻逸事。其实梁老常受耳背和失眠困扰，仍如此乐意提携年轻小辈，可见他喜爱历史和乡土情怀之深。

想起林一经先生，我的印象不深，自 2015 年采访后我们未再见面，包括各同乡会举办的春茗会上。后来听说林老逝于 2019 年 12 月，我记忆中泛起涟漪。林老虽然生在富贵人家，但来港后经济条件不算好，住在坪石邨，鲜少参加联谊活动。见面当天林老表现拘谨，言语不多，基本是问什么就答什么。不过林老还是大致讲清楚了其

图 1　2017 年 8 月梁华棣接受访谈
资料来源：何斯薇摄。

祖辈和父辈的历史，让我们得以了解一个"土著"如何积累资本，在广州湾取得商业成功。

广州湾时期赤坎是整个租借地的商业中心，外来客商财力雄厚，留给本地人的空间并不多。尽管菉塘村就在行政中心西营近郊，但西营人口少商机亦少。林昌庆出身寒微，他把握了"自由贸易港"的机遇，搭乘定期轮船航班往来于广州湾和香港，而非囿于一地。他以不懈努力和诚实品格获得商业伙伴信任，做通了两个港口之间的生意。林昌庆比陈学谈年长十几岁，正如林一经所言，他无意从政，并不谋求什么职位。林昌庆有浓厚的乡土情结，因此发迹之后衣锦还乡，购置田产建造房屋，还支持兴办小学。

若说林昌庆身上的"现代化"痕迹，我们似乎只能从益智中小学的创建上略见一二。翻看广州湾历史的前半篇，当地竟无一所符合中国政府要求的正规学校，而法当局控制的法华学校的生源和课程并不令人满意。随着华商积累实力，他们不仅成立商会争取商事自治权，还筹办学校以便与民国教育相接轨，培养具有民族意识的人才——其实这是对法国殖民管治的抗衡，也是对自身利益的保护。1924 年益智建成开办，林昌庆并非创校发起人，却也出钱办学，赢得了商界的赞誉。解放后益智中学并入湛江市第二中学，校史断裂，资料匮乏，林昌庆是否为该校后期的主要赞助者，今已难以考证。不过陈学谈将林昌庆视为排在自己之后的有钱人，也说明其地位举足轻重。

林昌庆长子林华奎正是益智中学培养的人才，他大概在 1929 年考入复

旦大学，1932年淞沪抗战激发了林华奎的爱国之情，他一度有意投身军旅，无奈父亲要求他返乡继承家业，他只好随父从商。林华奎虽然没有从政，但仍怀有进步思想和爱国之情，因此全面抗战爆发后，同宗族的林其材找上门时，林昌庆和林华奎父子出于"振兴教育，光耀乡族"积极支持其工作，[①] 配合地下党将村中林氏宗祠的私塾改造为世基小学。林华奎还为抗日救亡运动做出贡献，他支持师生募捐，将所有款项转送八路军驻香港办事处，得到廖承志和潘汉年来信表扬。当南洋华侨回国抗战服务团和香港学生赈济会青年回乡服务团秘密途经广州湾时，林华奎亦予以协助。[②]

1949年12月湛江解放后，林华奎赴港经商。1952年他响应政府号召，为处理家产重返湛江。林华奎甘愿舍弃在港发展机遇而重回故里，足见其拳拳报国之心，他也确实为统战和公私合营做出相当贡献。1961年林华奎申请赴港定居并受委派开展外贸工作，但他并未在高雷旅港同乡会中留下鲜明印记，1980年病逝。同年，其子林一经携妻申请赴港定居。

昔日富甲一方的林家不以财富传承而闻名，然而他们心系家乡的情怀代代传承。改革开放后林华奎之弟林励华担任市、省政协委员，在新成立的同乡会担任要职，1981年被派到湛江驻港的湛兴公司任职，协助许家团结湛江旅港乡亲，热心公益事业。林励华之子林一栓担任霞山海外联谊会香港分会会长和市政协委员，曾在湛江举办多届"昌庆杯"羽毛球赛，可谓继承父辈衣钵。回顾林家历史，其实也是湛江（乃至高雷地区）人士在香港发展的缩影，林家为货物进出口和同乡联谊等工作热心服务，值得敬佩。

---

① 中共湛江市菉塘支部编《丹崖凝碧——菉塘交通站建立四十六周年暨世基文化室成立、烈士陵园落成纪念专刊》，1986，第94页。

② 湛江市霞山区地方志编纂委员会编《湛江市霞山区志》，广东人民出版社，2012，第748—749页。

四　多元市井风情

赤坎武馆威风时

——张岐雄忆国技馆

郭康强　钱源初　整理

一　街头摆卖洋杂旧物

进入群英社学功夫、做拳师之前，就像很多来赤坎谋生的人一样，我曾在街头当了几年的小贩和伙计。我的祖公来自麻斜，后来搬到茂名，所以我丁巳年①出生于茂名，现在101岁有多。我从小没有读过书，10岁父亲去世，剩下我和弟弟。听人家说，起初父亲在水东②摆卖估衣，卖些旧衫旧裤，到后来没活做回到家里，没多久就病死了。我们家无田无地，母亲又没工作做，在家里捡些粪和火灰来卖，见到有些老人梳头，头发掉落塞到墙缝里，就捡起来卖换糖果。

到了18岁找不到工作，我就去投靠堂哥，他在广州湾的"高发祥"洋杂店打工，跟他岳父一起做。刚到的时候我还没活做，跟堂哥到"高发祥"吃饭。那天许爱周也来了，他穿长衫，有一米七高，我们同台吃饭。

图1　20世纪二三十年代的赤坎大通街

资料来源：法属印度支那总督府发行的明信片。

---

① 即1917年。

② 茂名市水东镇，是一处沿海港埠，今电白区政府驻地。

我先是在赤坎做泥水工，几个月都没挣到钱，之后到电池厂工作。电池厂主要生产手电筒的电池，老板后来搬去海口。电池厂在第三马路①，是租私人房屋来做的厂房，面积不大，只有我们三四个工人在里面住而已。我们把从香港进口来的电池泥混合药水，手工制作成一块块电池。有的工人把电芯放进去，有的放药水，我则负责轧纸皮，按照电池的尺寸来做包装。电池生产出来后，赤坎和西营的商铺都有人来取货，主要是赤坎的商铺，他们一卖完就来拿货，可能半年才结一次账。

在电池厂做了两年，堂兄又叫我回去水仙庙②那里去摆卖洋杂，他和别的打工仔合伙开了一间档口。我们三人在水仙庙对面的宜信行门口摆地摊，就在檐篷底下卖些洋杂，有衫裤、毛衣、笠衫笠裤、香水、墨水笔和眼镜，什么都有。那时的香水很香，叫作"七日香"，就是说很多天都香，小小的一瓶，都是从香港一箱一箱取回来的。我们的生意做得不错，周边的梅菉、茂名、黄坡、吴阳、雷州和广西都有人来批发拿货。那时候没有汽车，都是从渡口坐船来，广西的客商可能是走路取道麻章而来，然后把货一包一包带走。

以前很多货物都是从香港进口的，许爱周的"大宝石"船回到西营，就有"船仔"③去取货回来。一只只很大的木箱，都是靠那些"咕哩佬"④搬下来。"大宝石"是很大的一艘船，大家坐船都很拥挤，男男女女贴得很近。后来日本人有一艘船在西营海上沉没，那些"疍家妹"游过去把落水的人救起来。曾经有人叫我去香港，但我不敢坐船，就是因为看到那次沉船而害怕。香港怎么失陷，我不知道，只是听闻香港失陷后货物不可以运出，有人偷偷运出来。他们日间用草席打包好，一有机会就将洋杂等物偷偷带过寸金桥，当时没多少法国人驻守，他们管不了这么多。一个绰号叫"白麻拾"的人走私得多，他与那班法国人熟悉，塞钱给法国人，货物不会被没收。

宜信行做药材生意，前面摆着很多山药草药。我们的货存放在宜信行后面的一间房子，有一次他们用很大的锅煮川芎和白芷，不慎失火把我们的仓库烧掉了。合伙摆摊仅仅两三年，一把火烧掉以后，我就自己去摆摊，

---

① 20 世纪 20 年代新开辟的街区，今赤坎区民族路一带。
② 水仙庙位于今赤坎区中山街道水仙街 8 号，供奉炎帝、河帝。
③ 接驳货物和乘客上岸的舢板。
④ 粤语俗称，指搬运货物的码头苦力。

卖些墨水笔和眼镜。之后做了不止五年，日本人占领广州湾时还在做，一户人家好心让我在他们门口摆摊，位置在大通街近消防队的"义利行"路边，铺一块薄薄的板，货物摆在上面。那时的笔很贵，有"犀飞利"墨水笔①和铅笔。我也收从香港进口的旧眼镜修好来卖，有老花镜、太阳镜以及最昂贵的水晶眼镜。

当时摆地摊的人很多，卖什么的都有。晚上到天亮都有人做小生意，有的卖生活用品，有的卖鸡饭鸡粥、豆腐花、糖水和薯粉角，嘀嘀嗒嗒敲到天亮。有人在地上擦鞋，走上茶楼或守在路口都可以，法国人不会驱赶他们或收税。总之，法国人很少，但经常有士兵巡街。那些越南人吃槟榔，嚼后吐口水到地上，满地是红的。法国人要

图2　20世纪二三十年代的赤坎小商贩
资料来源：印度支那总督府发行的明信片。

求每家门口要洗净，一经过见到有蔗渣，就写几个字，问你要四毫银。越南人穿裙戴帽，走来走去不知他们做什么。他们在这里当兵，有的做"一划"，主要是他们管理街道。有时他们来到门口，手指着你，听不懂他们在讲什么。

二　国技馆学武术

后来摆摊生意不好，我就去学功夫，要不然总是被那些"烂仔"欺负。他们吃我们的食物，吃完用手指指鼻子就走了。所以不学功夫，被地头蛇和"白拈"②欺负，小生意根本做不成。

以前治安不怎么好，有三个"白拈头"很出名：猪仔、米仔、山仔。这些"白拈"骗人去买烟泥。大家都在这里卖东西，怎么会不知东西被谁偷走，都被"白拈"欺负惯了。学了功夫之后，还有把握能逮住他们要回东西，所以做小生意的都学武术。我练功夫时可能已经30岁了。武馆师傅统统来自梅

---

① 美国 Sheaffer 公司创办于1912年，其生产的墨水笔畅销香港和广东等地，"犀飞利"取自粤语译音。

② 粤语俗称，指小偷和流氓。

菉，"哥大"①也是从梅菉来的，我们后来在"菜坡场"②成立国技馆。学功夫不用钱，谁都可以去学。那时没有师祖，拿些饼干拜拜华光③就可以入馆。师傅先教我们扎马步，起初学豹头，之后再学形意拳。

旧时学武在"八小"的位置，后来又在大楼、塘④边租地方来做武馆。国技馆成立的时候只有不到 20 人，做了一两年后，陈信材⑤邀我们到他家成立学校。他家里地方大，给我们 1000 多平方米的空地搭建武馆来练武，后来成立了国技小学。慢慢地人就多了，加上练功夫和读书的小孩子，有 200 头。小学校长叫孙均泰，他是功夫教头。学生很少学武术，都是以读书为主。孙均泰白天在闽浙会馆那处一个井附近的银号看门，晚上出来教功夫，没有报酬，什么都是尽义务。学校有六七个老师，他们统统是跑革命的，包括戴洪⑥，那时的老师没什么钱。

"哥大"不识字，我们大家和他的功夫是同一个祖师傅教出来的，不过他在群英社⑦，我们在国技馆。当时赤坎武馆有七家：大同社、镇武堂、庆武堂、英武堂、国术馆、国技馆和群英社。人最多的是我们国技馆，因为我们成立国技小学。"哥大"在炮竹厂那个地段，后来不知为什么又回去梅菉。我们到周围的村落，去过甘蔗林⑧、田寮、西溪和廉江三心。在靠近甘蔗林的南赤村教得久一些，原来说好教三个月，但有村民说："师傅呀，你来就好了，我们请了十几个师傅都教不好。"所以他们一个月凑出两担多的谷米，提供一间房，让我教到过年。国民党时期都是"讲谷不讲银纸"，我们收谷米作为报酬，因为今天和明天的钞票都不同价。

武馆经常有舞狮活动，我们的表演还有擦玻璃，顶竹篙，碎大石，过剑门。其中有一种是台面插着刀，我们从上面跳过去。每逢年节和年例⑨都

---

① 即李侠雄（1913—1999），吴川长岐下仓村人。早年在吴川狮子会学武，曾任群英武术社馆长，1938 年入党，受中共南路党委领导，吸收贫苦青年加入，以武馆作为交通联络站。
② 或指赤坎近郊的振农园，属于潮州会馆产业，出租用于种植蔬果树木。
③ 指民间信仰的华光大帝。
④ 或指赤坎北部的潮州塘，周边环境较为简陋。
⑤ 陈信材（1899—1967），廉江白鸽港村人。1925 年入党，曾任南路特委委员。大革命时与党失去联系，1938 年重新入党。
⑥ 戴洪（？—2012），中共地下工作者，长期在赤坎活动，1948 年任城区委员会主任，新中国成立后曾任湛江市副市长、政协主席等职。
⑦ 社址在今赤坎区新江路 27 号，20 世纪 80 年代恢复活动。
⑧ 今麻章区甘林村。
⑨ 年例是粤西民俗，不同村落有不同的日期，多集中在正月，仪式主要是游神和酬神。

有人请我们去表演，一到大年初一就在赤坎出街舞狮。每当这时，很多商家挂出吊青，我们狮队在吊青下面打功夫，做完之后"吃掉"，把银纸拿走。① 有时也有比赛，不同狮队比功夫谁做得好，做得久。好比相互争抢吊青，一队舞完另一队"拍台"竞技，这样就容易打架。武馆之间很少打架，往往是本地人欺负我们这些外来人，国术馆跟那些"黎佬"② 打过架，有次我们跟人拍台斗到中午12点，才有人叫兵来驱赶。

图3　元旦梅菉舞狮的场景

资料来源：《良友》第34期，1929年1月，第11页。

以前有几个女生中意我，因为家境贫苦，我不敢娶。成立学校之后有一班女生加入，其中一个姓梁的说："我有条金链，又有戒指。"意思是不嫌弃我穷，跟了好几年，我叫她不要再跟了，她还要跟着我。我去三柏③ 舞狮，她都跟着去，师傅孙均泰还叫我娶她。之后又有一个来跟我，发誓说："今世你不娶我，第二世我都要跟你。"可是我统统不敢娶，因为我没钱，养不了老婆，多么中意也不敢娶。我自己连饭都没得吃，不敢碰人家。我直到28岁才结婚，对象是一个相识的算命佬从化州农村带来的，叫我给两三块大洋。我那时都没钱，也没什么拜堂婚礼，馆友们凑一点私己钱给我。老婆没什么活做，就做草席，有时去砍柴，后来又在新渔街④那里做工。

生下的第一个小孩夭折了，第二个有病却看不起医生，刚出生几天就送去育婴堂。⑤ 我们自己养育不了，给法国人养更好。往往小孩一放在门口，育婴堂就有人抱进去。有人讲她们活活弄死那些小孩，但我们都不清

---

① 商户为了好彩头，以生菜包裹装有钱财的红包，用竹竿悬挂在楼上，供舞狮者摘取。

② 指讲雷州话的人，赤坎周边村落多讲雷州话。

③ 位于吴川黄坡镇南部。

④ 广州湾时期建造的市场，在今赤坎区晨光小学外，近鸭乸港和潮州塘，现已辟为马路。

⑤ 广州湾商人陈学森等出资在赤坎开办的孤儿院，由建筑师梁日新承建，天主教修女管理，民间俗称"育婴堂"，原址在赤坎区大德路与中华路口一带。

楚。育婴堂有时让小孩子带队出来行街，裙子很靓。她们在里面喝牛奶，我没后悔将女儿送到育婴堂，因为我养活不了。送进去之后就没了联系，因为平时都关着门，看都没看过。解放初有人去认领，但我都没见过女儿，怎么认领。

孙均泰师傅和"哥大"是同一个师傅教出来的，他们两人关系要好，都是搞共产的。孙均泰认识陈信材，他一下来就成立超记银行①，孙均泰就帮陈信材看门。当时陈信材和他眼盲的儿子以及家人住在文章湾村，有时我还牵着这个"盲佬"去饮茶。

共产党也知道我是武馆中人。以前那些"跷山"②守甘蔗林的路口，他们知道我们到乡下教馆，从来不搜我的证件。有一次回来路上，他们拦住我，我有点惊怕，他们说："师傅，你有药丸吗？我们打仗摔伤了脚。"我总是随身带着药丸，就给他几粒。后来他们又叫我买些笔记簿运出西溪。有一次，一个国民党兵和我们同路，他背着衣服走在前面，突然间三四个共产党人跳出来，把他的一套国民党衣服搜走，我们吓得站在一旁。以前做共产党不敢暴露，即使是两兄弟都互不知情。又有一次，有人到群英社问："你们农村有几个共产党？"我讲不知道，实情是不敢讲呀。我们在农村见到

图 4　超记庄银号的票据（约 1940 年）
资料来源：私人收藏。

过女地下党员，一有信要送，就夹在头发里，不管多晚都要连夜送去目的地。甘蔗林和田寮都有很多村民搞革命，后来日本人入侵，他们就搬走逃难，甘蔗林这个村子很惨。

---

①　应为超记钱庄，战时是南路党组织的秘密联络点。
②　指中共地下工作者或游击武装躲藏在山林之中。

百岁武师的江湖人生

钱源初

（2021 年）

《口述广州湾》最初的采访对象名单上，有一位特别引起我的注意，他的名字是张岐雄，单位是群英社，101 岁。我们之前对群英社已经有所耳闻，但对其历史知之不多。2017 年 7 月 22 日，我们第一次来到了位于赤坎区新江路 27 号的群英社，通过电话联系到张岐雄老师傅的儿子张建生师傅，他让我们在群英社里等他们从家里过来。

我们在等待的过程中，发现群英社的建筑简陋破败超乎想象，多处屋顶已经破烂，练武器材和获奖奖杯堆放在一角。另一边墙上悬挂着一位老人的遗照，馆里的几位年轻人告诉我们，这是创办群英社的"哥大"。谁是"哥大"？群英社有着怎样的历史？我们对此充满兴趣。不久，张建生师傅用电动车载着他的父亲张岐雄老师傅过来了，我们才发现年逾百岁的张老师傅身板硬朗，健康状况依然很好，想必这与他常年习武健身有关。7 月 26 日，我们又到张老师傅家里进行二访，在他的讲述中，我们对他的个人经历以及国技馆、国术馆、群英社等武馆的情况有更深的认识。

如果将张老师傅的人生经历看作一部武侠电影，我们可以通过特写的镜头去观察广州湾街头小商贩的艰难经营、恶霸的横行以及背后涌动的以武馆为掩护的革命运动。张老师傅出生在茂名，年轻时到广州湾谋生，当过商店伙计、小作坊工人、小商贩，后师从孙均泰习武。孙均泰和李侠雄均是吴川狮子会、吴川坡心岭国术馆教头欧品高的弟子。

1938 年 5 月，广东第七区行政督察专员张炎任命中共党员肖光护为第七宣传队队长，邀请原大革命时期的中共党员彭中英、陈信材参加作为幕僚。随后他们以武术馆为宣传阵地，展开抗日救亡革命运动。孙均泰、李侠雄、韦成荣等人接近七宣队，追求革命进步。1938 年冬，孙均泰、李侠雄分别在隔海村石桥街、水口渡街三官塘设立武馆。随后，孙均泰、李侠雄等人正式加入中国共产党，孙均泰任吴川通讯分站通讯员，协助侦奸肃奸工作。1940 年，孙均泰又在振文独竹村设立武馆，李侠雄在五里营为党员学习班做后勤供应工作。

1940 年春，发生"周文事件"，张炎组织的学生军副中队长周崇和（后改名罗文洪）、队员文乃武散发传单被茂名县特务大队扣留，张密令释放，并电李汉魂辞职。随后张炎宣布下野，经广州湾前往香港居住。共产党员转向地下，利用各种职业掩护开展革命活动。其中，陈信材派人到日据区购买棉纱、布匹等重要物资销往内地，作为革命运动的资金。李侠雄、孙均泰受南路特委派遣，在广州湾周围设馆收徒，开展革命活动。1942 年上半年，李侠雄到西营洪屋村创办国术馆，下半年搬迁到赤坎振农园。随后，孙均泰也被派到赤坎怡园创办国技馆。这两所武馆均是由用商人身份做掩护的陈信材设法筹办，主要招收小商贩、搬运工、苦力等贫苦青年，利用晚上时间习武。

当时身为街头小商贩的张岐雄老师傅，正是在这个时候进入国技馆，师从孙均泰学习武术。由于共产党员实行单线联系，以及革命保密工作的重要性，从张老师傅的忆述中可以看出，实际上他作为一般武术拳师只是对于馆内的革命运动有所接触，但未能知悉整个组织运作的内情，因此他只是知道在国技馆开办的夜校，即后来的国技小学的老师"统统是跑革命的"。正是由于武馆与革命的关系，国技馆、群英社等武馆成为中共南路特委的秘密交通联络站。

如果将镜头聚焦在张岐雄的情感经历和家庭生活，我们又能感受到他的无奈与坚韧。张老师傅虽然不认识字，但解放后参加雕刻工艺厂的工作，负责雕刻印章、做玉雕，以及使用酸枝木制作宫灯，产品销往香港。他懂得医治跌打损伤，曾医治不少人，包括尼姑和军兵。2016 年妻子去世后，张老师傅因伤心流泪过度，眼睛大不如从前。

1945 年抗战胜利后，时任南路特委组织部部长的温焯华将国术馆搬迁到文章湾村，改名群英社。杨子儒撰联："群策群力堪建国，英雄英勇可兴邦。"群英社作为共产党联络站继续发挥作用。1949 年解放之后，群英社中止活动，直到 1984 年才恢复，李侠雄再次打理群英社。

图1　2017 年 7 月张岐雄接受访谈
资料来源：李宜珍摄。

1999 年，李侠雄去世后，群英社由第二代弟子张志伟、王立先等主持。张岐雄老师傅经常到群英社活动，他的儿子张建生在群英社传授武术。为了了解武馆更多的情况，我们还补充采访了孙均泰之子孙光华，据他介绍，2016 年张岐雄还和 95 岁的师弟梁大宝参加了在阳春市举行的武术活动。人在江湖，张岐雄的百年人生经历何尝不是一代武师的缩影？

叮叮作响大通街

——陈惠珍忆祥顺隆

何斯薇　吴子祺　整理

一　投靠祥顺隆亲戚

受到日军侵华波及，1938 年前后我们举家迁到广州湾。我的祖籍是广东南海九江上溪村，乡下处处桑基鱼塘，男人下鱼塘，女人织渔网。从爷爷这辈开始做点小生意，生活还可以，因为离广州很近。广州沦陷后，我们家人就要逃命，但是陆路不通。听我奶奶回忆，当时他们匆匆出门，有些财物还遗忘在家里。一家人大概从江门上船，经水路来广州湾。因为我们在广州湾有一位有钱的亲戚——堂舅梁均泉，所以就来依靠他。船上非常拥挤，人们简直是一路踮着脚站着的。

来到广州湾的有祖父母、父母、两个哥哥和叔叔夫妻俩，他们租下现在的大通街 12 号做布匹生意。堂舅梁均泉开了祥顺隆商行①，就在我们商铺对面，我们家的小商号都是依靠祥顺隆做生意，也是堂舅给了我们栖身之所。梁均泉可能比我们早一年来，他是有身份的大商家。我们有很多南海亲戚都住在赤坎这条街上，过年过节互相来往，请我们去吃饭，平时我和同乡姐妹们玩耍。

以前的房屋不用水泥，我们住处的墙壁是灰砂砌成，室内多数用木板间隔，二楼用木板搭成，地板铺红砖。有钱人家铺花阶砖，比如我们对面的梁均泉家地板就是用花阶砖铺成的。梁家大屋坐落于大通街而通向南兴

---

① 祥顺隆是广州湾最大的百货商号之一，商品种类繁多，包括布匹和进口日用品。清末民初，籍贯广东南海的梁润之在广州湾创办商号经营百货，后是广州湾商会主要成员之一。20 世纪 30 年代，其子梁均泉接手商铺。梁均泉还曾参与投资百乐殿戏院，担任商会公职。

街，① 拐弯是为了保护安全，家里有浴缸，还有很漂亮的金鱼池和喷泉，我小时候经常去。

大通街连通六个渡口台阶，② 都是用青石砌成。我们家在第二个台阶，也是最宽的一个。以前鸭嫲港通向大海，民生路一带也是海边，很多帆船就在这里避风和停靠，赤坎的货物大多是通过水路从外地运来。我们家的货物有些从大通街渡口下海边的大仓库拿来，雇用那些苦力把货一包包扛上来。在我的印象中，大通街是很干净的，地面没有垃圾，每天都有清洁工拉着白板车过来，每家每户就将垃圾倒出去，就连挑担的小贩也不乱丢垃圾。

大通街渡口台阶下有很好的泉水井，其中最好的泉水井就是水仙庙前的那口。以前每天早晨，井水都"哗哗"涌出来流到街上。附近的街坊都说这水甜，用来煮饭好吃。其次就是

图1　赤坎南兴街的梁氏润园近照
资料来源：施嘉贤提供。

民主路的金铺井③，这口井也是很大很满。在没有自来水的时候，赤坎的家庭都靠这些古井生活。我们的房子在渡口台阶之上，因为地势缘故，邻近台阶的家家户户都有四五米深的地下室，我们家的地下室有十几平方米。抗战时期，地下室用来防空袭。一有飞机轰炸拉响警报，好多对面房屋的人都跑来我们家，躲进防空洞避难。

二　大通街商业繁荣

我们店铺的布匹主要从祥顺隆贷来，先进货，后结账。我们一般卖些

---

① 梁氏旧居位于赤坎区南兴街，建筑犹存。
② 大通街自北而南有十座东西向的踏跺式石级码头，清乾隆年间赤坎埠的商业贸易兴起，大量外地客商在赤坎建铺经营。陈惠珍所述的住处在东兴街口，今称七号码头。
③ 金铺井因位于大盛金铺前而得名。

普通的棉布，以蓝色斜纹布为主，店里存货也就二三十匹。顾客来买，我们帮他用尺量度裁多少，然后敲算盘算钱，赚点差价而已。也有个别的人来我们店批发，整匹整匹地买，他们再拿去中山路那里裁衣。开始生意还可以，因为法国人的税收比较轻，我们从家乡请亲戚来帮忙。每天从早到晚开店，很晚才关门，几乎不怎么休息。大家有苦同担，同舟共济。

　　我是 1938 年出生在赤坎，幼年时代在广州湾度过。小时候赤坎的街好窄，才 2 米多宽。小时候没什么可做，就到街上逛，看到各地的人都来赤坎做生意。以前大通街水陆交通很方便，所以就有很多人选择在这里做生意，哪怕台阶旁都有人开店，整条街很繁华。尤其是药材生意很兴隆，中药店好多，药店伙计用老式金属秤来计量药材，整条街叮叮当当响。有些很大的商铺，比如"大昌""大有"好像都是做药材生意。那是清代建造的房屋，屋顶山墙是拱形的，很古老。也有很多人从事进出口货运，把鱿鱼、虾米这些海味特产运出去，从外面运来布匹、金银、钟表和药

图 2　20 世纪 20 年代的赤坎海边街

说明：高处是大通街。

资料来源：*Atlas pittoresque des colonies françaises*,
Paris：Les éditions pittoresque，1930，p. 228。

材。因为广州湾不生产这些时髦货物，甚至连火柴都没有，[①] 全靠贸易搞活经济。如果没有这帮外地人来，广州湾是很荒凉的。听同乡商人说，货多数是家乡的亲戚或熟人通过水路从香港等地运来的，如同一条龙服务。

　　以前赤坎都是以籍贯划分地盘，各地的人建了高州会馆、广州会馆、潮州会馆、闽浙会馆和雷阳会馆，现在通通面目全非。[②] 会馆当然要有商人投资，一家会馆的面积很大，足足有四五百平方米。这些会馆都开设小学，

[①]　广州湾工业发展落后，20 世纪 20 年代赤坎出现印刷工坊，30 年代初开始出现纺织厂、炮竹厂和汽车维修作坊。1946 年湛江火柴厂成立，结束了本地用火柴仰赖外来的历史。

[②]　18 世纪后期起，多地外来客商纷纷来到赤坎经商。会馆既能联络各埠商情，也为居住在赤坎的同籍人士提供社会服务。新中国成立后，五大会馆会址改为学校，20 世纪八九十年代，各会馆建筑先后被拆除。

相对应祖籍的小朋友到各自的小学读书。但是我们有亲戚在韩江小学读书，① 他就把我也介绍进韩江小学。我记得课室就在拜神的地方，内有一根根柱子，有时要侧着伸头去看黑板。潮州会馆很漂亮，红墙绿瓦又有雕刻，还有深深的龟池和金鱼池供人游览。

我们是从广府地区②过来的，有时也要参加广州会馆的活动，但因为年纪尚小，具体情况我不太清楚。会馆有时也管到我们这些人，所以我们会去里面拜神，每家会馆都供奉神像。大人在里面开会，可能有些人来到赤坎暂时无处栖身，那么就可以到会馆吃住。当时会馆相当于一个慈善单位，接济同乡。此外还有广州湾商会管理每间店铺，商会主要是主持公道，设立商规罚则。他们规定有些犯法的事情是不能做的，商店里的事情也管，包括进的货物和生意情况都有人过问。③ 广州湾商业旺盛，真是每间商铺都做得到生意，正所谓"大有大做，细有细做"，就看你赚多少而已。

三　始终留在湛江

赤坎有一间天主教堂④，小时候我偶尔也去做礼拜，但我不信基督，只是小朋友可以去拿"公仔纸"⑤。里面有法国修女，披着黑色的纱巾，戴着十字架。每逢礼拜天，我们进去找地方坐，听他们讲话，说"一切是上帝所赐"这些唯心的话。里面有育婴堂，以前赤坎好多人不要女儿，或者把有病、残疾的女孩丢弃，法国传教士就在赤坎收养弃婴。我的侄女在解放后出生，大嫂无力抚养，就把女儿送去天主教堂，但第二天解放军刚好来接收，这是 1950 年 12 月的事。接收以后，从天主教堂挖出很多尸骨暴露在街头，我妈妈于心不忍，就把侄女领养出来，一直养育到大。后来听说原来是反动会道门盗用这座天主教堂，拿小孩子做试验。

我们曾经住在极善堂后面，但以前很少进去。极善堂以前就是自梳女

---

① 韩江小学由潮州会馆开办，一般招收潮州籍子弟或租住潮州会馆铺屋者。
② 指清代广州府下辖的各县，主要位于珠江三角洲地区。
③ 广州湾商会于 1917 年成立，1925 年建成商会大楼。广州湾商会向中国政府注册立案，也被广州湾法当局委以处理商事纠纷和组织商团武装的权力。广州湾主要商人均加入商会，商会职责包括调解仲裁、制定行规、联谊交际等，一般商事纠纷须先在商会处理，不能解决再上报法当局。下设多个同业公会，分别负责相应行业的事务。
④ 即张岐雄所述的赤坎育婴堂。
⑤ 一些印刷精美的卡片和传单。

住的地方，①也有一些小孩子住在里面，我有个同学没了父亲之后也住了进去。极善堂经常是关着门，住在里面的女人自供自给，因为里面有两口水井可以种菜，也让附近的居民进去挑水。极善堂内有拜神的地方，那些自梳女就像有头发的"师姑"，她们的活动有点迷信性质。听说广州那边有一群人不结婚，别人看不起她们，她们就以自身的力量闯出一个组织出来。她们家里都有钱，所以几个人集资来到赤坎建造这座房子。

我在广州湾慢慢长大，抗战胜利的时候，我还在韩江小学读书。9 月 21 日，法国急急忙忙把广州湾交还国民党政府，②之后我们家生意就很难做。所谓苛捐杂税繁重，假钱又多，经常见到大人把钱扔到地上听声音分辨真假。那时候打工教书，都不敢拿纸币当报酬，每个月或每天的工钱都用粮食来算。抗战胜利后有许多广府人回到原地，但我们回不了家乡，因为屋子已经没有了——乡下的叔伯说我们长期不回来，两间没有屋顶的祖屋被他以一两百块金圆券的价格卖了。

后来父亲病了，十六七岁的大哥刚刚小学毕业，就被逼着做生意，他经验很不足，生意后来就不太好做了。我们一直在湛江熬日子，我妈裁衣服拿出去卖。父亲和大哥生病，解放初相继去世了。二哥和姐姐都失学，我们家生意也倒闭了，当时很多广州人和潮州人都走了。这时国民党拉壮丁，母亲很怕读着高中的二哥被抽走，就通过堂舅梁均泉的关系，把他送去香港打工。解放初，姐姐也去参军，后来在部队当军医直到退休。

图 3　重访大通街 12 号铺屋旧址
资料来源：陈惠珍提供。

好在我的一生比较幸运，没怎么受苦，有吃有穿，也没有失学。1957 年在湛江一中读完高中后，由于生病没考上大学，于是就到广州参加学习

---

① 旧址位于今赤坎区中华路，为清代传统广府建筑。自梳女指将头发盘起、立志终身不嫁的女性，清代以来多出现在珠江三角洲地区，一些自梳女集体购置房产，相约一起生活。

② 此处记忆有误，1945 年 9 月 21 日，日军投降仪式在赤坎举办，国民党政府从日军手上接收广州湾。中法广州湾交收典礼直到 1945 年 10 月 31 日才举办。

班，先是学食品，后来到防疫站学习，第二年回来湛江市防疫站工作直到退休。我们有一些叔叔伯伯抗战时期和子女失散，自己一个人来广州湾，后来有的又找了回来，日子过得很艰难。可以这么说，没有国就没有家。我很惭愧，生在广州湾，都不知道我是在广州湾长大，直到看到这次展览，① 我才知道我是"地道的广州湾人"。现在任何人问我，我都知道了。我对湛江始终不离不弃，我曾有机会留在广州，最后还是回来了。我认为湛江总有一天兴旺，因为地理位置好。

· 校注手记 ·

赤坎老街的昔日风貌

钱源初

（2021 年）

2017 年 2 月 3 日，由我们广州湾历史研究资讯团队承办的"一湾之上——广州湾历史图文展"在霞山区步行街举办，为期 7 日，以图文并茂的形式向市民讲述广州湾历史，引起不小的反响，本土主流媒体《湛江晚报》、湛江文明网予以报道。在众多的观众中，有一位年近八十的长者连续数晚仔细参观了这个展览，她就是广州湾亲历者——陈惠珍。

在接受我们的采访时，陈惠珍带来了一份她亲自撰写的 5 页《忆法殖广州湾前后》手稿资料，以及 7 张当年租房和商铺原址照片。对于我们的采访，她可以说是有备而来。1938 年广州市沦陷，在此前后大批难民选择逃到粤西南的广州湾，

图 1　2017 年春节期间举行的"一湾之上——
广州湾历史图文展"

资料来源：李志滨摄。

---

① 2017 年春节期间，广州湾历史研究资讯团队承办的"一湾之上——广州湾历史图文展"在湛江市霞山区步行街举办，展出多幅历史图片，吸引大批民众观看。

以求得生机。陈惠珍母亲挺着大肚子和家人离开家乡南海九江，开始逃难生涯，一家人在江门上船，通过水路前往广州湾。陈惠珍出生在广州湾，因此她自称是"地道的广州湾人"。

逃往广州湾是抗战时期不少难民的选择，对于陈家而言，到广州湾还有一位堂舅可以依靠，他就是祖籍南海的广州湾富商梁均泉。梁均泉为祥顺隆老板，该商行主营花纱、布料、烟糖、文具等，是广州湾首屈一指的百货商行。梁均泉于1941年参股百乐殿戏院，1942年出任广州湾商会第六次执监常务委员（另外三名为戴朝恩、梁伯纲、庞子铭），1946年任湛江市商会常务理事（另外四名为李时康、关奇山、黄子谷、蔡挺生）。大树底下好乘凉，陈家在梁均泉的关照下慢慢立足，一来就租住在梁家对面，并依靠祥顺隆批发布匹进行散卖，以获得利润。当时还有其他来自南海的亲戚，基本都围绕大通街生活。

赤坎五大会馆闻名遐迩，在清末、民国发挥着参与社会治理的功能。为了使各子弟有书可读，广州会馆设立广侨小学，潮州会馆设立韩江小学。陈惠珍作为南海人应当加入的是广州会馆，但是从她的经历可知其确实就读于韩江小学。由此可见会馆创办的小学对于生源并无严格的地域限制，体现公益办学的真实意义。

图2　2017年3月陈惠珍接受访谈
资料来源：何小婷摄。

"梳起不嫁"是近代自梳女的口号，清末广府的数位自梳女到广州湾后，在赤坎集资兴建极善堂作为住所，保留至今，成为湛江市不可移动文物。陈惠珍将她们比喻为有头发的"师姑"，且看到她们的活动有迷信性质。自梳女不依靠男人，自力更生，主要蜗居在此，给人们留下深刻的神秘印象。

大通街是赤坎古老的商业街，随着《隐秘的角落》影视剧在此取景拍摄，赤坎老街迅速火爆全国。对于年长亲历者而言，或许可以说，热闹是游客的，他们心中只有对旧日时光的无限怀念，一步一物，皆是过往。

租借地外围的缉私

——于振东忆雷州关与父亲于金榜

梁竣杰　吴子祺　整理

一　寸金桥头的印象

我的祖父于济发在石家庄做过铁路工人，后来搬到天津经商。1912 年父亲于金榜出生于天津，他在富裕的家境中成长。父亲从英文书院毕业，1933 年考上了海关税务专门学校海事班第 3 期。[①] 海事班除了教航海课程，还有军事课程，三年后父亲毕业就加入了海关工作。母亲孟繁如 1912 年生于天津，父母是河东区的邻居，1934 年结婚，两年后生下了我。当时父亲在烟台的船上实习，我们一家在天津和烟台住了近三年，直到 1938 年末随父亲调到香港。

1941 年日军占领香港之前，形势已经很紧张了。当时我家住在九龙狮子石道尾，每到夜晚灯火管制，窗户要拉上黑色窗帘，灯要围上灯罩。我在阳台可以见到外面有探照灯射来射去，飞机飞来飞去，那是英国人的防空演习。香港

图 1　于母与于振东在香港
（约 1939 年）

资料来源：于振东提供。

---

① 1908 年清廷为收回关权，由唐绍仪主持在北京创办税务学堂以培养专业人才，1913 年民国政府改为税务专门学堂。1929 年该校在上海分别建立第一和第二分校，即海事班和外勤班，第一分校初设徐家汇姚主教路（今天平路），为大专三年制，甄选严格，共办了 15 期，第 3 期有毕业生 18 名。

聚集了一大批中国海关的人。[①] 1941 年初父亲接到调令去广州湾，他先自己动身，安顿好住房之后，再通知母亲带着我们兄妹前去会合。我们算是提前撤退的一批人，也有些海关职员在日军占领之后才离开。当年四五月，我们乘坐大宝石号来到广州湾。

我记得大宝石号是一艘小型客货轮船，由于我们从香港乘船有海关的小汽艇送行，所以家中大小物品悉数带上，包括双人弹簧床和两个大铁皮箱，简直是我们这么多次搬家中最从容的一次，当时我丝毫没有战争的概念。我还不到 6 岁，航程中风浪较大，妈妈和我都晕船，稀里糊涂就到了西营。我记忆中港内停泊着一艘漂亮的白色邮轮，据说是行驶广州湾和安南线的。父亲已在码头安排车辆接我们到赤坎，我们的住房在寸金桥边，门口马路直通寸金桥另一边的麻章。海关把职员家眷安置在这里，大概是为了靠近雷州关总部，以便于早出晚归往返"租界"。

寸金桥距离我们住处不到 100 米，桥下面是一道河沟，桥面也就十几米宽而已，两边都有岗哨。[②] 华界那边的卫兵戴德式钢盔，衣服整齐，拿着类似冲锋枪的武器。洋界桥头这边有个固定的水泥岗亭，看起来比较结实。洋界这边马路整齐，虽然汽车不多，但是马路都是水泥或柏油铺成。也有地方有泥路和茅屋，茅屋墙边种有长长的甘蔗，屋顶用茅草搭建。华界那边的雷州关总部有几层我已不大记得，印象中是一座大型建筑。[③] 华界桥头有几个补鞋档，补鞋仔一边工作一边唱："补烂胶鞋，补烂胶鞋，八个仙[④]补一对烂胶鞋，补得唔好唔要钱……"他们竟然用《保卫中华》[⑤] 的曲调，市民也跟着唱，可见当时民众的民族意识很淡薄。

广州湾有一种非常奇怪的走私方式——冲关。或许是华洋两界布匹的价钱不一样，我们住处门口的马路上，常常见到背着几匹布的走私佬。他们在桥边徘徊窥探，趁法国卫兵不留意的时候，就从寸金桥上冲过华界。也

---

① 九龙关设立于清光绪十三年（1887），历任税务司皆为英国籍，总部设在中环公主行，香港境内有九龙车站支关、油麻地支关和西环支关，粤港边境还有多个关卡，缉私总部设于深圳，全关人员逾千人。1940 年税务专门学校海事班迁入邓志昂中文学院上课。香港沦陷后九龙关内撤，抗战胜利后恢复，1949 年 10 月起义，次年迁入深圳。

② 文章河是广州湾租借地的边界，1925 年梁墨斋等麻章商绅带头兴建寸金桥，寓意"寸土寸金"。抗战时期，途经寸金桥的文化名人如冼玉清等曾撰诗纪念。1959 年人民政府重修寸金桥，其后董必武和郭沫若等题字，寸金桥成为抗法斗争的纪念性建筑和文化符号。

③ 雷州关设立于 1936 年，麻章的税务司公署及附属建筑 1937 年由建隆建筑公司承建，次年落成。

④ "仙"是香港、澳门等地辅币名，100 仙等于 1 元。

⑤ 《保卫中华》创作于 1940 年，钟天心作词，何安东作曲，伍伯就国语演唱。

不知道华界是不是不收进口税，总之走私佬只要冲到华界就算成功了，赚取一点差价。中方卫兵根本不管，简直视而不见，法国卫兵也不能追到桥另一边。有时法国守军追过界了，中国守军会开枪，但他们不是打人，而是朝天射去，法国人也会开枪表示不甘认输。据我所知发生过几次边境冲突，两边突然开枪，但时间都很短，从来没打死过人。① 这些走私佬都是一些精瘦的青年人，跑得很快，反观那些法国佬个个吃得大腹便便，又穿着皮靴，跑起来一摇二摆，根本捉不了走私佬。当然走私太过猖狂时，法国佬也出几个人来围捕，玩猫捉老鼠的游戏。走私佬为了保住财物就狂奔而去，我们这些在门口玩的小孩一不小心就被撞个"滚地葫芦"。因此，我们一发现有人抓捕走私，就拼命往家里跑。有时走私佬闯进民居躲避，法国警察不敢进屋搜查，就置之不理了。一等警察走了，走私佬就离开，其实也没什么事。

赤坎市面非常繁荣，到了夜晚华灯初上，车声响亮，歌舞升平。当地有不少法国餐馆，有些是越南人经营，晚上爸爸妈妈常带着我去光顾。有的餐馆带有花园，② 餐桌摆在草地上，夜晚树上挂着彩色的灯泡，留声机里放着迷人的法国音乐，边吃边听是极佳的享受。就是在餐馆里，我第一次听到著名的法国歌曲 *La vie en rose*③，男歌手的磁性歌声令人陶醉，侍应端上法调烹饪的本地大虾和各式生菜，当然少不了葡萄酒。法国人确是懂得享乐的民族，在这种环境下喝着美酒，吃着佳肴，难怪他们个个都挺着个大肚皮。

① 据报刊记载，1941 年 9 月 20 日，有乡人携铁片三件由赤坎出寸金桥，路经法兵哨所被查获。时南特大队戴朝恩中队长目见此事，为之向法兵说情，双方发生口角，继而法兵取绳索欲将戴朝恩捆绑，"时戴为自卫计，奔返寸金桥哨所，法兵擎械相向至，枪声起后，情势顿告紧张"，约半小时后两方当局负责人前来调解，当晚即恢复常态。[《寸金桥中法兵发生冲突事件，即晚和解恢复常态》，《大光报》（粤南版）1941 年 9 月 21 日，第 2 版] 另于振东回忆"从来没打死过人"未必准确，1941 年 9 月 18 日，就在寸金桥冲突事件的前两天，"赤坎西更楼小路，有一苦力肩挑货物，拟横过村仔，被红带兵发觉，喝止不听，开枪射击，弹中小腹，当堂倒地毙命"。[《一声枪，苦力倒毙路中，赤坎昨午一桩命案》，《大光报》（粤南版）1941 年 9 月 19 日，第 3 版]

② 宝石酒店是 20 世纪 30 年代许爱周投资兴建的实业，坐落于法当局开辟的法国大马路（今赤坎区中山二路），占地面积约 872 平方米，为两层联排骑楼建筑，装饰华丽，内有轮船售票和食宿服务。酒店供应中西餐，西侧有颇为宽敞的露天花园，设有茶座和餐位。酒店旧址仍存，花园已改建商铺。有历史亲历者指出，广州湾时期赤坎的花园餐厅仅此一家，故当年我们家应是在宝石酒店用餐。

③ *La vie en rose*，中文名《玫瑰人生》，创作于 1945 年，1947 年正式推出唱片版，由著名法国歌手艾迪特·皮雅芙（Édith Piaf）演唱，流行世界各地。1941 年于振东在赤坎所听的似为其他法国歌曲。

寸金桥附近有几座洋房，都是两层房屋，我对窗户印象深刻，可以看出那是法式建筑的特别之处。窗户有两层，百叶窗向外开，里面的玻璃窗向内开，打开百叶窗，空气可以流通。我在香港和内地其他地方好像很少见到类似的设计。我们的住处离寸金桥很近，前面有花园，楼上楼下都比较宽敞，分给几伙人住。我们一家住在楼下，前面有户姓黄的，他年纪较大，每天去麻章总部上班。支振华一家住在楼上，还有一家人有个姑姐，她带着我们一群小朋友读书认字。我们虽然不去学校上课，但在家里也分年级，总之跟着她学习，听她"讲古仔"。

住处附近有一个溜冰场，① 所谓溜冰就是滚轴旱冰，有次我还撞上一块板。溜冰场里面还能看电影，当时看电影都是分场次买票，我想进去看看，妈妈给了我 1 元法币，在当时是很大一笔钱，其实票价不过是 1 毫纸或 8 个仙。于是我带妹妹一起去。我们买了两张票，5 毛钱一张，进去之后在票上画记号，可以多次使用。我俩傻乎乎买了两张票，但是守门口的人问我们要走了票没有给回来，进去时电影快要结束了，一会儿就清场，人全部出来。我们出来之后没办法要回那两张票，也就看不了下一场电影，自己都觉得上当了。

向前走有两家戏院，分别在法国大马路的两边，一家叫作文化戏院，另一家叫作平安戏院。② 进场观影似乎很简单，我们小朋友买最便宜的票，要到楼上去看，座位后面有走廊，摆上长凳，我们随便坐，不用对号入座。我对文化戏院还有印象，我记得那里放映了《侠盗罗宾汉》和《大人国小人国》两部电影。《侠盗罗宾汉》里面有射箭和比剑的情节，很精彩。《大人国小人国》的正式名称是《伽利华游记》③，因为那是彩色片，我的印象比较深，觉得"几好睇"。看得最多的还是香港片，比如《火烧红莲寺》，从第一集放到几十集。我记得其中有个胖胖的演员叫作刘桂康，另外还有

---

① 太平洋溜冰场位于木桥街（今新华路）和新店街（今大德路）交界处，原赤坎育婴堂对面。该址是露天场地，面积约等于 1/4 个足球场，有戏台可放映电影或举行文娱活动，由顺德籍李姓商人开办，新中国成立后做过长途车站，现已改建为明晶大厦。

② 文化戏院和平安戏院位于法国大马路（今赤坎区中山二路）西北端，分别开业于 1937 年和 1938 年，都是简易建筑结构，使用香港淘汰的旧放映机。

③ 航海冒险小说《格列佛游记》（*Gulliver's Travels*），爱尔兰作家乔纳森·斯威夫特（Jonathan Swift）创作，出版于 1735 年。该书影射和讽刺英国的政治和外交，文笔广受读者喜爱而流传后世。该书早期中译本有林纾和魏易的《海外轩渠录》，1934 年广东新会籍翻译家伍光建翻译的《伽利华游记》由商务印书馆出版。1939 年美国派拉蒙公司制作同名彩色有声动画片。

当时著名演员陈云裳和邝山笑。

关于广州湾的鸦片走私，据我所知主要在赤坎。那时鸦片允许公开售卖，我亲眼见过卖鸦片的店铺，他们用有盖的小陶罐装着鸦片，一盅一盅摆在货架上，客人要多少，直接给钱交易。当时赤坎的赌博也是公开的，我没去过大赌场，但街边的小摊倒是见过。当地人称"番摊"，只见他们围坐在那里不知数骰子还是什么一粒粒的东西。还有一种玩法是"鱼虾蟹蛤"四样东西。普通民众有1毫纸或几个仙就去赌。当时广州湾流通铜仙，也就是上海人说的铜板，制作很精美，是机器冲压出来的，是制造银元的正宗工艺。每天货币兑换的价格都不一样，当时人们主要用法币，西贡纸不是很流通，一般是法币和铜仙之间兑换，我记得买一根甘蔗是8个仙。

广州湾和华界之间的鸦片走私肯定有，但是我没见过，海关也是禁止鸦片，抓到鸦片走私不只充公那么简单，是很复杂的事。但我在莫村和沙角漩①都见过有人吸鸦片，也许吸鸦片不算犯法，但在华界买卖鸦片则是禁止的。我见到有人睡在木板床上吸鸦片，旁边一盏灯咕咕作响。莫村的人为了买鸦片，会经常坐船去赤坎，或者托那些去赤坎"趁墟"的人顺路带回一盅鸦片。我家的男工阿灿就曾跟我讲过，他也帮人带鸦片。有次他从赤坎回来，正好与海关船长支振华坐在一艘艇上，支振华问他有没有带鸦片，其实当时带鸦片是很普遍的，阿灿也确实带了。支振华要他举手搜身，当时阿灿穿了唐装，搜了衫袋没找到，其实他趁机把鸦片扔入海里了，所以没有被发现。阿灿简直是冒死回来，才给我讲了这个故事。

二 随父驻守关卡的见闻

雷州关总部设在麻章，所以也有人称作"麻章关"，雷州关的组织情形，我不清楚，我只去过麻章的总部和鉴江沿岸的几个关卡。我知道雷州关有税务司、副税务司，还有官员叫帮办，但我对他们没印象。1943年日本人入侵广州湾，麻章关搬去郁林，所以就改名郁林关。雷州关沿着鉴江，有分关和支关，因此有的人员去了郁林，有的去了梧州。梧州是水路交会点，有人再北上到了重庆。副税务司林乐明我不认识，不过他的回忆录里

---

① 沙角漩为海河交错处，清同治年间始有人定居，形成三个小村落，建有三王宫，今属吴川市吴阳镇。

面提到郭功宪有官司问题，① 郭家小孩是我小时候的玩伴之一。

雷州关的管辖范围也包括鉴江沿岸，从上游的信宜，到下游的高州、化州、梅菉以及黄坡都设有关卡。为了管理广州湾的走私问题，海关在大埠有一艘趸船，还有一艘小缉私船，大埠趸船往里边走，就到莫村②的分卡或说支关。其实我们在广州湾住的时间很短，不久父亲获分配到莫村，于是我们举家搬去，那时太平洋战争还没打响。莫村在广州湾往里的海湾尾部，是一个乡村，生活完全不能与赤坎相比。莫村岸边停着一艘缉私船，支振华是船长，我父亲的海事班同学谭冠法③是大副，父亲则是二副。这艘船比较小，可能连三副都没有，另外还有一个管机械的轮机长，上海话叫作"大轨"，广东话叫作"大车"，船上就是这么多人。

海关船上的值班比较严格，标准八小时工作，包括我父亲在内的关员，即所谓 officers，要轮流到船上值班。他们每工作四小时，休息十二小时，再工作四小时，都是这样轮转。航行过程中一定有高级船员值班，大副、二副、三副都是正规学校毕业，掌舵的船员叫舵工，他要听值班人的命令，所以"大海航行靠舵手"并不准确。我在船上生活的时间比较多，从小到大都喜欢在船上到处转转，看看船员的操作。我记得出了鉴江口，有个叫作硇洲的地方，那里风浪比较大。若船泊在港口，工作就没那么紧要了，船员返回关卡的家中，每天去船上看看就行了。缉私也不计日夜，实际上"冇王管"④。一般来说海关都配有打字机，用来传送报告。海关公文通用英

---

① 1941 年 8 月林乐明接任雷州关署理副税务司职务，1942 年春，阳春分卡外勤职员郭功宪缉获私货，被货主在当地法院诬告殴打而遭到扣押。税务司和普（S. Hopstock）派林乐明前去交涉，郭功宪才得以释放。林乐明：《海关服务卅五年回忆录》，龙门书店，1982，第 26 页。

② 莫村旧属吴川县，位于广州湾租借地边界以北，今属坡头区龙头镇，位于湛江龙王湾内，滩涂广阔，多山岭红土，曾是洋界和华界的水域交界处，渡口已淤塞废弃。据村中资料记载，海关缉私队设于大岭西南海边。1936 年乡绅为抵制法国人在坡头开征人头税，在大岭开设简易的"民生墟"，后遭法国人指使奸细破坏。吴子祺考察，莫村莫氏大宗，2021 年 8 月 27 日。

③ 谭冠法（1914—1983），广东新会人，税务专门学校海事班第 3 期毕业，抗战胜利后任"流行号"缉私船船长，1949 年拒绝逃往台湾，后加入海军华东司海测处工作，任"海设号"航标测量船船长。1954 年至 1957 年，海设号南下组织湛江港的全面扫海测量和航道导航标志工作，谭冠法严抓扫测精度，在主航道沿线放置导标 11 组，出色完成任务。1963 年我国自主设计的第一艘万吨级远洋海轮"跃进号"触礁沉没，谭冠法领航调查编队到出事海域调查，及时查明了真相，避免了国际纠纷。李汶等编《税务专门学校建校九十五周年纪念文集（1908—2003）》，2003，第 416—423 页。

④ 粤语"没人管"之意，指上级对关卡的缉私工作无指标要求。

文，主任以上级别的官员都是读"番书"出身，[①] 都要写英文，报关等事都是自己打字。不过海关一般也配有师爷，师爷主管中文写作，中文文件都交给师爷写。沙角漩和莫村的海关关卡没有电报设备，与外界的联系要靠单车或艇。

太平洋战争爆发后，法国人顺从日本人的意思不允许中国海关使用西营港，海关船只出不去海湾，等于废了。其实战前可以随便出入，如今日本人不给出去，法国佬也没什么办法，因为"日本仔恶过法国佬"。既然如此，支振华船长决定搬到莫村陆上办公，主要监管牛车倒小船的转口贸易。我们住的房子是以泥砖砌成的，屋顶是一排排稻草，周边只有甘蔗、马尾松和盐田，很荒凉。海关大棚周围有铁丝网，还有缉私兵荷枪实弹守护。后来雨水侵蚀墙根，房屋倒塌，我们住进了谭冠法伯伯家中。谭伯母司徒璇英是大学毕业生，忍受不了这种近乎原始人的生活，带着儿子巴黎去了西营居住。我印象中的童年朋友还有谢宗慈，他的父亲谢为楫[②]是著名作家冰心的弟弟，也是我父亲好友。谢伯伯获国家保送到英国学习航海，妻子也是大学生，一家人都讲漂亮的京腔。他们住在西营，父亲和我去做客，总是用北京习惯的包饺子来招待我们。谢家后来去了重庆，战后我们两家住在上海浦东的一个院里，维持了长年的友谊。

莫村人口稍多，因为当地有个大行业——煮盐。莫村一带有很多盐田，民众开发一块一块盐田，将海水灌入，然后让太阳暴晒和浓缩，晒到一定程度，工人就用桶盛盐水倒入一个大锅煮，之后慢慢结晶，接着把盐铲出来运出去卖。此外农民还种番薯和甘蔗，有时我跟村中小孩去玩，到田里掘出番薯，拿到井边洗一下，然后放入盐锅里面煮。盐水浓缩之后的盐锅温度很高，番薯放进去煮有盐味，熟了我们捞出来，找个地方蹲着食。

莫村海边有个小码头，是一座桥形的突堤，小艇就泊在岸边，货物运去西营或哪里我不知道。红土地上的泥路通往龙头镇，就像连接天边的红带。早上总有不知何处的牛车从泥路驶来，每次十来台，碾出深深的车辙。他们把货物卸到小艇，这时水手和缉私兵的女眷就会拿着托盘和茶水围过来，托盘里面是粗糙的米糕和烟草。烟草分为熟烟和生烟两种，熟烟

---

① 指这些关员接受了西式教育。

② 谢为楫（1910—1984），祖籍福州，生于烟台，从小爱好文学，就读于英国利物浦技术学院，其妻刘纪华毕业于燕京大学。1936年调任九龙关，1940年调任雷州关。解放初期任海关军事学校教授，"文化大革命"后任教于兰州大学。

除了被卷成烟卷，还可以用当地特有的竹筒"大碌竹"吸。大碌竹里面装水，烟被水洗净后再吸入。大碌竹用久之后呈发亮的棕色，人们说里面积累的"烟屎"可以治牙痛和蛇毒。有首童谣这样唱："伯爷公，吹大筒，买个饼又穿窿，买碌蔗又生虫，买条油炸鬼跌落坑渠窿。"可见大碌竹的流行普及。

牛车运输的货物一般是用草席包住，其中有一种是甘草，我们小孩趁着车夫忙于报关，就用手指在草包上钻孔，抠两条甘草出来，然后找个地方蹲下来偷偷嚼着吃，味道挺好。我们还吃过桂皮，但吃多了会流鼻血。我们还会捅黄蜂窝，把蜂蛹捅出来吃。大部分时间很无聊，我们也到周围的几个地方"趁墟"，有时坐艇，有时骑单车，去得最多的地方是龙头和黄坡。去到黄坡就觉得那是非常繁荣的地方，人流滚滚。回忆起来，小时候住在广州湾和吴川"几开心"，其实我家对我没什么管束，因为周边比较安全，所以随便我到处走。

我们大概在莫村住了一年，父亲被调到沙角漩担任关卡主任。关卡位于鉴江入海口的左岸，背靠大海，有一座山丘相隔，面对江水，对岸叫作乌圯①，两个海关关卡隔江把守。鉴江入海口水面宽约 3 公里，有潮水涨落，我们通过望远镜可以看到乌圯那边的屋舍比较整齐，但沙角漩这边就差多了。两边关卡都各有两艘缉私船，其实就是木质小艇，最多搭载十几个人。不过小艇按照海船的标准来设计，尖船底能在海面承受风浪。船的两边可以挂钢板，各有一个柴油机，所以还是一艘好船。乌圯那边的船基本上不出海，因为那边的梁姓海关主任是外班毕业的，他不善于驾驶船舶。

图 2　20 世纪 30 年代黄坡分卡的缉私艇（唐辰忱摄）

资料来源：《关声画报》第 7 期，1934 年，第 6 页。

海关高级职员都是从海关税务专门学校毕业，税务专门学校在北平，我父亲读的海事班是在上海的第一分校。与我父亲一起工作的关员多是福建人和广东人，像他那样来自北方的

---

① 乌圯村位于鉴江西岸，李姓定居，紧邻广州湾租借地，今属吴川市黄坡镇。

绝少。税务专门学校分为内班、外班和海事班，内班毕业生主要坐在办公室当官，外班毕业生以查走私为主，海事班毕业生常常出海驾驶船舶，或管理和维护灯塔。毕竟外海风浪很大，乌坭的官员不敢驾船出去缉私。而我父亲是海事班毕业，他对海事比较熟，够胆开船去外海。

沙角漩很荒凉，不通电不通水，除了海关几间茅棚，只有几户当地人家和一座石砌古庙。父亲接手沙角漩之后，开始组织人手操练和巡逻，让懒散的缉私兵振作起来。海关屋舍后面有个山头，在上面可以望到入海口的尖角，也就是沙角漩。在山上可以看到海面的船，父亲成天派人上山去观察和记录，他也亲力亲为。每到一定时间，他就驾船出海抓走私，先后抓到几艘大船，其中有一艘三桅帆船。这是一艘武装走私船，船上有步枪和土炮——要从炮口前面塞火药进去的那种。这就像是以前的海盗，后来这尊土炮摆在大棚门口，看起来有些威风。

吴川本来盛产黄麻和青麻，当年走私的货物中，大宗的有黄麻。黄麻可以制造麻包袋、战争时期用作防御工事的沙袋，因此需求量很大，青麻多用于制造军装或帆布，都是军事物资，国民党政府禁止出口。此外走私物资有生猪和鸡蛋，以及各种杂货。我记得还有一种染料，广东叫作黑胶绸。走私船主要来自阳江、电白、水东，终点是广州湾西营。大船可以远离近海行驶，不用贴着海岸，但是小船去不到外海，所以比较容易查。来自阳江的大船偶尔到访，我只见过两次。父亲还托船上的人买了三个阳江箧①，把最小的一个给了我，箱子里面有金色油漆写着"民国三十二年置"。广州湾被日本人占领以后，国民党政府封锁边境，严禁输入物资。因此我记得海关有时抓到的走私船专门运载米粉，就是为了供应广州湾，其实阳江到电白一带，物产都不是很丰富。

走私货物都是流向广州湾，船返回来却是空的，说明日本人占领后广州湾没什么东西可以运回去卖，洋货等物资缺乏。帆船航行没有固定航线，海关缉私除了依靠巡逻和观察，也需要"报水佬"②的情报，关员与他们存在互利关系。有的走私船枪炮俱全，缉私免不了交火，所以海关船艇装有重机枪。那台重机枪是水冷的，外面有个桶灌水进去。另外海关有很多步枪，查船的时候，缉私兵持枪围着走私船转。

---

① 指阳江出产的漆皮箱，因工艺精细和结实耐用而闻名。
② 即通风报信的线人。

武装走私的大船会走离岸较远的航线，缉私船一定要出到深海才有机会遇到。大船一般都有瞭望的人，那天父亲带人缉私，很早就被走私佬发现，他们有足够时间做开火的准备。然而缉私船利用高速灵活的特点和处在射击死角的位置，以重机枪强大的火力攻击。走私船则利用甲板上一捆捆的黄麻、青麻作防弹屏障，并用土炮和步枪顽抗。直到有关员打死了其中一人，走私佬才下帆投降，后来尸体直接扔进海中了事。将其他被抓的人押到沙角漩之后，关员一一鉴别。其实方法很简单，手黑的就被认为参与了开炮，属于武力抵抗，那么就拿脚链锁住，送交当地政府处理；手白的当场释放，毕竟不可能全员抓走。当天我们在海边引颈观望，焦急地等待电船的消息，直到傍晚才见到电船拖着一个庞然大物回来，人们简直兴奋到了极点。

　　走私一般属于经济问题，抓到走私就把船和货物充公，把人放走。但那些走私佬倾家荡产去投资买船买物资，为了防止报复，我们屋舍周围都有铁丝网，我父亲夜里睡觉，枕头底下放着手枪。我们就生活在这种紧张环境中，所以对岸的乌坭关卡不是很愿意抓走私。但是我父亲有种抓走私的"瘾"，时不时就去抓走私，而且大家又有花红可分，所以手下的职员也比较满意。总之父亲缉私，也是为抗战的对日经济封锁做贡献。

　　走私货物运回海关，就在当地拍卖，有很多人过来竞价或围观，有猪，有麻，有船，但我不清楚具体过程。猪抓回来就杀了分肉给大家，这是花红奖金之外的福利。船也公开拍卖，价格肯定不便宜，尤其是出得了外海的船。那艘三桅船后来没有卖出去，可能船太大，也可能背景比较深，没人敢买。后来海关把船

图3　20世纪30年代广州湾周边分卡的缉私队
（时祖荫摄）

资料来源：《关声》第2期，1935年，第12页。

拖去梅菉，取下桅杆，变成江上的办公场地。

　　父亲从莫村调到沙角漩做主任之前，当地已有人驻守，海关茅棚建在一个砖砌碉堡上面。我们初到沙角漩之时，广州湾已经沦陷了，海关关员加起来不到20人，我们一家租住在当地人"叶大车"的茅屋，他在海关电船上做过机械师。直到一场台风掀翻了茅屋，父亲决定另建新居。搭建棚

屋也很简陋，父亲他们先平整土地，量出柱子的位置，计算范围，接着叫几个"搭棚佬"带建材过来施工。他们把一条一条竹子竖起来搭好屋架，然后覆盖草席和竹篾，窗户是向外掀开的，用竹枝支撑，屋顶都是茅草。一打台风，这种棚屋也被吹倒了。

当时还有惠琼姐姐跟着我们生活，她是海关一个水手长的女儿，因为家贫，所以来我家打工。搬进新居之后，爸爸买回树苗在周围种下，妈妈带着阿灿和惠琼在屋旁开辟了一块菜田。她托人买回各种蔬菜种子，播在一垄垄整理好的菜地上，但除了葱、蒜长得比较像样，其他的菜都长得很差。妈妈又叫人搭了鸡笼养鸡，起码我们有新鲜鸡蛋吃。后来她还养了一条小狗，以及从走私船上搬回来的一笼鸽子。鸽子只吃谷子不吃米，我们还特别买回来饼干罐装的谷子。最后还养了一头山羊，黑色的小山羊常常和我角力。羊本来是一家农民养的，他们无力殓葬死去的老头，爸爸出钱赞助了一副棺材。为了表示感谢，农户送给我们这头羊。穷村僻壤并无政府机构，海关还权充地方官。房屋有了，土地有了，牲畜有了，我们在沙角漩还真似模似样地有了个家园。虽然生活简朴，但这是我有记忆以来最美好的一段时间。不论是登上山头瞭望无边的大海，还是夜深人静听着波浪撞击海岸的声音，都值得怀念。

三　海关撤入高州和东镇

我们在沙角漩住了将近一年，我经常到山上观察走私船只，没想到有一天看到了日本战舰。父亲见到日本人在外海巡航，就向上级报告，雷州关接着收集情报，包括法国人和国民党的情报，认为日本人随时可能登陆，局势危险，于是下令鉴江沿岸的各个关卡全部撤退。具体时间我已记不清，应该在我六七岁时。[①]　海关的情报通信比较灵敏，就算身在黄坡，驻扎东营的日本人一出动，我们很快就知道，即刻登艇走人。因为路况不好，日本人开木炭汽车从东营过来至少一小时，甚至两小时，而乘船离开则很快捷。

当时撤退很紧张，我们连夜坐平底船撤到对岸的乌坭，会合当地海关

---

① 1943年2月17日，日军侵占广州湾和雷州半岛，两日后雷州关下令各关卡所有人员撤到安铺、廉江、化州、茂名等卡候命。林乐明：《海关服务卅五年回忆录》，第28页。

人员再往鉴江上游撤退。去到黄坡之前，我们经过一个叫麻包厂[1]的地方，因为江水浅，两艘船一前一后就搁浅了，于是父亲他们赶紧扔掉柴油机，其他东西也拆了下来，放火把两艘船烧了。当晚火光通天，周边黑漆漆，大家没有说话，却是满怀惋惜和仇恨，以及恐惧和彷徨。撤离之前，他们还处理了一批枪支。经过一年的缉私，缴获的枪炮有整整一排那么多，有的是汉阳造，有的是广东生产的，而海关人员用的是英国造的枪和子弹。为了避免这些枪弹被别人使用，父亲他们把枪栓全部卸下来，连同子弹一起沉入江底。说起来我也有一支枪，是一支短小的马枪，父亲给我玩的，我还拿去吓唬其他小孩。走在撤退路上，我知道和平美好的日子已经消失了，这就是战争。

雷州关分两路撤退，一路撤去郁林，另一路撤去信宜。我们沿着鉴江往上游撤退，一开始坐平底船，到了高州就要转乘竹排，最多去到信宜，东镇以上就去不了了。[2] 我们家的用人阿灿后来跟我回忆撤退的路线：沙角漩—乌坭—黄坡—梅菉—化州—石鼓—高州—大利（大井镇）—镇隆—横茶—东镇[3]。船快要到达梅菉时，我们遇到一次空袭，船正行到一个大沙洲旁边，突然飞机声大作，两架以前在沙角漩见过的那种双引擎"陆一"轰炸机[4]，正向着我们俯冲而来。船夫先知先觉，早已扔掉撑杆拔腿向沙洲远方奔去，当我们拖男带女狼狈跳落水中时，飞机已经到了头上，跌落齐腰深的江水中挣扎着的我们心中满是惊慌。这两架飞机不是向着我们来的，他们把高度降低是为了吓梅菉的居民，他们也没有投弹和扫射，只是为了恐吓老百姓。当时日本人就是这样为所欲为，因为我们完全没有反击的能力，要是有高射机关枪响几声，他们也不至于如此猖狂。

---

① 20世纪30年代广东省政府大力发展工业，1936年在梅菉动工兴建广东省政府第一蔗糖营造场附属麻包厂，次年4月1日正式投产，后定名为"广东省营麻织厂"，这是粤西地区首家大型现代化工厂。麻织厂有织布机60台，纱锭1400个，使用柴油发动机，日产麻包3000—5000个。首任厂长为林叙九，继任者有黄景孙、罗听余等人，下设各课长，技术人员多从广州调来，普通工人多在邻近村庄招募。广东省政府对该厂进行直接管理，抗战时期该厂设备一度转移广州湾封存，以避免战事波及。

② 据雷州关关员李健德回忆，1943年日军占领广州湾后，区主任、二等一级帮办林传衮率领关员和眷属乘坐多艘木船撤往信宜。东镇分卡时属梧州关，分卡主任为范仲良。撤退而来的海事班同事有支振华和于金榜等人，安排在外勤班做查缉工作。为解决数十人的居住问题，查缉员黄少伟请求当地的美国天主教士借出教堂。李汶等编《税务专门学校建校九十五周年纪念文集（1908—2003）》，第81—82页。

③ 信宜县城原在镇隆，1952年迁东镇，东镇位于镇隆以北的鉴江上游。

④ 一式陆上攻击机，1941年投入使用，是日本军队的主力战机之一。

全面抗战的几年间，我们家都是在鉴江流域生活，我在东镇和高州两个地方生活最久。高州的中学和小学多，教育可谓发达，周围很多人来城里读书，后来我也在高州读书。我们随海关撤到东镇和高州之后，都是住在天主教堂里面。教堂有一定规模，经常有三四个美国神父。高州的城市规模也比较大，街道有不少店铺，有金铺和茶楼。

我们撤到之前，日军飞机曾经轰炸信宜，[①] 局势比较紧张，于是我们躲进山里的吴氏祠堂，后来到东镇镇上居住，环境很是艰苦。我们好不容易住进了已经停业的锦纶泰绸缎铺[②]，父亲把我们安置好就匆匆赶赴化州任职。1943年7月，我的弟弟就在锦纶泰里面出生。一年之后局势稳定，父亲奉命调到高州，于是我们举家搬到高州。1944年夏秋之间，日本人发起最后一次大进攻，我们又撤到东镇天主教堂躲避，不久之后又回到了高州。

但日本人始终没有进攻高州，其实他们离开广州湾不远就不敢前进了。到战争后期，高州附近的石鼓，有两个日本兵被乡民用锄头打死，因为大家知道战争快要收场，这些乡民比较够胆。那两个日本兵到乡下的茶棚，他们拴好

图4　美国玛利诺外方传教会修建的
东镇天主教堂

资料来源：美国南加州大学图书馆藏。

马，放下两支步枪，坐在那里喝茶。乡民见到机会来了，于是用锄头杀死了他们。

我在高州读了四年级，五年级时已经是1945年了。秋季开学过了两个礼拜，我就随父亲又去了黄坡。其实我读了两年四年级，在高州一年，在

---

① 1943年2月20日，日本飞机7架轰炸信宜县城，炸死炸伤数十人。
② 锦纶泰由信宜人李季濂创办于20世纪20年代，主要经营华工出洋和侨批业务。锦纶泰在鉴江沿线、广州湾和香港设立分号，其所招募的华工多经广州湾和香港乘船下南洋。民国时期广东省政府多次限制具有胁迫和诱拐情节的"卖猪仔"，锦纶泰亦受到农运领袖黄学增批评。近年来研究者多强调锦纶泰协助乡亲谋生的积极作用。

东镇又一年。我对自己未曾在日据区生活而感到庆幸，战后在黄坡和西营都见过等待撤退回国的日本军人。

四　战后离开湛江

抗战胜利后，父亲在黄坡也做过分卡主任。关卡位置在鉴江下游右岸，岸边有个码头——其实是个布满沙石的滩，有一处水泥砌成的堤岸平台，电船可以泊岸，人们通过一座木板桥上下船。码头后面是汽车站，汽车开往东营，战时都是木炭车。海关关卡就在车站和码头旁边，在上游一点的位置，建筑构造看似清朝的官府。走进门口，有个大堂，左右两边有人办公，大堂后面有左右两个厢房，供首长居住。① 大堂相当于礼堂，以前审案或办公都在这里。国民党的活动也在此举办，比如每周一的"总理纪念周"活动中都会挂上孙中山遗像，官员举行一些仪式。

记得每日早上梅菉有电船来到黄坡，到了之后乘客就坐上汽车去东营，又过海到对岸西营。这些都是走单帮的人，因为当时西营和广州湾有很多洋货，比如西药和日常用品，他们发上梅菉贩卖，每天都有很多货物流转。我们每天都去看电船驶来，船从山边一转弯就可以看见了。为了争夺乘客，每艘船都抢先靠岸，不仅有船名和旗帜，还吹喇叭增加"比赛"气氛。因为黄坡没有小学，只有一间中学，② 所以我当时没地方上学，很有空闲时间到处找乐趣。从黄坡回梅菉，回程的客人优先上船找位置，客满就开船，很快就回到梅菉。这是当时很旺的商业行为，但我从未见过这些走单帮的人报关，可能他们带的货物数量很少，海关根本不理，任由他们坐船和坐汽车。

父亲在黄坡任职期间，粤西有一批共产党，领导人叫作张炎，势力不是很大。③ 日本投降以前张炎被国民党杀了，但共产党势力还在。抗战胜利

---

① 吴川县治原设吴阳，1926 年为发展商务和交通而迁黄坡，1928 年迁回吴阳。1938 年县治又从吴阳迁黄坡，1941 年再迁塘墈镇，1946 年复迁黄坡。（吴川市地方志办公室编《吴川县志》，中华书局，2001，第 69 页）

② 川西书院始建于清道光年间，民国初年改为小学，1940 年办初中并定名为川西中学，1943 年办高中。

③ 张炎（1902—1945）是吴川籍爱国将领，早年投身粤军，1932 年淞沪抗战率第六十一师英勇作战。全面抗战时期返粤任第七行政区督察专员，训练地方武装，任用具有共产党背景的宣传人员和下属，共同开展抗日救亡运动。但张炎从未加入共产党，当时粤西地区的党组织由中共南路特委领导。1945 年 1 月张炎与詹式邦决定起义，成立南路人民抗日解放军，得到南路特委支持，但同年 2 月起义最终失败，张炎被国民党地方势力杀害。

后不久的某天，共产党袭击占领了黄坡圩①，他们进入各个政府机关搜查报刊、法院、警署、盐务局和海关等，把里面的枪支和银两全部没收。那时候我们家眷还在高州，通信中断，很担心父亲的安危。过了两天共产党撤出黄坡圩，我们收到了父亲平安的消息。

战后海关重返广州湾，派人到西营接管了法国海关的房屋，② 重新设立了机构。1946 年农历年后，父亲接到了西营海关的调令，于是我们举家从黄坡搬到了西营。西营是个海港城市，具有法式风格，非常漂亮。整齐的柏油马路，两旁高大的棕榈树，到处是种满热带植物的花坛。沿海的马路都修有石砌的海堤，涨潮又赶上有风，海浪冲打堤岸，溅起的浪花美丽极了，我觉得简直是生活在大花园里，加上处处是洋楼和雄伟的法式教堂，更使自己像个乡下仔。每逢退潮，堤岸下面露出的沙滩更是我们的乐园——在水坑里寻找鱼虾蟹，海滩上还有几艘废弃的船只，我们设法爬上去希望发一笔横财。虽然发财的愿望落空，但爬上有点洋味的船只也十分开心。海风含有特殊的海洋气息，每吸一口都令人心情舒畅，我的身体也逐渐好了起来。正好赶上寒假后开学，父母为我选择了当地名校益智小学，他们担心我跟不上，只敢让我插班四年级。我勉强通过了考试，但学习成绩与学校要求确实相差甚远，说明了之前教育的不足，以及父母对我管教的开放。

图5　20 世纪 40 年代的西营海关
资料来源：湛江市档案馆藏。

法国海关旧址在西营海边的突堤码头，码头很长，两边都可以靠船。堤外有一条打横的马路，海关就在边上，办公和宿舍各占一边。西营海关的领导叫作"大碌木"，他是东北人，又高又壮，不知姓什么。大概我父亲过惯了在关卡"独霸一方"的日子，不时与"大碌木"发生冲突。好在西营

---

① 1938—1951 年，黄坡墟为吴川县治，其间一度迁到塘塈墟。查地方党史资料，均无 1945 年共产党部队进攻黄坡圩的记载。黄坡圩附近岭头村九旬老人李焕兴记得有此事，存疑备考。

② 1900 年法属印度支那总督府宣布广州湾为"自由贸易港"，货物进出口免征关税。但为了管理鸦片等商品专卖事宜，1914 年起印度支那海关和专卖局在西营设立办事处。码头旁的海关建筑主要用于查验旅客和货物，新中国成立后该建筑用作广播站和湛江劳动报社。

海关聚集了很多从内地回来的人员，我们与逃难路上相识的朋友重逢，日子还算好过。不久之后，父亲又接到调令，目的地是上海，我们要先到香港换乘大船。由于战后交通尚未完全恢复，航线上还有水雷尚待清除，我们好不容易等到一艘几百吨的"马士弼"货轮①，在猛烈的风浪中离开了湛江。

· 校注手记 ·

海关视角下的民生百态

吴子祺

（2021 年）

认识于振东老先生的过程其实颇为奇妙，2019 年某日，梁华棣先生发来一段博客文字，作者回忆童年时在莫村和沙角漩两个海关关卡的生活，内容细致丰富。梁先生嘱我联系作者，几经周折，我们取得了于老的电话号码。当时我正在香港中文大学求学，梁先生家在九龙，致电于老后得知他也住在香港，同年 5 月我们应邀来到调景岭于老家中拜会和采访。

于老 2001 年动笔写回忆录《浮萍寻踪记》，2003 年成二稿，按时间顺序分为 18 章，是我们访前的主要参考资料。于老在该书中写道，他们家人不少是"流动人口"，一辈子居无定所，他是其中的一个"流浪者"，如一株浮萍随风逐浪漂泊。采访之后，我们亦有同感。其童年经历确实可说颠沛流离，战争环境中随父母从华北去了香港，继而来到粤西，在多个海关关卡流转直至抗战胜利。他以一个"外来者"的身份观察广州湾内外的异乡风貌，又与各色当地人接触乃至生活在一起，故能讲述乡土气息浓厚的民生百态。更为难得的是，于老记忆力甚佳，对七十多年前的场景记忆犹新，他与年龄相仿的梁先生互相对话补充，也让我对高雷风物有了新的认识。

法国殖民管治之初，以时任印度支那总督保罗·杜美为首的法当局曾寄望开辟广州湾为"自由贸易港"，与英国在香港及华南沿海的商业势力相竞争。由于粤西南地区只有北海和海口辟为通商口岸，中国政府在两地征收关税和厘金，因此免征货物进出口税的广州湾对商人颇有吸引力。而法属印度支那依赖鸦片专营带来的财政收入，亦推动附属于其行政和财政体

---

① 马士弼（Masbate）号注册葡萄牙籍，抗战时期曾为日本人运输物资，1945 年遭盟军飞机轰炸。

系的广州湾逐步发展港口贸易，向内地走私鸦片。因此，粤西南地区的进出口贸易趋向广州湾集中，走私问题愈加猖獗。

广州湾转口贸易日渐发展，使得原本在其他口岸活动且处于海关监察和征税下的商人闻风趋利，转经广州湾进出口货物，从而逃避海关课税，大量军火和鸦片流入内地。虽然高州府和雷州府地区在清代已设有常关，但随着商路的改变和制度的落后，显然无法有效管理广州湾租借地的走私问题。清廷在广州湾邻近商埠如北海的舆论压力下，1911 年决定由粤海关接管高雷地区的常关，税务司梅乐和（F. W. Maze）指派法籍关员铁德兰（M. H. Picard Destelan）筹划设置新的关卡。但由于广州湾法当局对中国海关的抵制，加上地方局势混乱不已，海关相关工作难以开展（人手和装备不足），1913 年粤海关最终放弃高雷常关，交还广东省政府管理。

李爱丽教授将近代海关归纳为四类：位于沿江沿海的通商口岸海关，陆路与外国相连的边境关，毗邻港澳的九龙关和拱北关，设在租借地内的海关。由此，可以分析高雷常关如此"短命"的深层原因——性质上与之前已存在的各种海关机构均不相同，从而造成经营困难。[1] 海关与广州湾法当局谈判，欲仿效德国胶澳租借地的做法，将海关设在租借地之内，但一直未能如愿。高雷常关的十三处分关只有两处位于租借地内，其他设在陆路边界，试图建立围绕广州湾的"海关警戒线"。然而，由于缺少山川河流等自然边界，加上航道纵横复杂，海关关员难以堵截走私活动。交还高雷常关之后，海关直至 20 世纪 30 年代初才在广州湾周边重新建立。但在此之前，中国政府、海关与法当局的谈判和角力并未中止。

1913 年高雷常关裁撤之后，广州湾周边的海关业务交由粤海关监督下的水东总口和雷州总口负责，至 1930 年，水东、雷州和阳江三总口的分支机构达 14 个。由于缺乏专司负责广州湾的海关机构，加上广东政局动荡，执法效果不佳，缉私问题影响邻近商埠的商业利益。然而在广州湾内部，不少平民百姓或甘于冒险者通过走私赚钱，社会上层更是借此牟取暴利。

据法国学者安托万研究，广州湾法当局纵容鸦片走私活动，20 世纪 20 年代其态度更从被动容忍转变为主动配合。海关及专卖局、东方汇理银行、警政机关以及当地社会的华人实权人物（拥有垄断权的鸦片经销商）共同

---

[1] 李爱丽：《1911—1913 年粤海关接管高雷常关始末：一次失败的海关权力扩张》，栾景河、张俊义主编《近代中国：文化与外交》上卷，社会科学文献出版社，2012。

合作，建立一种利益交融的"殖民合作"。① 广州湾鸦片的走私网络，甚至连接越南、云南、贵州和香港等地，为广州湾法当局和当地绅商带来丰厚收入。南京国民政府成立后，不可能对广州湾走私问题熟视无睹，专设海关应对日渐提上议程。若着眼比较视野，可见中国政府面对外国势力的介入，实在难以处理。1928 年国民政府与各国签订新的关税条约，规定中国可以调高或降低关税，扩大中国海关权力。但一旦实施新关税，走私问题又将恶化，为此中国海关积极推动内地与香港间关税协定的签订以应对相关问题。由于谈判牵涉英国在华利益，港督、英国外交部和殖民部持不同意见，协定迟迟未能签订。

广州湾海关的设置经历琼海关、北海关、雷州关三个时期。1931 年，国民政府宣布由琼海关税务司在广州湾周边新设分卡，并在商业发达的梅菉设立广州湾边区办事处。次年，改属较邻近的北海关管辖，办事处迁到麻章墟，原设之梅菉、麻章、雷州三段 12 个关卡维持不变。尽管如此，海关官员仍感距离遥远难以节制，要求专设一个广州湾海关区独立管理。1936 年，雷州关正式在麻章成立（1937 年在寸金桥附近建新大楼），属下各关卡形成了对广州湾租借地的环形包围网，以图全面封锁广州湾的走私活动。

对于 20 世纪 30 年代广州湾周边关卡的工作情况和关员日常生活，《关声》杂志为我们留下若干散文和照片。如一位关员黎卫生引述税务司的话，表示雷州关的工作"以缉私为首要工作"。② 也有的关员埋怨当地条件落后，认为自己"羁栖"在此间。一方面引入时髦的网球和乒乓球运动，自诩"正当娱乐"；另一方面努力适应当地环境，观察经济、教育和治安情况，对走私问题的治理抒发己见，留下颇多细致记录。③

于老关于雷州关的回忆，恰恰补充了抗战时期的历史。首先我们可以得知，彼时海关培养的中国人才已为数不少，他们纷纷走上各个基层岗位。其次，香港沦陷前后不少海关人员撤到广州湾，进入雷州关任职，谭冠法和于金榜等海关税务专门学校毕业生就是在这样的背景下被分配到吴川的关卡。再次，我们也能从眷属视角观察前线海关人员与地方社会的关系，其中不仅有紧张的缉私行动，还有充满乐趣的乡土生活。走私冲关、帆船载货、牛车运输和搭建棚屋早已成为旧影，于老的童年记忆带我们走近历史现场。

---

① 安托万·瓦尼亚尔：《广州湾租借地：法国在东亚的殖民困境》下卷，第 137—138 页。
② 黎卫生：《雷州关成立记》，《关声》第 4 卷第 8 期，1936 年 2 月，第 41 页。
③ 长白二郎：《闲话麻章》，《关声》第 5 卷第 9 期，1937 年 3 月。

抗战时期的广州湾走私问题，时任署理副税务司林乐明有精辟见解。林氏主要从制度原因分析：

> 该地在法人统治下，全赖捐税以维持政费。所谓捐税者，则以不正当之收入为大宗，尤以赌博、鸦片两种包捐为最巨。其次则为暗中出售货物及进出口许可证。在赤坎及西营之商人，为减轻成本起见而不愿购领出口证，或为难于购得出口证，则利用男女老幼之辈，以化整为零方法偷运至华界。有些走私商包运大批洋货，以煤油、棉布、棉织品、西药等居多数，偷运入华界以图不缴进口税、附加税等；亦有些华界商人，为避免缴纳出口税及领取出口证件，常将土产由华界偷运至广州湾。当私运之洋土货物系属大宗时，则不惜铤而走险，以武装维护之。①

由此可见，广州湾虽号称"自由贸易港"，但货物进出口仍需法当局签发的许可证。商人为了获得许可证，一方面需要付费，另一方面又要跟相关官员（如师爷）打好关系，何不冒险走私？在缉私漏洞百出、"违法成本"相对较低的情况下，走私成了租借地内外商人趋之若鹜的做法。全面抗战初期，华北、华中和华南沿海各地沦陷，"惟一最便利入内地之路，乃先经由香港至广州湾。是以各项进口物资，均由此输运至粤之南路各县，桂之郁林、南宁、柳州、桂林等县市"。而湖南、四川、重庆、云南等地的出口土产，也运到广州湾再转运至香港和海外推销。② 化整为零的边界走私和武装押送的长途贩运并存，"吐纳要区"雷州关面临的缉私压力与日俱增，而关税收入也有所增加。除了缉私，雷州关亦管控进口商品的输入，尤其是限制日货，为抗战中的经济抵制和提倡国货做出贡献。据统计，1940年雷州关进出口总额达1.5亿元国币，是1936年的58倍；1941年更达4.25亿元，位列国统区海关之首，仅次于沦陷区的上海和天津。③ 另据亲历者所见，雷州关积极放行上海生产的国货，只要货物有上海海关发出的红单即可。而货物输入内地有雷州关发出的红单为证，亦可顺利通过中国军队的盘查。④

---

① 林乐明：《海关服务卅五年回忆录》，第25页。
② 林乐明：《海关服务卅五年回忆录》，第24页。
③ 张惠玉：《战火中的雷州关》，政协湛江市赤坎区委员会编《赤坎文史》第6辑，2016，第329—334页。
④ 金叶：《雷州海关》，《中学生（战时半月刊）》第25期，1940年6月，第34—35页。

不论是支振华在莫村关卡对鸦片的查缉，还是于金榜在沙角漩时时指挥快艇出海，都是雷州关的日常工作情形。从于老的回忆可知，海关对缉私有若干激励措施。如罚没物资拍卖后给关员和关警发放花红，一些不便于保存的食物可供他们食用。战争时期物资相对匮乏，生活条件恶劣，缉私不失为改善生活的途径，因此下属也乐于配合于金榜的缉私行动。至于生活方面，税务专门学校毕业的关员接受了良好教育，待遇甚佳，对生活品质有相当要求，因此于家在商业繁荣的赤坎生活还算滋润。到了莫村和沙角漩之后，关员和眷属也设法改善环境。然而好景不长，1943 年日本侵占雷州半岛和广州湾，雷州关总部和沿海关卡内撤，关员被迫疏散，货物进出口受阻，税收也随之骤减。另外，总部迁到郁林的雷州关变为“内地关”，还需配合国民政府运输战略物资的政策，给予商民方便，只好另外设法弥补收入。

　　于老讲述了海关基层的方方面面，并未提及（或说其父级别所限）海关官员与地方官员的关系，但在林乐明的回忆及其 1944 年 9 月撰写的《巡视雷州关各卡报告书》中，却对这些“高层关系”有不少着墨。某种程度上，海关缉私有损地方利益，尤其影响商人和相关利益集团的收入，故海关缉私也受到地方报纸等舆论攻击。为了促进关务之推行，林乐明曾与广东省政府驻广州湾特派员熊佐、党政机关、各银行主管、当地绅商父老（陈学谈、许爱周、庞鼎元、陈翰华等）和文化界人士见面和联系。巡视各关卡时，林乐明也拜访县长，争取他们对海关工作的支持。[①] 据目前资料所见，雷州关似乎从未处罚有地位有背景的地方实权人士，或许正是出于某种“默契”。[②]

　　1946 年于氏一家离开湛江之后，国共内战改变了包括他们在内的千千万万普通人的生活。由于货币贬值，海关待遇大不如前，加上航运业快速发展，于金榜离开海关，加入了民族资本企业中兴轮船公司，在轮船上先

　　① 林乐明：《海关服务卅五年回忆录》，第 73—86 页。

　　② 1938 年广东第七区行政督察专员张炎逮捕和处决了信宜乡绅林绳武、电白乡绅许宝石和许伯伦父子，茂名籍将领邓龙光之父邓秀川亦不能幸免。此外，黄铿、邹武、戴朝恩等地方实权人物在遂溪、廉江和茂名相互勾结，利用广州湾形成武装走私集团，出口金银、桐油和钨矿等禁运物资，进口鸦片、西药、棉纱和贵重器材，行为猖獗。1941 年在广东省主席李汉魂的授意下，保安第九团逮捕黄铿和邹武并先后处决。陈维东：《抗日时期李汉魂处理南路私枭内幕》，中国人民政治协商会议吴川县委员会文史资料研究委员会编《吴川文史》第 7 辑，1990，第 19—30 页。

任大副，后任船长。1949年解放军渡江并解放上海，于家乘坐中兴号轮船前往台湾。但于家并不适应国民党对台湾的高压统治，次年便乘船搬到香港生活。抗美援朝期间，于金榜任香港中兴公司旗下昌兴号轮船的船长，其中一次远航接受了秘密任务，运输联邦德国暗中售与新中国的大炮。为了掩藏这些木箱内的大炮，他在上面覆盖数千吨袋装肥田粉，最终成功避人耳目，顺利运抵广州黄埔港，受到热烈欢迎。后来昌兴号改名"幸福之星"，1953年于金榜驾驶幸福之星号从欧洲返回香港。由于中兴轮船公司的内地业务已参与公私合营，各地股东又有若干纷争，香港中兴公司结业，于金榜和一些海员回到了内地。后来于金榜等人被广州海运

图1　20世纪50年代初于金榜在幸福之星号上

资料来源：于振东提供。

局接收，继续从事航运工作。而于振东则辗转各校读书，1955年在广州考上华中工学院机械系，1960年毕业后分配到北京酒仙桥的无线电工业学校

任教员，两年后调入苏联援建的738厂（原国营北京有线电厂）。经历了政治运动的冲击，于振东始终保持乐观天性和自强不息的意志，1981年携妻儿离开北京移居香港，先后在几家公司从事技术工作，一家人生活有所改善。1979年于母孟繁如逝于广州，2000年于金榜逝于香港。

图2　2019年5月笔者与于振东先生（中）和梁华棣先生（右）合影

资料来源：于振东家人摄。

于老一直未有机会重游湛江，然而时隔多年，他的五年战时记忆仍然十分鲜活，带着我们从海关人员的特殊角度从边缘（以及内部）回望广州湾。2019年采访之后，相关文字整理工作因为笔者学业繁重而一度停顿，笔记也在搬家中丢失。幸得梁华棣先生支持和勉励，于老

亦补充了若干资料，如今得以完成，还算令人欣慰。其实像于老这样的"过客"为数甚多，七十多年过去了，我们只能接触到很少的历史亲历者，怀着"能采访多少算多少"的心态，几年下来，《口述广州湾》还是积累了不少珍贵记忆。更为重要的是，我们青年人与多位家庭背景和人生道路各有不同的老前辈对话，学到了不少经验。我为人生旅途中的这些相遇而感到庆幸，也祝愿老前辈们安度晚年。

五　高雷革命斗争

从同盟会起义到解放湛江

——杨少珍忆杨家三代人

李文泉　蔡绍榕　吴子祺　整理

一　祖父支持革命和父亲从政

我的祖父杨益三逝世于 1924 年，而我生于 1938 年。关于祖父协助孙眉①搞革命的事迹，我小时候可以说是一无所知，只记得从赤坎坐船去先祖墓园"做清明"。直到 20 世纪 80 年代我们家族重修了杨益三墓和恢复了清明祭扫，我才开始从大哥杨春华那里有所了解——我们的参考资料主要是大哥写的《同盟会员杨益三公事略》，还有墓园凉亭的碑记。我们祖居二楼正厅有神台，上面供奉着祖父的瓷像，每逢初一、十五我们都要祭拜。因为小时候要去擦神台，我对祖父容貌印象很深——面容修长，有胡须。

杨益三有二子二女，长子杨树龙，又名德滋，继承父业从商，在中兴街经营百货，他的正妻是海康人，生了四个孩子，长子的两个儿子杨锦洲和杨锦新长年住在祖屋里面，他俩相当于我侄子一代了。杨树龙次子夭折，三子杨佩林在西营逸仙路经商，商号叫三泰利②。他是有钱人，应该有四五个孩子，现在都在香港了。杨益三次子杨柱国，也就是我的父亲。父亲生于 1898 年，从小立志报国，于是祖父送他去日本留学，毕业于明治大学政治经济系，20 世纪 30 年代当过广东和平、遂溪、电白、文昌四个县

---

① 孙眉（1854—1915），孙中山长兄，字德彰，号寿屏，同治十年（1871）与同乡赴檀香山谋生，开垦经营大获成功，成为著名侨领。其后孙中山来檀香山读书和成立兴中会，孙眉鼎力支持。光绪三十二年（1906）孙眉结束农场，举家迁香港，继续支持反清革命。1910年遭港英当局驱逐出境，化名潜入广州湾设立同盟会机关。辛亥革命后广东光复，孙眉返回香山县经商，后移居澳门，1915 年病逝。

② 三泰利东主是海南人郑耀琳（？—1943），此处记忆疑有误。

的县长。①

父亲对孩子教育很严厉，我从小怕他，对他的事迹了解不多。我听说1935年是我们家族最兴旺的时候，当时父亲做了海南文昌县的县长。他拿出了600大洋给当地杨氏建造祠堂。"文化大革命"后，当地杨氏后人发现那块地竟然属于杨氏，而且是杨柱国用自己的钱而非公家的钱买地相赠。前几年他们寻找杨柱国的后代，还让我的弟弟杨嘉祥参加重建祠堂的落成仪式，以示尊敬。

杨益三墓园也是建于这一年，1924年祖父去世后本来葬在家乡文车村，1935年父亲相中麻章西塘村的风水宝地，于是把祖父迁葬过去。墓园环境很好，前面农田外原有一条小河，后有一片树林围绕，墓道外面原有一座牌坊。这块地是父亲买下来的，迁坟时给每个村民发了一块大银。尽管契约后来已经找不到了，但村民还是一代一代口耳相传，任何人都不能葬在周围。村民也一直守护墓园，80年代我们重修时，有一家农户还说他们是守墓人。大哥杨春华也曾跟我说过，文车村有一房杨氏迁到西塘村守墓。

我们兄弟姐妹都在赤坎出生，很少回文车村。听说我们在村里有一座房屋，父亲为村里做过不少好事，比如为本村争取滩涂权利，他还被推举为文车村小学校长。据说后来父亲把房屋送给了佃户，在我们困难的时候佃户还给我们送过鸭蛋。

图1　1948年杨氏家人于广州合影

说明：左起为杨毓秀、王佩兰、杨柱国、杨坤英、杨春华。

资料来源：杨少珍提供。

1935年之后父亲弃官从商，但其实他还在做陈济棠助手。海边街往海边去的最后一条街有两栋三层别墅，一栋法式楼，一栋圆形楼，外有铁门。这是陈济棠的房产，专供下属亲信住。② 解放前我们在那里住了三四年，后来才搬回祖屋，我还记得1944年在楼顶还可以看

---

① 据《广东省政府公报》的相关任命状，1932年4月杨柱国试署和平县，1934年4月署文昌县兼任该县公路局局长，次年4月署理电白县，并无遂溪县任职记录。

② 赤坎民权路别墅是两层砖混结构建筑，占地面积约500平方米，内有花园，主楼左右两侧不对称，装饰讲究。据该建筑门前资料介绍，20世纪40年代廉江县县长黄镇曾在此居住。

到隔壁日军操练。父亲和广东省军政界人士很熟络，据说他曾在十九路军做事，跟过蔡廷锴将军。[1]

二　家庭环境和亲属

我们家族在赤坎有多处物业，其中泰安街一段都是属于我们的，一间是祖屋，一间是旁边的杨益三纪念堂，还有一间是大伯家的住宅。杨益三是同盟会成员，为革命出钱出力，他的荣昌号坐落于大通街四号码头和染房街，也是孙眉的活动据点。后来分家产的时候，我妈在大通街分得一间铺，开设了广源百货公司。我还记得小时候大通街一直通向码头下面，我觉得很好玩，就从台阶一级级跳下去。另外父亲还参股欧亚酒店，跟母亲娘家人也就是李宗泽他们一起做生意。我记得读小学一年级的时候，因为没有铅笔，去欧亚酒店找爸爸，他坐在一间写着"经理室"的房间内，戴着金丝眼镜，身穿白色西装和白色尖头皮鞋，给我感觉很严谨。祖屋神台上摆放着父亲的物品，有一把长长的日本武士刀，是他从明治大学带回来的。字画和瓷器也很多，其中有一幅《老虎图》很值钱。父亲留下了一张军装照，可惜"文化大革命"时期妈妈害怕出事把照片烧掉了。

父亲有两房太太，我的生母李赛梅祖籍恩平，出生于富裕的李家园，她生了五个孩子，依次是哥哥杨春华、姐姐杨坚、杨少琼、杨少香和我。二房太太王佩兰——我们叫作阿姨，生了四男二女。说起来我们与李家关系很深，我的二姑杨毓秀嫁到化州一户地主家，丈夫有精神病，生了一儿一女，她对包办婚姻很不满，于是经常跟我妈妈去打麻将。

正是在李家园，姑姑认识了李宗泽的弟弟李宗焕，虽然两人都已婚，还是一起私奔，我爸爸带人去追他们。后来二姑到广州生活，听说考上了黄埔军校；而嫁到霞山村的大姑杨钟英也是因为婚姻不幸离家出走，在广州读卫生学校。父亲曾去探望她们。某次大家去文化公园参观画展，其中有一人是大姑二姑的朋友王佩兰，父亲见到一幅竹子的画作，里面有题诗，当场教她画中蕴含什么意思。父亲对诗词很有了解，毕竟他是从日本留学回来的，有一定的文化素养。而王佩兰也不差，应该读过私塾，她能回答

---

[1]　杨柱国毕业回国后，历任十九路军总务课长和陈济棠第一集团军政训练处主任。艾彬：《一个平凡的知识分子走过的路——湛江民进主委杨春华二三事》，《民主》1996年第8期。

出那首诗的含义。后来父亲就娶她做二房太太，我母亲连续生了几个女儿，所以也同意了，时间大概是 1933 年。其实阿姨是廉江人，她父亲是有名的裁缝师傅，家住在赤坎育婴堂旁边。

祖屋和纪念堂楼上相通，中间有道门。生母和我们几个孩子住在祖屋，上下两层四个角各有房间，几家人分别住在其中一间，阿姨和她的孩子住在纪念堂。两个太太没什么摩擦，阿姨有些文艺，还唱歌给我们听，有一首是《苏武牧羊》。我记得吃饭都在祖屋，十几人一起，有工人侍候。每逢周日上午，我们就去纪念堂二楼的露台，那里有一个大圆桌，中间是花岗岩材质，凳子也是石料做的。我们每人有一杯阿华田，还有饼干吃，就是家庭聚会的意思。

我们童年有很多趣事，有次舅舅李宗泽送来一盒月饼，铁罐里面装了四个，我们几个小孩先切了一个分成几块，但是里面的蛋黄大小不均，我们猜拳来分，后来觉得不够公道又接着切，竟然把四个都吃完了，肚子胀胀，饭都吃不下，真是好笑！我们家前面花园有木瓜树，我们为了摘木瓜，一个接一个叠起来，把最小的妹妹托到围墙上。正当她准备摘的时候，父亲回来了，我们立刻跑掉，丢下妹妹在墙上哇哇叫。父亲见状不知发生什么，最终还是工人把妹妹抱了下来。后来我们住在陈济棠别墅，很靠近海边，姐姐懂得计算涨潮时间。有一次我们去游泳，把一个小弟弟放在床板上"夹硬"① 推下去，可是他人还没潮水高，就被推着走，我们当时可害怕了，好在工人把他救了回来。

我的母亲是大家闺秀，我跟她去过李家园，在那里见过大小两个外婆。解放前我还到和平戏院旁边的舅妈家②住过一星期，舅妈生了三个表哥，但没有女儿，想收我做养女。此外，我还有一个表哥叫郑华畅，是我妈妈这边的亲戚，他们家叫作标记③，住在霞山松林那边。我记得那里有一座小楼，一条巷子两边有商铺摆卖杂货，周边栽种松树作为藩篱。后来郑华畅去了香港，1995 年我还去探望他，他们在松林的房产后来因失火烧毁了。

三　坎坷和重聚

抗战胜利后，大哥杨春华和大姐杨坚先后参加了革命。大哥生于 1924

---

① 粤语，"硬生生"之意。

② 指的是中国大戏院旁的李宗泽住处（民治路 13 号），和平戏院是解放后的名称。

③ 标记洋行东主是郑森源和郑森湖，曾做过师爷，与广州湾法当局关系深厚。标记经营洋酒和鸦片，在西营海边有专用仓库。

年，初中和高中就读于益智中学和四维中学，那时就认识了王国强这些地下党。当时大哥是一个思想进步的青年，他不让我们看《飞天侠》之类的"公仔书"，而是给我们灌输阶级斗争的革命思想。1947年"铁胆"死后，有人提议找我父亲出任遂溪县县长，大哥大力劝阻。1948年7月大哥毕业于中山大学法学系，他因为感情受挫去了香港，在培元中学教书。该校校长是地下党，于是把大哥争取过去。大姐受到培才中学同学梁周容的影响，也参加革命了。

梁周容比姐姐大几岁，出生于麻章的农民家庭。他比较早参与学生的革命运动，他也动员其他学生参加革命。当时姐姐还在学校，就穿着白衫黑裙加入游击队，就是这么简单。她毕竟是大户人家的小姐，当时大概只有15岁，吃不了苦，竟然让人带话给我，让我给她送双拖鞋过去。而我又傻乎乎送去，前面没人带路，就这样送到赤坎白马庙附近。不料有人跟踪我，所幸没发生什么事。但是姐姐还是进了国民党的黑名单，某个特务是大哥同学，就把这个消息告诉大哥。然后哥哥赶紧写了一张纸条，让我送到金铺井姐姐同学那里通知撤离。后来姐姐让妈妈带她去某个尼姑庵躲避。

过了一段时间，姐姐又被人发现，于是妈妈连夜把她带回家乡文车村，当时还要乘船过海。妈妈回来之后就说姐姐失踪了，然后让家里最小的我拿竹竿绑上一条女人长衫和一支香，每晚到天台上面呼喊："姐姐啊，你返来啦！姐姐啊，你返来啦……"这样就造成一种假象，让邻居和其他人相信姐姐失踪了，妈妈做得非常真，连父亲都不知实情，这事发生在1949年。

隔了两三个月，大姐音信全无，我以为她去了香港，某天妈妈回乡下，下一个周末又带上我和两个姐姐回乡下，一回到家里就见到大姐。我们兴奋得连连喘气，当晚我们躲在一间茅屋里面，挖开泥地，把革命书籍藏起来。再后来姐姐找到了游击队，跟着梁周容离开了。夜晚行军过程中，姐姐走不了田埂路，还发烧，所以就由梁周容背着她。后来党组织安排大姐去广州的广雅中学读书。湛江解放，部队进城，姐姐是粤桂边纵队的北斗星电台电报员。[①] 不久后抗美援朝战争爆发，姐姐也到了前线，还立了功。

---

① "北斗星"是粤桂边纵队司令部电台的代号，报务员有多名高雷籍女兵，1950年粤桂边纵队改编为广东省军区南路军分区（第八军分区），电台代号不变。《"北斗星"电台战友》，中国人民政治协商会议广东省湛江市委员会学习文史委员会编《湛江文史》第21辑，2002，第331页。

至于梁周容一直留在地方工作，做过报社记者，他与姐姐保持书信来往，后来姐姐转业回湛江，他们就结婚了。可惜姐姐被打成右派下放农场劳动，姐夫也因事判刑，没想到他们的家庭会有如此变故。

**图 2　1950 年南路军区司令部第七分队
北斗星女同志合影**

说明：前排左三为杨坚。

资料来源：湛江市档案馆藏。

大哥的遭遇也很波折，湛江解放前夕地下党准备迎接大军南下，就让大姐动员大哥回来。当时大哥放弃香港的发展机会，六月初一回来即安排到遂溪城，到周明手下负责城市工作。解放后大哥担任驻电讯局的军管会代表，兼任四维中学校长，这时候出了一件事。湛江解放前后，父亲曾送陈济棠上船离开，① 但他自己拒绝了一起去台湾的邀请。1950 年父亲要去广州医治痛风结石，由大哥签名担保。父亲回来后就被抓走了，后来大哥也受到假案牵连，不再被信任，从 1952 年开始长期"靠边站"，直到 1979 年才负责筹办湛江业余大学。

1950 年父亲从广州回来后，被许屋村的人以去农会"交代问题"的名义抓走了，第二天他们让阿姨拿钱赎人，否则杀了父亲。阿姨迫于无奈，只好把纪念堂低价卖给一个商人。许屋村是文车村的邻村，之前父亲把未定的滩涂划给文车村，这时许屋村趁着土改以莫须有的罪名抓走父亲，钱送了过去，父亲却被枪毙了。后来有村民偷偷把父亲埋葬，过了几年阿姨去捡骨，秘密安葬在鸡岭，只在砖头上写了父亲的笔名。

此后我们家就散了，母亲带我们去西营跟着大哥生活，住在李文潮家中。我记得和祝宇一家是邻居。我在二中读书成绩很好，1957 年考上了中山医学院。高考前大哥跟我说："我给你做了两手准备，一边是锄头，一边是欧米伽手表，考上大学就送你手表，考不上就送锄头给你。"在这种激励之下，我当然拼命了。毕业之后分配工作，我到了遂溪的一家医院，条件

---

① 1949 年陈济棠（1890—1954）任海南特区行政长官兼警备司令，1950 年 4 月 16 日解放军大举渡琼，薛岳指挥的国民党军队迅速溃败，同月 25 日陈济棠、余汉谋等人乘飞机离开海南岛，逃往台湾。

非常简陋，1975 年调回湛江的港区医院。我的爱人吴国栋医生是我中学同学，他是南山村人，考上了湖南的湘雅医学院，后来分配到湛江市人民医院工作。1965年他的父亲吴友仁与蔡廷锴将军有过通信，因为蔡将军来湛江视察期间曾经接见抗法老人，[①] 家翁吴友仁是代表之一。

由于家庭出身问题，在很长时间内我们都不敢提过去的事情。改革开放后，我们被彻底解放出来，大哥大姐也得到落实政策，我们的生活得到改善。于是20 世纪 80 年代我们分开的两家人[②]重新聚在一起，才开始回忆先辈的事，并且商量重修杨益三墓园。"文化大革命"期间当地村民把墓园大部分保护下来，博物馆馆长阮应祺[③]也找到大哥说墓园很有价值，帮助我们申报了文物保护单位，政府拨款 5 万元。我们从佛山买来材料重修，由阮应祺亲自操办。与此同时，我们也想把父亲迁葬于此，西塘

图3　1962 年湛江市委书记处书记、市长王友林（左）亲切会见吴友仁（中）
资料来源：湛江市档案馆藏。

图4　1988 年清明杨氏族人祭扫杨益三墓园
资料来源：杨少珍提供。

---

① 解放后蔡廷锴两度到湛江视察。1961 年 1 月时任国防委员会副主席蔡廷锴到湛江检查战备情况；1963 年秋湛江发生严重旱灾，时任全国人大代表的蔡廷锴来湛江视察灾情和参观雷州青年运河。骆国和：《湛江珍闻》，中国文联出版社，2006，第 45—51 页。

② 指杨柱国两房太太的子女。

③ 阮应祺（1933—2004），肇庆郁南人，毕业于华南师范学院历史系，1972 年调湛江地区展览馆（后改为湛江地区博物馆和湛江市博物馆）工作，1984 年任湛江市博物馆长至 2002年离任。阮应祺是 20 世纪八九十年代湛江市文博事业的重要专家，对抗法斗争陈列、考古挖掘、文物普查、党史研究等做出诸多贡献。

村主任表示支持。所以我们按照当地风俗做好仪式，在祠堂给村中男女老少派烧猪肉，完成了修缮和迁葬的大事。我们兄弟姐妹在墓园种下凤凰树作为纪念，此后每年清明我们都去祭扫，1988年人最多，那年凤凰花开得好漂亮！

退休之后我也没有闲下来，坚持自学英语和电脑，这些年我写了几篇回忆亲人的博客文章，也把关于祖父的资料保存到电脑里面，就是希望有更多人了解他们的事迹。

·附录·

杨君益三墓碣

番禺汪兆铭撰
中山李禄超书

君姓杨，讳常谦，号益三，谥勤厚。笃厚有大志，事亲尽孝，接物以诚，故时知名之士咸乐相与游处。清末政治窳败，君痛炎胄之将陵夷，乃绝意仕进，退而隐于商，时同业推为广州湾商会董事。当总理提倡革命，密令同志孙眉在广州湾组织机关，相机行事。君慷慨慕义，毅然加入同盟会，对防城、镇南关、钦廉、上思诸役，始终相从。所有筹饷密谋，事靡巨细，恒视其力之所至，未尝诿责。洎革命成功，又以政治非其性之所近，一仍经营商业，不改故常，然教子则惟以献身党国为勖。生平好施与，周恤贫乏，从不望报，乡党称之。

以民国十三年夏历六月十四日卒于里第，春秋五十有二。继配何夫人，后君四年卒。哲嗣柱国，文昌县县长，于今年二月二日始奉君暨夫人合葬于遂溪白坟山之原，驰书奉状，请余碣于斯阡，且曰："幸先灵已妥，乃筑亭山巅，以志孺慕。"余谨综其操履以著之。君报国之诚，义方之媺，庶足以明澹泊于厥心，贻清闻于后世，俾式是阡者，得以想望遗风焉。

中华民国二十四年　月　日

端州梁俊生摹刻

杨公益三墓志铭

杨公益三之卒，将葬。其孤柱国具状，因从子兆兰为介，请为文以铭其幽。兆兰时及余门，惇然有道君子也。柱国未识面，顾闻其宰文昌，有政声，凡所措施，得之庭训为多，故诺其请而为之词。

按状：君讳常谦，籍雷州遂溪。性惇厚，与人无间，一时名士咸乐相与之游。事亲克谐以孝，当逊清末祀，政治污黩，遂绝意仕进。蓬勃有为之气无所发，则出资经商，操奇计赢亿则屡中，有端木氏风，旋被推董广州湾商会事。时孙公文，奔走海外，日以革命鼓嘘民众，命孙眉于广州湾秘设革命机关。君闻其说，毅然加入同盟，负经理财政责。防城、镇南关、钦廉、上思诸役，饷需源源不匮，厥功为多。清社既屋，同人多身跻显要，甚或丧所守。君以政治事业非□□趣，乃隐于商。遇公益事，解囊相助无吝色。亲党无告，必周恤之。晚睹国事蝴蝶，颇感失意。然训迪诸男，未尝不以国尔忘家相勖也。盖柱国状君之行谊如此。

余感夫革命军之兴，海外侨民，毁家纾难，舍身为国者，肩相望踵相接也，故不假一成一旅而清社以亡。及夫人勋既集，党人弋高位，争地盘，敚攘矫虔，靡有宁岁。贪墨之吏，暴敛横征，取于民者无艾。何前后之违反若是，岂得之易而守之难欤？抑操持易变而智勇困于所溺也。君拯孙公于颠覆流离之时，功成身退，皭然不滓，其志行高尚纯洁，真可愧夫争权夺利，以死殉荣者也。而或者曰：今所为倾资以助国者，多出于商人；商人善居殖，工心计，固将执母以求子，非徒为爱国也，则毋惑乎得志而变行者之多也。余不忍以不肖之说疑人，而甚钦君之行谊高尚纯洁，足以间执谗慝之口，故书其事以风世，俾后之人得以考焉。

君配谢氏早卒，继配何氏后君卒，以二月二日与何氏合葬于原籍西塘之白坟山。长子德滋，继君业商。次子柱国，知文昌县事。女二人，孙六人。铭曰：是幽宅，君所居，如君之志，亿万年靡变厥初。

中华民国二十四年四月一日

国立中山大学教授石光瑛撰[1]

---

[1] 录自阮应祺《同盟会员杨益三事略及其墓志铭》，《湛江文史资料》第6辑，1987，第98—100页。转引时有改动。

同盟会员杨益三公事略

杨春华未刊稿

先祖父杨益三公生于 1873 年，名常谦，号益三，广东省遂溪县文车村人。曾祖父杨德中是长工。益三公出生不久，曾祖父病逝。曾祖母带着幼年的益三公走乡串村，以贩卖杂货为生。祖父年渐长，在村中看牛，后又当长工。

1899 年在法帝国主义压力下，腐败的清政府与法国签订了《广州湾租界条约》。从此，广州湾便成为法国的租借地。祖父当时正值壮年，趁广州湾开埠机会，辞去长工，到赤坎求开饼铺的表兄借了二千铜钱，在赤坎以卖豆腐为生。后又到出入口行当杂工，代老板押运土产和杂货到香港。益三公用自己的积蓄置一些黄糖随船运去香港贩卖，略有积累，遂辞去杂工，在赤坎大通街口近染房街附近开杂货店"荣昌"号，兼运土产和杂货到香港贩卖。经营八年，积累渐丰。在辛亥革命前被推选为广州湾商会董事。①

1910 年底，孙中山先生派遣胞兄孙眉化名黄镇东，潜至广州湾设立秘密机关，联络同志，发展同盟会员，筹集经费支持武装起义，以推翻清朝政府。孙眉还被任命为同盟会南方支部副支部长，代表孙中山先生签发委任状等工作。益三公受孙眉的影响，加入了同盟会，参与起义密谋，并负责在广州湾筹集军饷、管理财政，支持孙中山先生的革命活动。

据我大姑杨钟英（祖父的大女儿，现居住佛山市，是佛山市保健院的医生，已退休）回忆，她年少时常到"荣昌"号店铺玩耍，在店铺后楼上住着一位很善良的先生，说是逃难来的，很和善地对钟英大姑说："不是女子无才便是德，现在男女平等，要好好读书。"据大姑回忆，那先生不到楼下店铺吃饭，经常见一些人出入"荣昌"号的后楼。后来益三公在古老渡街另租一间房子给那位先生住，并不准钟英大姑到古老渡街找先生玩。孙眉在广州湾所设的秘密机关是否先设在"荣昌"号后楼，后迁到古老渡街（近大通街一端），尚待查考。

钟英大姑还记得，益三公常对她说："推翻了皇帝，人民起来，不是专制了，不要三跪九叩了。"益三公曾劝当时从商的大伯父杨德滋参加同盟

---

① 墓志铭和此文均有误，广州湾商会创立于 1917 年，并且实行理事制。

会，大伯父说参加同盟会没有钱赚，不同意。于是祖父送我父亲去日本留学，后在明治大学读政治经济系至毕业。钟英大姑回忆，祖父对我父亲说："读了书才能挑起国家的重担。"

祖父参加同盟会后，在孙眉的领导下，积极参与各项革命活动。辛亥革命成功，孙眉劝祖父出来担任一定职务，祖父婉言谢绝。据钟英大姑回忆，祖父认为自己只读过两个半月书，没有能力任职，因而婉拒，继续经商。中山大学教授石光瑛在给益三公所撰的墓志铭中也对益三公倍加赞扬。广东省光复后，孙眉离开广州湾返回广州，临别时给益三公书赠一副对联。因钟英大姑经常背诵，因此至今还依稀记得，上联是"平生寄迹为烟水"，下联是"故人高义薄云天"。"高义"是一个很高的评价。

益三公1924年病逝，时年52岁，1935年迁葬于麻章西塘乡的坟岭，坟地建有碑亭。碑亭正中有当时国民党副总裁汪兆铭撰的墓碣和中山大学教授石光瑛撰的墓志铭。碑亭上端四周有国民政府主席林森题碑"岵屹瞻依"，立法院长孙科题碑"山高水长"，以及遂溪县县长岑涤群题碑"高山仰止"等。碑亭下端和四周柱头还有陈济棠、何荦等人的题字，现今尚保存完好。杨益三公坟地已被湛江市人民政府列为重点文物保护单位。

· 校注手记 ·

家族史中的广州湾变迁

吴子祺

（2021 年）

认识杨少珍女士可说是"歪打正着"，我们本来打听到她是李宗泽的亲戚，提出采访请求，不料杨女士表示自己对舅舅了解不多而婉拒。然而交谈中我们得知她是杨益三的孙女，多年来收集家族史料，于是再度提议见面，杨女士欣然同意。2021年初笔者与团队两位年轻伙伴邓珊珊和李文泉登门采访，杨女士及其丈夫吴国栋医生已在家中打开电脑等候。

随着访谈的进行，我不免感到为难，杨女士出生"偏晚"（1938年），莫说祖父杨益三，就连父亲杨柱国都知之不多。正如她所坦言，自己撰写的相关博客文章内容几乎都是来自大哥杨春华和博物馆原馆长阮应祺的旧作，以及其他报刊文章。不过杨女士打开话匣子，我的犹豫也渐渐消散——她对大哥大姐的想念是如此饱含深情，这两位解放战争时期参加革命的进步青年经历又是何其坎坷，杨家三代人以不同方式走进大时代，他们的经历亦是清末到民国再到解放的一个具有典型意义的缩影。另外，杨家的姻亲关系反映了广州湾的社会网络，他们传统而又略带西化的生活方式也映照了当年租借地的图景。

事实上，虽然杨益三事迹自 20 世纪 80 年代以来已得到地方文史工作者较多的挖掘和整理，但都无外乎 1935 年国民党广东省军政当局的"盖棺定论"，毕竟时隔久远，资料匮乏，只好因循旧说。然而杨女士的口述历史却可以帮助我们把这个清末民初的历史人物放在家族史和地方史中理解。从某种程度来说，杨益三和杨柱国父子是相互成就的。杨益三对革命的早早觉悟使得他大力支持次子树立远志和出国留学，他襄助革命的义行也为后人遗留了政治资本；杨柱国学成归来后不负所望，先在军队任职后做县长，结交广东省内军政委员，故 1935 年他能够请多位名人为其父题字，从而进一步确立杨益三的功绩声望。从杨女士的回忆可知，即便杨柱国弃官从商，他还与陈济棠保持往来，说明他仍有若干政治能量。放眼广州湾土生土长的人物，在省内为官者可谓凤毛麟角，与杨柱国相匹者似乎仅有陈翰华①一人，而陈学谈只是短暂出任遂溪县县长和雷州善后处长。

杨柱国或许未曾料到，他的长子长女竟然效法先祖杨益三，也秘密从事革命工作，只是他们的斗争对象变成了自己曾经效力的国民党政府，而自己也不甚了解。杨坚离开培才中学加入游击队，几次逃脱特务的监视和追捕，家人为她担惊受怕。杨春华从港返湛，秘密开展城市工作，配合大军接管教育事业。改革开放后在各自岗位上有所作为，并且团聚家人重修杨益三墓园，为自家也为社会保存宝贵的历史遗产。值得一提的是，梁周容、杨坚夫妇生前积极参与粤桂边纵队老同志的纪念活动，捐赠了一批老照片给湛江市档案馆。杨春华先生曾任民进湛江市委主委，以民主党派知识分子的身份建言献策，他受命创办的湛江业余大学（今湛江开放大学）为成人教育做出许多贡献。

---

① 陈翰华（1900—1968），字俊侪，生于广州湾租借地内的北月村，陈学谈堂弟。陈翰华毕业于北京大学，约 1923 年返粤，历任遂溪县县长、赤溪县县长、广东南区绥靖公署主任秘书、徐闻县县长等职，抗战时期返回广州湾，开办中南百货公司。1948 年当选立法委员，后赴台湾。陈翰华酷爱书画篆刻，与广东名家冯康侯、简经纶、张大经等人有交情，在乡下建有"百一壁斋"书屋。

近年来包括我们团队在内的研究者推动广州湾历史研究，找到不少新见的中外文史料。就孙眉在广州湾的活动而言，我们一方面找到了孙眉家书，另一方面也找到了广州湾法当局档案和法国人的有关记述，至少为百余年前的历史图景补充了几块拼图。杨益三墓志铭所提及的防城、镇南关、钦廉、上思起义先后发生于1907—1908年，由孙中山、黄兴和胡汉民等同盟会骨干利用越南为基地策动，孙眉亦领命到河内"筹商善后诸事"，借助香港自由日报社长兼总编辑冯自由打通关系，利用行驶海防、广州湾和香港之间的法国邮轮顺化号（旧译"于爱号"）输运军械。[1] 杨益三或其他广州湾商人支持革命，很大可能是循海路进行。

关于孙眉潜入广州湾的时间，目前我们只找到1910年的一手史料。[2] 当年农历八月孙眉因"招人入会"被港英当局驱逐出境到了新加坡，其后参加了孙中山召开的槟榔屿会议，写信通知儿子孙昌（字建谋，1881—1917）他将乘船前往广州湾，化名"刘汉生"，并嘱咐儿子保密。农历十一月孙眉抵达广州湾，开设佑生药房作为掩护，次年农历七月写信给孙昌表示："父在广州湾运动高雷两府人民，数月经营，今得两府民智大开，高州六县人民入会者源源不断……高属革命风潮，日进千丈。各府州县清官不敢出来干涉。父在此地办事平安，见字不用介怀。"[3] 遗憾的是，或是出于保密的考虑，孙眉未在家书中透露广州湾同盟会其他成员的信息，只告诉家人自己的通信地址是"广州湾三泰利宝号邓东先生转交刘汉生先生"。[4] 至于这家"三泰利"是杨益三商号的别称，还是与法国人关系密切、主营法国商品和越南土产进出口的西营三泰利行，尚待我们进一步考证。[5]

其实孙眉和同盟会员在广州湾并非一帆风顺，为了避人耳目，孙眉使用不止一个化名。虽说清朝地方官不能直接派人越界抓捕，他们却向广州

① 黄健敏编著《孙眉年谱》，文物出版社，2006，第76页。
② 据吴川籍同盟会员陈鹤舫之子回忆，1908年其父与孙眉在广州湾经朋友介绍认识，陈鹤舫在吴川发展会员，联络会党绿林，运动高州清军反正，曾遭逮捕。辛亥革命后陈鹤舫改名陈寿昌继续从事革命，在广东各法政部门工作，直至1934年告老还乡。陈治平、陈泽口述，陈登乔整理《浩然正气——孙眉、陈鹤舫在辛亥革命前后活动点滴》，中国人民政治协商会议广东省湛江市委员会学习文史委员会编《湛江文史》第20辑，2001，第1—11页。
③ 钱源初：《百年前孙眉亲笔密家书三封》，"广州湾历史研究资讯"第18期，2016年1月29日。
④ 《孙科致孙昌信》，孙必胜：《我的曾祖父孙眉》，广东人民出版社，2011，第286—287页。
⑤ 据革命元老冯自由整理，1910年冬孙寿屏（即孙眉）偕管家杨德初赴广州湾赤坎设立机关，准备响应广州起义，以赤坎三泰利号为通信处。冯自由：《中国革命运动二十六年组织史》，商务印书馆，1948，第218页。

湾法当局施压要求监控革命党人，而法当局亦出于"维护治安"的目的关注同盟会的活动，法文档案也确实留下了相关记录。① 而西营一位邮局职员的回忆也佐证了孙眉以开设药房为掩护进行革命活动——其部下往来于广东和中越边境各地传递信息，广州湾的同盟会机关俨然成了一个秘密指挥中心。为此，广州湾总公使传唤孙眉，要求他停止革命宣传和运输军火，但孙眉一名精通法语的伙伴为他辩护，表示他们的活动只为中国人谋福祉而不影响法国人，最终平安获释。② 当辛亥革命的浪潮传到广东，高雷地区很快响应，林云陔、林树巍和陆氏兄弟等人攻入高州城，孙眉也派出陈发初等人接管雷州城。尽管不久后两地革命政权相继倒台，但以孙眉为首的广州湾同盟会机关还是做出了相当贡献。值得一提的是，1934 年国民党中央执行委员会决定移葬孙眉回乡，次年汪精卫撰写《孙德彰先生墓表》，恰好与其所撰的《杨君益三墓碣》同年。

　　近年来越来越多市民和游客走进赤坎古商埠，泰安街成为其中一个景点，可叹杨益三故居和纪念堂年久失修，偶尔为访客讲解的杨益三曾孙亦年老，所知无多，令人唏嘘。访谈之后我们偕杨少珍女士和吴医生驱车到访杨益三墓园，他们看到新修的公路和精美的绿化，甚是欢喜，也由衷感谢政府的工作。杨女士是一位拥有本科学历的退休医生，她不吝向我们分享了许多文

图 1　2021 年 1 月杨少珍与丈夫吴国栋
在杨益三墓园
资料来源：吴子祺摄。

章和老照片，还邀来弟弟杨嘉祥先生一起回忆往事。杨家有过历史的伤痛，杨女士并不避讳，以积极乐观的心态过好晚年生活。如今我们探寻杨家三代人历史，更多感受到其公共属性之重要——有形的建筑和墓园、无形的口述历史，都值得社会保护和传承。

① Consul de France à Canton à la légation de France le 01/01/1913, MAE, Corr. pol. et comm. (1897 - 1918), NS 216, fol. 71.
② René Vanlande, *Souvenirs de la Révolution Chinoise*, Paris：Peyronnet & Cie, 1928, pp. 35 - 40.

近代高州名人与广州湾

——陆景武忆父辈

何斯薇　钱源初　整理

一　辛亥革命中的陆氏三贤

清末废科举，林云陔①和陆嗣曾②去万国方言学院③读书，开始组织群众，成立了一个组织，叫作"同志会"④。我父亲陆匡文⑤就读崇实中学时在学校成立雄辩学社⑥。因为清朝政府抓一些人杀了，所以新高同志会并入雄辩学社，派谭惠泉⑦、陆幼刚⑧等去香港运军械，总机关设在高州。我父亲是主办人。林云陔为了革命到处奔走，去了美国7年。⑨

---

① 林云陔（1881—1948），信宜人，毕业于两广方言学堂。1909年经朱执信介绍加入同盟会，1911年参加广州黄花岗起义。曾任广州大元帅府秘书兼土地登记局局长、广州市市长、广东省政府主席，以及国民政府财政部次长、审计部长、审计长。

② 陆嗣曾（1888—1956），信宜人，毕业于两广方言学堂、北京大学法律系。曾任广州航政局局长、广东高等法院院长、广东省立勷勤大学校长。

③ 应为两广方言学堂。

④ 即新高同志社。1904年，林云陔与谭惠泉、李卓立等在高州组织成立新高同志社进步团体，从广州湾购买当时严禁的革命刊物《黄帝魂》《革命军》《警世钟》《浙江潮》《二十世纪之支那》，秘密组织进步青年阅读。

⑤ 陆匡文（1892—1964），信宜人，毕业于北京大学哲学系，1908年参加同盟会。曾任广州大元帅府法律委员会委员秘书，广东南路财政处处长、禁烟处处长，遂溪县县长，军事委员会广州行营政务处中将处长，广州绥靖公署中将秘书长。

⑥ 1908年陆匡文等人在高州崇实中学创办雄辩学社，新高同志社信宜籍青年均参加此组织。

⑦ 谭惠泉（1896—1972），高州顿梭镇八角山村人，曾任新宁县县长、海康县县长、南路行署秘书长、广东省党部监察委员。

⑧ 陆幼刚（1892—1983），信宜水口人，毕业于北京大学。曾任广州大元帅府度支处出纳主任，鹤山县县长，江门市市长，广州市政府秘书长，广州市土地局、财政局、教育局局长，广东省政府秘书长、代理省长。

⑨ 辛亥革命爆发后，林云陔奉孙中山命令回到高州领导起义，出任高雷都督，后来被孙中山选派赴美学习政法，1918年回国任孙中山翻译，并主编《建设杂志》。

父辈三兄弟①是我们县里最有钱的，为什么他们会拿出家财搞革命？原因就与广州湾有关——所有革命的资料都是从那里送来的。高州邻近广州湾，当年同志会从香港和广州湾运进了很多书和报纸，这些资料影响了他们去参加革命。

我父亲一直追随古应芬②和胡汉民③，结果这两位革命先驱都遇到不幸，去世较早，后来就以我姑父林云陔为主。但是林云陔相当自律，一点私人关系都不讲，甚至后来做了部长，一直都没有搞社交活动。他是做得很好，每次国民党举办官员考试，他总是名列部长以上官员第一，因此孙中山评价他是"革命德行之神圣"。

图1　林云陔像
资料来源：孙中山大元帅府纪念馆提供。

古应芬做大元帅府的秘书长，父亲做秘书。陆幼刚后来也做过秘书，又做过法政委员会委员。古应芬逝世后，胡汉民决心要办一所勤勤大学以纪念他，④ 大家推林云陔当校长。那谁来当执行的人？最适合的就是我父亲。⑤ 抗战时期，陆幼刚做过第四战区巡察团的中将团员，主要在桂林活动。他代表中央巡察团⑥去巡察战区，全是文官去管理那些军人，团长是黄埔军校一期毕业生。

二　父亲出任遂溪县县长的经过

为什么抗战时期我父亲降了好几格，屈就当遂溪县县长？原因是当时

---

①　指陆嗣曾、陆匡文、陆幼刚，三人被称为"陆氏三贤"。

②　古应芬（1873—1931），番禺人，字勷勤、湘芹，毕业于日本法政大学速成科，曾任广东谘议局书记长、琼崖绥靖处总办、广州大本营秘书长、广东省政务厅长、国民政府财政部部长。

③　胡汉民（1879—1936），番禺人，字展堂，毕业于日本东京法政大学，曾任同盟会书记部书记、广东都督、南京临时政府总统府秘书长、广州大元帅府总参议、国民政府主席、立法院院长。

④　1931年古应芬逝世后，陈济棠控制下的广东省政府决议建立勤勤大学，1933年在广东省立工业专业学校基础上扩建工学院，将广州市立师范学校改组为师范学院，另新设商学院，1934年7月正式成立，分为三个校区，林云陔任校长，陆嗣曾任副校长、校长。1936年各学系迁入新校区，但1937年抗战全面爆发后，三个学院分散内迁，大学解体。

⑤　陆匡文曾任广东省立勤勤大学秘书长、教授。

⑥　应指国民党军事委员会军风纪巡察团。

遂溪县很乱，有匪徒，有贩卖走私，还有绿林人物等等，乱得不行。最严重的是广州湾走私漏税猖獗，还有日本人和汉奸出入。在这种情况之下，当时广东省主席李汉魂①想要找一个有地位的、真正廉洁的，而且有行政经验和非常强领导力的官员来负责遂溪县工作。因此，李汉魂找我父亲去担任这个职位。

其实当时中央要我父亲去当审计部的次长，就是副部长，叫他去重庆，结果他被李汉魂说服了。父亲曾经做过第一届广东省临时参议会的议员，又是高雷人士，李汉魂就求我父亲说，无论如何，一年之后，将遂溪县治理好之后再辞职。父亲履历丰富，做过三任县长。第一次就是他 1917 年北大毕业回广东省工作，全中国民选县长开始，② 1921 年他就被选为第一任信宜县民选县长。1925 年，他出任清远县县长。后来他又回广州工作，相当于厅官，再要他做回县长的话就很为难了。

可是遂溪县县长一职要比一般县长紧要，因为毗邻广州湾，情况就不一样了。广州湾赌场很多，那些省港有钱人过来做生意，全部投资在这里面。比如赫赫有名的大宝石酒店就在法租界里面，那些重要人物也都在里面。因为我父亲跟许多头面人物有关系，所以李汉魂才求我父亲去做县长。

实话实说，我父亲也有利用广州湾的想法，他要为我们一家人考虑。当时抗战打仗，他不是很想去重庆，因为重庆被日军炸得太厉害。此外，他一直反对蒋介石，他也不乐意接受次长的职位，他宁愿留在广东做地方工作。当时他只身一人来到遂溪

图 2　陆匡文像
资料来源：孙中山大元帅府纪念馆提供。

就任，我们一家人滞留在香港。而且随着战事扩大，香港也开始乱了。因此父亲考虑到可以通过广州湾的海路接回家人，这对他来说是最重要的，否则我们就流落异乡了。

我们从香港到广州湾，乘坐的是白银丸轮船。当时我母亲病了，她不

① 李汉魂（1894—1987），吴川人，毕业于保定军校。曾参加北伐，任第四军十二师参谋处长，后任第二十九军团军团长兼六十四军军长、第三十五集团军总司令、广东省政府主席、国民政府内政部长。

② 1921 年广东省长陈炯明推行"县长民选"，规定各县选民投票选出候选人三名，再由省长圈选一人就任。

愿意坐船，结果是被逼着坐的。父亲派了教育局局长欧钟岳①，还有卫生组的组长一起到香港，联络母亲，接我们一起回来。我们全家人都在香港，除了大哥去上海读大学，二哥去昆明读西南联大②，三哥、四哥、姐、妹和我就一起来了广州湾。走的时候匆匆忙忙，保险箱里的财物都没去拿。到抗战胜利后我们返港，打开保险箱，一件首饰都没了。我们从香港直接到霞山③，父亲到码头接我们。他当时是中国政府官员，可以随便进入"法租界"。我从香港回去的时候读四年级，在广州湾读了五年级。

父亲这次做县长总共一年多，将遂溪的问题治理好之后，他就辞职回到我们乡下。我们从遂溪到吴川走陆路，一路坐轿，后来在吴川坐竹排才能溯江而上回到信宜。当时吴川县县长是我们的表兄，叫作梁汉强，请我们全家人吃饭。我们安排了坐船，当然坐船的位置是有讲究的。我父亲是最大的官员，应坐第一条船，但是我们因为吃饭错过了时间，就没有坐第一条船，而是坐了第八条船。结果路上遭遇日军袭击，飞机"噗噗噗噗"用子弹扫射，从第一条船打到第七条船，全起火打沉了。而我们所乘坐的第八条船，只被击中了几枪，然后日军飞机就飞走了。所以我们真是幸运，就是因为那一顿饭，救了我们全家人的命。

回去没多久，父亲以为可以休息一段时间，突然接到李汉魂的通知，派他做信宜县议会的第一任议长。第二任是林树巍④。后来抗战胜利，张发奎⑤打电话让父亲回去广州行营，做中将级政务处长兼敌伪产管理委员会的秘书长。敌伪产管理委员会的主任委员是张发奎，他是第二方面军最主要的长官，是第四战区、第七战区的司令长官，他负责接收广州。广州湾方

---

① 欧钟岳，曾任梅菉市党部书记长、梅茂县县长、吴川一中校长，参与发起组织高雷旅港同乡会，编辑陆嗣曾所著《定园诗稿》。

② 即国立西南联合大学，1938年4月，国立北京大学、国立清华大学、私立南开大学在长沙组成的国立长沙临时大学西迁至昆明，改称国立西南联合大学。

③ 指广州湾时期的行政首府西营，法当局在海边建造了码头，轮船停泊海中，由小艇接载人货上下。1958年，湛江市政府将西营改名霞山。

④ 林树巍（1889—1949），信宜人，毕业于广东陆军速成学堂。曾与林云陔等组织高州起义，历任信宜敢死队指挥、高雷两阳四邑司令、高雷总司令、高雷讨贼军总司令兼高雷绥靖处处长、中山县公安局局长、信宜参议会议长。

⑤ 张发奎（1896—1980），始兴人，毕业于武昌陆军第二军官预备学校。曾任国民革命军第四军师长、军长，第八集团军总司令，第九战区第二兵团总司令，第四战区司令长官，第二方面军司令长官，广州行辕主任。

面，张发奎派邓龙光①去接收，邓龙光是我们的世交长辈。

李汉魂和邓龙光关系很深。1945年8月15日，日本宣布投降。8月26日，国民政府电令粤桂南区总指挥邓龙光这位中将负责接收广州湾，并委派李汉魂的侄子李月恒②到广州湾筹办湛江市。9月21日上午9点，日军代表到会，向邓龙光递交投降书，广州湾就此回归。关于这件事，邓龙光跟我说过，他的太太也跟我说过很多。例如，当时邓龙光率部进入广州湾之后做过什么事，路改什么名，城市怎么规划等。邓伯是我们的老朋友，对我很好。回到台湾之后，我也为他做过一段时间的翻译。

三 广州湾印象

我们住在寸金桥，就在广州湾的旁边。"铁胆"戴朝恩在广州湾是很出名的一个绿林出身的军人，他没什么学问，但领导着一批人，很有钱。他特别为我父亲盖了房屋，我们就住在那里。这是一座平房，后面连着十几个房间，供卫士居住，中间有一个大天井。

当时伯父做勤勤大学校长兼商学院院长，学院教授的家属做南强小学、南强中学的老师。有一天，南强在操场开纪念周，校长是某个教授的太太，由她主持。当时纪念周当然要读《总理遗嘱》③，可是操场没有放置《总理遗嘱》的板书或壁画，结果她背到一半，到"共同奋斗"就不记得了。哈哈，不记得了！大家在笑。最后就断断续续念着念着，"是所至嘱"，就这样了。这件事被我看到，一个校长竟然连孙中山的遗嘱都念不出来，很不应该。

"铁胆"跟我父亲关系最好，还有陈学谈也好。最重要的是许爱周，他们非常熟，经常见面。受许爱周邀请，我们常常跟着父亲去吃饭和饮茶。

---

① 邓龙光（1896—1979），茂名人，毕业于保定军官学校。曾任第六十四军副军长、八十三军军长、二十九军团副军团长、三十五集团军总司令、第二方面军副司令官、广州行营副主任。

② 李月恒（1890—1949），吴川人，曾任南路公路管理处专员、琼崖公路管理处主任、南路粮食调节处主任、吴川县县长、湛江市政筹备处主任。

③ 《总理遗嘱》文为："余致力国民革命凡四十年，其目的在求中国之自由平等。积四十年之经验，深知欲达到此目的，必须唤起民众及联合世界上以平等待我之民族，共同奋斗。现在革命尚未成功，凡我同志，务须依照余所著《建国方略》、《建国大纲》、《三民主义》及《第一次全国代表大会宣言》，继续努力，以求贯彻。最近主张开国民会议及废除不平等条约，尤须于最短期间促其实现。是所至嘱！"

我们去大宝石酒店多一些，因为许爱周自己就是大股东。陈学谈是一个很忠厚的人，曾经做过县长，是绿林一样的人物，大家都叫他大老爷，有地方势力。袁学伟是做生意的有钱人，他的儿子袁少帅在广雅中学读书的时候，

图3　寸金桥时期的勤勤商学院毕业纪念册
资料来源：吴子祺收藏。

就在我家住。陈学谈的儿子陈福来①、陈福强、陈福北②，三兄弟都是我在培正中学的同班同学。

在我看来，其中最有钱的是许爱周，他不愧是船王。③　我去美国留学的时候，他还送了1000美元给我，当是帮助我留学。因为当时我在台湾居住，办签证要2400美元，他就送了1000美元给我。许爱周非常忠厚善良，确是一个大有钱佬的样子。他大儿子叫许岐伯，第二个儿子许士芬④做过汇丰银行的执行董事兼副董事长。

许爱周、陈学谈、"铁胆"这几个人是很好的朋友。他们在广州湾的时候，一起合伙做生意，一家叫两利公司，一家叫三有公司，这是赌场，兼做酒店。他们也将红股给我父亲，每个月分钱。我父亲就说："你们别说这种话，我心领你们的意思，但我绝对不会收这些费用。"

我见过法国人，不过对法国人没什么好的印象，也没什么坏的印象，他们比英国人好得多。法国人没有英国人那种高傲的样子——头仰着跟别人说话。我们在香港的时候写信给英国政府申请工作，最后要写"your obedient servant"。我作为一个中国人，感到最难堪的，就是这一句话，我为了表示humble（谦卑），竟把自己称为非常之卑微的仆人。

---

① 陈福来（1929—1998），解放军八一足球队和中国国家足球队队长、中国足球队教练，后赴港定居。

② 陈福北（1930—1969），毕业于燕京大学新闻系。曾任解放军四野十四兵团四十一师摄影记者，是新中国第一代著名摄影家、优秀新闻工作者。

③ 1945年广州湾回归祖国后，许多大商家移居香港。其中许爱周经营有道，继续从事航运业，并在20世纪50年代投入房地产开发和管理，身家更加丰厚。但广州湾时期许爱周最有钱不甚准确。

④ 许士芬（1912—1989），毕业于美国科罗拉多州矿冶学院，地质工程专家、地理学家，曾在广西、香港等地经营矿业。许士芬曾任汇丰银行董事，其弟许世勋曾任该行董事和董事局副主席。

我最欣赏广州湾的是什么？印象最深的就是霞山，每当我看到法式的房子就很向往。当时法国官员的洋房都在那里，我看见那些红叶落花、那些影树①很美很美，我印象最深刻的就是这些了。这些建筑都是法式的，一栋一栋的别墅，靠近海边，很别致。我经常在颜继金②家里捡落到地上的红影花，一把一把地带回去，插在花瓶里观赏。

图 4　20 世纪二三十年代囚犯在西营街道打扫
资料来源：林家舟提供。

可是，我在广州湾也见到过囚犯扫街。有天晚上，我听到"窸窣窸窣"的声音，开门一看，原来是囚犯被押去扫街。他们相互之间被用铁链连着，每人的脚都上锁，走路的时候就发出声响，后来有几次我又听到这些声音，看到囚犯经过我们门前这条路。

四　广州湾拜师简琴斋

简琴斋③跟我父亲是好朋友，他是一个金石家和中国古文字学专家，尤其精于甲骨文。早在我们家避难香港的时候，我就认识他了，他在铜锣湾开了一间叫作"袖海堂"④的画室，位置在通向山顶的中途，那是很好的一座三层楼。

他受邀到广州湾开书画展，我父亲当然是很照顾他。我父亲安排他住在大宝石酒店。在他们开展之前，有一天父亲带我去见他，然后就离开了。到中午的时候，我就写成了一副对联拿给父亲看，写什么字呢？写王羲之的作品。当时的场景我还记得，第一幅叫作"天经地义，智水仁山"。当我给我父亲看，父亲"啪"一声放下，他不信，他说："这不是你写的，一定

---

① 影树即凤凰树，豆科植物，广泛种植于西营街道。

② 颜继金（1900—1966），广东钦县人，曾任外交部驻粤桂特派员公署秘书、广东绥靖主任公署驻广州湾专员。陆匡文卸任遂溪县县长后，由颜继金接任。

③ 简琴斋（1888—1950），番禺人，名经纶，字琴石。工各体书，著有《甲骨文集古诗联》《简琴斋印存》等。

④ 袖海堂又称琴斋书舍，原址位于香港铜锣湾利园，简经纶设于 1937 年冬。

是你老师代你写的，绝对不是你写的。我要问一问，到底是不是你写的。”接着他就带我去见简琴斋，简老师说：“确是你儿子写的，我不过是教他怎么拿笔，怎么写法，拿手指甲勾一勾，就是这么多。你看，你儿子写得这么好！”结果，冠在我头上的“七岁神童”之名连续在广州湾登报报道了七天，[①] 大家都在议论我。

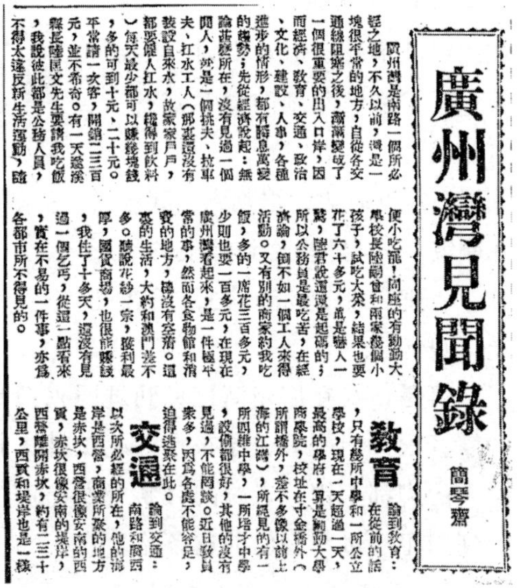

廣州灣見聞錄

簡琴齋

廣州灣是南路一個所必經之地，不久以前，還是一塊很平常的地方，自從各交通線阻塞之後，竟漸變成了一個很重要的出入口岸，因而經濟、教育、交通、政治、文化、建設、人事，各種進步的情形，都有瞬息萬變的趨勢；先從經濟說起：無論甚麼所在，沒有見過一個閒人，就是一個挑夫、拉車夫、扛水工人（那裏還沒有裝設自來水，故家家戶戶，都要僱人扛水，纔得到飲料）每天最少都可以賺幾塊錢，多的可到十元、二十元。平常請一次客，開銷二三百元，並不希奇。有一天遂溪縣長陸匡文先生要請我吃飯，我說彼此都是公務人員，不得太違反新生活運動，隨便小吃罷！同座的有勷勤大學校長陸嗣曾和兩家幾個小孩子，試吃大菜，結果也要花了六十多元，眞是嚇人一驚，陸君說這還是起碼的；所以公務員是最吃苦，在經濟論，倒不如一個工人來得活動。又有別的商家約我吃飯，多的一席花三百多元，少則也要一百多元，在現在廣州灣看起來，是一件極平常的事，然而各食物館和消費的地方，總沒有空缺。這裏的生活，大約和澳門差不多。聽說花紗一宗，獲利最厚，國貨商場，也很能賺錢，我住了十多天，還沒有見過一個乞丐，從這一點看來，實在不易的一件事，亦為各都市所不得見的。

教育

論到教育：在從前的話，只有幾所中學和一所公立學校，現在一天超過一天，最高的學府，算是勷勤大學商學院，校址在寸金橋外（所謂橋外，差不多像以前上海的江灣），所經見的有一所四維中學，一所培才中學，設備都很好，其他的沒有見過，不能悶談。近日教員來多，因為各處不能容足，迫得逃聚在此。

交通

論到交通：南路和廣西以次所必經的所在，他的港岸是西營，商業所聚的地方是赤坎，西營很像安南的西貢，赤坎很像安南的堤岸，西營離開赤坎，約有二三十公里，西貢和堤岸也是一樣

图 5　简琴斋撰写的《广州湾见闻录》

资料来源：《大公报》（香港）1940 年 5 月 25 日，第 2 张第 5 版。

后来我即兴挥毫，这么大支笔，我的手只能攥住一半，就在地上写大大的篆书，写《张迁碑》，写王羲之，写《圣教序》，写钟繇，还有狂草，我当时就懂得写几种字了，每日记者都来围住我写稿。过了一个礼拜左右，简琴斋在广州湾商会开书画展。既然有这种机会，父亲就跟简琴斋先生商量，把我认作干儿子。这是真的干儿子。大人点燃红蜡烛，让我叩头三鞠躬，通过仪式成为他的干儿子。得益于他的教诲，后来我都一直坚持写字。

简琴斋有四个儿子：简而杰、简而和、简而廉、简而清[②]。有次我契哥，就是简琴斋长子简而杰，陪我去湖光岩，我发现湖光岩非常清静。我当年去湖光岩之前，只觉得香港浅水湾好。但是，我来到广州湾生活，就觉得湖光岩非常好，印象最深刻。当年我在湖光岩游泳、晒太阳，各种活动都有。八九十年代从台湾回大陆后，我又去过湖光岩，最近这几年我也

① 简琴斋亦记叙此事：“这回又发见一个十岁的神童，这个神童是陆景武，今遂溪县长陆匡文是其尊人，勷勤大学校长陆嗣曾是其伯父，中央委员陆幼刚是其叔父，自是家学渊源。这次我到坎下，他的尊人就要我教他写字，不及半个钟头，执笔的方法已领略了，再过一个钟头，居然写出一幅对联，和他以前的字体都不是一样的，拿到家中，他的父母也不相信。第二天居然在我的展览会中对客挥毫，真个倾动全市。第三天能写隶书，第四天更可写章草，本来我书舍的学子，写字的成绩，也不算慢，但是和他比较，总有一点失色。我说写字是读书人应懂的一件事，还是读为本，考他的校课，固然熟读如流，抽问他的经史，都随便对答，学校本不读经，这就是家学。”见简琴斋《广州湾见闻录》，《大公报》（香港）1940 年 5 月 25 日，第 2 张第 5 版。

② 简而清（1927—2000），籍贯番禺，香港作家，评马人。

去过，但是我感觉没有之前那么好了。简家第二个儿子简而和玩跑马，每天清晨4点钟就去香港跑马地，一边揿表，一边记录马跑多少分钟多少秒。

五　父亲的为人和品行

父亲的一生廉洁、豪放、爱国，但不爱家。抗战胜利后，我们回广州居住。解放前夕，我们把一间房屋以10根金条的价格卖了出去。父亲回家之后说："我刚刚才演讲'坚守华南'，你卖了那间屋，然后再去香港买屋的话，别人听闻就不得了。"所以他要我们取消交易，退回买家10根金条，不卖那间屋了。

后来国民党节节败退，我们一家搬去香港。到港之后我们没有银行支票，又没有银行账户，可是吃饭不要钱吗？我们有那么多人在香港，每个人都辛苦得不得了。叔叔陆幼刚也是这样，困难不是假的。换一个角度，我们没有钱，谁理我们？过去巴结我们的人怕了，不跟我们见面。

只有许爱周对我父亲很好，大概是当时帮过他很多忙，大家之间做了很好的朋友。我们到香港的时候已经是穷困潦倒，都没钱吃饭，许爱周支持了我们。当时也很难得啊！毕竟那些有钱人听到国民党官员和眷属都害怕，都不跟我们这些人来往。但许爱周就不是这样的人，他知道我们困难，就给钱资助。我记得很清楚，他送了10根金条给我父亲。

图6　陆嗣曾委任状、陆幼刚书法作品
说明：藏于陆氏三贤纪念馆。
资料来源：吴子祺摄。

再后来，我们来到台湾，生活更是"认真困难"。为什么说困难呢？父亲去海南岛之后，已经没有钱了。1950年解放军南下渡海，蒋介石命令要撤退海南岛的驻军，将驻海南岛的海陆空三军全部撤到台湾。薛岳[①]当时做

---

① 薛岳（1896—1998），广东乐昌人，毕业于武昌陆军第二预备学校，曾任粤军第一师机关枪营营长、大元帅府警卫团第三营营长、贵州省政府主席、第九战区司令长官等。

"总司令"，薛岳、余汉谋①、我父亲和美国的太平洋舰队司令柯克②上将一起坐飞机到台湾。薛岳、余汉谋这些有钱的高级将领早就在台湾买了很多地，可是我父亲本来就没钱，没有在台湾置业，就跟着他们到了台湾。到了之后他住在余汉谋公馆，穷到连房都租不起。

近年来我为了纪念父辈事迹，回到家乡信宜水口镇建立了辛亥革命岭南陆氏三贤纪念馆③。纪念馆有四个室：匡文室、幼刚室、嗣曾室、中山室。我的目的是宣扬辛亥革命的精神。一百多年前，中国受外国侵略，清政府已经坏到不得了，签订了《南京条约》《马关条约》，被外国人割地。自鸦片战争之后，中国一直都是半殖民地，就是因为清政府腐败，变得太糊涂，父辈才革命。

革命成功之后，问题变成什么呢？俗话说："广东人的血，湖南人的命，浙江人的官。"意思是广东人和湖南人为革命牺牲，做官的却是浙江人。事实上就是这样。很可惜孙中山先生死得太早，结果蒋介石分化了汪精卫和胡汉民的关系。而蒋介石独占了位置，长年搞独裁。最坏的还是蒋介石偏爱黄埔军校某些人，他重用其中若干人，至于保定军校毕业生，他就不重用。

尽管广东籍革命先辈后来没有掌权当政，但最难得的是，他们没有放纵自己。父辈都没有姨太太，家家都是一夫一妻。我的姑母缠小脚，姑丈林云陔生了一个儿子和一个女儿才去美国，没有姨太太。我父亲和叔叔也没有，他们对妻子真的是无微不至。所以我从中得到教训，爱是真正的家庭教育，他们做得最好。

小时候，我们几乎没有什么机会听父母讲旧时的革命历史，后来慢慢地，自己知道了很多事情。我建设纪念馆，替我父亲、伯父和叔父做这项工作，就相当于行孝了。说到此处，1964年我父亲去世后，我通过种种活动，为父亲争取到"褒扬令"。父亲丧礼隆重举办，许多高官参加了公祭。回顾自己的人生路，我只觉得一切顺其自然，我该做的事情已经做完了，

---

① 余汉谋（1896—1981），高要人，毕业于保定军校第六期，曾任广东绥靖公署主任、第四战区副司令长官兼第十二集团军总司令、第七战区司令长官。
② 艾伦·柯克（Alan Kirk），毕业于美国海军学院。1943年2月出任美国大西洋舰队两栖作战部队司令，战后晋升海军上将。
③ 辛亥革命岭南陆氏三贤纪念馆位于信宜市水口镇水口村，由陆景武教授策划筹建，2017年5月14日动工，2018年12月1日竣工，占地2000多平方米。

所以我毫无顾虑，认为不枉此生。

·校注手记·

得山水清气，极天地大观

钱源初

（2021 年）

抗战时期，著名书法家简琴斋在广州湾举办展览期间，曾指导一位六七岁的小孩习练写字，不料这位小孩有天赋，所写书法得到参观者普遍赞誉，被称为"七岁神童"。这位"神童"就是 1934 年出生的陆景武，此后他在中山大学、香港大学、美国夏威夷大学、加州州立理工大学就读，任台湾大学、中华文化大学教授，兼任北京大学、中山大学、浙江大学等多所高校客座教授。由他忆述并由其表妹梁中英笔录的《陆景武回忆录——开拓视野、美化人生》于 2014 年正式出版。虽然该书对于他的广州湾经历有所涉及，但为了寻根问底，了解详情，在中山大学有关人士的帮助下，我们与陆教授取得联系并顺利进行了采访。

图 1　2019 年 3 月采访陆景武教授

说明：背景是陆教授自书对联。左起为何斯薇、钱源初、陆景武、吴子祺、李宜珍。

资料来源：陆景武家人摄。

陆教授对园林景观和旅游产业深有造诣，这也体现在他的雅致居所之中。2019 年 3 月 24 日，我们登门造访顺德北郊碧桂园"天健苑"，与陆教授进行了访谈。当日陆教授穿着整齐，系着领带，神态自若，一派大家风采。陆教授为名门之后，父辈于民国时期担任要职，父亲为曾任广东南路财政处处长、遂溪县县长的陆匡文，伯父陆嗣曾任广东高等法院院长、广东省立勷勤大学校长，叔父陆幼刚曾任广东省政府秘书长、代理省长。我们说明来意，陆教授便滔滔不绝地谈起父辈的光辉历史。他声音洪亮，记忆准确，说话斩钉截铁，显示出非常自信而不容置疑的神态。

陆教授思路非常清晰，也使得后期我们整理采访稿件较为快捷，这或许是基于他常年关心家族历史的沉淀。此外，陆教授对于亲身经历的细节描述也非常具体。不难看出，陆教授是一位严谨的学者，体现出知识分子的学者本色，他有心保留着部分资料，对于许多历史问题也有自己的判断，因此能够出口成章，对历史脉络把握得异常清晰。

晚年的陆教授多数时间居住于大陆，做出了两件意义深远的大事：第一件是2013年将父辈所藏民国名家书画作品22件无偿捐献给母校中山大学，被授予中山大学卓越校友杰出成就奖；另一件则是在家乡信宜市水口镇建造"辛亥革命岭南陆氏三贤纪念馆"。

对于父辈历史，陆教授素有整理，曾主编《辛亥革命高州起义一百周年纪念专辑》。他给我们播放了纪念馆开幕当天的录像，不时进行解说，从他的神态中可以看出对自己所做此事非常满意。陆教授曾有短暂的婚姻而未有子嗣。面对青年人，他语重心长地提醒我们要及时行孝。

陆教授的客厅悬挂着他86岁所撰的对联"得山水清气，极天地大观"，这位70余年前简琴斋培养的书法苗子，已经苗壮成长为参天大树。采访末尾，陆教授在我们携带过去的《陆景武回忆录——开拓视野、美化人生》上签名，题字内容为他的座右铭："感恩，惜福，随缘，尊严，价值，乐趣。"我们深受启发，学习陆教授旷达、乐观的人生态度，见贤思齐焉。

吴子祺补记

2019年8月，我陪同来粤西考察民俗信仰的日本志贺市子教授到高州和信宜，恰好听闻陆景武教授回乡休养，于是我们与高州市博物馆陈冬青馆长顺道前往信宜水口拜访。此举乃临时起意，未料陆景武教授不仅欣然同意，还为我们的到来用心准备。

当我们驱车抵达陆氏三贤纪念馆，大门早就开启，陆教授拄杖已在庭院等候。他身着

图2　2019年8月参观陆氏三贤纪念馆

说明：左起为陈冬青、陆景武、志贺市子、吴子祺。

资料来源：黄春嵘摄。

全套西装，仪表堂堂，精神矍铄。一番寒暄后，陆教授亲自当导游，带我们参观纪念馆二楼的各间陈列室，我们有幸欣赏了多幅名人真迹。一楼大厅置有孙中山先生塑像，参观完毕，陆教授嘱咐我们向伟人致敬，于是我们恭立像前，由陆教授引领行鞠躬礼。此番独特经历不仅让我们感受到深刻的仪式感，更让我们领会陆教授的浓厚家国情怀，以及传承历史记忆的良苦用心。

　　陆教授曾说自己要求高，海峡两岸的年轻人多不敢与他亲近。当日陆教授仍是以威严形象示人，然而冰山之内，谁说不透露满腔热忱？

抗战重燃南路革命

——陈超忆武装斗争

钱源初　吴子祺　整理

一　广州湾的畸形发展

我的出生地原属遂溪县，过去叫志城乡陈村仔①。我的家乡不在法国租借地广州湾的范围内，因为我当时年纪尚小，没有在广州湾生活，所以不是很了解广州湾的历史。但是我们村离广州湾很近，我又在西营郊外的陈铁村②黎明小学③读过书，所以也知道若干情况。

广州湾从1938年到1945年发展得非常好，是非常兴盛的时期。但为什么说是"畸形发展"？广州和香港被日本人占领了，国民政府迁到重庆，中国东北到南方的沿海地区都被日本人控制，海上交通要道基本丧失，所以那些沿海口岸的资本家和商人纷纷跑来法国人控制的广州湾，在这里继续搞经营。由此，广州湾就变成了重庆政府争取外援和向外运输的重要据点。赤坎的商业很繁荣，既有往来香港的大宝石号轮船运载货物和乘客，又有大中酒店④和南华酒店等高级消费场所。客观上有这样的优良条件，国民党必定重视这个地方，所以国民党就利用广州湾的"头头"陈学谈，给他官做，而且派特务设机构。当然日本人也企图封锁重庆政府的交通，同样派人渗透到广州湾。

由于法国人不像国民党那样到处镇压共产党，我们地下党利用这种有

---

① 志城乡于1949年被并入麻章乡，陈村仔后改称"陈川济村"，现属湛江市赤坎区。
② 现属霞山区海头管辖，村民以黎姓为主。
③ 1939年，中共广州湾支部派遣陈以大到该村开展工作，开办改良私塾和民众夜校。1946年，陈以大和黎江等将私塾改为黎明小学，党员赵世尧出任校长。
④ 大中酒店位于赤坎新街尾（今中兴街），规模较大，开设中餐厅。

利条件在广州湾发展,尤其对陈学谈加以利用。陈以大①跟陈学谈拉关系,做统战工作,陈以大那条线在新村、菉塘村和陈铁村建立党支部。抗战时期共产党在广州湾大有发展。我就读的晨光学校,就是由广州撤来的共产党员许乃超办起的。② 晨光学校的前身叫广侨小学,我的大哥曾在广侨小学任教,所以晨光小学的老师和我家联系很密切。

我对广州湾印象并不好。其一,每次去赤坎,都要经过法国人设在鸭嫲港桥头的碉楼。③ 他们有兵把守,我们每次经过都要被搜查。这些兵不是法国人,以越南人居多。所以我认为,广州湾不是法国直接管治,而是归法属印度支那管理。其二,法国人没搞成什么像样的建设,最大的建设项目似乎只有西营的一家电厂。其三,赌场林立,烟馆林立,妓院林立。据我所知,赤坎起码有四家大赌场,水仙庙附近有一家,大通街有一家,法国大马路有一家,两利公司一家。广州湾贩毒太猖獗,陈学谈和黑社会靠贩毒发财,他们从广西和云南公开武装运鸦片回来售卖,我们村的无赖流氓吸毒都到赤坎。妓院太多,人们忌讳向我们小孩谈起,但是总是听说什么牛皮街和麦那街,④ 我们村有两三个有钱人买妓女回来结婚。

祖父陈谋猷一代没有土地,父亲陈昌甫没念过书,12岁当放牛的长工,后来又到赤坎打工。父亲有活就在赤坎干,没活即回乡下。广州湾既然给法国人占领了,国民党政府为了贸易,在毗邻的大埠⑤设立一个口岸,建了很多房子,遂溪县城有公共汽车直达大埠。后来父亲到过三有公司,也就是陈学谈的鸦片烟公司做伙夫杂役。他有工资后有了积蓄,经济比农民要好。日本人快来的时候,有钱人卖地逃跑,父亲认为农民还是应该有地。正好碰到日本人快要投降,大埠的港口不起作用了,国民党政府原来建的

① 陈以大(1912—1995),霞山区调罗村人,1938年参加革命工作,同年加入中国共产党,参与创办中共广州湾支部。历任中共湛江市工委委员、支前司令部司令员、广东省四建公司党委书记等职。
② 1927年,广州会馆会长陈澄甫在福建街广州会馆创办广侨小学,1934年由许乃超接办。1935年许乃超在广侨小学基础上改办晨光小学,使其成为革命阵地。
③ 广州湾法当局在赤坎市区外围设置更楼作为防卫设施,派兵驻守,其中一处更楼位于鸭嫲港北岸,旧址在今新春路。
④ 1916年5月,法国当局颁布《广州湾市政警政管理条例》,规定公妓合法。高级妓馆多设在麦那街、镇台街、牛皮街,低级妓馆多在猪笼街、怡乐街。邱炳权:《法国广州湾租借地概述》,邱铭编《抚今追昔》,中国文化出版社,2007,第241页。
⑤ 大埠位于广州湾上游的遂溪县海岸,距赤坎颇近,民国初年已形成有商铺六七十间的商埠,渔业交易较为兴旺。《遂溪县采访员一、二次报告》,民国手抄本,广东省立中山图书馆藏。

房子被拆除，父亲就在大埠买地建屋。

日本占领广州湾后，家里没办法支持我读书，我只好在家务农，种菜放牛。大哥①和二哥②都是党员，说我不能老在家待着，就把我弄到黎明小学。读书真的艰苦，每个月回家一趟，走30多里路挑粮食到学校食堂开饭。我读书很用功，成绩还算不错，毕业考第一名。学校老师当中，起码有四五个共产党员。二哥在家把密信交给我，让我塞入鞋底带给黎明小学的党员老师，那时我才十三四岁。

后来晨光办初中部，改名叫河清中学，③ 我考了第二名入学。本来我也考了培才中学的第二名，应该是免学费的，但是校长陈玉燕口试的时候把我吓一跳，她问："你知道游击队吗？你知道什么是共产党吗？"我怎会不知道？但我赶紧推说不了解，以后就不敢去培才中学读书。

二　南路革命再度蓬勃

1928 年是南路革命历史中的关键时期。大革命时期南路地区就有党的组织，革命武装斗争的历史很长。黄学增④是周恩来同志在广东工作时期非常有力的助手，所谓"东有彭湃，南有黄学增，北有阮啸仙"。⑤ 黄学增在遂溪县搞农民运动，建立农民武装，最多的时候有好几千人。大革命失败后，这支农民武装一直坚持斗争，曾经攻陷过遂溪县政府，最后在军阀陈济棠的围攻下退到涠洲岛，在那里弹尽粮绝失败了。⑥

---

① 陈明勋（1915—1988），又名陈良喜，曾参加遂溪青年抗敌同志会，曾任志城乡副乡长、麻章乡乡长，参与解放海南岛工作，后任南路专员公署总务科科长、湛江市第四中学教员。

② 陈明时（1922—2006），又名陈康利，曾参加遂溪青年抗敌同志会，曾任南强中学党支部初中部小组长、中共南路特委交通员，解放后在湛江市劳动局、市计委、市经委任职。

③ 晨光改名为河清中学时间为 1946 年初。

④ 黄学增（1900—1929），遂溪县墩文村人，1920 年就读省立甲等工业学校。黄学增曾在农民讲习所学习，入党时间不晚于 1922 年，参与领导广东农民运动，假期返乡时与同乡有志青年成立"雷州青年同志社"。1926 年初黄学增返回南路地区工作，创建中共南路党组织。1929 年黄学增任中共琼崖特委书记，不幸被叛徒出卖，在海南海口被捕牺牲。

⑤ 彭湃（汕尾海丰人）、黄学增、阮啸仙（河源人）、周其鉴（肇庆广宁人）并称广东农民运动四大领袖。

⑥ 1927 年 5 月中共遂溪党组织发起"乐民起义"，一度攻陷乐民所城，由于伤亡过大，农军从遂溪江洪港撤退到斜阳岛（涠洲岛东南）坚持武装斗争，成立赤卫军大队。1928 年，赤卫军回师曾攻入遂溪城。1932 年，陈济棠调派海陆军"围剿"，斜阳岛最终失守，赤卫军大多牺牲。

大革命失败后，南路的党组织没有了，一批热血的青年就去寻找党，代表人物有黄其江①、唐才猷②、黄明德③和陈其辉④。最典型的是唐才猷，他偷偷拿了老婆的嫁妆首饰和父亲的钱去寻找党，去了香港、广州和海南岛，还曾经去过广西，因为听闻广西有同情共产党的十九路军，但都没有找到，唐才猷曾被他父亲关起来，终于在广州找到了党。坚持革命的还有黄其江、王国强⑤和陈其辉等人。我村的陈兆荣⑥受党的派遣回来办民校，凡是共产党员都得下乡，办民校和发展党组织，并且宣传抗日和组织抗日武装。

图 1　1955 年唐才猷授勋像
资料来源：唐才猷家属提供。

我们村就是共产党重点发展的村庄，派遣来的人物包括陈兆荣、支仁山⑦、支秋玲⑧，还有长期住我村里头的苏少婉⑨，她一直办民校发展党员。我们村 1938 年 3 月建立党组织，第一任支部书记是陈兆荣，第二任支部书记就是陈明景⑩。他们建立党组织，发展抗日武装，和我村比邻的丰厚村⑪于当年 5 月建立党组织。

---

① 黄其江（1913—2008），遂溪县城月镇平衡村人。1938 年 6 月加入中国共产党，同年 8 月成立遂溪青年抗敌同志会，解放后曾任湛江医学院党委书记兼院长。

② 唐才猷（1917—2019），遂溪县城月镇吴村人。1938 年加入中国共产党，抗战时期曾任广东南路人民抗日解放军第一支队大队长，解放后曾任湖南省军区副司令员。

③ 黄明德（1913—2005），东海岛人。1931 年 1 月加入中国共产党，解放后曾任湛江市委副书记。

④ 陈其辉（1914—2002），遂溪县赤坎麻章湾村人。1938 年 6 月与黄其江经刘秉钧介绍加入中国共产党，解放后任国家水电部电力科学研究院党委副书记。

⑤ 王国强（1919—2011），遂溪人。解放后曾任湛江市委书记、市长。

⑥ 陈兆荣，出生于 1915 年，遂溪县陈川济村人。1938 年 9 月加入中国共产党，解放后曾任水利部电力科学研究院政治部主任、党委书记。

⑦ 支仁山（1916—1950），遂溪县支屋村人。1938 年加入中国共产党，参与组织遂溪青年抗敌同志会，开展抗日游击斗争。1948 年，支仁山出任粤桂边纵队第二支队司令员，配合解放大军南下，1950 年因病逝世。

⑧ 支秋玲，又名朱秀清，支仁山胞妹，遂溪青年抗敌同志会发起人之一，筹组遂溪妇女抗敌同志会，曾受党的派遣到雷州下洋镇后村小学任教，曾任中共闽雷特别支部支委、湛江市总工会副主席。

⑨ 苏少婉，北海人，曾就读广州湾法华学校，1934 年毕业于合浦一中。1938 年加入中国共产党，到广州湾郊区农村开展抗日救亡运动，1945 年 3 月在茂西伦道乡遭到敌人袭击牺牲。

⑩ 陈明景，又名陈志云，陈川济村人。解放后曾任中共合浦县委组织部部长。

⑪ 1940 年，中共南路特委在丰厚村李氏宗祠、邹氏宗祠建立地下交通站。

所以我们两个村都是抗日的革命老村庄，南路的领导人几乎都住过丰厚村。游击队需要武器、弹药和情报时都聚集在丰厚村，丰厚村发展得比我们村还要好。我大哥、大嫂①和二哥都是 1938 年入党，战争年代我们家里有六个共产党员，还有姐姐陈惠芳②、二嫂③和我。

因为我家有那么多共产党员，所以我家从 1938 年开始一直到湛江解放，都是党的联络点，好多领导同志如支仁山、支秋玲、王国强和陈其辉，基本都在我家住过。当时斗争复杂，我们村离市区那么近，是很不容易的。新一团团长金耀烈④受伤了以后，就在我们村附近养伤，养伤条件很艰苦，他住在九东村甘蔗地里头，医生和警卫员就住在我家。好多通讯员（比如全国明⑤），他们经常来往。谭德⑥解放战争的时候生小孩，就在我家。

1947 年国民党开始围攻游击队，那时候上头派吴有恒⑦成立粤桂边区部队。司令是庄田⑧，副司令是唐才猷，但两人都没有到职。政委是"二叔公"温焯华⑨，副政委是吴有恒。吴有恒敢想敢干，既然司令员和副司令员不在，他就自任"司令员"。1947 年在麻章过去的大路前，遂溪县县长"铁胆"戴朝恩在公路上被伏击打死了。吴有恒住在"铁胆"家不远，他的小孩回来跟他说戴家哭哭啼啼，好像戴朝恩被打死了，吴有恒出去一看确实

---

① 黄瑞英（1918—1986），随夫参与抗日救亡运动，曾赴钦廉前线慰问抗日将士。

② 陈惠芳，又名陈谷，是陈超的三姐。1948 年参加革命工作，在海东区工作，解放后曾任湛江地区妇联副主任。

③ 黎友梅（1925—?），解放前任小学教员，1950 年加入中国共产党，曾在湛江市海关、湛江农械厂工作。

④ 金耀烈，又名金克平，毕业于雷州师范学校，解放后曾任广东省劳动局副局长。1947 年，南路特委决定成立粤桂边区人民解放军，遂溪在原来四个中队基础上成立粤桂边区人民解放军新编第一团（简称新一团），当年 3 月 17 日在遂溪望高村举行成立仪式，团长为金耀烈，副团长为郑世英，政委为李晓农。

⑤ 全国明（？—2007），又名全如九，麻章迈合村人。抗战时期任雷师党支部书记，曾任粤桂边区人民解放军七团政委，解放后任吴川县兵役局政委、武装部部长。

⑥ 谭德，女，1945 年参加南路人民抗日武装起义，解放后任湛江市妇联主任、湛江地委组织部副部长。

⑦ 吴有恒（1913—1994），江门恩平人。先后任中共香港市委书记、广东南路地区特派员、中国人民解放军粤桂边区部队代司令员、粤中纵队司令员、中共粤中地委书记、广州市委副书记、广东省文联副主席、广东省作家协会副主席、羊城晚报社党委书记兼总编辑等职。

⑧ 庄田（1906—1992），海南万宁人，开国中将。解放战争时期任琼崖纵队副司令员、粤桂边纵队司令员，解放后曾任原广州军区副司令员、广东省副省长。

⑨ 温焯华（1914—1991），原名张寿南，曾用名张仁，人称"二叔公"，东莞人。曾任中共广东省委组织部干事、中共南路特派员、中共粤桂边地委书记、雷州地委书记，解放后任中共南路地委书记、湖北人民出版社社长、广东省委党史研究室副主任。

是这么一回事，于是连家都没回，就直接找到丰厚村的通讯员带他到遂溪。他在遂溪成立了新一团，紧接着成立新二团，到廉江成立新三团，又到化州边境成立新四团，武装斗争一下子搞了起来。当时轰轰烈烈，我这时参加了部队。

但是吴有恒的政策过左。过去化州和吴川是很好的革命根据地，由于政策过左，"打地主，分浮财，吃大户"，伤害群众的利益，本来有些人支持我们，但后来根据地丢失，部队没办法在化州和吴川坚持斗争，所有区长基本被敌人杀害，群众被杀害的更多。部队一部分打到广西去，最后基本都牺牲了，剩下的部队就留在遂溪。当时主要的根据地都是黏糊糊的红土地，以洋青乡为中心，在靠着遂溪县城这一带活动。地盘本来就小，化州的部队没有供应，天天挨饿，中央就决定部队要打出去。于是就以新一团为主组织了西征的部队，打到广西十万大山。

图 2　吴有恒照片（年份未详）
资料来源：广东省档案馆提供。

我从属于新一团第八连，我们走到廉江，党组织决定部队不能都拉走，要我所在的连队在遂溪坚持斗争。就是在这样的情况下，部队还是坚持不了。廉江、遂溪和化州的部队又组织队伍东征，就是打到云浮和阳江以东开辟粤中根据地。队伍由欧初[1]带领，从遂溪下洋村出发。遂溪只剩下我们八连和第二团的二连，总共100多人。

我们的武器基本上是缴获的，那时弄一支枪很困难，我第一次参加战斗甚至没有枪。后来有人问我，为什么打仗没有枪还敢跟着冲？我说那时候我们没有根据地，国民党统治的地方有乡长、保长和联防队，一旦掉队他们就会收拾我们。所以有枪跟着走，没枪也得跟着走。后来组织上给我配备了一把左轮手枪，五发子弹有三发是"臭"的，打不响。再后来吴有恒带我们进军化州，化州山底战斗[2]很激烈，那时候上头给我一支英国的七七步枪，质量相当好。可是就给五发子弹，战斗中我打了三发，连长问我

---

① 欧初（1921—2017），中山人，中山五桂山抗日根据地、广东人民抗日游击队纵队、中国人民解放军粤中解放区创建人之一，解放后曾任广东省政府秘书长、中共广州市委书记。

② 山底村位于化州市丽岗镇。国民党省保安队等"围剿"山底事件发生在1948年1月上旬。

打中敌人没有，我说我也不知道。后来我们部队仗打多了，渐渐什么枪都有了。我 18 岁当上连长，很多战士的年龄都比我大，就是因为我有点文化，缴获国民党的重机枪和炮，别人不敢用，我看有说明书，就按说明书来干。后来集中成立一个机炮连来加强火力，我当上连长不到七天，我们打了洋青战斗，消灭国民党一个加强营的五个连 500 多人。我那时候扛着迫击炮的炮筒跑，非常提心吊胆。

1948 年支仁山和沈斌①同志带领我们八团，也够大胆，从通明港坐船到东海岛，然后再过一晚上到徐闻，一上来就打曲界。国民党的乡团和联防队都跑了，我们解放乡政府，打开粮仓。曲界打完后，我们一个连攻打一个乡，我带一个连打前山，很快就完成任务。不到半个月，徐闻只剩县城和迈陈乡没解放。没多久我们又集中力量打徐闻县城，这也是很大胆的行动。一连打徐闻县政府，我带六连打公安局和监狱，八连占据登云塔控制最高点。

三 解放战争时期三次攻打湛江

三次攻打湛江我都参加了。1948 年 7 月第一枪是革命处于低潮、非常困难的情况下打的。吴有恒受到批评调走后，上级派梁广②来整顿队伍和总结经验教训。梁广觉得敌人把我们搞得那么惨，扫荡追着我们打，我们不如攻打敌人的统治中心，就是要攻打湛江。我认为他的工作做得非常好，首先我们的地下党把国民党在赤坎和西营的情况摸得清清楚楚，而且敌人经常出去"扫荡"我们，剩下在城市的兵力并不多。

经过多次研究，我们袭击的最重要目标是保安十团③的一个营，他们驻在广荣声炮竹厂。④ 我们的情报能细致到什么程度？我们清楚知道里面有十间平房、一座炮楼，以及武器和哨兵的情况。地下党同志还能把我们的突

① 沈斌（1914—1986），又名沈治，东海岛人，曾任遂溪东区区委书记、广州湾特派员、雷州地委书记，解放后任湛江市副市长、广东建工局副局长、广东地震局副局长。

② 梁广（1909—1990），原名霖广，又名洪林，新兴县人，1927 年加入中国共产党。解放前曾任香港工人代表会主席、全国总工会苏区执行局主任、全国总工会组织部长，解放后曾任中共广州市委副书记、广州市副市长、广东省政协副主席。

③ 国民党广东保安十团于 1946 年成立，团长陈一林，第一营营长陈定宇，第二营营长李霭芬，第三营营长曹造时。1946 年 11 月，团本部和第三营由广州开赴湛江，驻防廉江、化州、吴川一带，1948 年 12 月 19 日在遂溪起义。

④ 广荣声炮竹厂位于赤坎市郊（今南桥北路），1932 年邓裕庭与人合股开办。1948 年保安十团第二营两个连驻在此。

击队长带到兵营里，和国民党的营长一块打麻将。

当时我是教育员，等于排级干部。但是打仗的时候，连长和指导员都不在，只有副连长和我是干部。我们早晨六点钟出发，夜里三点钟才走到东菊村，因为我曾在陈铁村黎明小学读书，熟悉附近地形，一到这里心里头就亮敞了。过了河，从振农园小路过去就到赤坎。但我村人带错路，可危险了，他把我们带往鸡岭方向。于是我拉着副连长说方向错了，连忙带队伍往南跑，这才接上目标。我们八连打得很顺利，实际上二三十分钟就结束战斗了。第二个目标是驻扎在体育场对面的湛江市自卫队，由一连攻打。但是两边距离很近，我们这边打响，那边敌人就上了炮楼封好门口，所以没有打进去。但是一连又有一个大的收获，击毙了当时

图 3　1950 年 1 月粤桂边区党委出席华南分局党代会代表在广州沙面参观时合影

说明：上排左起为沈汉英、王国强，下排左起为杨辉图、梁广、黄其江。

资料来源：广东省档案馆藏。

图 4　20 世纪 40 年代的广荣声炮竹厂

资料来源：湛江市档案馆藏。

国民党的特务头子——琼湛工作站的主任①。一连的一个排和我在晨光读书的老师招离②组织了一个队打中央银行。虽然打进去了，但很可惜收获不大，最主要的保险柜没打开，但也捡了不少钱。

国民党军队驻扎湛江的主要长官是保十团的团长，还有一个师管区，就是师级单位管辖，负责征兵，没什么作用。他们大概有两个连驻在培才中学，我们第三连没有参加战斗，尽管如此，控制培才中学的敌人也没敢出来。等我们撤出来后，他们才朝天放枪。战斗时领导亲临前线，例如我

---

① 指国民党"中统"琼湛工作站站长张辅森。

② 招离，遂溪人，学生时代追求进步，参与遂溪七小抗日救亡宣传队，任晴明小学校长，解放后曾任湛江市人大常委会副主任。

们的团长郑世英①、政委马如杰②，以及支仁山。战后我们在南桥附近的狗岭集合，大家都高兴得不得了。七八十个俘虏被押出来，支仁山同志训话，马上就释放了。我们晚上在合流村集合。沈斌同志知道我们已经两三个月没吃过肉，于是筹款买了一头水牛，尽管每人也就分到一块牛肉，但都高兴得不得了，还吃了一顿米饭。我的通讯员是东海岛的小孩子，吃了一块牛肉不过瘾，牛蹄扔到他旁边，他馋得没办法，捡那牛蹄回来煮了水喝。大家都笑他，从那以后他就叫"牛蹄"③。可见我们多么艰苦。

撤回根据地的路上，我扛着一挺机枪，还背着一挺三八枪，还有我自己的小手枪和四颗手榴弹。回到根据地以后没有饭吃，因为那时候没有后勤供应，都靠老百姓支持。最后饿得实在没办法，吃老百姓农村喂猪剩下的红薯渣。后来有个老乡弄了两个烤红薯给我，我还舍不得都吃了，分一半给我的同伴。这次战斗以后，香港震动很大，有份报纸发表文章，说是解放军在长江以南第一次打入大中城市。④ 而且我们纪律又好，老百姓没有受到损害。攻打保安团时，敌人都在睡觉，没有时间开火，我们只牺牲三个人。

第二次打湛江是在1949年10月。国民党六十二军警卫营早就在广州跟地下党有联系，但他们单独起义很困难，后来通过我们地下党联系辎重营和工兵营。广州解放后国民党部队将要撤到海南岛，起义就更困难，所以决定提前起义。⑤ 那时候我已经当营长，我的部队基本已将徐闻县全境解放。接到梁广司令员的紧急任务后，我带队连夜赶回遂溪。不分昼夜赶到泮塘村，这才知道要接应六十二军警卫营起义。这时国民党保十团团长已经起义了，梁广他们商量委任他当粤桂边纵队第六支队的支队长。我们很想不通，保十团杀我们那么多人，我们跟他打了好几年的仗，结果一下就让他们团长当支队长，还是我们的领导。但上级决定了，那就没办法，只得服从。

---

① 郑世英（1906—1988），遂溪人，曾任粤桂边区人民解放军新编第一团副团长、新编第二团团长、新编第八团团长、粤桂边纵第二支队副司令员。

② 马如杰（1914—1984），又名马德良，遂溪人，曾任遂溪人民抗日联防大队队长，解放后曾任湛江专署副专员、阳春县委书记。

③ "牛蹄"是指通讯员王玉来。

④ 中共中央香港分局主办的《正报》1948年第2卷第50期刊登了《第一次打入大城市（湛江通讯）》报道。

⑤ 起义时间是1949年10月16日，营长为邱德明。

梁广命令，陈一林①带着他的随员和六支队的副支队长王建夫②，到西营跟起义部队接触。他们临走的时候，又把我带着，让我的部队接受任务。王建夫和黎江③进了西营，当天晚上就起义。我和陈一林在笃头村等部队来。第二天我们的部队就赶来了，但是人很少，我们八团④只有两个营，国民党六十二军的一五三师驻在赤坎，一五一师驻在霞山和铺仔墟。领导担心一五三师从赤坎赶到西营消灭起义部队，就叫我们先打赤坎，五团打麻章。

我带一个营就从培才中学先打进来，这是一座难攻的大土坎。但是第一天赤坎没打成功，晚上回到百龙村吃晚饭，又马不停蹄赶到西营。我们先占了飞机场，然后占领了新村炮楼，十七团在屋山阻挡一五三师从赤坎增援。笃头村附近的新墟驻了国民党一个团，我抓了他们的通讯参谋和侦查参谋，我们训话以后又放他们回去，动员他们那个团起义。

陈一林也到炮楼，他命令我进攻海头墟，国民党一个团已经在岭上布置好，我攻了三次也打不下，二营从菉塘进攻也打不动。起义部队困在西营，敌人飞机从海南岛飞来，低得连飞行员都能看见。敌人飞机开始还分不清敌我，之后就环绕着山头到处扫射，我的一个副营长和好几个战士都牺牲了。和我挨着打仗的十七团团长"崩口仔"⑤骑着马跑，飞机把他的腿打断，后来也牺牲了。没有办法，最后我们还是打出了一个口子，让起义部队突围出来，晚上回到解放区，但是损失很大，原定配合起义的工兵营和辎重营一看被国民党军队围攻就叛变了。我们动员东海岛的老百姓开船运走国民党一五一师弹药库里的武器弹药，收获很大。但是我们被敌人杀害的人不少，派到一五一师联络起义的人基本上都被枪毙了。虽然我们党和一五一师的师长⑥有联系，他也答应起义，但他是无兵司令，后来就带了

---

① 陈一林（1911—2000），蕉岭人，曾任国民党军政部监护第七团上校副团长、广东省保安十团上校团长，率部起义，解放后曾任广州建设局副局长、广州政协副主席。

② 王建夫，又名王克、王文炳，遂溪人，曾任粤桂边纵队第二支队、第六支队副司令员。

③ 黎江（1921—1994），霞山人，曾任中共湛江工委书记，解放后曾任湛江地区专员公署副专员、湛江市政协主席。

④ 八团原系粤桂边区人民解放军的建制，1949年6月27日中央军委批准粤桂边区人民解放军纳入解放军正规部队行列，同年8月1日正式宣布成立中国人民解放军粤桂边纵队，八团编入纵队第六支队，改为十八团。

⑤ 指叶车养（1927—1949），化州笪桥镇柑村人，因出生时嘴唇崩缺口，门牙突出，人称"崩口仔"。

⑥ 时任师长为罗懋勋，高要人，黄埔军校第四期毕业，后任六十二军副军长，后被俘。

个警卫员跑出来，他的部队都叛变了。可是我们也抓了国民党六十二军军长的老婆和女儿，他的家属撤退时稀里糊涂跟着我们起义部队一块走，四五十人被我们俘虏，后来双方交换战俘。

第三次打湛江，就是 12 月解放湛江。解放军的主要精力不放在湛江，国民党陈济棠从广州撤出的部队，因为西营发生起义所以不敢来，被陈赓兵团①包围在两阳地区消灭了。我们粤桂边纵队在廉江和茂名部队的任务，就是配合陈赓兵团消灭残留的国民党部队。最后一次打湛江的部署是，我们十八团沿着公路从屋山进攻西营，十六团从菉塘控制码头。十六团打得不错，他们打得比较早，所以占领了码头，国民党剩下的部队没办法，登上了兵舰撤走。那时候港口还有国民党 7 艘兵舰，但是我们控制码头使得他们无法撤走。我带着部队从正面攻打，前面是通向西营的唯一公路，敌人堡垒和战壕都准备好阻挡我们，所以我们进攻受阻。二连最先进攻，敌人埋伏的迫击炮和重机枪齐齐射击，我们立即就有 16 名同志负伤。为了弄清情况，我到一个山包观察，一颗炮弹在身后爆炸，副营长因此负伤。

我们打进去以后，敌人最后死守的据点就是法国银行②。与此同时，四十三军一二八师从北海急行军赶来。他们抵达以后，上头就命令我们交给他们组织进攻。我又接受任务进攻东海岛的国民党驻军，我们团奉命到北月村，准备坐船登岛。但一二八师把法国银行攻下来，东海岛的敌人已经撤退。到了此时，整个湛江解放。

四　粤桂边武装斗争的历史评价

粤桂边纵队的斗争，在广东来讲应该是很少有的。老一团和新一团两次西征打到广西和越南，最后打到贵州和云南，建立了滇桂黔纵队；东征，欧初带我们部队打到粤中去，开辟了粤中革命根据地。要进行革命传统的教育，让后人知道南路革命斗争的不易。

我们的武装斗争有一些问题，别的部队有立功条例，但我们团没有。政委本来提出立功条例：缴获一支枪，抓一个俘虏，算小功；缴了重机枪，抓了国民党的军官，算二等功；重大的贡献，算一等功。但大家讨论说，

---

① 即第二野战军第四兵团，司令员为陈赓，副司令员郭天民，下辖十三军、十四军和十五军，共 10 万余人。

② 即西营的东方汇理银行。

抓个俘虏，缴个枪，干脆给一块光洋，好用来买牙刷、牙膏和背心裤头。可是这一招坏了，洋青战斗消灭国民党军队500多人，缴获迫击炮8门、重机枪8门、轻机枪16挺，那要奖多少光洋。团里发愁，最后他们搞了一个简单的办法，买了背心印上"战斗英雄"，发给那些战士。

还有一个问题，"地方主义"把南方的干部坑苦了，好多人都受罪。我大哥是党的联络员，也是党的经费供应者，因经费问题，大哥跟领导闹矛盾，以后党的关系就脱了。1947年武装斗争时大哥又参加部队。而且我大哥1939年和陈兆荣受党的派遣参加国民党的党训班，当了志城乡的乡长，后来国民党发现了把他开除。大哥第二次参加革命要求恢复党籍，当时的领导不允。当时的党组织又下了一步很险的棋，麻章乡有我们很多党支部，让大哥回去当国民党的乡长，保护我们的地下党活动。我大哥也服从，可是当了乡长不到一个月，张君嵩来打湛江，下令逮捕大哥。我们地下党知道消息，通

图5　1984年3月粤桂边纵队专题史料编写工作会议在湛江举行

说明：第一排右起为郑志辉、王国强、沈斌、温戈、黄明德、梁广、温灼华。

资料来源：广东省档案馆藏。

知大哥赶快跑，他又跑到部队去，湛江解放后他到南路专员公署工作。

我非常欢迎湛江市博物馆的粤桂边纵队展览，但还是一直呼吁建设粤桂边纵队纪念馆，要体现我们南路革命的历史。

·校注手记·

高举红旗战南天，纵横驰骋粤桂边

钱源初

（2022年）

1930年，陈超将军出生于遂溪县志城乡陈村仔（今赤坎区陈川济村）。陈川济村具有光荣的革命传统，是抗日革命老村庄。陈将军的家里有六位党员投身革命，是名副其实的革命家庭，其家同时是党的联络点，而他先后入读的黎明小学、晨光学校初中部（河清中学）、戊戌中学，均有地下党

员潜伏活动。可以说，陈将军的生长环境与共产党联系紧密，革命种子从此生根发芽。

戎马半生的陈将军于1947年3月年参加革命，加入粤桂边区人民解放军（后称粤桂边纵队），先后任班长、教育员、副指导员、连长、指导员、副营长、营长等职，新中国成立后在高雷军分区、粤西军区、台山县兵役局、人民解放军原总参谋部、原兰州军区等单位工作，1993年晋升中将军衔。也许是对旧社会的不满或不屑，陈将军在自传《回眸往事（一）》（中共党史出版社，2014）、《回眸往事（二）》（中山大学出版社，2021）中较少涉及广州湾史事。

2017年夏，我们团队联系上陈将军，到其北京寓所进行了访谈。陈将军面色红润，军人气魄强大。他1955年调往北京工作，在北方（包括兰州）工作生活了60余年，因此主要使用普通话和我们交流，有个别地名担心我们听不懂，再用白话复述。

在访谈中我们得知，陈将军小时候生活在广州湾周边地区，对这一租借地印象较差，其中一个原因是他读书时每次路过华洋分界，都被法当局要求搜身，在人格上感觉受到侮辱。另外广州湾建设落后，且赌场、烟馆、妓院林立，这样乌烟瘴气的地方正是共产党所要革命、推翻的旧社会，并且，他们村就有人来广州湾抽鸦片烟和娶妓女为妻。

陈将军年仅17岁便入伍参军，亲身经历粤西地区革命斗争和解放湛江三次战役，回忆往昔峥嵘岁月仍记忆犹新，滔滔不绝。访谈中，他强调南路有悠久的革命历史，大革命时期以黄学增为代表。讲到唐才猷"偷"父亲、妻子的钱财投身革命的有趣故事时，不禁面露笑容。

陈将军认为三次攻打湛江的原

图1 1949年底摄于南路军分区

说明：陈超时任解放军粤桂边纵队六支队十八团一营营长，左起为梁周容、陈方亮、陈超、黄可。

资料来源：湛江市档案馆藏。

因并不相同，1948 年第一次攻打湛江，是因为南路革命处于低潮。此前吴有恒负责粤桂边区部队，陈将军认为吴有恒敢想敢干，身先士卒，武装斗争轰轰烈烈，他正是在这一时期参加部队，成为新一团第八连战士。

梁广接替吴有恒后，面对敌人的侵扰，决定打到敌人的心脏——湛江市区。当时陈将军仅有一把左轮手枪，五发子弹中竟有三发不能用，他还进一步解释说，那时候部队没有根据地，必须跟着队伍走。由于供应条件困难，他的通讯员因为饥饿捡来牛蹄煮水喝从此被人叫作"牛蹄"，他本人也曾吃过农户家里喂猪的红薯渣，对于当年艰苦情况，如今想来是不可思议的。1949 年第二次打湛江的目标是国民党六十二军，警卫营早已与共产党联系，弃暗投明，计划起义。当时他任营长，从驻守地徐闻连夜赶回遂溪。同年第三次攻打湛江后，迎来湛江解放。由于是亲历亲见的历史，并且已撰写过回忆录，陈将军的口述表达清晰、逻辑完整连贯，我们可以轻易构想当时三次攻打湛江的画面，并将此前不甚了解的人物、时间串联起来。我们借此也可以看到大半个世纪之后凝结在将军脑海中的战斗场景，通过口述再次呈现给读者。

陈将军于 1998 年离休后，依然关注粤西地区的革命斗争史。他多次回到家乡缅怀革命先烈，慰问革命烈属，参加党史座谈会，近年更是自费将家乡祖屋开辟为红色主题展览馆"红色南路（陈川济）教育基地"，大力弘扬革命历史。老骥伏枥，志在千里，陈将军秉持赤子之心，革命终身，正如 2014 年他为粤桂边纵队成立六十周年而写的题词："高举红旗战南天，纵横驰骋粤桂边。英雄业绩千秋在，革命精神万代传。"

图 2　陈超将军与战友梁周容出席赤坎晨光小学的活动

资料来源：湛江市档案馆藏。

六　乡间生活变迁

墟市社会的方方面面

——陈侠勇忆坡头

李宜珍　郭康强　整理

一　"世界都系坡头墟大"

坡头最初只是一座坡岭，一个铁匠在树下"叮叮当当"打铁，农民过来打造大刀、柴刀、禾刀和锄镰等农用工具。工作量渐渐多了，附近的人拿炒熟的花生和小食来卖，人越聚越多成了墟，就有人凑钱来做墟主。为了分墟份，那些乡绅老大和有钱有势的人商量，陈姓出九份钱，许姓出一份，黄姓出半份，莫姓只出一点点，所以有坡头墟"九陈，一许，半边黄，一些莫"①的说法。

法国管治时期，坡头还是一个很小的墟镇，面积是现在的十分之二。当时只有五条街：正街、车路街、鱼街、横街和大麻行。坡头墟日是"一、四、七"，三柏墟是"二、五、八"，龙头墟则是"三、六、九"。②黄坡墟③比坡头墟大得多，那里有船户，有更好的水陆交通运输物资。我所知"世界都系坡头墟大"的来历如下：以前有些外来穷人做"白拈"，就是说白白偷别人的钱，坡头人都疾恶如仇，一旦发现白拈就抓住痛打，所以外地的无业穷人不敢来坡头墟。不过这传说后来又有其他说法。④

---

① 意为不同姓氏人士集资建立坡头墟市，并按各姓人口划分股份。
② 以农历计算，每十日中划定三日作为墟期。一般而言，相邻墟市的墟期相互错开。
③ 今吴川市黄坡镇，位于鉴江下游。
④ 指此说可能与"三月三抗法"事件有关。1936年4月，法当局试图在坡头实行"义务工役法"，被民众认为是开征"人头税"而抗议抵制。广州湾民众被逼自救会发动大批民众包围坡头蓝带兵营，法军开枪杀死5人、伤多人，后又追捕和镇压民众。自救会请求中国政府向法方交涉，呼吁国内舆论关注。经中法双方谈判，广州湾法当局放弃原计划，1937年初事件平息。

以前坡头有很多店铺，规模都比较小。当时的行业分得很细，相同行业的档口主要集中在鱼亭①附近，不同行业的位置分得很清楚，比如，卖猪行在一个地方，卖鸡行在另一个地方。卖竹器，卖木薯、番薯，卖谷籴，也有各自的行，甚至还有猫行、菜秧行②和建茅房用的茅针行，现在这些行业已经消失。因此，每逢墟日，商贩要到各自所属的行摆卖。民众来趁墟时，买不同的东西就要到不同的行。比如要打铁，除了打铁行，去其他地方是找不到的。

图 1　广州湾早期的坡头墟市
资料来源：约 1906 年发行的明信片。

大行业有行头③，小行业则无。例如，布草、药材、洋杂、米酒和屠宰等大行业有行头，卖蔗、卖衫裤和卖糖果等小行业没有。行头不怎么管理各个档口，不过，他"讲得了话"，旧时老大讲话算数，他所在的行才选他做行头。许爱周被选做行头，是因为他有声望，行内愿意服从。坡头墟没有名誉上的商会会长，但实际上有总头目，有相应的机构和人管理。坡头墟较大的行业是当铺和油行。有名的当铺是大安当，油行则是天和油行最大。许爱周向一个生意失败的老板买下天和油行，然后交给了手下管理。花生油主要是供本地消费，也有有钱人将油、糖和猪放上许爱周的"大宝石"，经过南三大庙④运到香港。坡头有间关帝庙，被称为"墟主"，每年五月二十三日关帝诞都做戏。费用无须筹集捐款，而是分派给各行，由行头收钱。油行生意大，出两本戏；衣服等一般行业出一本戏；做小生意的，凑钱做半本戏。⑤关帝庙东靠"忠肃祖祠"，西傍"四甲祖祠"，⑥三间并排

① 广州湾法当局在主要墟市建造的长条形开放式建筑，供民众交易农渔产品。"鱼亭"是民众对这些市场的俗称。
② 即售卖菜种的种子行。
③ 指一个行业的头人。
④ 位于南三岛东南海边的靖海宫，该地自明清以来已有"广州湾"或"广洲湾"之名，面向主要航道。
⑤ 意为坡头商人以关帝庙为议事场所，并以关帝信仰为团结商人的纽带，酬谢神恩的一场粤剧演出称为"一本"。
⑥ 皆为陈姓祠堂，供奉不同支系的陈氏先人。

即"两祠一庙"，于是有"两鬼夹一神"的说法。

做生意不用牌照，外面的人来坡头墟，能够维持生计就留下，做不成就回去耕田。理发师傅和泥水工都是化州人居多，他们住在"三兴栈""四来店"等客栈，探风试水看能否谋生。每日住宿只收几毫钱，店里提供一片地方给住客煮食和睡觉。我知道有一户化州人在这里睡了一晚，向人借了一口镬煮糖果卖，有生意做了，就接老婆孩子来成家。以前帮法国人做工的人穿木屐，所以有姓李和姓叶两户外地人落户在这里修木屐。坡头墟以前没有茶楼，但街边有饭铺，摆着小凳子，可怜的穷人挑担摆卖，卖完吃碗饭或喝碗粥就回去。有钱人才去饭店，但也不过是吃一碗饭，买几块鸭肉或猪肉。

墟里有两三间鸦片馆，门口招牌写着"灯局常便"①。我家以前住在鱼街，有个叫锦香的人在我家隔壁开了一家烟馆，他从缅甸和云南买进鸦片，放在铜块上煮成胶，香香的，装成一筒筒来卖。有人买回去，也有人在他那里吸。用一条竹烟筒把鸦片放在油灯上烫，再放到嘴里，吃到口中是苦的，闻到味道是香的，我小时候也试过。不像赤坎有正式的妓院，坡头只有流动的妓女。赌馆在正街，我们叫作"俱乐部"，里面有大小围、牌九和骨牌。小时候听说两个赌徒赶牛羊来卖，赚了钱拿去赌，把钱都输光，家里又没米下锅，就解下裤带吊死在法国营盘对面的树上。有大力士来收尸，他们对生意人说："做点好事咯，那里有人死了，没人认领没钱埋。"他们收到两三块钱，在空地上挖个洞埋葬遗体。

二 传承祖业卖凉茶

我出生在"法国鬼"管治广州湾时期的坡头。我们村叫林口大队②，在"法国鬼"到来之前属吴川管辖。因为乡下常有土匪抢劫，甚至把女人抓走换钱，父亲就跟人凑钱搬到坡头墟住。自爷爷那一代开始，我们家在坡头墟卖草药。最初摆小摊档，没有摊名或招牌，就卖草药和凉茶。他自己从遂溪螺岗岭和湖光岩③等山岭挖草药回来，一般是凉茶类的草药和治伤驳骨类的民间常用草药。凉茶类有地胆头、葫芦青、扭肚藤和布日叶等，根据不

---

① "灯局"即鸦片馆，"常便"意为随时欢迎光临。

② 今坡头区林口村。

③ 螺岗岭位于遂溪县境内，最高海拔233米。湖光岩今属湛江市麻章区，是著名旅游风景区。

同症状来配制凉茶。肺清凉茶就由下背藤和肺形草等配制而成。如果是解毒类凉茶，一般有铺地锦和沙芝麻。除了卖草药，如果有需要，也帮人看病，例如旧时的霍乱、屙呕肚痛、感冒热气、中暑、便秘、咳嗽和发烧等病症。

在法国管治时期，我们想去哪里摆摊都可以，不受规管，每日营业，不管是墟日还是闲日。我小时候就跟爷爷学草药，父亲后来买了一点铺面，做小打小闹的买卖。我们的铺面后来逐渐改建，刚开始是茅草房，接着改成勾瓦，即安南瓦①。解放前坡头墟有几间药材铺——广济堂、公益堂、广安堂和广三堂，都属于中药店，都有招牌，有中医坐堂。那时没有西医没有手术，法国人有时来给我们种痘，②民众一般都是请中医用草药来治病。

从爷爷这一代开始，我们一直自己采药自己卖，现在我也骑摩托车或单车一早去龙头、乾塘、南三的山岭采药。解放以前，连单车都没有，只能步行去。那时经济发展落后，荒山野岭多，现在到处搞开荒种植，山林减少，有些草药基本灭种了，例如铁包金和鹅管石现在很难采到了。

三　云车、火车与电船

许爱周在外面经营轮船，我们小时候都叫他五爹。以前的"阴鸷人"③见他回来了就拱手做礼打招呼说："五爹回来咩？"许爱周就把钱给身边的随从，发给那些人，接着进屋坐下喝茶，小车停在门口。许爱周在家乡博立村建了一间书房，④当时他还有族人住在村里，他经常回去看看。法国租借时期修了条公路通到博立村，叫作"火车路"。坡头没有马也没有火车，为什么叫"火车路"？因为以前把烧炭发动的汽车叫作火车，把单车叫作云车，形容一个人走路快就说："哎呀，一架云车来嗲。"

坡头墟有两家车行，一家是九有美昌，另一家是坡头阿华。他们在美国收购旧车回来载客，加起来也就两三辆公共汽车。有段时间没有汽油供应，就烧炭来发动，走坡头到麻斜和黄坡到坡头两条路线。整个坡头也只有三辆单车，三个车主分别叫作宝胜、瑞宜和曾宜，他们赚了钱就买旧单

---

① 从越南引进的一种制瓦工艺，瓦片之间有扣环连接。
② 为了宣扬殖民管治的"文明使命"，广州湾法当局定期派遣医生和护士下乡进行"医疗援助"，其中包括免费诊疗、接种牛痘和派发药物。
③ 指生存条件恶劣、招人同情的乡民。
④ 周兴书屋，位于坡头区博立村。

车回来逞威风。有一次，三人结伴骑车去
新场村，火水灯吊在车头，[①] 路上突然就被
贼佬抢劫。贼佬一棍敲晕其中一人，把车
抢走了。同行的另外两人躲进禾田坑，等
贼佬走了，才把那个人救回去。

以前水路运输很重要，比如去吴川梅
箓，要先走路去黄坡，然后再搭船。"电船"
烧柴油，一开动就"噗噗噗"作响，傍晚
六七点开船，第二日天亮才到。如果要去
西营，就先走路到东营，再从麻斜渡口搭
大船或划艇过去。美昌车行的破车也载客
到东营，但车上不了渡船。船划进沙滩上，
船夫用铁板压住船头让客人登船。有钱人
穿鞋不想弄湿，就让穷人背他上船。去赤
坎的话，需先走到麻登的白沙，在龙王庙
前搭船到沙环，[②] 然后再走路到赤坎，有钱人则搭车。如果去南三，就需先到
新场渡口，南三以前有十个岛，要去哪个岛就搭哪个岛的船。南三有人挑着
"不三不四"的海产品来坡头墟卖，有人在三合窝和黄坡挑着一盆鱼来卖，还
没走到鱼就死了。[③]

图 2 许爱周铜像

说明：由著名雕刻家陈锡均制作。

资料来源：《陈锡均雕刻画集》，商
业印刷所，1941，第 24 页。

四 法国人和日本人驻扎

坡头有一间公局楼，只有十几个治安兵，管理方面做得少，不像现在
有工商局和税务局等单位管理各方面的事情。[④] 以前主要由一个法国官员管
理，他住在西营，很久才来一次。他每次来视察，就有人提前告知大家法
国总公使要来，大家就扫街搞清洁，法国官员来到在街上走走看看就回西

---

① 在车前悬挂煤油灯用于照明道路。

② 今赤坎区金沙湾一带，广州湾时期设有小型码头，有道路连通赤坎。

③ 因缺乏保鲜方法和便利交通，鲜活海产品难以及时运到市场售卖。

④ 广州湾法当局在主要墟市、港埠和城区设立约 20 所公局，任命当地商绅为局长，招募若干
局兵和一名文书人员，费用由财政支付。公局主要负责治安事宜，调解民间纠纷，以实现
上传下达、政令畅通。有研究认为，这是法当局"以华制华"的一种手段。坡头公局旧址
位于坡头镇卫生院宿舍，现已改建。

营。法国人鼻高高，头发红红，肉白白，一般人都不靠近他们，但我小时候问他们要过钱。小孩子走近他不理会，骂他一声，他以为你跟他要钱，就给一枚银，同行的师爷不会帮小孩子翻译。他们看到小孩子调皮捣蛋，觉得可爱就摸摸你的头，给几分钱买糖果。

传达命令的公局归总公使管，也有部分中国人做"奴狗"。坡头的官员有师爷，还有一划、什长和伍长。① 我见过有两种兵：一种是红带兵，穿着红衣服；另一种是蓝带兵，穿着蓝衣服。红带兵和蓝带兵专门管军事，地方事务由地方机构比如公局管，他们不介入。法国人以前在坡头建了一间叫"书房楼"的小学，② 读书不用交学费，有十个老师，多数来自西营。法国人推行他们的思想，宣传天主教，我大哥在那里上过学，我见过他的课本封面写着"福音"。女孩一般不能读书，女孩小时候就在家里学织麻布，做衫裤去卖。民间百姓穿很粗的土布，都是麻丝做的，用植物叶子浸水染成蓝色。

每逢法国国庆节，铺面要把法国国旗立在门口，旗帜有规定的尺寸，节日一过就可以拿下来。坡头小学以前有球场，国庆节在球场有种庆祝活动叫"打砂煲"。法国人把两条一米多高的木杆立起来，两条木杆之间拉一条绳，把锅吊在上面，叫人蒙着眼转圈，再回过头把锅打烂，掉下什么就得到什么。一般是爱好体育的有钱人去玩，耕田百姓不参加。

1936 年农历三月三抗法打"番鬼"③ 的时候我还很小，不过也知道这事。当时推举南三田头人做领袖，懂得功夫的年轻人打鼓担锣冲在前面，扛起大铲围攻营盘。以前人们都是在坡头墟的街里打工，一听到锣鼓声都扛起锄头出来。他们立起旗杆拿着绳索爬上法国营盘，后来一听到枪声，知道法国人打死了人，大家就都散开了。法国营盘旁边有间庙，那四五个年轻人都被打死在庙前的榕树下，后来埋在九有岭。④

---

① 指不同军衔的低级法国驻军军官。
② 指法当局资助的法华学校。
③ 1936 年，法当局企图在坡头推行"义务工役法"，规定当地适龄男子每月须服四日劳役，否则以缴纳金钱代替，此举被民众视为征收"人头税"（又称"身税"）。为了抵制该项政策，民众组成广州湾民众被逼自救会向广东省政府和南京国民政府请求援助，4 月 23 日示威游行期间包围坡头公局和蓝带兵营，五名民众被枪杀，多人受伤，时称"广州湾惨案"。事后自救会遭到广州湾法当局打压，经中方交涉，次年初事件平息，法方停止征税。
④ 共有五位坡头民众被法兵枪杀，舆论称为"广州湾惨案"。五人遗体于 1937 年安葬，近年重修为"抗法五烈士墓"，但墓碑姓名与史实不符。据广州湾民众被逼自救会电文所载，五人姓名应为：陈士轩、李其福、许阿福、李芝和、陈贵卿。焦文卿：《"被叙述"的坡头抗法事件》，《广州湾历史文化考察行文集（2016）》，2016。

日本人曾经派一队兵驻扎坡头，他们一来就把法国人赶走了。坡头墟四周都有日本兵把守，百姓趁墟出入，都要被他们搜身检查有没有带枪。我和大哥也被他们搜过，身上没有武器的，他们就挥一下手让你走。坡头一些有钱有势的人跟日本官勾结，叫他们放我们一马，不要搅扰民间百姓。有一年七月初九，国民党军队从麻登来袭击日本人，但是没有开炮，七月十三日双方才撤退。在此期间有飞机扫射和投弹，那天正好是墟日，飞机投下四五颗炸弹，炸出两三米深的坑，其中一颗没有爆炸。那天没有人死亡，倒是炸毁了许爱周一辆汽车，人们把弹片捡起来当废铁卖。①

由于日军进驻搞得人心惶惶，我曾经走难去同学家里，住了几天再回来。小时候也不会害怕日军，他们穿着皮靴走路"铿铿铿"响，晚上"嗝嗝咯咯"整夜唱歌，做饭就把猪肉和牛肉搅在一个锅里煮。他们要撤退了，就抓老百姓帮他们挑粮食、炊事用具和子弹等，分别挑去麻斜、官渡和赤坎等地。

五　文人撰联巧讽法国官

法国管治时期，坡头公局管理地方事务和民间老百姓。公局局长是地方总头目，负责管理经济和政治等事务，无论什么事都要向局长请示。坡头公局局长有几任，陈文佳是其中一任，绍疆也是其中一任。此外，西边村玉山和麻斜张斗文也做过公局局长。

处理大的事务，例如走私和治安，需要到公局办理，一些小的纠纷事件，则是派兵卒去处理，民间百姓一般没什么事需要到公局办理。那时候地方极少有官司打，顶多是财主与财主斗，官与官斗，民间百姓惹不起官司。民间土地纠纷也少，那时的土地不值钱，没人争抢。土地以地契为凭，比方说我们家以前在坡头墟有间屋，就有法国人颁发的屋契，上面盖有钢印，屋的尺寸和东西南北四至都是以屋契为依据。如果有纠纷发生，把屋契拿出来，大家都无话可说。买卖纠纷也极少，在某处做生意，来去自如，自由竞争。以前火水、火柴、洋钉和洋纱布匹缺乏，按正规渠道运进来要交关税，由法国人颁发一块牌子，如果不想给关税那就走私，走私也有行

---

① 上述事件应发生在 1943 年日军全面占领广州湾之后，中国军队和盟军飞机曾多次袭击驻湾日军。

当来做，一级级操作。头目先把货物运到一个地方，再叫人肩挑运走，给他们"脚钱"，帮忙走私的人叫作帮手，主要为了"揾两餐"。走私进来海关不抓，走私出去才有人抓。[①]

师爷懂得法国话，帮法国人做事。新场村有一个姓郑的师爷，调高也有一个。有一些越南人跟随法国人来广州湾任职，有的当大官，利用本地人管治本地人；也有的当奴仆，给法国人做马夫和炊事之类。有个叫"一撮须"的师爷，不知道他是哪里人，可能叫作殷多东[②]，三月三打"番鬼"事件与他有关。

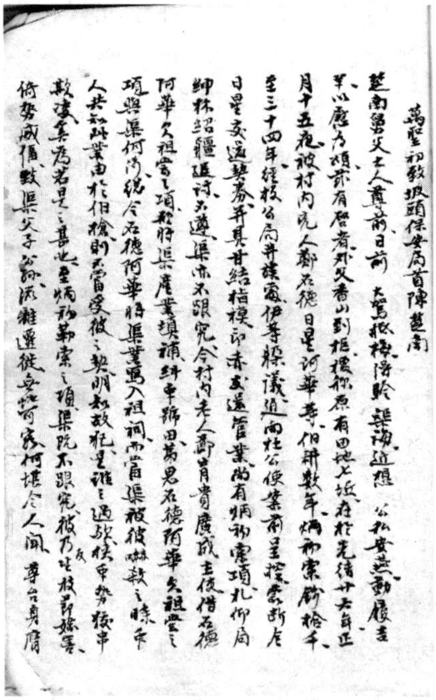

**图3　民国初年坡头地方人士向
陈楚南求助的信件**

说明：文人郑香山抄录。
资料来源：陈达兴提供。

民间有些有文化的人，曾经写诗句和对联嘲讽公局和地方官员，让他们心生畏惧。西边村陈楚南应该是举人出身，但他没有做官，而是留在民间。他帮人写过状纸，又遗留下很多文字。他利用"公局"两字作对联来讽刺公局："公则八字分开仔细勾回私心一点，局成大尸模样屈近有口难言。"意思就是公局官员存有私心，在他们的管治下，民间老百姓无法开口说话。公局局长绍疆也被他通过拆字来嘲讽："绍字半边丝，未口先刀，割尽民间天有眼；疆带三弓箭，二田一土，射穿界外地无皮。"所谓"界外"指寸金桥以外和鬼楼[③]以外，这支箭都要射到界外了，嘲讽公局税收重，民间百姓辛苦。国民党统治时期，也有一副嘲讽对联："世界未闻尿有税，湛江唯有屁无捐。"就是影射邓龙光征

---

① 意为货物从华界运入广州湾租借地不受干预，从广州湾运到华界则有中国海关缉私。
② 此人应为驻扎坡头营盘的蓝带兵军官。
③ 指坡头墟东北方向扼守广州湾边界的西涌尾关卡，该中国海关关卡于1934年落成办公，初属北海关，后属新成立的雷州关管辖。

税。① 塘尾村有个叫"虱嫲刘"建了一所房子，陈楚南写一副对联给他："起屋近昆蚊子箆，高床烂被虱嫲楼。"虽然没落款，不过别人知道是他写的。总之，陈楚南专门写这种鬼鬼怪怪的文字来嘲讽做坏事的官员和烂仔。

六　公局局长善计除土匪

广州湾时期有大班土匪，也有小班土匪，有的匪团有许多条枪，有的仅仅有一两支枪。其中一任坡头公局局长叫作陈文佳，他在地方治安上出了不少力，讲起来在地方上也有些影响。因此有个贼头和陈文佳相互放声出来要打死对方，取对方性命。结果，陈文佳用善计打死了贼头，并把他的头砍下来挂在坡头的一棵榕树上，轰动一时。当时我还只是小孩子，也去围观贼头的尸体。至于拿刀砍头的时候，我就不敢看了。

每当贼人团伙行劫得手后，他们以人和枪的数量来分赃，也就是说，一支枪占一份，一个人也占一份。贼头有两支枪，其中一支是真枪，另一支是假枪。假设他把真枪给其他贼人，自己用假枪，最后他可以分得三份，因为两支枪都是属于他的，而那个贼人只能分得一份。即便如此，仍有一些手下跟着贼头做坏事。

公局局长陈文佳到底使用什么善计捉贼头？过程我有所耳闻。陈文佳很聪明，先和村里一个叫作阿和婆的妇女密谋，如何以抽鸦片烟为由骗那个贼头过来，如何相互配合，如何拖住贼头，以及什么时候动手。这个女人当时四五十岁，很有权势，兵交贼结，吹烟卖烟。谁的牛、羊等物被贼偷了，给她一定数目的酬劳，她就能帮忙寻回。所以阿和婆讲话有一些分量，类似于现在的地霸。

阿和婆对贼头说："我这里的鸦片烟很好，今晚和你吹两口。"那个贼头有烟瘾，也就上当了。到了晚上，贼头如约前来。与此同时，陈文佳安排公局兵按计划埋伏于屋外。吹烟时，贼头不是没有警觉，一度对阿和婆说："哎呀，今晚有狗吠，有情况。"阿和婆哄他说："平时夜晚都有狗吠。"

---

① 邓龙光是抗战胜利后代表国民党政府接收广州湾的军事主官，1946 年 1 月正式成立湛江市之后，郭寿华出任首任市长。

于是贼头就放心继续吹烟。接着，阿和婆又试探他的枪，说"你这支枪很久没抹过了，不知有没生锈"。听罢，贼头就一边吹烟，一边拆开枪来擦拭。就在这时，陈文佳的兵冲入屋内，而狗吠声也在屋沿响起。贼头心想有情况，想拿枪冲出去，阿和婆则劝他不要走到屋外，以免被包围，她说："我搬来梯子给你翻墙出去。"当贼头翻上梯子，就被公局兵开枪击中，一枪即打死。第二天，贼头的尸体还被拉去贞节牌坊[①]斩头。

·校注手记·

坡头墟市秩序与农民政治生态

李宜珍

（2021 年）

一　合适的受访者就在身边

笔者生于坡头，说来惭愧，2013 年至 2017 年，我曾寻访居住在坡头老街的街坊，或者走进关帝庙前老人聚集的打牌档，想要寻找生于斯长于斯的广州湾历史亲历者，虽然最后收集到十余份零零碎碎的广州湾历史叙事，却与具有故事连贯性和可读性的口述史文稿要求相距甚远。直至 2017 年初，《口述广州湾》项目启动，受访者名单上仍未出现合适的坡头出身的广州湾历史亲历者。

2017 年 4 月 5 日午后，广州湾历史研究资讯团队商量，坡头作为广州湾租借地的一部分，在 1936 年发生声势浩大的民众抵抗人头税事件（俗称"三月三抗法"），当地以陈氏宗族聚居为主，又具有历史悠久的墟市文化，是研究华洋共处、墟市与消费市场以及宗族与地方政治等主题不可或缺的地域之一。于是，团队一行五人决定以"游击战"的寻人方式回到坡头老街碰运气。

陈侠勇凉茶档门口的密匝文字吸引了团队伙伴的注意，档口匾额微微

---

① 应是贞孝牌坊，位于坡头九有村，砖砌结构，清道光年间为表彰钟吴氏贞烈而建，今为湛江市文物保护单位。

泛黄，白底红字写着"坡头时珍草药店"，底下紧贴一行绿底小字"四代草药世家百年老店凉茶"。档口门口左右各挂一块一米五高的竖立小黑板，白色粉笔打着规格整齐的方格框，方格框用五颜六色的粉笔描写，开头的几个大字使用几种颜色的粉笔填充以示突出，颇具街头书画艺术风格。门口左侧贴着一行白底红字印刷体"低保残疾乞丐穷病者免费饮用"，下边的小黑板依次写着"敢称坡头第一家""本店不迁市场，实行低价售卖""包真典嘢""加粉冲服无效退款"，其余字则介绍凉茶的功效。右侧黑板的粉笔字被顾客蹭得模糊，写着十六行劝诫保持身体健康的箴言："万两黄金身外物，唯有健康算第一。药物分贵贱，唯验是灵丹。苦口良药利于病，忠言逆语利于行……"屋内外晾晒新鲜摘采的山草药，与文字相映成彰，一股清香袭入鼻孔。

这时，陈侠勇从二楼下来，我们上前与他攀谈几句，了解到他童年时见过法国人，我们每抛出一个话题，他都能滔滔不绝地拓展讲述。我们意识到陈侠勇正是我们此行所想要寻找的广州湾历史见证者，于是对视一眼，索性将手中未来得及喝完的凉茶随手放在地上，就近搬来小凳子，围坐在陈侠勇身旁，架好摄像设备，开始第一次访谈。

小时候我从坡头中心小学放学回家，经过陈侠勇的凉茶店，常常掏出五毛钱买一杯清甜可口又解暑的菊花茶。为何在这几年的寻访老人过程中与他擦肩而过？在我的印象中，精神矍铄的他不像年逾八旬的老人，亦不喜外出聚集在老人堆中。夏日，他穿着白色宽松背心，不时赤脚在屋内行走，风扇呼啦啦地搅动旧屋的空气，摆动他的白发，看起来随意又不拘小节。待他觉得已经从回忆中掏空某个我们抛出的话题时，便停下来，笑对我们说："你问阿物，我讲阿物咯，我知道几多讲几多。"①

图 1　2017 年 4 月采访陈侠勇
资料来源：何小婷摄。

---

① 坡头话方言，意为"你问什么，我讲什么，我知道多少说多少"。

二 坡头墟市的秩序与运作

坡头墟，建于明永乐二年（1404），因地处平坡首部，故名"坡头"，[①]
清朝时属于吴川县南二都，今位于坡头区中部。法国曾在广州湾构建了较
为完善的公路交通网络以连接广州湾租借地的城区和墟镇，《湛江市志》中
列举了广州湾的三条主要公路，其中东高公路是广州湾租借地东部的主干
道，经坡头墟连接东营和鉴江入海口西岸的边界高岭墟。

法国人为何而来？坡头流传着法国人驻扎坡头墟的缘由——"宝鸭穿
莲"的传说，即法国人认为坡头是风水宝地。关帝庙前曾有一方池塘，有
个宝鸭每晚 12 点在池塘游泳，法国人知道后就来坡头偷宝鸭，宝鸭被偷走
后，此地风水就被破坏了。以前宝鸭还没被偷时，坡头人每逢关帝大诞
（农历五月十三日以及十一月十三日）纷纷前来祈福，人们拜完神后，例行
扛着关帝神像绕着池塘走一圈。[②]

广州湾时期的坡头墟范围有多大？据陈侠勇介绍，以法国修建的鱼亭
为中心，往外延伸一公里均属于坡头墟。鱼亭的西南方向有五条当地群众
居住与行商的街道，包括正街、车路街、鱼街、横街和大麻行。坡头公局
与五条主街道相对而建，法国的其余公共建筑散落在鱼亭的西北侧，包括
蓝带兵营、监狱、法国官员住宅以及法华学校（俗称"书房楼"）。而法国
蓝带兵营与监狱之间，即靠近公路的东侧坐落"两祠一庙"，关帝庙西傍
"四甲祖祠"，东靠"忠肃祖祠"，旁边为"集成书院"，永盛境位于鱼街的
尽头，即鱼亭的东侧。如今坡头墟的中心已从当初的鱼亭扩展到一公里外
的坡头新市场，广州湾时期的法国公共建筑大多数被拆除，曾用作卫生院
宿舍的公局旧址也在前几年被拆，仅剩下作为坡头镇政府办公楼的蓝带兵
营盘旧址。

历史学家李龙潜先生将明清时期的广东墟市分为三种类型：一是没有
固定字号商店的定期市场，称为"墟"；二是设有固定字号的商店，"常日
为市"的常开市场，称为"市"；三是"市"与"墟"兼之的市场，称为
"墟市"。[③] 这样看来，坡头墟应为第三种类型的墟市。在广州湾时期的坡头
五条商业街中，固定的商店行业包括典当行、榨油行、布匹行、百货业、

---

① 湛江市地方志编纂委员会编《湛江市志》，中华书局，2004，第 538 页。
② 陈锦贞讲述，李宜珍记录，坡头足球场，2014 年 7 月 26 日。
③ 李龙潜：《明清时期广东墟市的类型及其特点》，《学术研究》1982 年第 6 期。

日什业、烟丝业、饼食业、药材业、酒馆业、粮食业、屠宰业、渔业、饮食业和交通运输业等。典当行、榨油行以及其他行业中的大商户都持有营业牌照。每当审查牌照时，法国官员、公局代表以及师爷到各间商号实地查看，如规模较大、货物充实的店铺即可登记发放营业牌照，牌照费用按查看者估计的店铺规模登记征收，2元西币至5元西币不等，持有营业牌照的商铺需要按照法国所制定的税务规定按期缴纳营业牌照税。1940年日军贸易检查团进驻广州湾后，迫使法当局限制货物进入广州湾转运大后方，当地采取发放"进口纸"（俗称"人情纸"）的限额进口措施，有牌照者获得一定程度的优待。坡头仅有荣记商铺领取过一次棉布进口证。虽然商店有无营业牌照都可正常营业，但当时商户普遍认为有牌照者即为殷商大户，利于为经商者和商铺增添信誉。①

陈侠勇提到一句民谣："九陈，一许，半边黄，一些莫。"这并非坡头墟建墟时的资本构成，实则为坡头墟的人口结构，即墟内主要由这四个姓氏的家族组成。关帝庙附近的忠肃祖祠、四甲祖祠和三甲祖祠是属于陈氏的，坡头墟内别无其他姓氏的祖祠，因此陈氏是坡头墟主要的人口构成部分。"一许"指坡头墟东南方向5公里外博立村的许氏，"半边黄，一些莫"则指坡头墟北部一公里外麻登乡的黄氏和莫氏。

陈氏宗族的发达利于维护当地墟市的秩序。墟主区分为"神"和"人"，墟内商户尊关帝庙内的关帝为墟主，这是"神"的墟主。关帝庙建于乾隆三年（1738），由附近塘下村（今改名贵基村）的陈贵基、陈鸿绅和陈会邦合族倡议合资筹建。据族谱记载，陈贵基"公巡政厅为乡饮大宾，建墟立庙"，②意指九品官陈贵基为陈氏宗族中德高望重的长者，对建立关帝庙和维护坡头墟市的秩序具有重大贡献，他亦被称为墟主，这是"人"的墟主。这些宗族长者除了日常管理陈氏祖祠的产业，还担任坡头武装商团团长，负责调解商务纠纷以及维护墟市治安。解放前为防范盗贼，坡头各工商业者为维护自身利益，自行出资组织坡头武装商团团兵，每晚巡逻打更，把守街道两端的大门。由此可见，"墟主"的实际作用产生于关帝庙建立之时，坡头墟市依靠墟主的组织管理，从自生自发的秩序走向人为设计的秩序。这种人为设计的秩序是一种从内部建立起来的平衡，遵循了当

---

① 林春繁：《法国殖民时期坡头墟工商业简况》，中国人民政治协商会议湛江市坡头区文史资料研究委员会编《湛江市坡头区文史》第3辑，1996，第16—27页。

② 《乾塘陈氏族谱》第8甲第4卷，现代印刷本，藏于坡头区乾塘村。

地商人的进化选择——宗族人口和财富的相对增加。

陈侠勇听老人说，清代坡头墟的治安虽有保障，但环境肮脏杂乱，每逢墟日，商贩从四面八方而来，他们不分行业将货物随意摆放在空地上。到了广州湾时期，法国行政长官制定各项行政和治安措施，用以监管本地公共秩序，同时设立司法机构和颁布司法制度，利用拘捕、审判和刑罚手段约束当地居民。法制秩序对于民间百姓生活的影响尤其体现在坡头墟市买卖秩序和卫生管治方面，法当局曾在坡头墟市建造鱼亭，要求卖方按照其划定的行业位置摆放相应的货品，他们也修建了商业街前的明渠用以排流污水，要求群众定期清扫商铺前的街道，如不遵守规则就会受到惩罚。

英国经济学家哈耶克认为，法治相对于依靠权威压制的人治来说，是一种规则面前人人平等的治理方式，法治约束、限制人类的本能，是市场秩序的基础。^① 坡头墟自明朝自发形成，清朝时期依靠墟主的权威与工商业团体的管治，再到广州湾的法制社会，这一过程体现了坡头墟的规范从习惯性规则到现代意义上的法律进化的转变，这种既定象征秩序的维持及其变迁，可看作一种关于坡头群众行为与内外部环境互动的社会文本。

三 平民的武器与反抗的景观

广州湾时期，坡头民众对抗政治权威的活动大致分为农民的大规模公开挑战、文人的笔杆子抵抗以及从属者的沉默抗争。湛江有一句妇孺皆知的俗语："世界都系坡头墟大。"现在已难以考证这句话出自何人何时。陈侠勇认为这句话源于坡头人至情至性、疾恶如仇的品质。关于这句话的起源，民间还有另外两种说法：一是坡头墟市之繁荣贸易与商品种类多样，墟日吸引了附近村庄的许多趁墟村民；

图2　坡头蓝带兵营（今坡头镇政府内）近照
资料来源：陈小铁摄。

二是1936年4月坡头民众抵抗法当局征收人头税的行动震惊中外。如今当

---

① 弗里德利希·冯·哈耶克：《自由秩序原理》，邓正来译，三联书店，1997，第29—39页。

地更加广为流传的是后一种说法，因这句俗语在表达上体现了当地抗法的历史背景，也能攀附主流地方史，让以老干部为首的历史爱好者引以为豪，并将其当作文化遗产刻在路边大石上。

广州湾法当局于 1912—1919 年和 1936 年至少三次试图征收人头税，历史学者已结合文史档案等材料对人头税纠纷的始末、政府与地方社会的关系以及中法外交等问题做了一定的研究，而民间资料可作为乡村社会反抗景观底层视角的补充。

有组织的集体抗议爆发常常作为一种信号，表示常规的、大量的、隐秘的反抗斗争正走向失败或已经走向危机。1936 年法政府以坡头作为试点，再度向农民征收人头税，要求 21 岁至 50 岁的男子每月须义务服役四天（主要是修筑公路），如不能工作，每人须缴代役金，每日四毫西贡银。① 1932 年至 1936 年，坡头和南三连续遭遇大台风袭击，农民损失惨重，增加人头税更使民众苦不堪忧。法当局委任的乡议员请愿无效，4 月 21 日乡军官陈保华和坡头、南三等地乡绅陈致力、陈永祥成立了广州湾民众被逼自救会，分片区动员群众，先是集会声讨，同月 23 日自救会带着锄头和刀杈等劳作工具，集中包围坡头公局，要求免除人头税，局兵向民众开枪，最后酿成 5 死 12 伤的"广州湾惨案"。此事受到国内舆论的关切，自救会也派人到广州和南京向政府请愿，希望政府出面向广州湾法当局施压。尽管中国政府提出交涉，广州湾法当局还是继续打压和追捕自救会成员，直至 1937 年事情才逐步平息，人头税亦告取消。

以笔揭露、批评和讽刺是民间文人对抗政治权威的常见手段。1912 年广州湾总公使卡亚尔发布通告，规定从 6 月 1 日始人头税按照两等开征：一等，头等年壮及殷富之人每人收银一元；二等，乡农实业之人每人收银五毫。有三等人免纳：头等残疾人，二等老人六十岁以上，三等男孩十六岁以下。凡绅士书记在"皇家"（即法当局）当差者亦免纳。② 坡头乡绅郑香山对此向坡头公局呈交《阻法国开收身税呈词》，要求免收身税。③ 由于当

①　郭康强：《租界条约与中法广州湾纠纷》，《中国社会科学报·人文岭南》2016 年 5 月 25 日，第 4 版。
②　《法人抽收广州湾人税之示谕》，《申报》1913 年 1 月 29 日，第 6 版。
③　陈达兴：《位卑未敢忘忧国——郑香山公以笔抗法二三事》，王钦峰主编《广州湾历史文化研究》第 2 辑，广东人民出版社，2019，第 482 页。

时盗匪横行影响民众的生活收入，而法当局新出台的税务法相当于在清政府田粮税每斗三十八文的基础上增加三毫，除此外还增收地丁税、枪炮税、墟市落地税等税项，商人垄断专营的食盐和鸦片也价格倍增，再增加人头税无异于税上加税，民众困苦不堪。① 对于坡头官员不作为者，如坡头公局旦初、法官文轩、通事钱泮江等人，郑香山联合坡头大姓宗族族长，搜集官员罪证，由郑香山执笔撰写《贴坡头通事劣迹》檄文，各族族人抄写多份，贴于百姓来往频繁的坡头公局门口、正街、鱼街及鱼亭多处，法当局得知此事后调查核实，撤销了通事钱泮江的职务。②

陈侠勇的口述中提到坡头文人陈楚南曾经撰写诗对，嘲讽对法国官员阿谀逢迎的坡头公局局长绍疆、征税的将军邓龙光和流氓"虱乸刘"。坡头旧私塾老师麦绍登回忆陈楚南嘲讽另一位公局局长晋侯的对联："晋进义同，进鬼头一毫，③ 恰似天官进宝；侯候形似，候'公使''二画'，俨如稚子候门。"④ 陈楚南恰好见到晋侯毕恭毕敬侍立在坡头公局门前，卑躬屈膝迎接前来检查的上级官员的丑态。上下联巧妙放入嘲讽对象的名字，一字一音，既点出人物身份特征和事件，又不乏文学观赏性。正如斯科特所言，从属者日常不起眼的针对掌权者的细微抵抗，以及戏谑调侃式的闲谈与幽默，才平衡了实践中的权力关系。⑤

2021 年夏，笔者带着完成的书稿拜访陈侠勇，他补充提到农民这个弱势群体面对贫穷生活所采取的自我保护式的隐形反抗。他说："当民间百姓不满意法国人的政策，他们联合跑到墟外摆摊，等到法国人满足了他们的要求，他们才回来。"他认为民间百姓这一持续的举动促进了法当局收回人头税的决定。坡头民众通过非叛乱的沉默方式，表现出他们的政治参与感，从陈侠勇似乎寻常的回忆中，我们可窥探广州湾民众生活中长期动态的微观政治生态。

① 吴子祺：《民国初年广州湾人头税争议再探》，"广州湾历史研究资讯"第 309 期，2020 年 6 月 7 日。
② 陈达兴：《位卑未敢忘忧国——郑香山公以笔抗法二三事》，王钦峰主编《广州湾历史文化研究》第 2 辑，第 483—485 页。
③ "鬼头"指法属印度支那的硬币"皮亚斯特"（piastre）。
④ 麦绍登口述，麦登庸整理《陈楚南拟联斥奸贼》，湛江市坡头区地方志办公室编《坡头民间故事选》第 1 辑，光明日报出版社，2015，第 7 页。
⑤ 詹姆斯·C. 斯科特：《弱者的武器》，郑广怀等译，译林出版社，2007，第 32—44 页。

走私在洋界唐界之间

——李树茂忆三柏墟

郭康强　吴子祺　整理

一　三柏墟连通海路

三柏墟①有400多年历史了，以前好多人都来这个墟，远至南边的乾塘、南寨、大岭头、岭上、米稔、白塘等村都来，至于我们附近，三柏、端德、李村、唐基、哈蔡、龙头，更是以三柏墟为主。

修筑各项工程之前，三柏墟出去就是海。② 海水原本从北马围通到三合窝，之后流到这里，受潮汐影响，大流小流不同。潮汐上涨的时候，船从海沟驶出三合窝，再出去到沙角漩，③ 过沙角漩就出南海。要去西营就往西边去，南边就是南三岛。以前我们去西营总是坐木船，陆路交通不便，又没有跨海大桥，走路哪能走得到？另外，几百斤重的货物，靠肩膀挑担是不够的，一人只能挑100多斤。

广州湾时期，三柏周边一带只有一两户人去西营或赤坎开铺，也没有很多人外出打工，大多数人在乡下务农。不过，有人集股做生意，比如收购生猪运出城。以前每家每户养猪，有些农户把猪养大卖给商人，商人收购了10头左右就装船运到西营。三柏的鸡客④比较多，有上百人收鸡，也是拿去西营卖。因为三柏墟是一个墟市，有一定的商品需求，好多货物要

---

① 三柏墟由三柏村李氏创立，新中国成立后曾属中山镇，后并入黄坡镇，处于吴川市与坡头区交界处，墟市已经衰落。

② 北马围地处乾塘镇鉴西排涝工程（俗称"鉴西江"）出海口，是一处大型水利围垦工程，1966年动工，次年落成，起到引灌、排洪和防潮作用，但也阻塞原有航道。

③ 沙角漩今属吴川市吴阳镇，鉴江入海口。

④ 指收购活鸡的小贩。

从西营批发，所以经常见到三四名商人凑钱包一艘船运载货物。这种船好像叫作"渡船"，每隔两天往返一次，无论人多人少都定期开航。以前航船要看"流水"①，跟着流水才能出去，潮涨潮退，涨潮才出得去。渡船主要经过三合窝、新场村，如果顺风顺流很快就到，如果逆风逆流，五个小时还到不了西营。

三柏墟是由搬出来的李姓组成的，所以规模有限。假如有其他姓搬来一起发展，这个墟就大了。旧时妇女很少趁墟，男人趁墟居多。早上七八点出去，下午三四点回来，三柏墟的墟日是"二、五、八"，没有人收税，也没有人管理。墟中的武帝庙是成墟之后上百年才盖的。因为墟市建成之初大家没什么钱，盖一间庙要很多钱。

图 1　20 世纪 30 年代麻斜岸边的帆船

资料来源：*L'Oiseau et la Revue française d'ornithologie*, volume 5，1935，p. 37。

墟里有间油行叫长泰行，收本地花生榨油。榨油的步骤是，先把花生壳磨去，但不碾破花生仁，之后就捣碎和炊熟花生仁，做成一只只"秸"。一只"秸"有三四十圆周长，用大条荔枝木做成，挖一个圆洞，把这些花生压在"秸"里，一只只叠起来，叠满把一块块木板插在里面，接着捶打下浆，就榨出花生油了。墟市酒米店有十几间，蒸烧酒和卖米，兼养母猪生猪崽，还有五六间日杂、纸料、副食店，以及三间药店。三柏墟有土地公，每逢节日就要向商户筹钱做大戏。记得有一年向酒米店收母猪钱，加起来足足有 98 只。还有的农民在沙滩上捉黄钳，也就是小小的咸水蟹，卖给别人腌来做汁，②换了钱，到了傍晚拿麻袋来籴几斤米回家，就是这么过日子。又有很多人做渔民，有渔船的就要有渔牌③，这些人生活就好些，他们同样需要买米吃。

在三柏墟上面，梅菉、黄坡和坡头是主要墟市。龙头墟那时候不怎么

① 指潮汐涨落。
② 将蟹磨碎榨汁，腌制做成酱汁。
③ 出海捕鱼的渔船需向法当局缴纳税金方能领取牌照，即"渔牌"。

大，只有几间铺。塘塚有上墟、下墟，也是很零落。三柏墟下面的三合窝有码头，码头很短，那时候还未成墟，只有一间烟馆、一间酒馆和一间米铺。距离三合窝不远处有一个五合墟，不过就是村民在一间关帝庙前摆地摊而已。再走远一些，麻斜规模略大一些，但也就只有一座渡口和一间大王庙。在这种情况下，三柏墟是附近一带的主要集市，吸引周边民众过来交易。三柏墟在日本人来之前有过一次失火，烧毁店铺十几间。以前店铺用杉木搭成框架，再找一些竹篾织成的薄垫钉起来，屋顶铺些梅菉产的禾草，一见火就烧着。

在三柏墟的墟期之外，我们也去别的墟市。去坡头 20 公里，去黄坡也有 20 公里，两边墟都大，黄坡墟更大一些，而且黄坡有水路到达，坡头只有陆路而已，所以我们更多去黄坡。因为黄坡姓李，我们三柏也姓李，大家以兄弟相称。以前从坡头到三柏墟没有公路，坡头到高岭的路是用沙土筑成，下雨冲刷就出现一道道泥沟，车很容易陷进去。我亲眼看到有些穷人或者搬运的苦力见状帮忙推车，车主事后给钱，推车穷人就有钱买米。

二　估衣生意

1930 年我出生在三柏村，父亲李荣燊大概 50 岁到三柏墟做生意，他是卖估衣的，铺名叫同荣，6 岁时我们跟他出来，从村中搬到墟里住。估衣从哪里来？以前香港人生活改善得快，很多衣服穿不久就丢了。有些西营的老板就去香港当铺收购，父亲再从西营那里买回来，然后卖给本地穷人，等于做第三手生意。什么衣服都有，短衫、长衫、大衫袖、细衫袖，女人衫裤和膝头开衩的旗袍，小孩衫裤也有。估衣不用翻新，就是照这样卖，洗都不洗，也不管脏旧。

以前的穷人很"阴鸷"①，没吃没穿，衫裤一有破烂，总是补来补去，用不同颜色的布来补。在墟市卖估衣，父亲只能赚很小的差价，大概赚两分息，有时即便一分息都卖。② 因为那时候做生意很讲究，你不卖，别人卖，做生意有竞争。

---

① 粤语"可怜"之意。
② 意为赚百分之二或百分之一。

卖估衣以前，父亲曾帮别人打工。他没耕过田，我也没耕过田，他在黄坡和其他地方打散工，他搬到三柏墟之前已经做估衣小生意了。起初铺面很小，我们住在里面。墟日才在铺面卖，闲日下乡卖，摆地摊给人挑，跟现在摆摊一样，有的挂起来，有的折起来。那时候进大大小小六七十件货都已经算多了，他一天也卖不了几件。后来做估衣没什么收入，又改行卖米，因为米的销量大。我们这边总是缺粮，很多人经营米业，三柏墟以前有十几间米铺。

以前人们去西营不过夜，一大早就过去，傍晚即回来。比如鸡客今天在三柏和黄坡收鸡，第二天一早就启程，其实等于整夜没睡，因为凌晨一两点钟就起来用沙喂鸡，把鸡撑得满满，用担挑着坐船去西营卖，一卖完就回来。卖猪的才在西营过夜，父亲一般也在客栈过夜。

三　洋界唐界之间挑担走私

在我记忆中，法国管治时期最紧要的一件事是打"番鬼"。第一次抗法，因为"法国鬼"要割地，从三柏一直割到黄坡，要把三柏、端德、基岭、唐基、塘禄、大岸和岭头都划过去。三柏的李品珊、李德士和李梦如组织一班民团来抗法，我们祖公去告状，使得土地划到以红沟为界。我听老人家讲，后来法国想修公路通过三柏墟，把三柏墟占去。路已经修到文塔了，[①] 民团又抗议不让他们修过来。

第二次是法国人来收人头税，他们要每个人都交钱，所以大家合起来组成一个民团，由陈保华、陈吉昌、李贵等人组成民团，带头的陈保华是米稔人。[②] 那时候我只有五六岁，民团没有什么枪炮，都是扛锄头、禾权、大刀去攻打坡头公局楼的法国人。但只有乾塘镇和坡头镇的部分人去攻打，我们吴川这边的人不去，因为我们不属法国管。虽然我们和陈姓关系很密切，历代都有通婚，但与法国人打架我们不去支援，因为各有各的利益关系。其实只有三四个法国人在坡头，他们当百长和地方官，总是"以华治华"，其他什长和士兵都是中国人。

---

① 三柏文塔，位于东路坡村。此事即1935年法当局"越界筑路"事件。
② 指1936年法当局开征人头税遭坡头民众抗议事件，后发生"广州湾惨案"。

以前划界以红沟为界，红沟是天然的小水沟，下雨才有很多水流。这条水沟移位过多次，近些年用水泥筑起来固定水道。国民党捉壮丁时，青年人只要走过这条沟就避开了，一到洋界，国民党的人不敢走过来。以前洋界不能公开挑货到唐界①，因为抵制洋货，海关会管的。我不知国民党的海关有多少工作人员，只见他们扛枪戴帽。我听说在鉴西江的乌坭有个关卡，西边鸡斗屋有座海关楼。以前三合窝有法国人的机构，叫作"鬼楼"，也就是公局楼，有蓝带兵驻守，长官叫什长。高岭也有一个据点，法国派兵驻守在炮楼。以前有车从坡头到高岭，那里也有法国人建的码头，有很多人在那里做生意，走私洋货。②

但是有人偷偷用肩膀挑运洋货，三柏墟在边界上，那时很多洋货挑到唐界。这些货是从西营运来海边，比如煤油、烟、石蜡、肥料、火柴，船一靠岸就有人来接，都是不定点交易，一定点容易被捉。有老板雇人挑，叫作"走洋货"，一站一站换人挑，一站一站有人接收。以前很多人做这份工作，他们都是穷人，为了挣点钱。这些挑夫日间不敢走，都是行夜路。一条路线走得多了，海关夜间就去路上埋伏，所谓"日有鬼夜有鬼"，只要你不碰到"鬼"就可以。一般是从鸡斗、岭脚、大岭脚、乾塘、唐基、唐乐、后山和盘胜这些地方过境。三柏墟是一个海尾，如果"袋口"被塞住，你还走得出？尤其退潮时水道干巴巴，船都推不动，海关埋伏等退潮时捉你。倒霉碰到海关，货物就要被没收，这时他们就逃跑，钻洞躲藏，很辛苦很麻烦。③ 所以说那时候为了赚点小钱换两斤米，是很辛苦的。

为什么现在三柏墟散了？一是因为四周没有行政机构；二是周边的乾塘、三柏、三片、大仁堂、薛屋和施屋村都有早市，他们觉得在村里买菜方便，所谓"农村包围城市"，就没人来三柏墟了，三柏墟就慢慢衰落了。三柏墟有近140间房屋，现在大部分空着，只剩下老弱住在这里。

---

① 唐界即中国政府管辖的吴川县地区。

② 高岭位于租借地东部边陲的鉴江岸边，广州湾法当局修筑公路从坡头墟通往高岭，并在高岭开辟码头，派驻警卫军防守。由于交通位置良好，曾形成墟市，今已衰落。

③ 广州湾为自由贸易港，货物进口大多无须缴税，因此许多商人以走私方式将货物从广州湾运到内地，从而逃避海关征税。1931年起，中国海关重新设立广州湾关卡，派遣海关职员武装执法，意在围堵广州湾的走私活动。三柏一带为陆路边界，缺乏自然屏障，海关较难缉捕。但一旦遇到海关执法，而潮汐水流又不利于行船之时，运输走私货物的村民就容易被抓。

边界墟市的盛衰

郭康强

（2022 年）

三柏墟在吴川市行政中心梅菉街道西南 27 公里，鉴西江下游西岸，原属中山镇，后随中山镇划入黄坡镇，面积 0.05 平方公里。据 1989 年出版的《湛江市地名志》记载：“清乾隆年间，三柏村人在此建墟，故名。”① 笔者早些年开展中法广州湾边界交涉史的相关研究时，便对三柏墟有所关注——该地与一些较为重大的历史事件产生过联系。

1898 年 4 月 10 日法国获得广州湾租借权后，未等完成勘界，便迫不及待地派出军队前往遂溪、吴川登陆，企图任意占领土地。在 1898 年 11 月法国远东舰队指挥官博蒙（Beaumont）少将向法国海军部呈交的三种勘界方案中，吴川县属的土地被划到了黄坡以北一带，三柏墟自然就归到了租借地范围内。

由于法方的要求过高，遭到了中方的拒绝。经中法多方博弈，法国不得不缩小边界范围。1899 年 11 月 16 日，中方代表苏元春与法方代表高礼睿签订《广州湾租界条约》，规定其中一段边界为：“复由赤坎以北、福建村以南，分中出海水面，横过调神岛北边水面，至兜离窝登岸，向东至吴川县属西炮台河面，分中出海三海里（即十华里——引者注）为界，黄坡仍归中国管辖。”② 据此，黄坡得以保留在华界内，不过，三柏村却落在租借地范围之内。以此为参照，位于三柏村以南的三柏墟属于法国管辖。但从后来的事实来看，三柏墟、三柏村最终留在了华界内，受吴川县管辖，究竟是出于什么原因呢？

笔者查阅《广州湾租界条约》原件，发现其中一份条约附界图标注着：“三柏村会勘时让回。”根据中法双方所定程序，《广州湾租界条约》“订明并绘图画明界址，互相划界分执后，两国特派委员会勘明确，妥定界址，以免两国争执”。可据此推测，三柏墟是在中法特派委员会勘界址时随三柏

---

① 广东省湛江市地名志编纂委员会编《湛江市地名志》，广东省地图出版社，1989，第 218 页。

② 王铁崖编《中外旧约章汇编》第 1 册，三联书店，1957，第 929 页。

村一起留在华界的。至于其中的细节，则有待挖掘更多的文献资料以还原。

三柏墟虽然避免了被法国管治的命运，但也因界址变动成为华洋边界地带的一部分，决定了它将成为是非之地，被卷入一系列的争端中。

广州湾界址甫定，法国人即发现租借地过于狭窄，不利于经济发展。法国驻华公使团呼吁重新勘界，因为所勘定的区域与最初的方案相差甚远，无法把周边的大市镇囊括进来。广州湾首任总公使阿尔比建议兼并广州湾以东、鉴江另一侧的商业重镇梅菉，为租借地注入商业活力。新任法属印度支那总督保罗·鲍（Paul Beau）甚至认为兼并梅菉是不够的，应向清政府索取一块以租借地为中心向外辐射 60 公里的区域，囊括吴川、梅菉、黄坡、门头、遂溪、安铺和雷州。① 其后，法国人又意图获得新的铁路修筑权，以将梅菉、吴川、高州等地纳入广州湾的铁路网络中。②

虽然这些意图均因种种因素而落空了，但法国人始终念念不忘加强租借地与周边商业市镇的经济联系。在今三柏墟以南与坡头区乾塘镇交界处，尚留存着一条"法国公路"，长 9 公里，宽 6 米，采用黑石铺盖路面，现路基完好，此乃法国人所筑。③ 20 世纪二三十年代，广州湾法当局为发展商务，多次欲越过华界修筑公路，因三柏乡绅耆李梦如、李立三等地方民众的抵抗以及国民政府的交涉而作罢。其中，引起社会各界关注度最高的是 1935 年的越界修路事件。

1935 年，广州湾法当局越过与吴川县毗连的北部边界红沟，欲跨海修筑接驳租借地东部高岭墟一带的公路，引发了中法边界纠纷，三柏墟因此卷入其中。是年 6 月，法国政府派大队工兵越过红沟，进占吴川县属乐安、三柏、金鱼等村建筑公路，吴川县国民党党部、吴川县参议会、信宜县参议会、钦县参议会等社会各界人士以及各路报刊媒体纷纷吁请国民政府维护国家领土主权。

在三柏村民众的阻止以及国民政府外交部门的多番抗议下，法方于当月停筑此段公路。但到 7 月，法国政府又雇工填塞红沟入海口的咸坦海滩。咸坦海滩属中国领土，也是三柏墟一带渔民、商民船只出海必经之道，法

---

① 详见安托万·瓦尼亚尔《广州湾租借地：法国在东亚的殖民困境》上卷，第 125—126 页。
② 景东升：《晚清广州湾铁路规划始末》，《中国社会科学报·人文岭南》2016 年 5 月 25 日，第 4 版。
③ 吴川市地方志编纂委员会编《吴川市志（1979—2000）》，广东人民出版社，2014，第 847 页。

方此举不仅侵犯中国领土主权，也严重妨碍中国民生。经中方再次抗议和交涉，法国当局只好停筑公路。[①]

与过去相比，三柏墟的地理环境、社会经济面貌可谓发生了巨大的变迁。在李树茂的描述中，"修筑各项工程之前，三柏墟出去就是海。海水原本从北马围通到三合窝，之后流到这里，受潮汐影响，大流小流不同。潮汐上涨的时候，船从海沟驶出三合窝，再出去到沙角漩，过沙角漩就出南海。要去西营就往西边去，南边就是南三岛"，顺流而往西营，比较省时间，可以在一天内早出晚归。

得益于便利的水路运输条件，三柏墟附近乡民的生计多依赖于海。1935年，三柏村村长李日三、南路村村长李立三在致吴川县县长吴式均的呈文中就指出过："窃三柏墟海港上通梅、化，下接雷、琼，为吴川南便一大航道，附近乡民半以采海营生。"[②] 又由于具有毗邻广州湾租借地的有利地理位置，三柏墟曾与广州湾发生密切的联系。三柏墟一带的乡民贩运生猪、鸡等到西营，甚至到西营、赤坎开设商铺。为满足三柏墟的消费需求，商人们则凑钱包船从西营批发大量的货物回来销售。李树茂透露，其父亲李荣燊曾在三柏墟做估衣生意，货源便来自西营。

在我们访谈期间，所见的三柏墟居民多为老人和小孩，并没有什么外来人口和车辆，更无墟市的叫卖声，与一般的安静小乡村无异。要不是村名保留着"墟"字，大概不会有人联想到它过去的身份。李树茂的回忆，为我们勾勒出了一幅三柏墟昔日的繁华画面。三柏墟有酒米店十几间，蒸烧酒和卖米，兼养母猪生猪崽，还有五六间日杂、纸料、副食店，以及三间药店，另有油行。每逢二、五、八墟日，早上七八点至下午三四点十分热闹，吸引了远至南边的乾塘、南寨、大岭头、岭上、米稔、白塘等村，近至三柏、端德、李村、唐基、哈蔡、龙头等村的村民前来。

说到这些美好的过去，老人家脸上流露出了一种自豪的神情。谈到现在三柏墟的衰落，老人家又不无无奈地说："三柏墟有近140间房屋，现在大部分空着，只剩下老弱住在这里。"他总结三柏墟衰落的原因有两点：一是三柏墟没有行政机构；二是周边的乾塘、三柏、三片、大仁堂、薛屋和

---

① 郭康强：《租界条约与中法广州湾纠纷》，《中国社会科学报·人文岭南》2016年5月25日，第4版。

② 《外交部收广东省政府咨文》，1935年11月2日，"外交部"档案，台北"国史馆"藏，档案号：020-070100-0077。

施屋村都有早市，买卖便利，就没必要走远路来三柏墟了。

三柏墟的衰落应该发生于近三四十年间。至解放战争期间，三柏墟的地位仍十分关键，中共将之划入游击区范围内，国民党政权将一个据点设于该处，国共双方在此反复较量。据中共党员蔡华源回忆："有一次，有一个敌中队驻在我游击区——三柏墟里的一间大油行里（面积有1000多平方米），遭到我们游击队一连两夜的袭击，便慌忙夹着尾巴跑了，我当即发动三柏墟群众把这间大油行全部烧毁，此后国民党兵在三柏墟虽然没有停脚的地点，但是，为了勒收猪捐，还是采取朝出晚归的办法，我们决心对他们狠狠打击，一方面通过埋地雷，陷敌自毙，一方面又伏击活捉处决他们。"中共游击队还将杀害游击队员的国民党人士诱捕到三柏墟当众枪决，围观的"广大群众拍手叫好"。①

同时，也有中共方面的人士被国民党杀害于三柏墟。例如，1948年1月，吴川滨海区游击队战士杨观贵在三柏墟被国民党逮捕杀害；2月，滨海区武工队队员李亚福在三柏墟被国民党杀害。② 这说明在20世纪40年代末，三柏墟仍是重要的墟市，人流量较大。实际上，直到20世纪80年代末，三柏墟仍是附近一带的重要商品集散地。《湛江市地名志》记载，三柏墟"街区呈椭圆形。有两条东西向大道，农贸市场分为三处。每逢农历二、五、八日为墟期。为中山镇和乾塘镇一带农副产品集散地。特产沙螺、膏蟹、泥丁（土名）"。③

李树茂在接受我们访谈期间，还为我们指认红沟之所在。他解释道，红沟已移位多次。尽管我对于他所指认的红沟具体地点有所存疑，但他所说的青年人利用边界逃避国民党捉壮丁、走私者如何躲避海关官员缉私的情形，却是符合常识的。另外，李树茂关于抗法的一些叙述，明显受到地方文史资料的影响，虽然其中一些细节的真伪需要我们去甄别，但也并非毫无价值，尤其考虑到他所述的不少事实均能从档案资料中得到印证。

---

① 蔡华源：《我在吴川参加革命斗争的回忆》，中共吴川市委党史研究室编《吴川革命回忆录》第1册，2002，第224—225页。

② 湛江市坡头区地方志编纂委员会编《湛江市坡头区志》，广东人民出版社，2013，第633页。

③ 《湛江市地名志》，第218页。

蓝带兵驻守渔港

——罗阿山忆三合窝

李宜珍　吴子祺　整理

一　法国人取宝

海从南边的南三来，叫作"北马江"；通向北边的黄坡叫作"窖口江"；通往西边坡头的叫"飞沙江"。三江汇合，所以这里得名"三合窝"[①]。虽然称之为"江"，实际上是咸水海沟。三合窝是一个渔港，海上有许多竹排，由五六层竹子扎成。一些疍家人住在海上，后来渐渐上岸居住。[②] 1965年咸水涨潮，三合窝的积水深及大腿，才不得已在第二年填海。[③]

清朝时只有两三户人家住在三合窝，在我出生的1931年以前，有五六户人家在三合窝落户，其中三柏墟有两户人在这里卖熟烟，米稔有一户，三片有一户。逢旧历"三、六、九"便是三合窝的墟日，那时候就已形成。每逢墟日，附近几条村的人若要买卖食物，就集中到阿婆庙前面的大榕树，有人把猪和牛牵来系在树上，每个墟日宰一头牛和一头猪。直到1983年，三合窝才建成市场。

法国人为什么来到三合窝？据说法国人有两个目的：一个是说服群众服从他们的管理，另一个是来取宝。他们听说高岭有个很大的"蚌宝"，马

---

① 三合窝今为坡头区乾塘镇驻地，是一处主要渔港，因乾塘江、飞沙江、梅魁江出海口在此汇合，形成三角形内陷港湾而得名。

② 20世纪60年代，湛江专区及属县两级成立渔港建设委员会，三合窝等渔港兴起建设防波堤、护岸堤和避风塘等工程，后更建成渔业码头。与此同时，政府对水产品实行派购政策，国家与渔民签订收购和供应合同，直至80年代更改政策。湛江市地方志编纂委员会编《湛江市志》，中华书局，2004，第892—899页。

③ 指北马围水利工程修筑了海岸堤围。

上开船去取，但是取不回去；后又听说安铺有个"粪宝"，①那是个活生生的人，全身白白的，把他的粪便浇到树上，树木就会长得快，他们又赶紧去取。但是法国人既未在安铺把粪宝取走，也没在硇洲把珍珠宝取走，只在乾塘大宗②把藤宝骗走。

法国人在三合窝收门牌税，他们将一块巴掌般大的门牌钉在门口，每间店铺需要上交一毛到两毛西纸。当时的商铺不多，主要卖米、熟烟、糕饼和竹蔗等。很是奇怪，法国人收税喜欢收旧钱，他们认为旧钱比新钱更有价值。他们规定1元旧西纸相当于1.25元或者1.3元的新西纸，相当于给了折扣优惠，少收租，但是当他们将钱给我们的时候，一般都是给新的西纸。为什么他们那么喜欢收我们的旧钱？因为他们觉得那些钱又旧又烂，民众还舍得拿出来交，就是民众看得起他们的意思。③

法国人在一栋二层楼④工作，楼上的西南角供他们住宿，并有一间暗房。高级一点的法国官会带家属过来同住，一家大小有男有女，他们穿的衣服与普通的中国人一样，但他们不会亲自到三合窝买东西，要做什么的话就请伙头帮忙，要买什么也是叫伙头去买。法国人有一辆汽车和一辆自行车，车头灯"两眼金金"，⑤也有"火船"，绳子一拉就开动。⑥

以前我们有一种传说，中国人的鼻好，法国人的眼好。有时在海里会打捞上来尸体，我们远远就能闻到死人的味道，但是法国人凑近闻也没感觉，有时我们远远闻到饭焦味，但他们还是没有闻到。然而对于一些事情，法国人看得比中国人透。

二　蓝带兵营与公局

蓝带兵营盘四周立了五个梅花桩⑦，旁边是给蓝带兵住的茅屋，两排茅

---

① 安铺东南一隅原有一处旷地荒岭，民众称之为"粪宝"地。将垃圾、瓜果皮、淤泥等秽物堆沤六七日，即变成粉状肥料，被农民施用于农田。廉江县安铺镇志编纂小组编纂《安铺镇志》，1986，第311页。
② 指乾塘村陈氏大宗祠，相传始建于明代。
③ 或是法当局为鼓励民众使用西贡纸，故以高于实际面额的新币兑换旧币。
④ 今乾塘镇粮库内的二层西式建筑，应是驻守当地的警卫军营官住处。
⑤ 单车前悬挂两盏车灯，路上行驶发光。
⑥ 应指装有汽油发动机的快艇。
⑦ 插入土中直立的木桩，用于练习武功。

屋门口对开，一个兵住一间房，都是带着老婆和小孩一起住。他们守营盘等于上班，平时由家属煮饭。营盘内驻有 50 个兵，他们的家属享有补贴。蓝带兵以本地人居多，也有来自越南芒街、海防等地的安南人，[①] 他们有的讲黎话[②]，也有的讲坡头话。蓝带兵相当于地方兵，红带兵是法国人充当的"中央兵"，我听说红带兵只来过三合窝一次。蓝带兵戴像橄榄核的尖尖斗笠，防晒防水很美观，做斗笠的红色竹子有拇指那么粗。蓝带兵穿靴子，鞋底有铁钉，踏步走路"呲擦呲擦"作响，万一被他踩到，恐怕皮都掉一层。

蓝带兵有一个"考靶场"，在如今乾塘中学附近的位置，有四五亩地大，有一座"操坡"。每年 9 月进行一次考靶，一块靶有一间房的高度和宽度，在地上挖一个深深的洞，把靶埋下去立起来。靶有红心，第一响打中红心的点就封官行赏。蓝带兵平时每天六点半也会操练，到七八点回去营盘。训练时他们分开两排，一排把腰弯下去，另一排撑着他们的背部跳过去，好像现在的跳木马。

公局局长和公局兵做什么？比如这个村跟那个村吵架，他们就来帮忙劝架。以前民间时有逃婚，如果女人嫌原来嫁的男方家里穷，想要另嫁富一点的人，往往悄悄嫁过去西营，那么就要退还聘礼给原来的夫家。但是如果半路被抓回来，就会拉到公局前面的空地上，被公局兵拿一块板打屁股作为惩罚。

三合窝公局局长黄祥南是梅魁村人，他是清朝文秀才。他的哥哥是武秀才，有三块练武石，每块有 500 斤重，早晚都用它们来练力气。黄祥南在三合窝做了十多年的公局局长，大约

图 1　20 世纪初的蓝带兵形象

资料来源：Réne Chartrand & Mark Stacy, *French Naval & Colonial Troops 1872 – 1914*, Oxford：Osprey, 2018。

---

① 在芒街等地招募、派驻广州湾的蓝带兵中不少是原籍广东钦州、廉州和广西沿边的华人，因此易于与当地民众沟通。
② 黎话是高雷民众对雷州话的俗称。

于 1949 年去世。公局楼在天后宫前方，与天后宫齐高，以前那里还是一片陆地。我家在公局楼西边，再向西就是海。公局局长相当于现在的镇长，带着五六个兵，公局兵穿着黄衣服，戴着军帽，都来自附近村庄。我们都亲切地叫公局局长为"祥南"，他在任时，所有人都认为他是最好的，没有人可以超越。退休后，有一天晚上他搬家中的凉床出来在门口睡，有人路过对他说："小心有贼害你。"祥南就说："我做了这么多年公局局长从未害过人，又有谁会害我呢？"以前食不果腹，一些"番薯贼"①被抓进公局。祥南也理解穷苦人家的情况，于是让手下把他们放走。当时番薯只有手指那么粗，吃也难吃饱。

祥南做公局局长的同时也做私塾老师，教书时如果有人来办事，他也同时处理。我十五六岁时，祥南看到我还不识字，于是叫我搬凳子来上课，不收我钱。如果有学生想要找他解读一些文言文，会给他多点钱。

三　法国人"生日"争奖品

到了法国人的"生日"，②法国人和蓝带兵就在操坡做些娱乐。他们拿来十几米高的木柱，用黑黑的炮油③涂得很滑，然后在地下挖一个深窝埋进去，木桩上面有一块像床那么宽的木板，放着蓝布和白衬衣，让民众爬上去拿。以前的人没什么衣服穿，就想着得到一块蓝布或一套衣服也好，于是就把泥沙塞进口袋，手脚并用往上爬，爬着爬着滑落下来，他们就从口袋抓一把泥沙涂在手上，再继续往上爬。爬上木板先拿最贵的物品，第二次再拿次要的。

另有一种游戏，法国人拿两毫银放进两大桶水里，两毫银等于现在的20 元，他们让民众只能用嘴拿。中国人聪明，先伸头进去看硬币在哪里，再"唰"一下吞一口水，一下子就把硬币吸进嘴里。在这以前，人们不懂窍门，只知道用牙齿咬，一个小时也没法得到硬币。

法国人跟小孩子有一种游戏，让小孩把棉花套在腿上，这样跑起来就不方便。接着，法国人拿起皮球一脚踢出去，让小孩从南边跑到北边捡

---

①　到田里偷挖番薯的人。

②　7 月 14 日法国国庆节。

③　可能指军械的润滑油。

"枪脚"①。第一个跑回来的能得到 1 块钱，第二名有 8 毛钱，我们还能把棉花拿走。还记得有个人特意套上破烂的棉花包，脚和膝盖都露出来，所以跑得比其他人快。他跑回来得到 1 块钱，连棉花包也不要了。

法国人在医疗方面做了些事情，他们找一些人来给村民打针种痘，在手臂上挑四下。当时给我们打针的都是男人，听说他们是在医院实习。以前有一句话是"住医院吃长年饭"，比如说你长了疮住进医院，医院不仅管药，还管饭，在里面治病出来肚子是饱的。

大人一听说法国人要来，便马上打扫街道，并捡起地上

图 2　20 世纪 20 年代的广州湾驻军
资料来源：私人收藏。

的垃圾扔进海里。后来法国人被日本人赶回去西营公署堂②，他们没有足够"路脚"，做生意的人凑钱让他们回去。③

·校注手记·

寻找"鬼佬山"个体记忆

李宜珍

（2021 年）

一　追念"鬼佬山"

"鬼佬山去年走了。"我听到罗阿山去世的消息时在三合窝天后宫。

我们曾在 2014 年和 2015 年两度访谈罗阿山，当时由于采访经验的缺

---

① 射击过后剩下的子弹壳。
② 代指广州湾总公使署及其下属机构。
③ 具体事件不详，有三种可能：1943 年 2 月日军全面占领广州湾后，可能要求驻守三合窝的法国营官返回西营；或 1945 年 3 月 9 日日军发动事变推翻广州湾法当局，将法国人集中关押在东方汇理银行；又或者 1945 年抗战胜利后，法国官员和军人乘船离开广州湾。

乏，我们只"抢救"了罗阿山讲述的广州湾历史，却未重视我们面前的活生生个体——我们鲜少记录罗阿山的生平事迹，甚至口述稿上的人名也是他的化名。2021年，我写校注手记时开始思考，历史记忆的载体是人，怎么能够脱离人本身而作为片段存在呢？我想，至少要寻回罗阿山的真名。于是，我决定在5月16日重返三合窝。

这天，我沿着小路首先来到天后宫，在庙内环视一周没有看到有关历史资料，遂转向身后一位解签老人询问。他摇了摇头，连忙挥手指向旁边的庙祝，未果，现场一片沉默。我试图转移话题："那你们认识罗阿山吗？""你要揾山叔？识！"门侧闲适坐着的老人们摇着葵扇纷纷回应我。

"山叔本名叫罗垚佳，我们也叫他鬼佬山。"本地人称呼与我们长相迥异、说外语的白种人为"鬼佬"，而罗阿山却是地道本地人，清代其祖辈从高州来到三合窝墟卖熟烟，从此落地生根，是三合窝最早的定居者。至于为什么叫他"鬼佬山"，老人们的说法不一，有的说因为他体形魁梧、形象威武像"鬼佬"，也有的说因为他会讲"法国鬼"的故事，总之与广州湾历史颇有渊源。

回想2014年8月7日，吴子祺与湛江往事书吧友人从金沙湾出发，骑行30公里，沿路考察海湾东岸的法国遗址。当天晚饭前我接到子祺电话，他说在乾塘三合窝找到一位广州湾亲历者，让懂得坡头话的我即刻会合。做口述历史访谈，我意识到其重要性，于是毫不迟疑地答应了。傍晚6点，我们到访罗阿山的家里开始第一次访谈。罗阿山的听力不灵敏，我们尝试扯大嗓子或靠近他的耳边与他交谈，但发现最为有效的沟通方式是，通过坐在他身旁的爱人转达我们的问题。

第二次采访罗阿山源于临时起意。2015年寒假，在市区连日早出晚归的广州湾调研行动使我们略显疲惫，我们希望找到一个安静的小镇可以稍微歇息，于是想到了海外以东的乾塘，除了对海上日出的想象，尤其惦记三合窝的鲜味。我们从船上渔民手中买来刚刚打捞的海鲜，送到附近的三昌饭店加工，冬瓜螺仔汤、农村土猪扣肉和天然杂鱼汤等几样简单菜式，使得我们回城后几天不知鲜味。这个旧地也有我们牵挂的人——半年前的采访对象罗阿山。2015年2月3日，我们带上摄像机、相机以及录音笔等设备，打算找罗阿山补充访谈。

这天刚到达罗阿山住处，他已铺床准备休息，经过沟通，他了解我们从市区到来的不易，便起身接受采访。这次我们采访的地点在他的床沿，一盏橘黄灯泡吊在蚊帐架上，床头柜放着一台旧式小电视，蚊子萦绕耳边嗡嗡叫，不远处的海水味从窗口渗透而入。这天采访完罗阿山已到晚上 10 点，我们计划在此留宿一晚，次日约罗阿山寻访广州湾时期的法国遗址，未料想到三合窝没有旅馆，当地人建议我们到最近较为繁华的坡头墟暂住一晚。

夜里的渔港小镇灯光渐渐黯淡，东方的紫色云朵愈加剔透，我们只好乘坐 911 城乡公交车来到坡头。次日，我们 7 点出发回到三合窝，罗阿山带我们依次探寻了乾塘粮所内的蓝带兵营旧址，以及位于乾塘中学的考靶场等遗迹。

二 法当局在三合窝

法国军队驻扎三合窝，主要基于海防考虑而相中该地的险要位置。三合窝位于广州湾东部的东南一隅，原属吴川县管辖，处于飞沙江、乾塘江和梅魁江三江的交汇处，因三江江水激流形成无数旋涡而得名。三合窝上通吴川黄坡，东至鉴江入海口利剑门，南与南三岛隔海相望，浩瀚的南海近在咫尺，1899 年中法两国以鉴江中线作为洋界和华界的分界线。

新中国成立初期围海造田之前，三合窝所在的陆地形同孤岛，不与陆地相连，位处西岸的三合窝有屏障抵御海潮和飓风，是得天独厚的避风渔港。而且港内水域深广，咸淡水交汇带来丰富的浮游生物吸引了大批鱼虾觅食，早期停靠港湾的疍家渔民后来迁居岸边，形成聚落。来往吴阳芷寮、赤坎以至雷琼各地的商船如遇到大风浪，也会聚港暂避，渐渐带动其他行业发展和人口聚集。同时，三合窝的景观吸引游人前往岸边驻足观赏。天后宫据传始建于嘉庆年间，首任中国驻美公使、吴川乡贤陈兰彬为此地题字一幅——"华海镜清"悬于庙内，[①] 印度支那总督杜美亦曾设想在三合窝建立军事度假地。

广州湾时期，法当局为了有效管治广州湾境内广阔而复杂的乡村，多次调整地方管理制度，1911 年广州湾地方行政改组，逐渐形成二市和七区（délégation）的格局，三合窝是其中一区，其余 6 区区治位于坡头、志满、铺仔、太平、东山和淡水，每区由一位法国人出任"委员"——通常是驻

---

① 陈琼宗：《三合窝渔港发展史概》，中国人民政治协商会议湛江市坡头区文史资料研究委员会编《湛江市坡头区文史》第 3 辑，1996，第 121—123 页。

扎当地的蓝带兵军官。[1] 这七个区治均在较为繁盛的墟镇港埠，可见法国人选址考虑细致。同时，法当局通过在广州湾主要墟市和重要村落设立公局，聘请当地乡绅做公局局长，并招募文书和局兵，管理辖区境内的公共治安、民间纠纷和田粮税收等。三合窝公局负责五个管区，分别是南寨村、三片村、乾塘村、沙成村、三合村。[2]

三合窝位于租借地东部边缘，解放前村民需要经过三个渡口方可到达坡头墟，而如今来往城区的交通也只有城乡公交车。出于防御考虑，法当局曾为这偏僻渔港建设投入不少心思，修建了一条窄水泥路从三合窝通往高岭。鉴江边的高岭有监狱和蓝带兵营，是华界和洋界的分界地带，也是当时民间走私的重要集散地。据老人符永华回忆，这条泥路由高岭的犯人修建，他们身穿淡蓝色监狱服，头戴笠，脚踝锁上铁链，从早上7点做到下午5点，收工后步行回去。法国人有两辆时速30公里的汽车，来往三合窝和高岭需用一小时。穿白色衣服和皮靴的师爷则骑"云车"。法国人所需的建筑材料等物资则通过电船从西营运来，停靠在天后宫前的沙滩上。[3]

我们原以为乾塘粮食仓库内院的两层带射击孔的西式建筑是三合窝公局，经罗阿山指认，才知道三合窝公局是天后宫前的一座中式建筑，20世纪90年代政府修建北马围时已将其拆除了。因此我们所见的这座由红毛泥和坤甸木构造的西式建筑，其实是法国军官的住宅，蓝带兵营就在附近。昔日此地由篱笆围起来，一般民众不得靠近。我们走在渔港路上，有渔民拖过海产大箩筐的腥味水迹，之后走到乾塘新渡口，罗阿山向我们指出曾经的三江交汇处，只见昔日咸淡交融的江水已被厚实的水泥防波堤覆盖。自1965年乾塘公社从陈氏大宗迁来三合窝，再到后来设置镇政府，当地社会风貌和地理环境已发生显著变化。

三 历史典范与边缘文本

三合窝初由疍家杂姓人群聚居，从古至今只有一间天后宫，而无扮演传统华南乡村社会中心角色的宗族，也没有族谱分宗论辈束缚，距离乾塘陈氏大宗则颇有一段距离。当年我们采访时，罗阿山在当地民众中年龄稍

---

[1]　Gouverment Genéral de l'Indochine，*Annuaire général de l'Indo-Chine*（1918），Hanoi：Imprimerie d'Extrême-Orient，1918.

[2]　符永华口述，李宜珍、吴子祺访问和记录，乾塘三合窝，2015年2月4日。

[3]　符永华口述，李宜珍、吴子祺访问和记录，乾塘三合窝，2015年2月4日。

长，而且解放后当过村主任，早年又跟公局局长黄祥南识字，故在三合窝有一定的权威，理所当然被当地群众"推选"为我们的访谈对象。

六年后，我再读罗阿山的口述史文稿，不禁感慨，广州湾时期三合窝的法国驻军与当地百姓相处真和谐。但转念一想，这是罗阿山天真无邪的童年视角回忆带给听者的独特体验，未必是历史全貌。罗阿山回忆蓝带兵给他分馅饼以及法国人从口袋掏出糖果的场景时，他也顺势把手伸进上衣口袋，胡乱抓一通掏出来，再向我们摊开手心。他把法国国庆节的游戏当作童年趣事向我们娓娓道来，现场重演爬杆、吸硬币、套棉花包等游戏，每说完一段便"嘿嘿"一笑，仿若这是熟悉的儿时记忆。他也聊到军民互动的社会情境，比如1943年日军占领广州湾后，法国人不够路费回西营，三合窝商贩便为他们凑钱。在他的记忆图景中，法国殖民管治所带来的驻军已成为当地群众日常生活一部分。

采访过程中，我们发现罗阿山善于生动细致地讲述某些生活画面，于是引导他描述人物的面貌、衣着、行为举止等特征和事物的细枝末节，同时也鼓励他自由叙述。意料之外的是，我们听到了法国人到广州湾的原因还有"取宝"，高岭的"蚌宝"、安铺的"粪宝"、硇洲的"珍珠宝"以及乾塘大宗的"藤宝"均是法国人想索取的对象。罗阿山声音洪亮，笑着如数家珍，坐在旁边的爱人点头轻声应和。由于在我们所认知的"历史典范"文本中从未曾听说此类异闻，所以访谈结束后我与他一一核对每个宝贝的写法，并在口述文稿中保留这段"乡野传说"。尽管不少学者认为口述历史掺杂了讲述者的想象，不完全是真实的历史，但这段采访经历也启发我们，是否各种正统典范的概念使历史书写者容易忽略历史中诸如"民间神话"的普通人口头叙事？

2021年我再访三合窝，想要听到更多的广州湾历史，当地老人互相谦让，一致推荐已逝的罗阿山，并说："可惜你没有早来一年。"此外，他们也建议我去找文化程度较高的乾塘中学年轻老师或村主任，因为他们家中或许有"历史书"。我连声应好，告别他们走向天后宫前的三合窝新码头。这时5月湛江已进入休渔期，"做海人"将船拴在岸边，光着膀子躲进阴凉的船篷里更换船胎、修补渔网。我倚靠在树荫下，一丝热风卷着微小盐粒扑到脸上，助我思考广州湾边缘渔港的这群边缘人。

我们可以留意到，具有当地权威身份（年长的村主任）的罗阿山被当地人推选，在某种程度上压抑晚辈的声音；文化程度较高的"文化人"压抑文化较低的普通民众的声音；当这些文化程度较高的文化人面对典范历史文本资料，他们也随之附和"历史典范"的书写来诠释当地过去的历史。因此，对于历史与文化真相的探索，我们是否也应尝试突破从学术著作上习得的"历史典范"与认识规范，进入"边缘地"倾听多元的边缘文本，这样方可对整个历史生态及其变迁有更新的认识。我们与其专注于某历史事件的纠正与争辩，不如将其视为"历史记忆"而去理解相关背景，以及书写这段历史背后的个人情感、社会认同和资源情景，[①] 这更利于我们了解这段历史所承载的权力分配和群体态度等问题。

其实对广州湾历史的集体记忆，当地人也流淌着与罗阿山一样的情愫。天后宫内一位年逾70岁的陈姓老人回忆父辈的讲述，他说："以前有村人被日本飞机炸伤一条腿需要到西营医院看病，他病好后不愿意回来了，因为法国佬每顿都给他吃牛肉，还有好多好吃的。"他从容不迫讲述的样子，让我忆起旧时群众所推选的"历史典范"罗阿山。

图1　2015年2月罗阿山接受访谈

资料来源：李宜珍摄。

① 王明珂：《华夏边缘：历史记忆与族群认同》，浙江大学出版社，2013，第30—31页。

南三岛上捕贼、行医与教育

——黄焕元忆族人

李宜珍　郭康强　黄艺南　整理

一　上木渭村与白沙墟

南三①水陆交通很方便，北至石角渡，东到莫村界，南通沙头角。在南三联岛工程完工之前，我们从上木渭村去西营要经过四重海：地同海、木沥海、南潟海、田头的调东海。早期，我们的祖先从南二②麻登搬至湖光临海③居住，以采海为生，后又从临海搬迁到南三米稔下村居住，以开垦耕种和采海为生。祖先认为米稔下不如下木渭，于是再搬来下木渭住。

由于地方狭小，发展不理想，祖先又看中了上木渭的风水，所以留下一支人居守下木渭，其余人全搬迁至上木渭定居。不过，这里环境其实也不好，生活得很艰难，经常遭到一些来自田头村的"牛儿四贼"④抢劫，被迫搬去龙公沟⑤住一段时间，之后又搬去吴川芷寮街⑥住。等到宗族壮大，有人有势，再从芷寮街搬回上木渭，当时芷寮街人打鼓欢送，从此我们族人得以安逸地居住。

---

① "南三"之名出自清代划分的吴川县南三都，包括10座小岛，小岛互不相连，往来需要多次渡海，不利于民众出行。广州湾时期，富商许爱周等已在当地进行小规模的围垦工程（如和平垌）。20世纪50年代，南三联岛工程逐步进行，终以填海、围垦、筑路等方法将10座小岛相连成一个南三岛。

② "南二"出自清代吴川县南二都，今主要为坡头镇和南三镇。

③ 今湛江市麻章区湖光镇临海东村和临海西村。

④ 方言俗称，即盗贼。

⑤ 龙公沟，村名，又称弄公沟，现为姓游村所在地。

⑥ 芷寮街位于吴川县鉴江入海口，明代晚期已有不少福建人在此居住、经商，大量货物如米谷经芷寮运出。清初商贸继续发展，清政府一度在当地建造造船厂。随着商贸转移和港口淤塞，芷寮逐渐衰落。

根据先人传说，村里三真庙的"老爷"是从芷寮街抬回来的，祖先用一条木挑着三座"老爷"神像来到村里。① 逸余祖曾建了一间庙以供奉这三位"老爷"，但后来发生火灾，幸好贯五公②救出了曹公、康皇两位"老爷"的神像，车公神像被烧了，之后在现址重建了三真庙。尽管外有欺凌，但我们祖先认为上木渭风水好，可居住面积大，村前有深水大塘，背靠环抱整个村庄的高岭，岭后又有白沙江③。江水北通坡头乾塘，东连大海，南边直通至现在的爱周坅④和广州湾大庙⑤，也与大海连通。帆船通过龙起渡可到达黄坡、梅菉、赤坎、西营、硇洲、东海、徐闻和海南等地。上木渭享有如此好的地理条件，祖先难以舍弃，虽然几度搬迁，最后还是选择定居此处。

　　我们族人在木渭村定居遇到的最大挑战，是与特呈人的一次冲突。我们族人填塞新坅，特呈人却说是他们的地段，因此发生土地归属纠纷，无法和解，终致双方大打出手，酿成一场重大的宗族械斗。特呈村联合由其繁衍而来的田头村陈氏夹攻我们先祖。特呈人用9艘渔船运来十几门"狗雷"——大型铜炮，从南面海登陆进攻；田头人则从北面杀来，来势汹汹，企图一举消灭我们族人。相比之下，当时我们族人男女老少加起来不足70人，面对如此形势，甚是危急。幸好这些铜炮在点火时出现问题，无法使用。而且在交战中，特呈有一个900斤力的武士走下一口叫作"老虎山"的水塘，并溺死于其中。在这场械斗中，特呈和田头村人最终没法打败我们族人。

　　说起祖先，还要提到龙起祖婆，她是清代状元林召棠⑥的姑妈。她在吴阳霞街过世，在棺材从石角渡运回来的途中，棺材杆突然断了。于是，龙起祖公在米粘坡买了一块约7.2亩的风水宝地来安葬龙起祖婆，附近一个渡口因而叫作龙起渡。前些年墓地经过修整，现在外形保存得很好。

　　白沙墟有句顺口溜："赶狗狗就赶牛牛，白沙墟就在唱歌喉。"白沙墟最

---

① 三座神像分别指康皇、曹公、车公。

② 贯五公是黄氏先人，据说武艺高强。

③ 经过南三联岛工程，现为光明坅。

④ 坅是一种围堰式的水利设施，用处主要在于将滩涂和浅海开发为农田。爱周坅即和平坅，旧迹仍存。

⑤ 广州湾靖海宫，俗称"大王庙"，位于南三岛东南端，是广州湾地名的发源地。

⑥ 林召棠（1786—1872），吴川县霞街村人，道光癸未（1823）科状元，道光十一年（1831）任陕甘正主考。林召棠仕途不顺，两年后返粤主讲端溪书院，道光二十七年回乡养老，著有《心亭亭居诗存》等。

开始是由木渭村兴起的，田头墟则是由新定村办成的，墟日分别是"二、五、八"和"一、四、七"。新定村人先在田头搭一个棚卖炒螺，变得热闹了就成了一个墟。白沙墟曾经很热闹，墟口有一家鸡鸭行，从最北边数起分别有这些商家：黄振初卖米的义兴庄、阿黎叔侄的鸭蛋铺、黄秀昌的衣巾铺、黄善初的广善堂药材铺、两间大瓦屋、黄炳初的天锡公司。我在西边铺捡柴的时候，亲眼看到炳初女婿的一间铺因为做饭失火被烧毁。

我还记得一件逸事，黄琼弟在白沙墟卖白色的肥料，群众误以为是"白毒斋"。白沙墟的地理位置如同拳头朝向田头墟，两者有竞争关系，现在白沙墟衰落了，人们"趁墟"都去田头墟。

二　公局局长捕贼逸事

黄善初[①]、黄炳初[②]、黄明初[③]是三兄弟，他们都很聪明，曾在族产支持下接受教育。三兄弟做事很有魄力，没有哪个村敢小瞧我们，他们与李伯豪[④]、陈学谈和许爱周都有交往。黄汉秋[⑤]是明初的儿子，善初是我的爷爷，所以我了解他们的事迹。炳初在法国人管治时期曾在南二做公局局长，有饷可领，人们对他评价很高，不过他的脾气不好。他曾率兵在三合窝、南二、大仁堂和高岭一带捕贼，捕捉到 1000 多个贼。贼团为了报复，他们夜里将我祖母[⑥]娘家十几口人全部拉出去开枪打死，连小孩都不放过，非常悲惨。贼团最终被捕，地方恢复平安，南二人组织锣鼓班欢送炳初回木渭村。回到南三后，炳初又担任公局局长。当年法国人在南二和南三收人头税，炳初因为任职公局局长，南二人用猪屎包裹石头砸他。[⑦] 炳初心里惊慌，于是不敢收人头税，把税费退还给民众。从政之外，炳初也经营商业，在西营和白沙墟开了天锡公司买卖杂货。

---

① 黄善初（1876—1952），谱名庆德，族谱记载曾任木渭乡议员。
② 黄炳初（1883—1942），谱名耀德，族谱记载曾任三合窝属乡团长、南三公局局长等职。
③ 黄明初（1889—1951），谱名昭德，族谱记载曾任木渭乡团长。
④ 即李汉魂（1894—1987），吴川岭头村人，故居建筑群"布衣巷"仍存村中，早年投身军旅，参与北伐战争，抗战时期曾任广东省政府主席。
⑤ 黄汉秋（1909—1953），字其倬，中学毕业于吴川县。1936 年其参与编修的《木渭黄氏谱牒》由赤坎华文印务局印刷，受访者黄焕元保存其中一本。
⑥ 即黄善初的妻子，南二人。
⑦ 应指 1936 年广州湾法当局拟开征人头税引起民众抵制事件，黄炳初作为公局局长，首先面临民众抗议。

在炳初之前，我们族还有一个做公局局长的人，叫黄秀琳①，捉贼也很厉害。我们口耳相传秀琳捉贼的故事：有一个贼团去徐闻白沙偷阿婆神像，②先是偷一个小的金神像，后来又偷一个大的神像。他们以为也是金质，藏到老梁村，第二天抱到一口池塘边刨开，却发现是铜质，于是将其沉于水下。后来秀琳发现池塘有大鱼跳起，甚是疑惑，心想不是好事。原来竟是阿婆显灵，秀琳捞起神像，阿婆神像完好如新，从此我们村就建了天后宫。接着，秀琳在老梁村捉到三个贼，打死其中两个，另一个逃走了。总之秀琳做公局局长期间，盗贼不敢来我们村。

我的爷爷善初在医药方面很有名气。他多在白沙墟行医，开了一间名为"广善堂"的药材铺。他的医药本领是自学而来的，医治过很多人。村人评价善初是个好人。他为别人开中药，给不给钱都没关系。善初医术高明，曾有一头牛从村中经过，突然倒下，善初喂药给它吃，这头牛就站起来了。爷爷解放初去世前，曾交了一本拇指般厚的医药手册给我，可惜后来遗失了。

从我的爷爷善初开始，我们几代人都做医药相关工作。邻村有一个小孩被牛顶破下体，睾丸流出来，其先是请田头村很有名气的陈跃龙③为其治疗。跃龙杀鸡取膜来敷，但一触到小孩睾丸，小孩就休克。后来，在别人的推荐下，找到善初的儿子光玉，他用两个蛋黄按摩小孩睾丸，使之复位，然后缝针，并开中药给他服用，七日后即拆线痊愈。

三　"南三书柜"黄汉秋

黄汉秋曾在吴阳霞街读书，成绩十分优秀，他是中学毕业生，后来从事教师职业，性格忠厚。他早期教私塾，后来到白沙墟的化南学校做过一任校长。由于条件所限，化南学校的教学难以为继，于是移至龙起渡继续办学。龙起有我们黄氏祖产，土地多，于是族人就用收来的田租建立龙起学校。另外，汉秋也一度被请去博立村做校长，④直到解放时期。汉秋文化水平很高，有"南三书柜"之称。

---

① 黄秀琳（1886—1935），族谱记载："少有大志，胆识过人，初任南二公局长，后膺南三局任。殄暴安良，多著奇效。"其伯父黄祥云（1874—？）也曾任公局局长，族谱记载："秉性坚忍，处众和平，办公歼匪时以忠尽自勉。"
② 徐闻县白沙湾，位于雷州半岛南部，阿婆神像可能指天后神像。
③ 陈跃龙（1863—1951），晚清武秀才，相传曾领导抗法斗争。
④ 20世纪30年代，富商许爱周捐资在家乡博立村开设育才学校。

私塾教书不同于现在学校的教法，先生都是让学生整堂课自己读书，可是穷读又不能会意，都不知书上说什么道理。有些学生晚上偷偷读，把书本拆开放在灯火前，这样能清楚看到字，旁人又不会发现。在化南学校读书时，汉秋曾教过我语文和算术课，教过我古文释义，他讲课文很灵活。汉秋教学了得，培养出了很多优秀的学生，有的做了校长，有的去了香港、台湾和外国发展。

1936年，黄汉秋带领族人修撰族谱《木渭黄氏谱牒》，由龙起祖①出资，每人给10枚白银，到处寻访祖先历史。汉秋曾做过法国人的公局局长，也参与国民党的政治活动，任湛江市参议员。他为人正直，不用群众一分钱，反对拉壮丁。解放战争期间白沙墟成立自卫队，解放军打来时，汉秋下令自卫队缴枪，允许共产党进入我们村开会。

解放后湛江召开第一届人民代表大会，汉秋作为特邀代表参加会议。

图1　1938年黄汉秋与弟子合影

说明：题诗："知道薪传不负吾，心神意趣总相孚。师儒责任由来重，弟子莘莘协壮图。"

资料来源：中国人民政治协商会议湛江市坡头区文史资料委员会编《湛江市坡头区文史》第6辑，2015，第39页。

· 校注手记 ·

族谱中的海岛家族史

郭康强

（2017年）

在广州湾历史上，南三的史事鲜为外人所知。生于1928年的黄焕元伯伯讲述的祖辈故事，对我们了解广州湾时期的南三甚有裨益。清末民初时

---

① 指黄氏宗族祖尝。

期，南三木渭村的黄氏家族出了几位颇具影响力的人物。在访谈过程中，黄焕元伯伯反复提到黄善初、黄炳初和黄明初三兄弟以及黄明初之子黄汉秋，还有村中同族之黄秀琳，自豪感与怀念之情溢于言表。其中，黄秀琳、黄炳初曾任广州湾基层机构——公局的局长，黄善初擅长医药，黄汉秋则是颇具才华的"南三书柜"，皆各有精彩的故事。

关于黄氏家族几位闻人的事迹，目前尚未见到官方档案等可靠资料予以记载。地方人士所编写的书籍，也多语焉不详甚至毫无提及。令我们感到万分幸运的是，黄焕元伯伯家族竟然保留了一本族谱，让我们在文献上有据可循。当黄夫人从屋里拿出这本泛黄、破损的文本时，我们心里甚是激动。从族谱的封面上，我们可以得知《木渭黄氏谱牒》修撰于民国 25 年（1936）秋，由广州湾赤坎华文印务局承印。黄氏夫妇向我们透露，这本族谱因藏于茅屋之顶才得以从"文革"时期的"破四旧"运动中幸存下来，弥足珍贵。

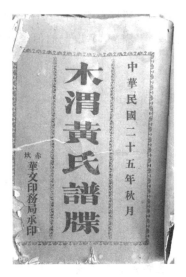

图1 1936 年赤坎华文印务局承印的《木渭黄氏谱牒》
资料来源：黄焕元收藏。

由于时过境迁，且受访者年纪较长，难以把握其所述尽符史实。一般而言，所述越久远者，则越难考证；所述三代人以内，则相对可信。在文字资料欠缺的情况下，将族谱文字与口述所得相结合，不失为一个有益的尝试。《木渭黄氏谱牒》印证了黄焕元伯伯所说的不少史事，也让我们得以厘清诸多人物关系。

从族谱中可知，善初、炳初、明初为三兄弟。其中，善初排行第一，炳初、明初分别排行第二和第三。祖父为黄维修（字德齐，1823—1902），父亲黄昌龄（字敏仁，1846—1912）系一代单传，两代皆无功名。不过，黄维修"身居房长十余载，乡里莫不敬重焉"，又据所载，黄昌龄"少贫"。综而观之，黄维修大概算得上是清贫但有地位的乡贤。黄家生活真正有起色，是在黄昌龄时期。据黄汉秋所作之传，黄昌龄"独立经营产业，终岁勤动，未尝一日惮劳"，"当清末时，土匪猖獗，出资组织团练，锄强扶弱，一乡赖以安堵"，又临终给子孙留下的遗言曰，"独吾毕生辛苦备尝，虽产业无多，而家幸小康，自饶乐趣"，"至于旧产之猪肚坦，若能将此作为尝业，尔曹竭诚管理，待多所蓄积，以其出息作建祠奉祀，并培植后学人才之需"。谱系中又记载黄昌龄夫人"待奴婢辈则仁心莫间"。由此可见，经过黄昌龄的辛勤经营，黄家已积累了不少产业，家境渐臻殷实，在乡里发挥了较大的影响力。

有了经济基础后，黄昌龄"频年延师课书，不吝脩金"。就是这样的家庭，培养出了黄善初、黄炳初、黄明初及其儿子黄汉秋几位颇具影响力的人物。兹整理族谱（包括后人手写添加的内容）中关于此四人之公职及家庭情况，以补充黄焕元伯伯口述之未能尽述者：

> 庆德，木渭乡议员。字善初，木渭乡议员。生于清光绪二年……庆德祖卒于五二年八月十五日，谥正直。子其谦、其荣、其恭。
> 耀德，南三公局局长。字炳初，历充三合窝属乡团长、南三公局局长等职。生于清光绪九年，卒于民国卅一年。时三子，其祯、其祥、其超。
> 昭德，木渭乡团长。字明初，木渭乡团长。生于清光绪十五年，卒于卅一年。时四子，其倬（中学毕业生）、其逸、其正、其新。
> 其倬，中学毕业生。字汉秋，号国标，中学毕业生。生于清宣统元年，时配郑氏名太梅，字月卿，生于光绪三十二年。（汉秋）卒于五三年阴历十二月廿一日。子绍镇、绍强、绍伦。

由此可知，黄善初除了黄焕元伯伯所说的擅长医药，也曾任木渭乡议员；黄炳初历任三合窝属乡团长、南三公局局长等职；黄明初曾任木渭乡团长；黄汉秋则是中学毕业生，是受教育程度较高的黄氏子弟。一门三兄弟均身兼地方要职，掌握权势，这是近世以来黄氏家族最为辉煌的时期。

族谱最后附上了多篇乡贤和亲属致黄氏家族的祝寿词，从中可以窥见其社会交际网络之一二。黄卓五之母陆宜人七旬晋一大寿时，曾收到翰林院庶吉士礼部侍郎陈兰彬的祝寿词。黄善初六秩晋一（1936）大寿时，世侄陈永祥、国民革命军第六师师长兼广东东区绥靖委员李汉魂、廪贡生吴川中学校教员林卓英、廪生陈楚南、廪生益智中学校教员杨嘉甫、优附生吴川中学校教员李秀彦、庠生李品珊、庠生郑典五、宗弟庠生魁元、侄子黄汉秋均送来祝寿词。由此可见，黄善初在吴川文化圈颇受尊敬，与吴川的乡绅以及有社会地位的人士多有交情。再结合此前陈兰彬向黄卓五之母陆宜人祝寿来看，木渭黄氏在地方上相当长一段时间内应该颇具影响力。

当然，这些祝寿词涉及被祝寿者的诸多信息，这为我们了解他们的生平事迹和品行提供了很好的史料。总体而言，这些祝寿词对黄善初的赞颂主要分为以下几方面。

一是称赞其品德高尚。陈永祥称赞善初是仁者、抱节气者、隐山水之乐者。之所以隐居，是因为"会满清之季，科举既废"。在木渭村生活的黄善初，"诗画养性，山水怡情"，"复鉴世风之浇薄，潜心内典"。此外，赞颂善初品德的还有：李秀彦的"善种福田贻泽远"；黄魁元的"敬仰高人节志坚，创业却从耕稼起"，"弟昆友爱堪风云"；李品珊的"宗族仰慈和，邻里沾厚德。时局虽变迁，依然守法则"；黄汉秋的"利物利人恒在念，广行方便见仁慈"等。

二是称赞其医术高超。这类祝寿词有：李汉魂的"仰瞻前后道弥坚，轩辕岐伯推医圣"；林卓英的"岐黄妙术可回天"；李品珊的"术业精岐黄，平生善医疾，拯救四乡人，扁鹊堪与匹"；郑典五的"折肱练术足回天"；黄汉秋的"秘传仙术仰名医"。

三是称赞其学问高深。南三大地主陈永祥的祝寿词写道："先生本川南望族，江夏名宗，惟岳降神生而颖异，得名师之实授，承衣钵之真传，熟读百家，淹通六艺。"此类祝寿词还有陈楚南的"一代诗才白乐天，群季满门皆俊秀"；李秀彦的"诗思飘然白乐天"，"精通理学悟机先"；郑典五的"尤推历数筹当世，应许声名远播扬"；黄魁元的"艺术精通可赞天，千里名驹尤共羡"；黄汉秋的"课读课耕宏启迪，更从道学偏宣传"，"彝伦攸叙安名教，禅理兼参味道腴"，"品列儒林崇旧学"，"细推历日知凶吉，浏览山川识幻奇"，"英年有志步青云，鹄首穷经意尚勤"等。

综上可知，黄善初是一个受传统教育的儒生，年轻时得到名师栽培，钻研学问十分勤奋，"熟读百家，淹通六艺"，有志于考取科举功名。可惜生不逢时，正好碰上清末废除科举，遂留在木渭家中耕读，过着"诗画养性，山水怡情"的生活。黄善初在诗词、艺术上均十分有才华，精通理学，对于道教、佛教也甚有研究，还谙熟风水历算之学，可谓儒释道兼修者。此外，黄善初医术精湛，品德高尚，宗亲之间友爱，邻里关系和睦。具备这般才学与威望，黄善初出任木渭乡议员就不足为奇了。

与长兄黄善初相比，黄炳初、黄明初在族谱中则没有留下这么多祝寿词。具体来说，当中没有收录任何一则致黄明初的祝寿词，致黄炳初的祝寿词也仅仅收录了一则，系 1933 年 11 月 23 日侄子黄汉秋为庆祝其五秩晋一寿辰时所写。这则祝寿词也为我们提供了不少信息，兹录如下：

> 达人知命，颐性养躬，齿德俱进，福禄来崇。惟我伯父，式符所颂。以言仕进，拨乱除凶，威加三合，接壤骈臻，功成身退，品望尤隆（昔年任三合窝属乡团长，身先士卒，肃清土匪，接壤皆获安堵。辞职之日，乡民爱戴，扳辕卧辙。挽留不住，各赠镜帏诗对，鼓乐送归，至今口碑载道），以言隐逸。举止雍容，怡怡叙乐，兄弟和衷。（昆季三人同寅协恭，出则同行，入则共处，可比姜家之乐）义方启迪，子侄向风（提命其倬往中学校肄业，其倬从命惟谨），出处得体，准仪是从，行年服政。上寿方中，敬谨陈言，用祝此翁，海屋添筹，鹤算无穷。

由此可知，至 1933 年，即 51 岁寿辰时，黄炳初已从三合窝属乡团长、南三公局局长等职退下。在黄炳初的从政生涯中，三合窝除贼事迹为其带来的名声最大。由于其剿灭三合窝一带的盗贼，地方获得了安宁，黄炳初备受百姓爱戴。从三合窝属乡团长任上辞职时，当地民众甚是不舍，极力挽留。在为人方面，黄炳初举止雍容，处事得体，讲究礼节。在家族之中，与兄弟相处和睦，注重引导子侄。

值得一提的是，"南三书柜"黄汉秋的教育，深受黄善初和黄炳初两位伯父的影响。黄汉秋的莫逆之交陈永祥在致黄善初的祝寿词中提及黄善初对黄汉秋的影响，"乃感于欧风东渐，科学盛行，令侄汉秋兄以庭训之良规，登吴中之学籍。词流三峡，笔扫千军。惟是私私鸟志，报本情殷"，"科举既废，学校方张。有驹千里，驰骋吴阳。思源饮水，称觥华堂"。黄汉秋在致黄善初的祝寿词中也表达了这种感激之情："仰承教养恩无量，那敢矜夸思不群。"至于黄炳初对其的影响，黄汉秋在致黄炳初的祝寿词中则写道："义方启迪，子侄向风（提命其倬往中学校肄业，其倬从命惟谨）。"可见，黄汉秋到吴阳的吴川中学求学，深受两位伯父之鼓励和影响，学有所成之后，对他们一直心怀感恩。

黄善初和黄炳初均十分欣赏这位贤侄，在族谱的序言中不吝笔墨对其大加赞赏。黄善初写道："其倬者，真天降奇才也。且能计深虑远，报本有心。自中学毕业归来，设校祠中，并掌教务。与之商及修谱，感而遂行，整纪饬纲，著文立法，总修抟采，未尝惮劳。"黄炳初则写道："吾胞侄其倬，天赋英才，学问纯粹，更能追本寻源。自其中学毕业归来，未肯惶趋仕途，留心设校祖祠，训诲弟侄。一日在校与之商及此事，伊即翻然而喜，勇力创修，立法著文，整理纲纪，力任艰巨，不惮辛劳。"从中我们也可以略知黄汉秋的学习、教育事迹。此外，黄汉秋在其撰写的族谱序言中也提及自己的学习、工作情况："自稚龄以逾弱冠，则肆业于家塾，继又进身于学堂。悉以学业纷萦，未遑专力于宗谱。岁甲戌，会考中学毕业归来，乃以一己之力，草创支谱，溯源流于一脉，抑亦简而陋也。今虽暂掌本乡明善学校教务，而适有人济荐，刻日将从事于军政界矣。"

图2 2017年4月黄焕元接受访谈
资料来源：邓珊珊摄。

综上所述，黄汉秋是一个很有天赋的人，年少时先接受家塾教育，再接受学堂教育。1934年从吴川中学毕业的25岁青年，毅然选择回乡办学，可谓志在乡土，年轻有为。1936年黄汉秋得到朋友推荐，准备在军政界大展身手，在赴任前致力于族谱之修撰。黄汉秋时年27岁，以如此浅的资历主持族谱修撰，可见族人尤其是两位伯父对其之倚重。

从族谱之中，除了黄善初、黄炳初、黄明初三兄弟以及黄汉秋颇有作为，同村他支黄氏中的黄秀琳以及黄焕元伯伯从未提及的黄祥云生前均有一番成就。兹录如下：

> 秀琳，南二公局局长。字景璋，谥纯懿，生光绪丙戌年，卒民国乙亥年。少有大志，胆识过人，初任南二公局，后膺南三局任，珍暴安民多著奇效。二子启均、启班。
>
> 祥云，公局局长。字吉五，谥志道，南三公局局长。秉性坚韧，处众和平，办公歼匪时以忠尽自励。生同治甲戌年。

从中可知，黄祥云曾任南三公局局长，黄秀琳则先后任南二、南三公局局长，均组织过剿匪。

广州湾史迹之淹没，类南三者几何？求索之路漫漫，吾辈任重而道远。

岛上灯光百年常亮

——周振华忆硇洲灯塔

何小婷　李宜珍　整理

一　马鞍山上建灯塔

法国炮舰进入广州湾，在硇洲登陆，硇洲就属于法国管治范围的洋界。[1] 法国工程师到硇洲后，选了东南海边的马鞍山建灯塔。他们很有眼力，马鞍山高出海平面60米，灯塔起码有40米高。[2] 我们上园村在灯塔下面，每逢台风吹袭，全村外出躲避，灯塔却安然无事。

为了建造灯塔，法国人雇用100多个当地工人，让他们先准备好石材再建筑。石头开采自我们村后面，工人把这些麻石[3]凿成"曲尺形"的石块，然后用铁器敲钝石头的尖锐部分，一块一块地打。有的用锤子连续捶打，直到石头爆开。爆开后的石块还很粗糙，工人就用小针慢慢磨，把表面磨得光滑漂亮。灯塔中的每一块石头形状都相同。开展工程期间，有法国人每天监工。工人早上来领签，等于开始上班，各做各的事，傍晚再去领工钱。这样日复一日做了三年，[4] 传说三年间一场雨都没有，都是靠露水来做农活和种植，很奇怪。

---

[1] 1898年4月，法国海军登陆海头汛。当年6月和10月，两广总督谭钟麟先后报告法军占领硇洲淡水湾炮台和拆除演武厅，法军占据硇洲岛已成事实。虽然广东官民多次抗议，试图避免扼守航道要冲的硇洲岛被纳入租借地，但最终失败。龙鸣、景东升主编《广州湾史料汇编》第1辑，广东人民出版社，2013，第34—39页。

[2] 马鞍山海拔81.6米，硇洲灯塔高23米（含基座）。

[3] 硇洲岛为火山岩地质，有石场，多产玄武岩。

[4] 硇洲灯塔应在1902—1904年施工，1904年投入使用后首度收录于《印度支那年鉴》（*Annuaire général de l'Indo-Chine française*）之中。

上到灯楼，[①] 底部有个托盘盛着水银，据说水银足足有半吨重。水银上面浮着一盏灯，一把 100 斤重的砣把灯从底部吊起，砣慢慢升起来，灯才开始旋转。转了一定时间后"退钩"，只有一个叫"南哥"的越南师爷才够力气把砣拉上去重新钩上。[②] 日本人占领灯塔后，水银基本都被偷走。

灯塔的灯光靠火水点燃。像灯泡一样的汽灯有两个拳头那么大，上面是圆鼓形的玻璃罩，就像一个气球。火水打得越多，灯泡就变得越白。以前没有打火机，守灯人用火刀相互碰撞，溅出火花点燃纸引，然后再点亮汽灯。四方形的火水箱 50 斤一桶，定期从淡水[③]运来灯塔。北港大浪村有个营盘，我们叫"灯塔仔"，[④] 大概有 15 米高，也为航行经过的火船[⑤]点着灯，因为那里是广州湾的入口。灯塔上面原来没有碑的，[⑥] 但是通往淡水的"番鬼路"就有路碑，以前的路比较窄，路程有多少米都用法文写在碑上。

二　法国官的守塔生活

我的父亲叫作周玉兴，1905 年出生。他以前戴过荷兰帽，[⑦] 一般有钱有点头脸的人才戴荷兰帽。我们家以前没有田地，父亲曾经收购海里的海菜，从硇洲搭船拿去雷州卖，后来去了灯塔工作。

灯塔旁边有 7 间房，分别是马棚、狗房和兔房，一间有 15 平方米，总面积共有 100 多平方米，里面养着 4 匹马、20 条狗和 100 只兔子，也有长工在马棚和马住在一起。父亲帮过法国官养狗和兔子。父亲每天早上 6 点去上班，做到中午 12 点回来吃饭，吃完后又去。他把红米和青麟鱼放在铁质煤油箱里一起熬煮，喂给看守门口的狗吃，还要割竹叶和草给兔子吃，以

---

① 指灯塔顶部的灯室。

② 火盆放置在液体水银上以保持稳定，守灯者通过扭转人工发条装置转动火盆。硇洲灯塔采用弧形三棱水晶透镜汇聚灯光，射程为 26 海里。随着技术改进，今硇洲灯塔已电动化。

③ 今硇洲镇政府所在地。淡水为广州湾时期法国当局在硇洲岛的主要驻地，设有蓝带兵营和公局等。

④ 除了硇洲灯塔，法当局还在广州湾主水道建造 10 余座较小型的固定灯桩，以引导过往船只。

⑤ 指运载乘客和货物的蒸汽轮船。

⑥ 指今嵌在硇洲灯塔基座的一块刻有"1899"字样的法文石碑，疑为法国军舰"袭击"号在占领硇洲岛初期所立的高程勘测碑，与灯塔建造工程无直接关系，近年维修时嵌入灯塔基座。

⑦ 荷兰传统渔夫帽有帽檐，上部多为深色软布料。我们不确定周振华所说的荷兰帽为何物，法国殖民者多戴木髓帽（又称考克帽），以白布覆盖，前檐有皮带，有鲜明的身份象征意味。后来这种帽子演化为通帽，至今湛江民间仍能见到白色塑料通帽。

及清扫兔屎。那些兔子很灵活，吃完就钻进土里溜走。灯楼西面有座南墩，是很偏僻的岭地坡山，上面长满草丛竹林，以前父亲在那里割草和竹叶喂兔子。

灯塔工人和法国官很熟，他们很少挨打。但有一次兔子死了，法国人竟然怪在我父亲头上，出手打他，之后父亲就不为他们打工了。后来为了生活，父亲砍柴和收购活鸡，拿到淡水的市场卖。

法国人的住房在灯塔前方，法国官带着妻子、孩子一起住，他们有枪，淡水的营官①也有枪。以前没有汽车，都是用马车从淡水运来罐头和食品补给，他们很少在硇洲买东西。灯塔附近没有水井，饮水主要靠储存雨水。灯塔下有三座水池储水，北边的水池有木板盖住，西边的池则没有。两条水渠从法国人屋顶通向水池，用来收集雨水。有沟渠将脏水排到外面，多余的水用来浇法国人在北面的菜园。池水有两米深，冬天水浅，我才敢到池里游泳。

越南师爷南哥在灯塔里做"书郎"②，灯塔有气象仪器，以前没人专门做气象工作，他就同时负责观察气象。南哥相当于工头，手下管着我父亲在内的7个工人。我们村周玉英、周玉兴和周玉朱三人，以及上岭的梁福星、梁世豪、梁世杰、大彬都在灯塔做"官差"，其实就是打杂做粗活，一般是扫灰水③以及每天上灯塔擦玻璃。南哥喜欢把豆腐和糖一起煮融化，淋在饭上吃。我老爸和他比较好，我爸帮法国人喂养狗和兔的时候，南哥都叫他一起吃饭。南哥在灯塔住了好多年，学会讲白话和雷州话，他还有后人住在淡水。

三　蓝带兵与海匪是同僚

法国人的"营部"在淡水，灯塔相当于他们的一个分站。法国官有时骑马过来灯塔，晚上就要工人把马送回淡水，有一次我爸帮他把马送回淡水营部，撞到树上裂了膝盖。营部是法国人的机构，公局则是地方官，法国管治时期的公局局长在地方的权力最大，管案件官司和评道理。许庆春和津前人孙国兴当过公局局长，在公局办公的也有硇洲当地人。

---

① 指驻守淡水的警卫军营官，兼理该地区民政事务。
② 应为文书人员，从事抄写和通信工作。
③ 用石灰砂浆涂抹建筑物表面，起防护和装饰作用。

蓝带兵就是公局的"走狗"，[①]他们是中国人，多数来自西营，硇洲基本没人当过法国人的兵。蓝带兵买猪肉买菜都不给钱，不让他们拿走就打人，这帮人最坏了。蓝带兵和贼简直就是同僚，防不胜防，很是黑暗。贼来了，有人去向蓝带兵报案，他们派兵实际不是捉贼，而仅仅是把贼赶跑。蓝带兵来到村里先敲响铜锣，贼听到响声就跑了，两班人互相呼应。如果没人报案，那他们更不会来。

图 1　硇洲灯塔

资料来源：约 1906 年发行的广州湾明信片。

雷州有一班海盗，贼首叫石甲三[②]，主要在硇洲和东海民安这一带活动，他们的基地在东海岛西面的牛牯湾，[③] 经常来硇洲抢掠。"七尸八命"是硇洲贼制造的最惨命案。陈宏发那帮贼曾经把 7 个人杀死，其中有个怀孕妇女，所以就是 8 条人命。硇洲深路河[④]有一个贼窝，贼窝头目有陈妃才和陈宏发。陈宏发脸花花，很

图 2　20 世纪初硇洲岛外的渔船

资料来源：*La Dépêche coloniale illustrée*, N°21, le 15 Novembre 1908, p. 305。

是凶悍。有一次，我父亲砍柴拿出去卖时遇到他，他说："把柴丢去吧，不要做辛苦工了。"我父亲拒绝他的拉拢，说"我们这些人就是做这些事的"。陈妃才和陈宏发后来都被游击队枪毙。1949 年陈宏发冒充游击队说："我也是共产党。"我们的游击队和他混在一起，后来知道他是贼头，就用绳子把他勒死，将尸体丢下那洞湾[⑤]。

---

① 警卫军由法籍营官管理，理应不受公局调度，但双方也有可能紧密合作。
② 即陈振彪（1888—1925），今太平镇造甲村人，又称"造甲三"，是雷州匪患的主要头目之一，1920 年前后其匪帮肆虐雷州半岛，1925 年被国民革命军张发奎部设计剿杀。
③ 即今东海岛民安镇西湾村，其西南的"尖沙鼻"与雷州半岛隔海相望，扼守船运航线，法当局曾派驻蓝带兵。
④ 深路河是硇洲岛中部的村落。
⑤ 那洞湾是硇洲岛东部的一处海湾。

四　灯光从未中断

1944 年日本人来硇洲，也有不正式的伪军驻扎，他们有摩托车。日本人一来就把法国人赶走，我父亲帮法国人把物品搬去淡水营部。日本人把灯塔的水银基本都偷走了，他们炸毁灯塔西边的门楼，得到很多铁，都拿来打造镰刀。我们这里有一个香港婆①过去帮他们打工。

这帮坏蛋来村里调戏妇女，他们不穿衣不穿裤，只是在下体绑着一块布，就这样追逐妇女。那年 8 月我才八九岁，有一天和小伙伴周玉安去割草，日本人丢炸弹下来，我们就将草盖在头上，钻进臭花丛中说："飞机拉屎了。"我们捡到日本飞机的机关枪扫出来的子弹壳，都是两个拳头大的铜片。② 法国人在硇洲没有杀过人，日本人来时我们最惨。有一次，七十几岁的渔民梁庭治去那晏海滩捡鱼，刚好日本人的船沉没海里，他们看到梁庭治就拿他发泄怨气，把水灌进梁庭治的肚子，再用脚踩他，把他活活打死。日本人杀的第二个人在赤马村，他们抓到一个叫谭妃宝的贼，日本人买白饼搭煎堆让他吃，那贼刚把饼塞进口里，他们就把他的头砍下，饼还含在嘴里。

日本人侵占后，我不再敢去灯塔下的水池游泳，也没有谁敢去灯塔那一片地方。日本人不懂得管理灯塔，晚上把灯吊起来，天气变化刮强风，有海鸟撞上灯塔，掉落到周围。以前灯塔没有围墙，四周是坡地，草很茂盛，我都放牛去那里吃草。后来我也不敢去了，因为他们在草里放除草药，牛吃了会死。日本人真是太残暴了。

国民党和共产党时期都请原来那班工人继续管理灯塔，灯塔亮灯从未中断，因为要给航船指方向。后来解放军派人来管理，我们村就没有人去了，上岭村的梁福星做到 20 世纪 80 年代。有个长征老红军陈义③，我们叫作"阿公"，他人特别好，小孩一去他那里，他就给饭吃，他自己却吃生的番薯。陈义后来在灯塔滚落楼梯受伤，不久去世。他希望坟墓葬在灯

---

① 从香港逃难来并嫁给当地人的妇女。
② 疑为盟军飞机袭击停泊在硇洲海边的日军船只。
③ 陈义（1905—1985），河南安阳人。解放战争随大军南下，1955 年从部队转业到硇洲灯塔工作，多年间用心维护和管理灯塔，被评为劳动模范，终身未娶，常捐助同事和岛民。1985 年逝世后，相关部门在硇洲灯塔附近修筑"陈义同志陵园"。

塔边上，要永远看着灯塔的光，那灯光多漂亮啊。政府按他的意愿，把墓地建在灯塔旁边。

·校注手记·

记忆似是无波澜

何小婷

（2022 年）

在很长的一段时间里，硇洲岛对于岛外人，包括湛江本地人来说，几乎等于湛江八景之一的硇洲灯塔。

硇洲岛位于湛江东南海域，西靠东海岛和雷州湾，东面便是广阔南海，陆地面积约 56 平方公里，岛上常住人口四五万人。对于游客来讲，硇洲岛的特别之处在于它是海底火山喷发所造就的奇观，是中国第一大火山岛。海岛灯光、火山熔岩遗迹远比灯塔更具吸引力。

但硇洲灯塔对于我们访谈的老人周振华来说有些特别，他的个人记忆与父辈故事在这里交叠，历经变迁的个体与历史也因此交融，没有很清晰的界限，顺其自然地发生。他的父亲周玉兴，是留下良好口碑的灯塔守护者，为一代又一代渔民照亮回家的路。为此，一位热心岛民乐意带我们寻访周老。

从硇洲镇来到岛屿中部的上园村，春寒未消，一路的绿意红壤黑石对比明显。我们跟随引路人进门之时，老人端坐院中，已为素未谋面的年轻人准备了凳子。见来者众，还没来得及打招呼，又自说自话"还不够"云云，折回屋内取凳子。甫一坐下，就主动回应引路人的记忆唤醒。

"那时候飞机过来炸灯楼，看到飞机上放下的炮弹，我们就说'飞机拉屎了'，赶紧将草箱盖在头上，两人钻进臭花里，你还记得吗？"

"记得。"

访谈当日天气微凉，周老戴了厚实的帽子，我们很难不注意他的大眼睛高鼻梁，这是南方岛屿上不多见的样貌。可是黝黑的脸上，仍沾染了海风的痕迹。周老九十高龄，精神矍铄，谈吐清晰，团队成员都赞叹其精神之佳。

我们简单做了自我介绍，老人很是平静，"有什么你们就问咯"，中气十足，还根据我们团队成员沟通所用的语言，提醒我们"我普通话、白话也都可以，海南话、客家话还有瑶族的语言也会一些"，神情和言语中无不透露走南闯北积攒下的阅历所带来的自信从容。

我们的访谈围绕硇洲灯塔及相关人员进行，范围虽小，却有如广州湾社会的微缩截面——高高在上的法国官员、居中辅佐的越南官吏、辛勤劳动的中国民众。一般来说，因为文化背景和权力地位的差异，前两者与后者较为疏离，甚至在某些历史事件和特定场景中有着许多张力。

但或许是硇洲灯塔和附属建筑物的空间太小，他们需要互相依存，总的来说关系颇为融洽，尤其是越南师爷南哥既需负责灯塔的日常维护和气象观测，又要管理当地雇工，可谓兢兢业业。而且他与工人同吃同住，懂得当地方言，想必颇受拥戴。至于法国官员及其眷属，在周老记忆中则过着养尊处优的生活，依赖定期送来的补给，还耗费人力养着各种牲畜。然而，我们不能就此论定法国官员无所事事，毕竟当地雇工难以与其直接沟通，何况是少年儿童。

周老讲述的灯塔修筑过程，当属村中的口耳相传。而关于灯塔的日常运作，则应来自他的亲见亲闻。不论如何，这些内容均与文献大致吻合，更补充了不少细节，比如每天如何点亮灯光，需要多少燃料等，都让我们增长见识。同时，我们也能透视这片小小空间的微观日常生活，形成直观印象。当然，我们不会以为硇洲岛是太平净土。正如周老所言，在灯塔之外，盗匪兵痞狼狈为奸欺压百姓，日军侵略残害民众，灯塔也一度经受摧残。所幸人民政府接收之后妥善管理，至今灯塔仍是南海的重要航标。

图1　2017年3月周振华接受访谈

资料来源：邓珊珊摄。

关于父亲的故事，周老心里有清晰图像，但在他的语言表述中，又似乎与至亲有一段距离。他的用词遣句几乎都是陈述性的，鲜少流露自己的情绪。如此波澜不惊，反倒给我们一种述说别家故事的错觉。

老人说自己身体好，去过海南、四川、贵州和云南等多个地方，飞机、轮船都坐过，只是还没坐过高铁和地铁，定要体验过才走（离开人世）。后来我曾致电周老，却无人应答，再后来，就成了空号。不知道他心心念念的旅行去成了没。

华工在锡矿十三年

——陈康宝忆父亲陈云初

李宜珍　整理

一　执意下南洋

父亲陈云初生于 1902 年，坡头麻斜田头仔村[①]人，幼时因父去世，母亲嫁去附近关姓村，[②] 家人认为他是陈家独子，于是住在高岭村的他的外公郑观兴把他收养。观兴公在坡头墟开武馆，平日教父亲武术。观兴公很有声望，某日一个贼仔偷了观兴公的衣服，就有人对贼仔说："你居然敢偷郑观兴的长衫。"贼仔感到害怕就把衣服送回来了。童年时我曾见过父亲在客厅练功夫，不过他没跟我提过小时候跟外公学了什么招式。

父亲长大后，日常帮助外公耕田种地，因坡头靠近海，他当过渔民，习水性，经常跟家人开船去挖蚌捕鱼。父亲很早听说水仙庙附近有一家"猪仔馆"[③] 招收华工[④]到印尼开采石矿，广州湾有很多人报名应聘。他跟观兴公表达过意愿，但观兴公管他很严不让报名，因为担心他下南洋受苦挨打，没东西吃。直到有一次父亲跟观兴公挑农产品到麻斜街卖，他趁观兴公不注意跳进海里，观兴公看到后叫他快快游回头，他还是径直

---

① 坡头区麻斜路田头仔村，现位于坡头区麻斜路中段，下辖麻斜街道麻新村委会。陈云初的劳工证上写明其来自吴川田头村，所处之地位于麻斜海东岸，清朝时期属于高州府吴川县。
② 坡头区麻斜路田头仔村主要由蔡、陈和关三姓组成，此处指村中关姓人聚居的区域。
③ 贩运、交易"猪仔"的地方名为招工馆，俗称为"猪仔馆"。广州湾时期，西营和赤坎一共开设 10 余间"猪仔馆"开展华工出洋业务，当时较大的为西营贝当街的"锦纶泰"以及赤坎的"泰来栈"和"大成行"。
④ 华工，泛指 19 世纪中后期至 20 世纪初前去赴约海外谋生的劳工以及苦力，俗称"卖猪仔"。他们通常是来自穷乡僻壤的农民，与招工馆或中介签约前往海外，如东南亚、美国、加拿大和秘鲁等地。

游向西营。

父亲游泳很厉害，他拿着一条扁担，两头是有浮力的竹筒，他游了几公里到西营后，从码头走路去赤坎应聘华工。当时外国医生依例对他进行严格的体检，检查内容包括身高、视力、五官和体格等。检查的时候要伸出五指检查是否健全，手指是否有清晰的指纹，因为他们认为没有指纹干不了繁重的劳力，况且各种档案也需要本人按指纹确认。最后，应聘者还需要跳过一张长凳，证明自己身体素质好、有力气。

父亲体检符合荷兰公司的录用要求后才告诉观兴公："人家同意我去印尼了。"观兴公心想时下生活艰难，让他到外面闯一闯也好，赚点钱回来建屋，改善生活。于是观兴公对父亲说："家里外婆有人照顾，你放心去就行了。"

之后荷兰公司安排他搭许爱周的船从西营出发，转到香港停留几天办理出入境手续，出关后在"猪仔证"①上盖个章。同时，荷兰公司亦在香港收了来自其他地方的华工，如惠州、潮汕、海康和琼州等地的人。从香港到印尼坐蒸汽船要七天七夜，当时很多人因受不了浪涌晕船，呕吐黄胆水，也吃不下东西。父亲以前是渔民，因此路上没受晕船困扰。父亲提起过轮船行使到西沙群岛一带，放眼望去都是白茫茫的海，途经暹罗，之后在邦加岛②登陆。

其实父亲出洋也是为生活所迫，坡头和南三的土地是沙质土，一到下雨天，踩下去泥地会坍塌，连种出来的番薯都有点咸，所以很难种粮食，这一带很多穷人都选择外出做工。华工中也有讲黎话的雷州人，他们要坐一个月的帆船才到印尼。

二　初到邦加岛的三年

父亲一共去了两次邦加，第一次出发是 1931 年 12 月 7 日。矿场需要每日开动火车运输矿石到码头等地，火车靠燃烧木柴发动，父亲日常担木柴给火车燃烧，直到火车够用才可以休息。印尼是热带雨林气候，一年四季

---

① 指契约华工的证件，陈云初的劳工证封面写着"脱身凭札"。

② 邦加岛（Bangka）位于苏门答腊岛以东，殖民时期成为荷属东印度群岛的一部分。18 世纪初岛上锡矿被发现，荷兰殖民者从巨港（Palembang）苏丹国购得开采权。1812 年英国一度占领邦加，两年后荷兰人重返邦加并加强开发。

常常下雨。某天大雨，荷兰人很怕水，他们对华工说："快快不用做工了。"我们华人却说："不用不用，我们冒雨做工。"因为华人的身体素质好，很少感冒。以前荷兰人叫中国人为"唐人"，他们认为唐人受得了水，下雨天他们宁愿不休息，直接做完，这样回来不用冲凉了。父亲做工效率很高，不怕下雨不怕冷，老板也看得起他。三年期满后，他拥有邦加的永久居留权，可以选择不在印尼帮荷兰人打工，或者去其他地方，但要自己出路费。如果选择继续留在矿场打工，工资相应调高，原老板也包食宿和回乡路费。

矿场每人每月工资有18盾荷兰银，听父亲说荷兰钱比较值钱，1盾荷兰银相当于港币二十几元。当时二十几元港币就能换一钱金，所以一个月下来够买几钱金了。不过矿场里面的华人好赌，父亲当时赌博输了很多钱，他曾对我说："如果不赌的话会剩下很多钱。"荷兰人每日提供三顿白米饭，邦加的热带水果很多，漫山遍野都是野菜，海产品也很丰富，因此人们经常不吃饭菜。父亲在邦加也很少吃到隔夜菜，因为荷兰人担心华工吃隔夜菜拉肚子，第二天无法开工。

矿场工头是荷兰人，对父亲很好，家里有什么东西坏了都叫我父亲去修理。荷兰人很喜欢游泳，去游泳一定带上我父亲，因为池塘有很多鳄鱼，他说鳄鱼闻到中国人的味道就不吃人。父亲听过当地传说，唐朝时有华人把鳄鱼放在胸口前带去印尼，鳄鱼习惯了中国人的味道。不过我们都知道这个传说是假的，荷兰人让华人先下水，是因为鳄鱼会吃先下水的人。

邦加有墟市，父亲有时到墟市喝咖啡，买菜和日用品。当地单车不用充气轮胎，而是硬轮，某次父亲穿新衣骑单车出去摔了一跤，从此再也不敢骑单车甚至坐别人的单车了。有一次，一个华人和一个高大的印尼人在墟市发生争执，华人被打了一巴掌，后来华工回到公司对工友说某人被印尼人打，大家约好一起去报复。而我父亲却说："我要担柴给火车，不能缺工。"当时很多华工带着木棍冲去，荷兰警察维持秩序，开枪打死一个华人，后来大家都不敢去打人了。

华工之间有地方帮派，有一个惠州仔很会打架，某日，他对我父亲说："你什么都不参加，那我跟你打一架。"父亲说行，结果关上门后，惠州仔就说："开玩笑的，不敢跟你打，我知道你外公教功夫。"

1935年三年期满后父亲回来广州湾。之后有几次他到了香港，突然决定不去印尼，又回来广州湾，只说"神招佢"①，意思是心情不好不想去。直至 1936 年第二次前往印尼前，父亲都住在赤坎一位朋友家里，这人是庙祝公，位置近文化宫。②

三　与家乡断联十年

父亲第二次去印尼是 1936 年，这次是因为日本侵略，他没办法回来，于是他在邦加待了十年之久，直至 1946 年才回来广州湾。

1937 年日本全面侵华，有个土生华人"识透串"③ 号召大家捐钱给华侨协会。捐钱最多的地方应该是新加坡和印尼。太平洋战争期间日本入侵印尼，他们赶走荷兰人后接管矿场。劳工每日伙食减至两顿，一年后每日只有一顿伙食。每日需要靠体力干活的劳工，如果没找到东西吃就会挨饿。父亲曾对我说，有些懒惰的人会饿死，甚至有人觉得世界没什么意义就"吊颈"寻死。父亲曾经救过几个人，他抱住那些人的脚不让他们咽气。

为了改善伙食，父亲经常挖木薯，或者到河沟里抓野生淡水鱼，如塘鲼鱼和鲤鱼。除了日常不能吃饱饭，日本人给的工钱也减少了，他们还经常打人。领工资时，日本工头坐在前面，每个人领完工资都要给日本工头磕头行礼。曾经有华工偷日本人的汽油拿去卖，他对我父亲说："我偷汽油给你，你担走就行了。"我父亲不敢偷人家的东西，担心被日本人抓去枪毙。父亲曾告诉我："路上看到日本仔要快快闪开，否则日本人画一个圈让你站定，你不能走。"

日本人对华工管理很严格，如果有人偷懒或搞事，同样是华人的小工头就用皮鞭打人，有些人讲闲话就被拉上山枪毙。日本人曾要杀死父亲的一个香港籍同伴，拿刀戳他的腰背部，他就在地上翻白眼装死，日本人走后，他捂着伤口躲进山林里。父亲某次上山见到他，他给我父亲看伤痕，说山里的印尼人浸好药给他敷发炎的伤口。父亲还见过一个开拖拉机的司机被日本人打得露皮露骨，还要给日本人行礼。

---

① 坡头方言，形容某人对某事不满意地叹气。
② 赤坎工人文化宫位于法华学校旧址，今赤坎区中山一路。
③ 坡头方言，形容懂得多种语言或讲话很厉害的人。

某日，父亲做工时被芒萁①割伤脚，伤口发炎看得到骨头，于是父亲去荷兰人的医院看病。之后父亲步行十几里路回去，第二天脚又发炎了，还需要去医院。日本人认为父亲脚烂，给他臭虾吃。日本人去医院都要叫病人干活，那些病人对日本人说："这里全是病人，都是来看病的。"日本人不管病人的解释，要求病人拔完草，做够每日规定的时间才允许他们回去，意思是可以给你做轻一点的活，但不能不干活。日本占领的那几年很惨，华工没衣服穿，父亲曾经拿一些麻袋制作衣服。

在邦加的十三年，父亲都在同一个锡矿公司工作。因为他跟老板相熟，不想跳槽到其他地方。如果去了其他地方，生面人②会被安排重活。荷兰人把工作分给工头仔，工头仔又把工作细分给小工，另外还有管工、监工等角色，如果你跟工头仔熟，就给你做轻一些的活。工头仔很多是华人，如果有人态度不好，工头仔向日本人"笃水"③，他点名让他不满意的工人排队，日本人开车过来抓人上车，拉到山上枪毙。为什么回乡的船上很多人被打死、打伤呢？华工对一些工头仔心怀仇恨，如果工头仔没有朋友一起回来，华工趁他们出去大小便的时候包围他们，把他们扔下海里也没有人知道。如果工头仔有钱给华工就不会被打伤。我父亲不怎么得罪人，与人关系比较好，加上他身材高大有力气，所以他不会被打，也不会被人包围讨钱。

荷兰人曾贴告示，中国人在同一条船上不要打架。为什么以前的华工有这种报复思想呢？父亲曾对我说，除了私仇，华人在矿场工作挣了很多钱，而他们又嗜赌博，一到空余时间经常打麻雀、赌天九④等，即使有很多钱也输光了，如果静静赚钱养家就没事。

以前的人没有什么文化，不流行寄钱回家，父亲不认识字，只是解放后在夜校学了一些字。在印尼期间父亲都是托人带钱回来给外公。观兴公曾给我父亲写信劝他回乡。父亲心想外公年纪也大了，自己是时候回去了。1945年日本投降后，来往中国和印尼的水路航线重新开通。1946年父亲回到村中，问起观兴公的情况，村人说："他已经走了三年。"因为日本占领

---

① 芒萁是一种普遍生长于热带、亚热带红壤丘陵、荒坡林缘的蕨类植物，其皮和芯较厚实，均可用来编织凉席和各种日用器物。

② 粤语，指不熟悉的人。

③ 粤语，形容打小报告或告密。

④ 天九是广东民间的一种赌博游戏。

时期通信隔绝，父亲也无法得知观兴公的音讯。

船回到了香港黄竹坑，有华商招待华工，这些华商都是上六府的人，他们会给华工准备小礼物。上六府和下四府①的华工之间经常发生争执，上六府的人先挑选好布匹，如有一点洞或破烂点的就给下四府的人，下四府的人说不要，我父亲说："我们为什么这么衰，要拿你们的旧东西。"意思是说不公平，最后华商发新布匹过来。香港烂仔多，他们盯住轮船进港，华工一下船就被烂仔包围，他们说："我帮你搬行李。"实则他们知道行李里面有钱，企图直接抢走行李。父亲之前经人提醒，用针线把金戒指缝到衣服内里，这样才没被香港烂仔偷走。

父亲接着从香港过关来到深圳，再从东莞樟木头坐火车到广州芳村，最后回来湛江。1946年父亲跟几个做华工的化州朋友都在赤坎，朋友对我父亲说，一起凑钱做生意，但是吃完晚饭后，那人就说要回化州，把钱骗走了。

父亲带回许多荷兰银币，后来他把银币当作小礼物送给来家里做客的亲戚。他也带了胡椒根②回赤坎，据说是印尼当地一种可以医治很多病的植物，也可以用来暖胃。他穿过很多靓皮鞋，我也见过他从印尼带回来的藤箧，不过后来都丢失了。

四 "猪仔证"传承父辈记忆

父亲回乡后在赤坎做搬运货物的散工，做一日算一日工资，相当于自由职业。当时搬运工各有地头，讲吴川话的人和讲雷州话的人经常有争执，福建村上面的海边③常有帆船停靠，码头由讲黎话的人管理，不让其他搬运工进去。父亲一般在人多的鸭嫲港搬运，他用麻绳绑住扁担挑货物，也拉过车。父亲曾从赤坎码头挑货物到安铺，有个老板的女儿看中他，但他自认家贫不敢娶。

1952年父亲被分配到湛江市第一运输公司，当时他一人可以驮两百斤

---

① 明清时期广东省设十府一州。上六府为广州府、肇庆府、惠州府、潮州府、韶州府、南雄州府；下四府为高州府、廉州府、雷州府、琼州府。广州湾时期麻斜海东岸属于高州府吴川县，西岸属雷州府遂溪县。

② 山胡椒根，中药名。性温、味辛，具有温经通络和祛寒除湿等多种功效。

③ 指遂溪县境内的大埠。

米上二楼，不过公司进行工资评级时他不想要太多，只要了较次的乙级，这也有 60 多块钱的工资，可以养活一家人了。工作期间他被评为"先进工作者"，也参加过湛江职工代表大会。20 世纪 60 年代，他退休后只有三十几块钱的退休金。因为家里孩子太小，他接受返聘回农场，也曾帮粮所看门口，后来也照顾过我的儿子，一直工作到 80 多岁。

1953 年他与母亲结婚。我出生于 1958 年，有三个姐姐和两个弟弟。母亲先在父亲的单位做家属工，后来因为家里孩子太多了，回家做了家庭主妇。母亲叫鲍少华，籍贯珠海，一家生活在澳门。日军围困期间，外公被洋人雇主辞退，家里陷入贫困。为了不饿死，外婆让时年 17 岁的母亲跟一个在西营卖估衣的熟人逃出澳门，来到广州湾谋生。

解放后母亲试过寻亲，但都找不到，没有下文。1986 年我为母亲在《澳门日报》登广告，一位邮差恰好认识她二叔，于是对她二叔说："你侄女来找你了。"她二叔看了这份报纸后说："不敢相信侄女到广州湾还没饿死。"他很快写信来湛江认亲，1988 年弟弟陪母亲随旅游团到澳门与她二叔短暂相聚。她二叔的女儿鲍笑薇嫁给了香港前行政长官曾荫权。

父亲身体很好，1961 年父亲从运输公司退休后还接受返聘，到单位农场工作。位于湖光的农场距离赤坎 20 多公里，晚上他从农场买菜走夜路回赤坎，第二天又到农场开工。他于 1998 年 3 月 10 日去世，享年 96 岁。2016 年 6 月我的母亲也去世了。以前的政策规定 1940 年以后从海外回来的都属于华侨，但我从来没有写过自己的华侨子弟身份，只写贫农。

为什么父亲的"猪仔证"可以保存至今呢？父亲本身是穷苦工人出身，政治运动时没什么人找过他，而且他把"猪仔证"放在皮箱里，用手巾包住防潮。小时候他给我看过一次，我当时可能没想过这个证有历史价值，不过近年知道湛江地区的"猪仔证"很难找到，所以想好好保存。况且以前凡是打过架、偷东西或偷懒的人被荷兰人记录下来并没收"猪仔证"，很多人没有保存下来或者丢了。

父亲回忆起在印尼的生活时对我说："吞过喉咙就系粪。"① 他从来不与人争食，去哪里都不会闹事。他还告诫过我说："闹事的人短命，出远门不要得罪人，没朋友不行，赢得太多也不行。"

---

① 粤语，意思指不管什么东西吃进肚子里都成了粪便，形容做事不计较。

一本"猪仔证"所见之南洋劳工史

徐冠勉　吴子祺

（2018 年初稿，2021 年修订）

一　文献解读

2017 年 4 月在湛江市赤坎区进行《口述广州湾》采访期间，受访者陈康宝向笔者出示一本其父的"猪仔证"。我们本着对粤西南出国劳工史的兴趣，对这份由荷兰文和中文书写的文献进行初步解读，并结合当时陈云初所在的荷属东印度锡矿公司的历史背景，来初步探索中国粤西南和荷属东印度的这一段很少被谈及的往来历史。

该证的封面显示这是一张"Ontslag-boekje"，中文名为"脱身凭札"。从字面意思理解，ontslag 意思是离职，boekje 意思是一份小的凭证。该凭证的发行机构是 Banka Tin Winning，指的是邦加锡矿公司。邦加是荷属东印度（今印度尼西亚）最重要的锡矿产区。该地区从 18 世纪中叶开始就已经有华人组织锡矿生产，但是到了陈云初工作的年代，锡矿所有权和管理权已被荷兰人控制。而他所服务之邦加锡矿公司就是荷兰殖民政府控制邦加地区锡矿生产的一家垄断性企业。

图 1　陈云初凭证封面

资料来源：陈康宝提供（下略）。

该凭证的第一页是对这份凭证的有效性说明，右边的中文显示："如在吧力领工，须将此札交与收工者，收后暨送回本局。"左边的荷兰文记载两条更加详细的条款。其一，"当本凭证更新时，服务状态（Staat van Dienst）中所有的信息必须被转移到新的凭证上"；其二，"旧凭证之后销毁，要在新的凭证上面注明，并且需要由部门经理（Sectiechef）亲自签名"。可见荷兰当局目的在于确保这张凭证记录有关持证劳工的所有服务信息，并且不受凭证更新影响。

接下来一页收录劳工的个人信息。该页贴有劳工的照片，照片上盖有他所在部门的钢印。如图3所示，Muntok（门托克，又称"文岛"）部门是邦加锡矿公司下属机构，门托克其实是公司的主要港口，用于运输出口该公司出产的锡矿。照片下面用中文写上了持证者的个人信息，姓名是陈云初，而"高州"作为他的荷兰文氏名，这种命名方法可能受到荷兰姓名拼写传统的影响，因为荷兰人姓名后面经常加上一

图2　陈云初凭证内页一

图3　陈云初凭证内页二、内页三

个 van 来显示他们的籍贯。此外还清楚写明陈云初来自高州吴川田头村①，并用苏州码写上了他的出生年份：1902。该页右侧记录他来到邦加的日期——1931 年 12 月 7 日，但并没有标注他的回国日期。

再往下，则是陈云初的服务状态。右起记载他每一年从哪一天开始工作，到哪一天为止，以及当年的薪酬标准。上面记录他工作的地方是 Tempilang，属于门托克区域。此区域开发较早，到了 20 世纪 30 年代已经不再是矿区，而变成邦加的运输集散区域，因此陈云初的主要工作并不在矿区，而是在铁路部门。从记载来看，陈云初的工作非常顺利，没有任何不良记录，而且工资也逐年上涨，每年工作时间基本是全勤（已经扣除节假日）。然而，工作时间有一段中断，1935 年 1 月 6 日到 1936 年 11 月 9 日没有工勤

---

① 今属湛江市坡头区田头村，法国租借广州湾之前，该地属高州府吴川县，虽然陈云初出洋时已是民国时期，但依照民间习惯，仍将籍贯归属吴川。

记录，结合其子陈康宝口述历史可知，这段时间他回国了。此时距他初次来邦加已经满三年。这三年期间，陈云初的日薪是固定的（每日工银 36 stuiver）。再次来邦加后他的工资就有一次上涨（每日工银 41 stuiver），再过大约两年，从 1938 年 11 月 10 日开始，工资就上涨到每日工银 46 stuiver，上述工资应是以荷兰小额货币计算，每过一段时间结算一次，结算信息在下一页显示。

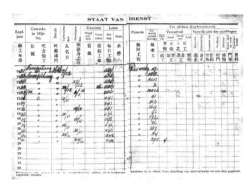

图 4　陈云初凭证内页四、内页五

往下就是陈云初本人的体检记录，共有 6 次体检，分别发生在 1933 年 12 月 27 日、1935 年 1 月 7 日、1938 年 11 月 10 日、1939 年 4 月 16 日、1940 年 11 月 21 日、1941 年 11 月 20 日。医生给的结果都是 goed，也就是良好。

再接下来，就是陈云初每一阶段的工作证明，有所在部门管理者的签字盖章，还有确定他收到了多少钱。因为日薪是账面数字，实际工资以结算日所得为准。此页所见的结算工资的计算单位是 f，即 guilder（中世纪称为 florin，缩写作 f），也就是所谓的荷兰盾，换算比率为 1 guilder 等于 20 stuiver。此外，与前面的记录相比，这项记录还显示了他在二战后的状态。1946 年 9 月 17 日，应该就是他离职回国之际，虽有所在部门管理者的签字盖章，但并未写明陈云初是否收到工资。我们推测，很可能是因为当时处于战后混乱时期，重新占领印尼的荷兰殖民军试图夺回锡矿，却受到勃发的印尼独立运动和工人运动阻挠，矿场管理失序。故陈云初只是拿到了离职证明，但是并未领取工资。不过这份凭证对他还是有意义的，因为根据规定，若持证者再回邦加，就可以按照老工人的标准来领取工资，而不用以新客身份重新计算。

二　殖民地锡矿与华工下南洋

这一契约劳工的体系是如何出现的？我们需要回顾陈云初所服务的邦加锡矿历史。邦加锡矿的历史其实非常有趣，美国学者 Somers Heidhues 很好地梳理了华人锡矿产业在邦加盛衰的历史,其著作至今仍是该研究领域的经典。① 该书指出 18 世纪初的邦加还是一处无人问津的热带岛屿,但是随着锡矿被探明,以客家人为首的华人从 18 世纪中叶开始在此地建立一系列的"公司"来开发锡矿。他们引进了一整套华人特有的挖掘、排水和冶炼的技术,彻底改变了这个岛屿的生态环境与人口结构,从而使得该岛从 18 世纪中叶开始成为荷属东印度最重要的锡产区。

荷兰人最初只是通过巨港苏丹来间接控制这一地区的锡矿,并强迫该地区出产的锡必须首先运到巴达维亚卖给荷兰东印度公司。但是在拿破仑战争期间,英国人占领了荷属东印度,并且迫使巨港苏丹将邦加割让给英国。战后经过一系列的谈判,连同整个荷属东印度,邦加再次移交荷兰,从此荷兰殖民者开始直接控制邦加的锡矿。在很长的一段时间内,荷兰人的管理方式是,通过控制苦力的进口、粮食的输入以及锡的收购价格,从而实现其垄断性收益。而锡矿的具体管理则交由各个华人公司控制。这些公司最初运行方式与西婆罗洲的华人公司很相似,也就是所有劳工都持有一定的份额,并且共同决定锡矿的重要事务。但是随着荷兰人的介入和锡矿的蓬勃发展,公司的份额逐渐成为原来劳工以及资方的特权,而新来的劳工,也就是所谓的"新客",却不再享有同等权益。

其中变化主要发生在 19 世纪中叶。此前劳工的雇佣都是掌握在公司的手中,公司通过华人帆船贸易的网络从中国进口新的劳工,而这些劳工往往都来自广东东部的客家地区,也就是当时的嘉应州,他们有机会在工作一定年限之后成为"老客",并成为公司的一员。但在 19 世纪中叶之后,越来越多的粤西南劳工通过帆船贸易网络从海南和雷州等地来到邦加并加入锡矿公司。由于粤西南劳工与原来以客家人为主的公司成员在方言和籍贯上非常不同,因此很难通过已有的流程来实现从"新客"到"老客"并到公司成员的转变。

为了顺应这一变化,荷兰殖民帝国也开始组建自己的班轮贸易网络,以香港、海口、北海以及后来的法国租借地广州湾为据点直接从中国进口苦力。到了 20 世纪初,荷兰的班轮网络已经覆盖输送苦力的航线,并且出台一系列政策,其中包括苦力雇佣的价格、服务的年限、体检的要求、回

---

① Mary F. Somers Heidhues, *Bangka Tin and Mentok Pepper*: *Chinese Settlement on an Indonesian Island*, Singapore: Institute of Southeast Asian Studies, 1992.

国的补偿等细节。这些规定的根本目的在于吸引更多苦力前来荷属东印度，并与其他劳工输入地竞争。

荷兰人的重点目标恰恰就是粤西南，一方面顺应19世纪中叶以来邦加华人社会内部的变化，另一方面也是因为粤西南劳工的用工报酬较低，而且不少苦力在邦加服务满一定年限之后，会回到粤西南带动新的苦力前来。分布在东南亚多地的雷州会馆和琼州会馆反映大批粤西南民众下南洋的历史，而文献亦记载广州湾租借地作为粤西南的主要港口，便于华工出洋，因而受到中国政府关注。如1931年广东省民政厅报告："（民国）十八年四月法人招诱华工，委系由法国专轮到广州湾运载，并由赤坎买办碗料器等物，据闻约有华人四百之度［多］……凡代理落船者，西营埠则有锦纶泰店为普通人所共识，赤坎埠大抵以大成行各客栈为多。"[①] 锦纶泰是信宜人李季濂（1877—1936）创办，其在鉴江上下游、西营和香港开设数家分号，通过竹排和帆船将华工运到广州湾，华工转乘轮船到香港，继而搭乘轮船前往南洋各埠。

邦加锡矿及相应的契约劳工出洋在20世纪20年代达到高峰，30年代初因为世界经济大萧条而陷入低谷，而后因为各国二战前的战备工作，又开始复苏。陈云初恰恰就是在锡矿贸易的最低谷时期来到邦加，之后经历市场复苏。然而好景不长，支持这次市场复苏的军备竞赛最终引来了日本人的入侵。1941年底日本人发动太平洋战争，入侵和占领东南亚，几年间给邦加锡矿及劳工带来巨大的灾难，矿场食品供给难以维持，海上交通不断受到破坏，而且受抗日战争的影响，当地华人和日本占领者的关系一直比较紧张。相反，当地的印尼民族主义者则受到日军的训练，并在二战后加入了抵抗荷兰人的印尼独立战争。

邦加锡矿公司由荷兰人成立于1913年，其主要目的是将管理锡矿的职能与地方行政职能分开。在该公司成立之前，邦加的华人公司从荷兰殖民政府那里获取苦力、设备和供给，并统一向荷兰殖民政府上交出产的矿产。该公司成立之后，殖民政府就从这些具体的锡矿管理业务中脱身出来，邦加锡矿公司取而代之承担这些职责。该公司实际上成为荷属东印度最重要的锡矿企业，直至20世纪50年代被独立后的印尼政府接管。当年总部现已变成一家博物馆，不仅展示邦加锡矿历史，而且也纪念印尼独立的历史——在20世纪

---

① 《呈报广州湾法人招诱华工情形》，龙鸣、景东升主编《广州湾史料汇编》第1辑，广东人民出版社，2013，第300—301页。

40 年代后半段的印尼独立运动中，印尼的民族主义领袖（包括苏加诺和哈达在内）长期被关押在邦加，这座建筑正是印尼独立领袖与荷兰殖民政府谈判独立协议之场地。

三 记忆中的出洋劳工历史

"亲历、亲见、亲闻"是口述历史的重要原则，虽然陈康宝出生之时，其父亲已归国多年，他未曾去过印尼体验父亲的生活，但通过父母的讲述，他得以了解父亲在邦加岛工作的经历。

在访谈中，陈康宝数次强调良好身体条件和操行与"猪仔证"的关系，以此说明证件得以保存实在是不易。父亲出洋务工经过外籍医生仔细检查和体能测试，每年需要体检，有其他华工曾因体检不合格或打架斗殴而被解职。陈康宝认为，在荷兰人的锡矿打工"比较自由"，三年契约期满可以选择继续留下或离开，所获报酬堪称"值得"，自己能攒下一定数额的钱财。正如上文指出"老客"和"新客"之间的不和，陈云初亦讲述了上六府华工欺负下四府华工，比如前者先挑选完好衣服，再将破损衣服分发给后者。又如华工之间不时报复仇杀，一些人更因赌博输尽工钱。工作方面，陈云初并非在矿场劳动，而是主要在运输部门工作，蒸汽火车将矿石从矿山运到码头，他就负责将木柴搬到火车上供其燃烧。华工受荷兰工头和华人小工头管理，勤奋高效，下雨照样做工，荷兰人则处于更高层的位置，而陈云初与荷兰工头关系好，且本身不好争斗，因此平安归来。

彼时广州湾已归还中国，国民政府成立湛江市。陈云初后居住于赤坎，一直从事搬运工作。新中国建立后，政府对搬运工进行集中管理，陈云初被编入湛江市第一搬运公司。《湛江市赤坎区志》记载："1949 年湛江解放前夕，赤坎、霞山两地搬运工人共 1200 人，其中赤坎 960 人。新中国成立后，这支队伍经过民主改革，重新组成赤坎搬运站，1958 年改称赤坎装卸搬运公

图 5 2021 年 8 月，陈康宝在家接受访谈

资料来源：吴子祺摄。

司，1981 年并入湛江市第三运输公司。"[①] 1952 年，陈云初还加入广东省"中苏友好协会"，想必是因为贫苦工人身份受到组织青睐，会员证继续记录他在不同时代的人生际遇。1998 年，陈云初高龄辞世。

回顾陈云初的华工个体生命史，我们可以剖视大时代的作用力：农村生活的贫困和工作机会的缺乏，推动华工出洋谋生；而欧洲殖民者在东南亚经营种植园和矿场需要大量劳动力，拉动契约劳工前去服务，"猪仔行"和轮船公司是其帮手。诚然，许多华工因为水土不服、劳动强度过大或不公待遇而亡故海外，留下一段段血泪史，但更多华工的确找到谋生新路，通过艰苦劳动挣得报酬，改善了自己和家人的生活，有的甚至在南洋形成聚居社区。总体而言，高雷地区下南洋者不算多，平安归来且保存相关资料者更是屈指可数，故陈云初的故事及其"猪仔证"别具意义。

---

① 湛江市赤坎区地方志编纂委员会编《湛江市赤坎区志》，广东人民出版社，2013，第 308 页。

七　逃难广州湾

寸金桥头亦故乡

——沈定庵忆书画生涯

李宜珍　吴子祺　整理

一　书画家的流亡路

我的父亲沈华山①20 世纪 30 年代在绍兴的时候，组建了镜湖书画社。他曾应邀到全国举办展览，从绍兴到了东北，再从东北回来一路向南走，到福建、广东、香港。②全面抗战爆发后，恐慌开始，没有人买画了，所以他在香港生活变得困难。幸亏碰到他的老师，也就是我的师太公——上海有名的画家王一亭③先生。王老师见到我的父亲，介绍他到海南岛，在那有一位诗人朋友。④于是我父亲在海南住了一段时间，但不久日本人登陆了，于是 1939 年父亲带着我的庶母诸素君和一位绍兴丁先生以及宁海孙先生，又匆忙坐海船出逃。⑤

那时候很狼狈，那艘木帆船的船舱里只能坐人，不能摆放父亲的画具。父亲带的好几个木箱只能浮在水上，大风大雨吹袭也没办法，他原以为箱

---

① 沈华山（1903—1944），浙江绍兴人，近代海派书画家，擅画花鸟、山水、人物，并精于书法。

② 20 世纪 30 年代初，沈华山发起了镜湖书画社，绍兴的著名书画家徐生翁、朱秋农、赵雪侯和李鸿梁等纷纷入社，并推举他为社长，开展交流活动。为了推广绍兴画家作品，镜湖书画社发起旅行全国展览会，先在绍属各县展出，后远赴华中、东北展览，1935 年沈华山又携带书画作品到福建、广东等地展出。娄国忠：《扬名岭南的绍籍海派书画家沈华山》，《绍兴县报》2013 年 8 月 25 日，第 7 版。

③ 王震（1867—1938），字一亭，号白龙山人，祖籍浙江吴兴，生于上海，为海派画家代表人物和著名商界人士，虔信佛教。

④ "诗人朋友"可能是海南文昌人邢谷芃（1877—1951），字朴山。战前邢朴山就职于海口市商会和文昌县立中学，与各地文友素有交往。1939 年日军侵占海南后，邢朴山迁居广州湾西营，任教于广东省立琼崖联合中学，留有《湾江集》等诗稿，表露爱国情怀。

⑤ 1939 年 2 月 10 日，日军在海南岛澄迈湾登陆，进而攻占海口，大批难民逃亡广州湾。

子里的书画保不住了，只能就这么看着。帆船一直漂到广州湾外围的硇洲岛，父亲一行人才得以登陆。幸亏箱子密封好，所以一点都没有进水，书画得以保存。后来父亲在硇洲岛临海的一所小学里借了校舍办画展，展出我们绍兴很多书画家的作品。没过多久，他们来到赤坎，住在新街尾三角处的一处房子，对面是泥水街。

全面抗战初期我还小，在家乡待着，父亲到赤坎住下之后，托一位亲戚把我和两位堂兄从绍兴带出来。一路真是千辛万苦，我们要到东海坐船，那时候杭州已经沦陷，钱塘江大桥已经破坏了，[①] 我们只好晚上偷偷出来。我那时候还没有船高，眼病又发作，还要背着包，走得很慢，快赶不上船。那位亲戚很机灵，他把船老大的撑竿打向我，我一把抓住，要不然我就被冲到东海里去了。

路上我们遇到日本人检查，堂兄以前在东北接触过日本人，所以懂得一些日语，他让我们不要看日本人。堂兄和日本人交谈，日本人说我们船上有一个女兵，后来日本人把我们送进难民营，她却被特务打死了。

之后我一个人坐火车到上海，蹲了一段时间，等船到香港，后来坐上济南号海轮。在香港只有我一个人，我们绍兴人在香港开了一间同盛源杂货店。这家杂货店帮我们联系好航班，住了几天再坐大宝石轮到广州湾，父亲到西营码头来接我。西营码头很小，我们要坐小艇上岸，又下着雨，真是无限伤心。我当时 14 岁，来了之后先跟父亲和庶母学书画和篆刻。起初父亲给我取名沈小山，所以我在广州湾八年就是用沈小山的名字。后来离开湛江到了上海，上海一位大和尚给我取名"定庵"。

二 复办镜湖书画社

1940 年我来到赤坎以后，我们一家六口人住在一起，包括我的妹妹和一个安徽的老妈子。这位老妈子从香港逃出来，以前做工有一点积蓄，后来都被人家骗去，所以精神上受了刺激。有一天她从我们家旁经过，念叨"阿弥陀佛，阿弥陀佛"，父亲听到觉得她可怜，就把她接到家里来做工。她来到我们家里就好了，平时烧香，做饭，洗洗衣服。

---

① 钱塘江大桥位于今杭州市六和塔附近，由桥梁专家茅以升设计，1937 年建成。为了阻挡日军侵略，当年 12 月 23 日被炸断。

广州湾可以说是一个文化沙漠，很落后的。只有我们这家搞书画，镜湖书画社对广州湾文化艺术有一定的贡献，所以父亲的形象不错，很多逃难来的文化人都到我家里做客。有一次，广东某地发水灾，为了救济灾民，岭南派有名画家赵少昂①和我父亲在广州湾商会联合办了一场展览，展出的画作拿来拍卖，一部分钱捐献给灾区。

除了父亲和庶母诸素君自己画，镜湖书画社还寄卖绍兴很多书画家的作品。因为他们没有离开绍兴，所以穷得很，父母帮他们卖字画换点钱。父亲在广州湾多画国画，他的作品都是学自老师王一亭。那时候广州湾没有装裱师傅，都是父亲自己把画裱起来。我的庶母画肖像很好，从东边的阳江到西边的玉林，这么大片地区的顾客都来找她画人像。一般来说，她画头部，再交给父亲画服装和背景，这样的全身像很受名流欢迎。有时顾客多得忙不过来，还叫我出来帮忙。还有很多人想来镜湖书画社学艺，但父亲从不招学生，因为怕生意以后被他们抢去，所以我们只是作画和卖画。

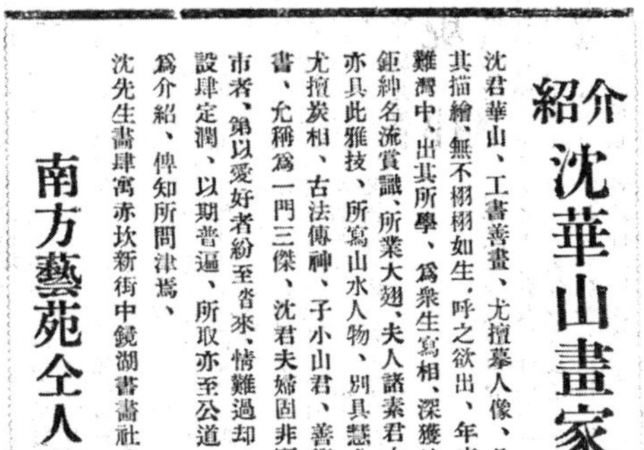

我们的房子很小，镜湖书画社在一楼，我们住在二楼。因为楼层比较高，父亲搭了一个阁楼，平时在阁楼上画画，从一个小小的楼梯爬上去。后来觉得阁楼太小，两个人在一起不方便，就把三楼租下来，让我一个人住在三楼。我可以在床上靠窗坐，玻璃窗有铁的窗花，晚上不打开。新街尾窄窄的，一块块青石用水泥拼起来铺在路面，路旁是明沟。因为法国人管治广州湾，每天早上有一个安南兵沿着明沟来家家户户检查。如果他见到谁家门口的水沟有肮脏的东西，或者水不流通，就要罚西贡纸。

图1　关于沈华山及其妻儿的广告

资料来源：韦健《广州湾商业指南年鉴合辑》，东南出版社，1943，第39页。

抗战时期广州湾很繁华，特别是大通街和中兴街商店多得不得了，路上拥挤得走不过去，很多人从香港、澳门过来。在广州湾谈不上有什么娱

① 赵少昂（1905—1998），广东番禺人，为第二代岭南画派名家之一，尤以画花鸟扬名。1938年赵少昂逃难至广州湾，开办"岭南艺苑分苑"招生，其后转往西南大后方。

乐，不过就是白天画画，晚上和同乡到寸金桥走走。那时候寸金桥可以随便通行，法国租界这边的桥头有一座兵房，有安南兵站岗，很威武似的。那时候内地物资很是匮乏，特别是医药这些紧俏品，都从广州湾走私出去，所以寸金桥是一条重要的通道。过了寸金桥就是华界，有一座麻章海关楼①建造得很好。

我曾见过陈学谈两次。我每天去南华大酒店附近的菜市场买菜，一天经过南华门口，只见摆了一列桌子，围上华丽台布，上面摆满名贵礼品。有不少人站着等待，大多数穿西装，只有一人身穿长袍马褂，身胖面黑，双眼有神，听人说他就是大名鼎鼎的陈学谈，在恭候安南总督到访。② 还有一次父亲为广州湾名人画肖像，其中就有陈学谈，我题上"英雄气概菩萨心肠"八个字，画作镶入镜框放在店门口展示，陈学谈来看过。

广州湾的"赌"很厉害，"铁胆"戴朝恩开了几处赌场。老师荆冬青③有工资，听说他是重庆中央社派来开《公民日报》的，他又想赚点外快，每次去赌都一定要带着我。他每次都输得多，回家就打骂小孩子。在赌场输的人很多，有的人倾家荡产，真是十赌九输，不知害死多少人。

上海酱园在法国大马路有间分店，每天的营业额晚上要交到我们家隔壁的总店。有一个绍兴职工每晚专门把钱交回总店，有一次他把营业额拿去赌，输光了，起了贼心。他就到总店，总店里有一个管钱的周姓副经理，年纪大了，那个赌输钱的人就到工厂里拿做糕点的长刀去杀副经理，还把保险箱里的钱偷走。他杀人的时候，父亲隔着薄薄的一扇门听到喊声，结果我们一起冲了过去，当时黑蒙蒙的，上海酱园的伙计都下楼来，把灯点亮以后，看到刀插在副经理的头上，但他没死。后来法国兵和安南兵来了，把那个职工抓住。后来听说他被判刑，白天戴着大枷锁扫地。这是很轰动的事情，幸亏父亲早点打开门吓跑那个人，要不周经理真要给砍死了。

---

① 1936年，为遏制走私，国民政府专设雷州关围绕广州湾租借地，加强围堵走私征收关税，雷州关建在寸金桥以西通往遂溪县麻章墟的路上，由建筑师梁日新承建。
② 1940年11月印度支那总督德古视察广州湾，行程似乎未含赤坎。
③ 即荆嗣佑（1891—1972），湖南溆浦人，早年加入同盟会，曾任教于湖南第一师范学校。1933年，经胡汉民介绍为李宗仁工作，抗战初期在香港从事联络工作。1943年避居广州湾后，曾与江步天创立《公民日报》，其子荆小侟以笔名"老太婆"编辑副刊。1946年，荆嗣佑参与创立私立中正中学，次年转赴海南。

三　盟机误炸惨剧

1942年6月2日晚上，美国的盟军飞机来轰炸日本人，因为他们得到一个情报说日本高级将领在我们家不远的大中酒店开会，事实也的确如此。① 大中酒店旁有一座同乐戏院，同乡胡静澜平时也去跳舞，幸亏那天他没去。盟军飞机扔下四枚炸弹，却通通掉在老百姓家，同乐戏院伤亡最为惨重，当时有很多人在跳舞。其中有一枚炸中我们家，因为我在三楼，爆炸的气浪把我抛到对面的泥水街，所以我侥幸不死。

轰炸过后，我失去知觉，灯火也没有了。有一个人摸黑走路踩到我身上，我一下子就醒来。那个人吓得半死，以为我是鬼。我的头肿得不行，有钉子扎进脚底。这个人很好，把我送去医院。父亲的朋友荆冬青先生和他儿子"老太婆"荆小俦来我们家，见到一片废墟的场景觉得很吓人，当时就说："哎呀，他们家里完了。"

之后我就孤苦伶仃、无家可归，因为父亲素来同文化人交往，而且他

图2　1943年沈华山《松鹤图》

资料来源：沈定庵编《沈华山书画集》，内部资料，2003。

---

① 1943年日军全面占领广州湾之后，切断海上交通线。为此，盟军飞机多次袭击广州湾的日军据点和船只，造成若干平民伤亡。其中以1944年6月2日夜误炸赤坎市区最为严重。

也信佛，于是我投靠清凉寺，清和法师收留了我，一直住到抗战胜利。[①] 荆冬青老师看到我的情况，想帮助我坐飞机回去。但我不能走。荆老师问我的想法，我说还想搞字画。后来胡静澜先生想把我介绍到中南银行[②]工作，我说不想在社会工作，我还能画画。胡先生的联合书局也卖文具，他说如果需要画画的工具，可以到他店里拿。这样我就画画谋生半年，开始的时候只是在家门口弄一个架子画画。

四 怀念第二故乡

后来我想回乡下，但是没有钱，就办了一场书画展览，结果一张字画都没卖出，还花了5块钱的《大光报》[③] 公告费。但是通过展览认识了中央信托局[④]湛江办事处的一个专员李志刚先生，他也是浙江人。办事处刚成立，他需要一个画画和抄写的人，他就通过冯凌云老师请我去。所以我成了中央信托局的一个雇员，专门负责收租，工资比正式政府工作人员还要高，这个工作机会很好。

我在湛江住了几年，大概1947年首次游览雷州。雷州最大的天宁寺门口有一座牌坊，上面刻着苏东坡写的"万山第一"。[⑤] 因为我也信佛，而且从小受父亲影响，很是崇拜苏东坡，觉得"万山第一"写得很好。于是我到街上买了纸墨和一点棉花，我当时虽然没学过拓碑，但仍叫寺里一个小和尚帮我搬来梯子，爬上去把"万山第一"拓下来。不晓得怎么回事，这

[①] 清凉寺位于赤坎区南方路，由遂溪东华山护国寺能真禅师于1929年创立。清和法师（1914—1994）在1937年拜能真法师为师，1982年起任清凉寺住持，1985—1992年任湛江市佛教协会会长。沈华山与清和法师、高明法师等素有交缘，因此沈定庵在空袭后被接到清凉寺疗养，1993年沈定庵曾赴湛江参加清凉寺开光仪式。欧村：《清凉寺的佛教文化》，政协湛江市赤坎区委员会《赤坎文史》第6辑，2016，第355—361页。

[②] 查1943年出版的《广州湾商业指南年鉴合辑》，赤坎各街道并无以"中南"为名的银行、银号或钱庄，可能指抗战早期在广州湾开办事处的中央银行。

[③] 1941—1949年，《大光报》曾发行"粤南版"，社址初设于金桥，1943年迁信宜，1945年10月在赤坎复刊。

[④] 1934年创立，主要办理信托业务，为国民政府金融体系的重要机构之一。1945年收回广州湾之后，中央信托局在今赤坎区保健路之中央新村设立湛江办事处，专门负责敌伪财产接收和经营信托等工作。湛江市文化广电新闻出版局、湛江市广州湾历史民俗馆编《广州湾印记：金融票据图鉴》，岭南美术出版社，2017，第203页。

[⑤] 天宁寺是雷州半岛最古老和最著名的佛寺，历代多有名人题字。1984年天宁寺修复，1989年12月举行开光典礼重新开放。湛江市地方志编纂委员会编《湛江市志》，中华书局，2004，第2022—2023页。

张拓片竟然在"文革"中保存下来。

1948 年离开湛江，时隔 40 年，改革开放后我回到湛江，简直是"虚梦如幻"。很可惜天宁寺的牌坊在"文革"中被毁坏，天宁寺曾按照老照片重新仿造，但做得不像。我回去绍兴以后，就把"万山第一"的拓片寄给他们寺里，他们又根据拓片重新做了牌坊上的字。我现在家里的斋名叫"仰苏斋"，这是我和湛江的一个缘分。80 年代之后我几乎每年都回来一次，后来湛江市领导林彦举①批准在湖光岩帮我父亲建衣冠冢，我把父亲的书画照片封起来放进去，请沙孟海②为衣冠冢题字。他一般都不写"敬题"，但这衣冠冢他却写"敬题"。每年清明我都回湛江祭扫，并同乡亲朋友们聚一聚。以前最多的时候有 30 多名留在湛江的绍兴同乡，现在几乎都去世了。湛江是我的第二故乡，我写过一副对联："山阴道上是我家，寸金桥头亦故乡。"③

· 校注手记 ·

八十年墨海因缘

吴子祺

（2021 年初稿，2023 年修订）

我们追忆广州湾历史，每当念及著名书法家沈定庵老先生留下的身影，总有几分文化气息伴随而至。在以商业为主的广州湾社会中，其父沈华山是屈指可数的书画家，他有传统文人的雅好，有超然物外的禅心，还有救亡图存的意志。而空袭中幸存的"小山"，亦即沈定庵老先生，在我们晚辈眼中为人谦和，睿智慈祥，始终对广州湾和湛江的数载岁月和故人心存感恩。沈老自 1987 年重游旧地以来，多次题写风景名胜，成为一道道文化景观，近年更为几本关于广州湾的书题署书名，古穆厚重的隶书墨宝是如此恰如其分，引我们梦回古埠。

---

① 曾任湛江市人大常委会主任。
② 沙孟海（1900—1992），浙江鄞县人，著名书画家和篆刻家。
③ 此乃 1987 年沈定庵第一次重返湛江所作。《沈定庵又回家了》，《湛江晚报》2012 年 3 月 26 日，第 3 版。

2017 年 8 月我们团队到访浙江绍兴，沈老邀请我们去绍兴饭店一起用餐。路上经过秋瑾烈士纪念碑和富有江南水乡韵味的仓桥直街，书圣王羲之的兰亭和墨池亦在不远处，古往今来，这座文化底蕴深厚的古城走出多少人才。沈老伉俪与子女同来，寒暄过后便拉着我们到沙发坐下，开始讲述往事。后来沈老子女几次催促，我们才上桌吃饭。饭后沈老意犹未尽，又与我们继续访谈，临别之际还在我们的笔记本上为《口述广州湾》题字。后来我们才知道，年逾九旬的沈老深居简出，已甚少接待访客和题字，反衬出他对"第二故乡"的来客别有优待。

"山阴道上是我家，寸金桥头亦故乡。"1927 年沈小山生于绍兴，他在战时广州湾和战后湛江的生活时间不长，却以"故乡"称之，源于刻骨铭心的记忆。1944 年 6 月盟军飞机误炸赤坎娱乐场所和民居商铺，平民伤亡惨重，沈氏一家除小山外都不幸罹难。孤儿小山本可能就此流落街头，也就不会有之后的书法家沈定庵。所幸其父的朋友出手救援，并为他在清凉禅寺找到安身之处。战后小山又得到同乡胡静澜先生相助继续创作书画，还在中央信托局湛江办事处谋得生计，直至 1948 年离开。

在沈老的艺术生涯中，广州湾著名绅士冯凌云是其启蒙老师。沈老回忆当年在镜湖书画社学艺，无法到学校读书，因此其父恳请冯凌云收小山为入室弟子。小山不但学习四书五经，还跟冯师练字，在其教导下奠定了隶书基础。冯凌云曾自书门联："传家有道惟存厚，处世无奇但率真。"其中所体现的沥诚从善、正义做人品格也使小山大为感动。[1] 战时广州湾文人汇聚，小山曾跟《公民日报》的荆嗣佑和林众可学字，又在商铺见到伊秉绶真迹，得到店主蔡惠和允许而临摹，获益颇多。在广州湾和湛江的八年，奠定了小山的书画基础。[2]

解放后沈定庵又受教于书法家徐生翁和沙孟海，博采历代名家之所长，逐渐形成自己笔力遒劲、意态丰盈的风格。沈老曾在绍兴鲁迅纪念馆等处工作，20 世纪 80 年代退休后，全身心投入书法艺术，成立兰亭书会，多次办展，渐成为当代著名书法家。他的成就离不开幼承家学，也离不开人生不同阶段所遇见的老师，更少不了自己的悟性和努力。难能可贵的是，他

<hr />

[1] 沈定庵：《忆我在湛江的老师冯凌云》，政协湛江市赤坎区委员会编《赤坎文史》第 3 辑，2011，第 440—443 页。

[2] 据回忆，此乃嘉庆甲戌年（1814）伊秉绶七言隶书联："强恕事于仁者近，拨谦身向吉中行。"沈定庵：《定庵随笔》，浙江古籍出版社，2020，第 146—149 页。

始终牵挂湛江，这里不仅有父母的衣冠冢，还有自己的成长痕迹和旧雨新知。十年前广州湾研究初起，沈老每次返湛都引起当地文化界热议，人们透过沈老的一言一行，与当年的文化艺术及其遗产联系起来，丰富了关于广州湾的认识。

当然我们无法否认全面抗战爆发前广州湾文化的落后，否则从海南艰难逃难而来的沈华山不会很快站稳脚跟开设镜湖书画社，并在画作定制和举办画展等业务上都取得成功——毕竟稍有余裕的商绅多在文化人的带动下附庸风雅，而战前广州湾文化确实乏善可陈。沈华山早年师从海派书画名家王一亭，20世纪30年代在绍兴创办镜湖书画社与艺友切磋，并在南北各地巡展，故技艺出众的他在广州湾大受欢迎。沈华山曾与岭南画派代表人物赵少昂两度在广州湾商会和清凉禅寺举办画展推销作品，两人互相欣赏，共同促进当地文化事业发展。擅长工笔画的沈华山、擅长炭像的诸素君和擅长篆书、隶书的小山更被誉为"一门三杰"，[1] 吸引爱好者纷至沓来，传为一时佳话。

1944年盟机误炸固然造成家破人亡的悲剧，却也使得沈定庵与广州湾和湛江结缘更深。正如沈父诗友邢朴山《送沈华山入山》四句禅诗所言："抛却繁华梦里身，如来殿上澄前因。向平迟待儿婚后，已是英雄第二人。"沈老不愧是广州湾历史中的一个文化标志，他的为人治学值得我们敬仰和怀想。2023年1月25日，沈定庵先生在绍兴逝世，享年96岁。

图1　2017年8月，沈定庵在绍兴接受访谈
资料来源：何斯薇摄。

---

① 韦健：《广州湾商业指南年鉴合辑》，第20页。

绍兴文人播迁文化

——胡锡骥忆联合书局

何斯薇　吴子祺　整理

一　浙江人汇聚赤坎

　　我们老家在浙江绍兴后堡村①，文化底蕴比较丰厚。父亲胡仲戣在美丽香烟公司②广告部工作，20 世纪 20 年代末他跟着公司到了广州。父亲精通写字和画画，他在美丽香烟公司做得好，所以给我的妹妹取名"美丽"。我的两个哥哥生在广州，我排第四，1931 年出生在广州惠爱路的陶街。家里很多男孩都在广州培正小学读书，女孩在培道读书，两间都是教会学校。③

　　全面抗战爆发后，大概 1938 年我们家从广州逃难至梧州，后来又来到澳门，我转到澳门培正小学读书。一家人先住在河边新街的三楼，后来曾住过连胜马路 10 号的二楼。读了三年书，珍珠港事变后日本就攻打香港，澳门岌岌可危。但是因为有很多日本人住在巴西，日本就和葡萄牙签了一个协议约定不占领澳门。④ 当然我们战后才知道日本和葡萄牙的协议，而在当年我们都很紧张，生怕日本人打澳门。而且澳门物资紧缺到什么程度？无良商人在大米里掺沙子压分量，所以在澳门吃饭嚼到沙子是常事。有的大米里也掺了很多玉米，就这样也很难买到，当时物资主要从拱北关运来。

---

① 后堡村位于今浙江省绍兴市越城区。
② 美丽牌香烟是 1917 年在上海创立的华成烟草公司在 1925 年推出的高档品牌，该款香烟因其品质优良、包装精美深受消费者青睐，并以"有美皆备，无丽不臻"广告语流行一时。
③ 培正中学与培道中学均由美南浸信会于 1888 年在广州创立，其后开设小学。
④ 巴西早在 1822 年已独立，日本不占领澳门与巴西无关。当时澳门受葡萄牙殖民统治，而葡萄牙在二战中宣告中立。出于外交考量，日军不占领澳门，但要求澳葡当局禁止"反日宣传"和资助国民政府的"走私"活动，在 1940 年设立领事馆监视澳门情况，并武装封锁澳门的物资供应。Geoffregy C. Gunn, ed., *Wartime Macau：Under the Japanese Shadow*, Hong Kong：Hong Kong University Press, 2016, pp. 25 – 54.

尽管环境这么艰难，可是我还没毕业，所以磨磨蹭蹭到 1942 年小学毕业，然后全家就一起逃难。

那时候父亲不住在澳门，他到越南海防做生意，就是做国际贸易。东北盛产大豆，父亲从 30 年代开始把东北大豆运到南洋，又把南洋的货物运回国内。当时出入境没那么规范，人们可以随便来往广州、香港、澳门，何况越南跟广州湾联系很密切，所以父亲应该早在 1940 年以前就经常去广州湾。

他们三兄弟都在广州湾待了一段时间，大伯胡静澜最早在赤坎开联合书局，三叔胡楚樵开了世界书局，[①] 父亲则开了一家洋行。由于在广州生活多年，我们在澳门一直都讲广东话，父亲他们那时来往的很多是江浙人。说实话，那时广东人好像管外地人叫"外江人"[②]。其实我所知道的那些"外江人"文化水平都比较高。

联合书局开在赤坎海边街，大伯站稳脚跟以后，带了很多浙江人来这边发展，好像中正书局还有其他几个书局都因此发展起来。这些同乡主要从事文化产业，把商务印书馆和中华书局的图书和教科书都引入广州湾。[③]周边各县的学校派人来赤坎订货，每年寒暑假，书局的几个伙计都要忙着把教科书大捆大捆拿到麻章寄出去，书局也卖些文具。广州湾的文化和市民知识水平等各方面落后，周边地区也是如此。有见及此，大伯就想把文化传播出去，还让长子胡杏生到徐闻县开了一家分店。此外，还有浙江人在赤坎做饮食方面的生意，开了上海酱园和稻香村。总之，那时有很多同乡来到广州湾，他们时常来我们家中串门。

二　离开澳门投靠父亲

来广州湾是父亲的决定，他有很强烈的爱国民族主义精神，他们三兄弟好读古文，读圣贤书就都有一种家国情怀。他们不愿做亡国奴，不愿做

---

① 胡静澜（1897—1966），浙江绍兴人，年少起在商务印书馆工作，曾被派驻汕头和香港等地。1939 年胡静澜率家人迁居广州湾，在赤坎海边街开设联合书局，主要经营文化教育图书。其弟胡楚樵开设的世界书局亦在海边街。

② "外江人"是广府地区民众对外省人的称呼。

③ 抗日战争全面爆发，上海沦陷，商务印务馆等出版机构内迁，其中商务印书馆相当一部分书转在香港印行，以走私方式循水路运到广州湾，再经广州湾转运内地。王云五：《十年苦斗记》，台湾商务印书馆，1969，第 21—24 页。

顺民，所以能逃就逃。那时候国家民族的感情是内在自发的。

原本我们家境尚可，几年逃难下来已经很拮据。母亲在澳门带着几个子女艰难生活，后来父亲写信给母亲，让她带我们到广州湾。于是连同一个亲戚，我们七人准备逃难。因为澳门没有大轮船，我们必须先到香港。从澳门到香港的船很多，有广东轮和广西轮等，四个钟头才能到。1942年7月，我们坐上英国太古公司的大轮船，那时候家里已经没有什么钱了，我们坐最底下的大舱，就是一家人占着一小片位置，铺张毯子就躺下睡觉。

图1　胡锡骥在澳门读书时的照片

资料来源：胡锡骥《沉浮八十载》，时代弄潮文化发展公司，2011，第4页。

到广州湾的时候是拂晓，蒙蒙的雾遮挡岸上，看得不太清楚。可能因为港口设备差，我们坐的大轮船在海上停了一个多小时，等到天全亮了工人才开始干活。因为码头水浅，轮船不能靠得很近，还要一些小艇陆陆续续来接驳。我依稀记得是在赤坎下船，码头很破烂，就是搭了一些小小的房子。[①] 下船后还要拾级而上，挑夫们十分吃力地把乘客的行李背上码头。来到赤坎，离海边街不远，一条小马路上的一座小房子成了我们新家。

广州湾在广东西部，印象中赤坎是个偏僻小镇，人不太多，我想最多也就20万人。热闹集中在两三条街，除了热闹的地方，一般来说都很穷苦。通向南华大酒店的路上有很多两三层的骑楼，行人在底下走廊走来走去。街道还可以，好一点的路铺了柏油，差一点的路铺碎石或石板。我在南华大酒店吃叉烧包很有劲儿，一听大人说"听日呢，起得早一啲，去南华大酒店饮茶"，[②] 那就高兴得不得了。饮茶是我在广东生活期间一件很高兴的事情，如今生活在北京，老是念念不忘广东的点心。

父亲在各地做生意，只是偶尔回来广州湾，住一段时间又走。我在培才中学读了一段时间，培才中学是高地上一座两三层的小楼，上学都要爬上山。房顶是平的，日本人飞机走了，我们还到三层房顶上面去捡飞机机关枪掉下来的弹壳。小孩捡着玩，也不知道害怕，没有死的概念。

---

① 赤坎东郊的沙湾建有码头，设施简陋，进港轮船一般先在西营停泊再到沙湾停泊。
② 受访者用粤语复述，意为"明天早一点起来，我们去南华大酒店饮茶"。

同学大多是当地人，培才中学附近有竹林，有时当地同学带我去玩，还提醒我注意一种叫青竹标的蛇。寸金桥有一所四维中学，[1] 亲戚蕲慧在那里念书，4月4日过儿童节，[2] 我们就到四维中学找蕲慧，记得门口有一副对联："养天地正气，法古今完人。"当时我怎么看也没看懂什么意思，以后才知道国之四维，"四维不张，国乃灭亡"[3] 的道理。礼义廉耻是国之四维，就像四根支柱一样。

每逢礼拜天不用上课，我们几个初一学生就去西营玩。我对西营的印象很深，马路整洁，树木成荫，一排排的欧式小楼，颇有公园式城市的感觉。楼房建得非常好，外墙都是米黄色，门窗是拱形，我们那时知道这是给法国军官住的。街上散见法国和越南警察，有人说租界的法国人怎么坏，但法国人还逗我们小孩玩玩闹闹，那时不存在恐惧感。

可在培才中学读书没有多久，日本人又要来了，父亲不想我们在日本人管治下过日子，就让我们赶快逃走。我家不得不第三次逃难，步行离开赤坎。大哥早已随岭南大学至粤北坪石镇，二哥则随学校先到桂林，三哥和一个亲戚也以"打前站"方式在我们之前北上。随后母亲带着我们四个孩子在一个长辈亲戚的指引下徒步北上，目的地是桂林。大概是秋凉的时候，[4] 我们穿上草鞋就出发，第一站是遂溪。那时候没有什么公路，[5] 我们就走在一条树林里的人行道上。从遂溪出去以后，我们遇到日本飞机在上空飞过甚至扫射，后面还有日本军队追赶——离我们最近的时候大概只有30米，所以我们不能不快跑。母亲抱着妹妹坐在轿子上，两个弟弟一前一后坐在笆筐里，由挑夫挑着走。我那时候已经十二三岁，所以徒步。我们和其他两三家人共二三十人结成一个小群体逃难，每天赶路，三餐不定时，也顾不上疲惫和路况恶劣，一直走到两广交界的玉林，再到梧州。[6]

---

① 位于寸金桥华界一侧，今岭南师范学院校内。

② 1931年3月7日，中华慈幼协会提议4月4日设立儿童节，得国民政府批准，次年正式颁令实行。

③ 典出春秋时期的管仲《管子·牧民》。

④ 1943年2月日军侵占广州湾和雷州半岛，许多留在广州湾的难民撤往大后方。另据胡锡骥回忆录，他们应是春夏之间离开。（胡锡骥：《沉浮八十载》，第4—5页）

⑤ 战时遂溪和廉江等县政府和驻军为了阻止日军侵入内地，破坏公路，逃难民众只能另找小路。

⑥ 抗战时期大批难民经水路抵达广州湾，再经陆路西行进入广西境内，然后乘火车或船只到桂林，或再转往川滇黔大后方。

三　少年萌发民族情绪

我们从梧州再向北到柳州，然后就坐火车去桂林。逃难路上每天早上都要多吃点，因为中午不知道有没有饭吃，有时要到下午五六点到目的地才能吃上饭。饿的时候，我跟妈妈要一点钱买一种水果，妈妈却给我一巴掌，说："饭都没得吃，还想吃水果。"那时候我积攒了一点零花钱，到玉林的时候，挑着两个弟弟的挑夫累得停下来休息，我觉得可怜，于是就把一些零花钱给了他，他非常感谢。其实这就是出于人性的自然意识，同情他人的辛苦。

我们很害怕被日本人抓住，所以我那时对日本人很有仇恨。抗战的时候，国民党部队里面也有部队是严守纪律的，我们在梧州住了一个多月，住在茅草房里。有一天下大雨，好多国民党的部队——后来想应该是桂系的部队，妈妈和亲戚招呼他们进来避雨，他们始终不进我们里屋，都只是在茅草房外面站着躲雨。后来到了柳州情况就好了，有火车到桂林去。但是火车很慢，而且是单轨，每到一站都要换轨。

后来在西南大后方，我听到有人在台上唱东北流亡三部曲，① 台上的演员唱着唱着就哭了，台下的观众也哭成一片，给我们很大的鼓励。在桂林我读培联中学，② 读了没多久，我考到空军幼年学校。③ 1944 年湘桂大撤退，④ 那时候日本人从长沙、武汉那边一直往南打到衡阳，然后再从桂北进入桂林。我们那时候正在桂林，而且日本人打来之前，经常派飞机轰炸，我们感受到战争正在迫近。陈纳德飞虎队⑤就飞上去和他们打，我们都在底下围观战斗，打着打着飞机就栽下来，场面很壮烈。那时候年轻人都愿意从军，大

---

① 分别是《松花江上》《流亡曲》《复仇曲》。1937 年作曲家张雪庵将三曲合编，传唱全国，鼓舞人民抗战意志。

② 1942 年培正中学和培道中学在桂林组成联合中学，1944 年因大疏散而解体，抗战胜利后大部分师生迁回广州。

③ 空军幼年学校为白崇禧提议，1939 年国民党政府在四川灌县（今都江堰市）蒲阳镇成立，主要为培养空军预备人才。学校仿苏美空军预校模式，招收小学毕业或初中肄业的 12—15 岁学生，1939—1945 年招收的学生共 6 期，约 2000 人。1949 年 6 月，该校迁往台湾。

④ 1944 年初，太平洋战场上节节败退的日军为了打通"大陆交通线"，制定"一号作战"战略（中方称为"豫湘桂战役"），在河南、湖南和广西发动进攻，占领大片国土。

⑤ 1941 年美国军官陈纳德率领飞行员在中国组成部队参战，被称为"飞虎队"。1943 年，正式成立中美空军混合团。

哥读大学英文很好，他就响应蒋介石"十万青年十万军"的号召，[①] 参加青年军到缅北作战，做美军教官的翻译。我才13岁，没有资格当兵。大概到了1944年2月，正好国民党政府的空军幼年学校招生，我一试就考上。

1944年日本人快打到桂林，母亲带着弟弟妹妹跑到南边的昭平县住下，一直到抗战胜利后才回广州。那时候我已经考上空军幼年学校，在桂林等着集体往四川灌县走。等我回到家中，母亲他们已经上船。我赶快跑到桂江边的桥上，往下喊妈妈，他们在江上和我打了个招呼，就这么全走了。

72年前的现在，[②] 我们读完初二，暑假几个同学到成都去玩。我是在小旅馆里面听到马路上的广播，说日本人"unconditional surrender"，就是无条件投降。户外很多人哭着奔走相告，这八年[③]真是苦得很啊！之后几天成都和重庆没有夜晚白天之分，人们高兴得不得了，老百姓上街庆贺。

但不久后冷静下来，我就想抗战胜利后不需要那么多空军。父亲的意思是让我离校回去，但因为同学都处得很好，我留下来继续读书。到了1949年国共内战已成定局，父亲告诉我，当年读空军幼年学校是为了抗日，如今应该解甲归田，回来念书。于是当年6月我回到广州，次年又到了北京考大学。当时我才读到高二，所以我用了"胡锡骥"的假身份，冒充是高中毕业生，考上了北京农业大学。我原来真名叫胡止仲。

图2　胡锡骥与同学的合影

资料来源：胡锡骥《沉浮八十载》，第18页。

回想起来，我在广州湾萌发一种民族主义即爱国的情绪，因为到广州湾是为了逃难，离开广州湾也是逃难。当时有很多人经广州湾逃到桂林，许地山女儿许燕吉也是和我走同样的路线。[④] 原先我不知道她也到过广州

---

① 1944年国民党政府鉴于豫湘桂战役失利，号召青年知识分子参军，以提高军队素质。同年底有12万多人应征，编成9个师。

② 胡锡骥先生于2017年8月接受采访，回忆1945年8月15日日本宣布投降后的情况。

③ 应是"十四年抗战"。

④ 许地山（1894—1941），生于台湾台南，著名文学家、学者，1935年出任香港大学教授，1941年8月猝逝香港。1942年10月其女许燕吉（1933—2014）与母亲和哥哥乘船逃难到广州湾。详见许燕吉《我是落花生的女儿》，湖南人民出版社，2013，第54—57页。

湾，后来我们见面说起来这段经历。当年我在广州湾的码头看到宣传抗日的口号，但是用纸贴着，看起来比较原始。我在培才中学的时候，脑子有点懂事了，后来到桂林为了报国投考空军幼年学校。

少年不知逃难苦，难解大人心上愁。少年时的颠沛流离让我对中华民族的百年耻辱感同身受，所以一直到现在，我对国家还是很有感情。

· 校注手记 ·

怀念一位老知识分子

吴子祺

（2021 年）

"来自广州湾的后来者"——时隔几年之后翻开胡锡骥教授所赠的回忆录《沉浮八十载》，他写在扉页上的赠言力透纸背，笔迹仍是那么鲜活，落款特意使用原名，我的记忆也渐渐浮现。2017 年夏，我们团队一行来到首都北郊的北京农学院拜访，胡教授伉俪在家中亲切接待。当日胡教授身穿白衬衫，言谈举止很是文雅，而家中临窗的书桌、精心装裱的照片和墙上的画作，无不透露主人的品位。我们成长的年代离广州湾相去久矣，胡教授以"后来者"相称，在笔者看来，如同对我们追寻广州湾历史的嘉勉。

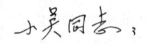

图 1　胡锡骥教授赠言

落款"胡止仲"是胡教授 19 岁以前的用名，也是一把打开战时记忆的钥匙。

1942 年，11 岁的少年胡止仲随家人从澳门来到广州湾投靠父亲胡仲羧，彼时胡氏兄弟已在当地站稳脚跟。长兄胡静澜和三弟胡楚樵经营图书批发和文具生意，据随世界书局而来，后在联合书局任职的魏纪成回忆，1939年初，总部位于上海的世界书局指派在港员工来到广州湾开设分局，胡楚樵担任经理。

全面抗战以前，上海是全国出版业的中心，日军有意打击提倡抗战的出版机构，意图消灭中国人的抵抗意志。随着日军侵略沿海各地，阻碍图书流通，出版业的有识之士不得不另辟蹊径，考虑如何将图书经安全通道转运大后方。其实早在 1938 年 10 月广州沦陷后，出版大家王云五已安排人手来广州湾设立商务印书馆支馆，以便打通该馆图书输入西南各省的通道（该馆在香港设有印刷厂，出版和印制多种书刊）。随后中华书局、世界书局和生活书店等亦在赤坎设立分支机构，设法将上海印刷的图书经香港和广州湾中转内地。

不过 1940 年 6 月法国战败投降后，广州湾法当局屈从于日本人压力，对出入境的中方货物施以限制，图书亦受检查，加上次年太平洋战争爆发，香港沦陷，广州湾货源减少，商务印书馆、中华书局和生活书店先后撤出广州湾，规模和业务范围相对较小的书店（如商务印书馆业务转给原职工开办的达昌行）取而代之，它们主要经营区域性批发而非长途运输，毕竟一般教材和文具仍可输入广州湾。魏纪成回忆，胡静澜原来在汕头和梅县的商务印书馆工作，后逃亡香港经营书局，因业务不振遂至广州湾发展。起初他得三弟协助在中兴街开设文风书店，但生意清淡，其后经同乡介绍与本地商人杜应祥搬出海边街合办联合书局，适逢广州湾生意趋于兴盛，发展很快。1941 年 3 月他派人到上海设立采购办事处，1940 年和 1944 年先后开办高州和容县分局，业务以经营上海出版的图书、中小学课本和文具用品为主。此外，正文书局、大达书局、联谊书局等也是小本经营的家庭企业。1949 年 12 月湛江解放，图书从业者多是浙江同乡，他们经商量于 1951 年成立了联营书店，胡静澜任经理，该企业后并入新华书店。[1]

战后中国收回广州湾，不少大商家离开，而胡静澜选择留在湛江，被推举为湛江市图书公会理事长，也就成了知名人物。1947 年出版的《湛江概况》如此评价他："二十八年（即 1939 年）远难之湛，有感于教育落后，殊为痛惜，乃创设联合书局致力于推广文化工作……尤以湾土沦陷，不避艰危，担任政治秘密通讯工作。来往乡属，或以包容，或赠川资。"[2] 联合书局的资本并非业内最多，而《湛江概况》由联合书局代理销售，溢美之词亦难以考证。回头来看，胡静澜多年来为文化推广所做的贡献，还是相

---

① 魏纪成：《湛江市图书文具业概述》，《湛江市工商史料》第 1 辑，第 34—43 页。

② 杨法镰：《湛江概况》，中国指南社，1947，第 61 页。

当不易。

战时胡静澜和沈华山等文化行业人士以及其他从商人士来到广州湾，无疑加强了当地浙江同乡的实力。不过我们亦应注意到，晚清浙江人已扎根赤坎，他们似乎多从事师爷或幕僚等文职工作，或许是因为籍贯地域相近，他们与福建客商共建了闽浙会馆。[①] 以宁园施氏为例，施友芗（字云章，1880—？）籍贯浙江宁波，年轻时来到赤坎的海关做事，并在当地娶妻成家。其子施美洲（字光华，1916—2003）经商，在大通街开办宁记号经营华洋杂货。据施光华之子施嘉贤回忆，其父是闽浙会馆一名活跃的理事（委员），常与友人在高档场所大中酒店打麻将——我们也在闽浙会馆的档案中找到了关于施光华的记载，如1944年他担任教育股委员，联系进化小学事务。[②]

值得注意的是，赤坎具有规模的商家往往相互联姻，施云章的连襟是广州会馆兼广州湾商会理事梁润之，梁氏的祥顺隆商号更是赤坎百货业的佼佼者，施家1942年动工兴建的宁园别墅亦是参考梁家在大通街的润宅。而胡静澜与潮州人陈传薪成了亲家，他们背景相仿，都是抗战时期来广州湾经商。由此可见，就算是浙江同乡，但定居时间的长短、时代背景的不同，以及生意和交际圈的差异，都可能导致迥然有别的个体历史。

少年胡止仲在广州湾停留仅有半年左右，他的经历和见闻并不多。然而对于这个少年来说，颠沛流离的逃难却也是宝贵的爱国教育，他在广州湾萌发了爱国之情，促使他在桂林投考空军幼年学校，准备参军报国。新中国成立初期，用名胡锡骥的胡止仲入读北京农业大学，毕业后分配到内蒙古任教。1957年胡锡骥被错划右派，下放农场劳动，经历了许多坎坷，好在他与妻子都坚持了下来。改革开放后，他重返讲台，才华终于得到充分施展，1983年赴美国密歇根州立大学访学，回国后担任北京农学院教授，钻研农业经济学，有功于国际学术交流和中国农业发展。

[①] 似乎福建人来到赤坎的年份较早，闽浙会馆旧址（今民主路）有嘉庆年间的《诏安港客商船户出海名次开列碑记》和《云霄港碑记》，另光绪三年的《漳浦港瓦铺碑》仍称"福建会馆"。该会馆建筑已无存，碑存湛江市博物馆。

[②] 《理事委员常会第四届会议记录》，1944年10月17日，湛江市档案馆藏，档案号：001－A12.11－011－013。

退休之后，胡教授偕妻重游年少逃难去过的澳门、桂林和都江堰蒲阳，与当年空军幼年学校的同学聚会，却未再来过湛江，不免留下遗憾。不过他曾两度投稿《湛江晚报》，讲述自己的逃难经历，亦是我们访前的参考资料。行文至此，胡教授谦逊平和的形象仿佛浮现眼前，他的事迹也激励我们莫沉湎于一时得失，应尽己所能奉献社会。

图2　胡教授与夫人访后留影（2017 年 7 月）
资料来源：何斯薇摄。

一纸"立卖女契"的乱离

——梁玉莲忆澳门逃难

何小婷　钱源初　陈真　整理

一　逃出澳门

我在澳门出生，今年 83 岁了。①
我们家人从乡下逃到澳门投靠亲戚。

图1　20世纪五六十年代赤坎某处赌场旧址
资料来源：湛江市档案馆藏。

我们家不是生意人家，战争打响后，可是好景不长，澳门亲人没了之后，全家生计没有着落，就接着逃难来赤坎。爸爸和两个哥哥先走，他们到一家赌钱公司工作。两个哥哥分别叫梁明和梁平，都比我年长许多，逃难的时候已经很高了。那时有个老板在赤坎开了赌场，②有一号馆、二号馆、三号馆，等于连锁公司。当时从澳门逃难来的人很多，爸爸和两个哥哥在赌场摇骰子，还有很多人在里面打工。我不记得赌钱公司的名字，只记得有时会去里面找爸爸和哥哥，等他们下班回来煮点饭吃。

8岁的时候，爸爸和我说过一些逃难过程。他说："女儿啊，如果不是

---

① 梁玉莲于2017年接受采访，据"立卖女契"记载，她出生于癸酉年（1933）。
② 可能指戴朝恩，其在赤坎开设两利、万利等赌场。

哥哥把你背起来，就没有你了。"小时候不懂事，听不懂这是什么意思。他又说："过去为了躲日本人逃难过来，你妈背着你，逃得太辛苦了，就把你丢在路上。你大哥舍不得，又把你捡起来，刚背起来，飞机就伤了他的脚，后来把他抬去农村医治。治好之后，我就和你哥逃来赤坎。我不清楚你们母女在澳门的情况，只知你们在澳门乞讨，你妈要逃去香港。"据说妈妈是香港人的女儿，我至今不知道她的名字。

后来爸爸和哥哥回来澳门，在卖报纸的地方找我们母女俩。之后哥哥背着我，一家几口坐上船，先到广州，再到赤坎。那是一艘大货船，很多人站着或坐着，满满都是逃难的人。我那时只有两三岁，我们先在寸金桥租房住，像我们这些从澳门逃出来的穷人，大老板陈学谈都让我们领米吃。[1]

8 岁的时候，妈妈病死了，爸爸原来要把我送回原籍，后来和我的养父商量，让他把我领回去。于是我跟着养父去东海岛，两个哥哥还留在赤坎打工。过了几年，两个哥哥对我说要回澳门，却在回去的路上失踪，不知是被国民党抓起还是怎样，没能回到澳门，永远失去音信。

二　在赌场被收养

我的养父叫唐家业，收养我的时候他已经 60 多岁，他一直在赤坎赌钱公司打工。那时候，养父居住的东山墟有很多街坊都去赤坎打工。[2] 养父与我的爸爸和哥哥是赌场同事，他们忙着工作不能抚养我，养父就找我爸商量领养我。养父不是把我买来的，而是"捡"的。收养时写下的契纸，我至今还保存着。[3] 看到这张契纸，过去的事情可以清楚知道，我亲生父亲的姓名"梁捷三"也写在上面。小时候养父母不让我看到这张契纸，怕我的心不依他们，要跑回去。他们管得很严，从来不让我登报寻人。有一次，我拿出亲生父母的照片来想念，还被养父偷去烧掉。

起初我还住在赤坎，十一二岁时到东海岛给亲戚放牛，我那时广东话

---

① 全面抗战时期，陈学谈带头发起，商界人士积极参与平粜和赈济等难民救济工作。

② 东山墟是东海岛中部的主要墟市，有海汊通向外海。昔日东海岛以渔业和农业为主，工作机会有限，因此一些民众来到广州湾租借地的商业中心赤坎谋生。

③ 这份"立卖女契"记载梁玉莲的出生信息、生父卖女的原因，以及双方的权利与义务。双方均由他人代笔，并请中人做证，盖有广州湾法当局的印花税（缴纳 15 分西纸）印戳，证明其法律效力。

还没学好，后来就一直跟着养父养母学雷州话。那时被东海人收养的孩子很多，住在东山墟里的少，大多住在农村里。其中很多是从澳门来的女性，大的和当地人结婚，小的就被捡回去养。后来局势平稳，有的人回到澳门。我也只是道听途说，并不认识其他"澳门嫂"。

来到东山墟后，我住在养父祖屋的茅草房中。赌场散了之后，我十二三岁，养父从赌场回到村里。他年纪也大了，此后以务农为生。解放后我继续务农，加入生产队拿工分。十五六岁时自己学做裁缝，后来在毛主席的号召下读了三年书。[①]

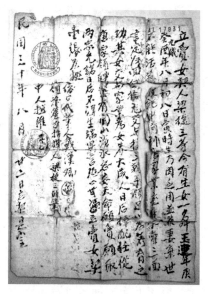

图 2 1941 年的立卖女契
资料来源：梁玉莲提供。

我们家里没什么人，养父母招来女婿，我 18 岁时结婚。婚后我没有务农，我们家自养父的祖公一代起就没有田地，因为我们家是墟里的居民，所以我在家里缝纫衣服。东海的农村人先买廉价的布裁好，再拿给我缝制成衣，收入不过是几毛几分钱。一般一天做两三套，一直做到 60 多岁眼睛花了为止。

三 开荒的法国女人

法国人在东山墟建了我们家门前的路和一座桥，以及江边的鱼亭。我刚来东山墟的时候就从桥上走过，起初不知是谁建的，后来才听墟里的人说是法国人建的。桥建在田地上，下面种稻米。养父母说，以前墟里没有多少房子，就是一片宽阔的坡而已，"老法"[②] 的鱼亭建在坡上。鱼亭有鱼

---

① 毛泽东曾指出扫除文盲是新中国的一项重要工作，20 世纪 50 年代，我国掀起了大规模的扫盲运动。

② "老法"是民众对法国人的俗称，驻扎东山墟的法国人曾数次与当地民众发生冲突并闹上法庭，民间人士蔑称法国人为"法鬼"，创作东海嫁民歌讽刺，还在其据点边上建造四光公庙和真武庙取"驱鬼"之意。湛江经济技术开发区历史文化丛书编委会等编《东海风云——东海岛硇洲岛革命斗争史》，岭南美术出版社，2014，第 24—26 页。

有菜卖，也卖鸡卖猪。每三天一场墟，东海岛村里农民牵着猪、牛来，他们挑担来集中在一个范围卖。除了东山，东海岛的民安和东简也有墟市。

法国人之中我只见过一对夫妇，不知道他们来做什么，就像开荒似的。[①] 他们头发和眼睛都是黄色，看不出法国人的妻子多少岁，她什么时候都是"红红赤赤"[②]。他们穿的衣服和我们不一样，像是裙子，人比我们都高。有时白天到田头放牛，我和法国人妻子玩。她也逗逗我们小孩子，和我开玩笑，摸摸我，但没说什么，就是互相都笑。我不懂她的话，她也不懂雷州话，大家没法对话。我问过她法语中的"牛"怎么说，至于她怎么说，早也不记得了。她很好，还给我饼干。那些饼干带有牛奶味道很好吃，有白色也有黄色，脆脆的。

法国夫妇在营地建房屋的地方光秃秃的，因此他们自己种一些菜，红萝卜和红番茄比较多。过去我们本地人只种白萝卜，所以他们自己带来种子，种出来只够自己吃，不是拿去市场卖。法国女人还养几只鸡，不是我们的本地鸡，是火鸡，以前我们叫作"老番鸡"，就是说法国人从外国带来的。他们常常生吃，牛肉在锅里炒一下就吃了，血还流着，我猜是半生半熟。

日军来了占领营地，把法国夫妇赶走，他们舍不得离开这地方，两人都哭了。可是一辆小轿车来了，就把他们接走了。

·校注手记·

澳门嫂与抗战历史

钱源初

（2021 年）

采访梁玉莲是我在整个《口述广州湾》项目采访过程中的意外收获，我之前关注过抗战时期的广州湾难民问题，战时广州湾聚集许多来自香港、澳门的难民，最后不少女性嫁到粤西地区，形成特定时代背景下的"澳门嫂"、"澳门婆婆"和"香港婆婆"。梁玉莲是我采访到的第一位"澳门婆婆"。

抗战时期"港澳湾"三地具有密切的交通往来。1938 年 10 月广州沦陷之后，外国管治下的港澳湾地区成为内地广大难民的主要避难场所。随着1941 年 12 月 25 日香港沦陷，日军推行"归乡"运动，大量香港居民返回

---

① 广州湾法当局在东山墟东南部的路边设有蓝带兵营，梁玉莲所记的法国人可能是军官及其眷属。

② 指肌肤色泽红润。

内地，此时香港难民多逃亡澳门、广州湾。澳门本土没有受到侵占，但日军对澳门实行严厉的经济和交通封锁，严格管制物资流通，使澳门成为一个"孤岛"。尽管澳葡当局开展一系列救济难民的措施，但杯水车薪，澳门外来及本土难民选择逃到偏安一隅的广州湾。当时的广州湾成为中国通往海外的唯一海上通道，逃到广州湾意味着更多的生存可能。

当时从澳门或香港逃亡广州湾主要是乘坐日本"白银丸"号商船，该船获得日本驻华军方批准的经营权，航行往返于广州、香港、澳门和广州湾等地接载乘客和运输货物。一篇文史资料提及，"澳门的难民如潮，听说有船开往广州湾，携儿带女，纷纷赶来乘船"，希望到广州湾逃命。由于难民太多，船舱都被挤满了。这些来到广州湾的孩子有的被收养，有的流浪街头，还有的被贩卖到农村当童养媳，成为雷州半岛农村澳门嫂的由来。[1]

由于梁玉莲到广州湾时年仅数岁，她不能确定当年乘坐的船是否为"白银丸"号。可幸的是，她到达广州湾之后，最初有父母、兄长照顾，其后虽被领养，但仍然避免了街头乞讨、被卖为妓女的更加悲惨的命运。因为资料显示，当时有不少女性在广州湾沦为妓女。澳门的口述历史亦能相互印证，如生于1927年的陈社胜回忆说："抗战那时候有两个大姐去了广州湾，差不多就是做妓女了，那段时间很艰苦的。"[2]另澳门主要慈善组织镜湖医院的一份档案显示，1942年有三名妇女何亚欢（25岁）、尹新苗（24岁）、尹群英（19岁）被拐卖到广州湾，广州湾西营赈灾分会主任罗荫庭致函澳门镜湖医院慈善会，指出"澳门妇女被拐来湾，卖落妓院者大不乏人"，要求通知她们在澳亲属设法接归，避免被推入火坑。[3]由此可见，澳门妇女流落广州湾的现象颇为严重，社会组织设法施救，但似乎收效不大。

梁玉莲的经历可谓抗战时期澳门难民遭遇的一个缩影。抗战初期，梁玉莲的父亲梁捷三和两位兄长梁明、梁平已经到广州湾赤坎的赌场工作，其母亲是香港人，母女两人在澳门沦落为乞丐，后来与父兄取得联系，一起来到广州湾生活。可惜好景不长，8岁那年母亲逝世，不久后梁玉莲由父亲同事、60多岁的东海人唐家业领养。11岁时梁玉莲随养父回东海岛放牛，

① 李龙：《抗战时期的香港沦陷——一个雷州人在香港的遭遇》，广东省雷州市政协文史委员会编《雷州文史》第4辑，2000，第150—151页。
② 林发钦、江淳主编《平民声音：澳门与抗日战争口述历史》，广东教育出版社，2015，第137页。
③ 廖泽云主编《镜湖春秋：文物集》，澳门镜湖医院慈善会，2011，第193页。

18 岁结婚。若她不是被领养，沦为妓女或者乞丐也未可知。

梁玉莲婚后以缝制衣服为生计，后半生安稳度过。2015 年她在女儿和外甥女的劝说下，第一次回澳门寻亲。起初她不愿回去，害怕触景生情，何况年代久远，她也不知道原来家里的具体位置，只记起家人曾说过，家里楼顶有小阁楼。后来，时隔半个多世纪回到出生地澳门的梁玉莲心情欢喜，拍了不少照片，这些照片就挂在她家客厅的墙上，我们很欣慰地看到她露出难掩喜悦的表情。

梁玉莲至今仍保留着当年她生父与养父签订的契约，这是一份难得的广州湾历史文献。其中体现了华南地区民间契约的一般格式，也加盖了广州湾法当局的印戳，说明双方缴纳税费，希望此契得到官方保障。如果不是我们去挖掘这段故事，恐怕梁玉莲的经历会成为一段被遗忘的历史。我们总是强调深入田野寻找民间文书，当我们了解了梁玉莲卖身契背后的故事，或许我们就不会仅仅将这份文本看作冷冰冰的文献，而是去感受国破家亡背景下的个人不幸遭遇，对历史多几分尊重，对现实多一点珍惜。

培才的恩果

——王曦忆演艺时光

邓珊珊　吴子祺　整理

一　随艺联剧团来广州湾

我祖籍广东惠州，1923 年生于广州官宦之家。孩提时代喜欢观看马戏和魔术，凭天赋，也学会两手。家族长辈朋友聚会时，叫我出来"扮鬼扮马"表演，儿时已被赞赏有表演潜能。全面抗战初期我居于澳门，澳门缺乏娱乐，既然如此，人们就需要娱乐，所以就有一班艺人组织了一个话剧团演出，我就是在澳门加入艺联剧团。[①] 艺联剧团演出成绩好，赚得盆满钵满，在这种情况下再来到广州湾演出。

我从澳门跟着艺联剧团到广州湾，当时广州湾属法国租借地，艺联剧团在赤坎演了很多场戏，大受欢迎。我们主要在文化戏院演出，后来又到左边的百乐殿戏院演出，百乐殿是当年最豪华的戏院，都在赤坎法国大马路的街尾。艺联剧团很了不起，由张雪峰、张雪光、张宇峰三兄弟带领，有梁福和、鲍洛夫、梁竹筠、陈有后和郑子敦等知名话剧演员。

我们在广州湾演出的话剧有《寻怀曲》《雷雨》《日出》《茶花女》《钦差大臣》《家》《春秋》等，一台剧连演三晚，每场都有好多人来看，票全部卖完，座位全部坐满。我那时还没有参加演出，在后台帮他们做效果。比如《雷雨》有一幕大雷大雨的场景，为了模仿雷声雨声，我们用铁球和铁板做出雷的声效。这些效果很重要，也很出名。那时候话剧多靠灯光，

---

① 全面抗战时期，许多戏剧界人士避居澳门。1939 年梁寒淡与冯雪峰等人组成"中国旅行剧团广东话组"，演出《武则天》等剧目。1942 年 4 月，由张雪峰发起，一批居澳艺人成立艺联剧团，为当时澳门少有的职业话剧团，演出《雷雨》《日出》《明末遗恨》等大型剧目。由于这些话剧具有进步色彩受到日方压制，1942 年下半年艺联剧团转赴广州湾等地演出。

我也在后台做布景。演出受到很多人欢迎，当时培才中学想筹款，就找到我们帮他们在百乐殿戏院搞一场筹款演出。我们将《碧血花》①第二幕拿出来，改编成独幕剧，这套戏叫《郑成功》②。骆逦琳饰演郑芝龙，我演他的工人阿仓，我既搞布景又兼演员，这是我第一次演出。

艺联剧团在广州湾演出效果非常之好，后来他们觉得工作应该向内地发展，于是又向广西出发，但我没有跟着他们回内地。那时黎民伟、林楚楚、黎铿和黎萱等人组织了一个"长虹儿童剧团"在广州湾演出，黎民伟做主理。③后来我和黎铿合作演出多。抗战胜利后，我和黎铿、黎萱、真珍宝在广州长堤青年会④服务，我们出演的《镀金世界》连续三晚都座无虚席。

二 陈学森董事长赏识

培才中学通过《郑成功》筹到一大笔钱，得到社会赞赏。既然我留在广州湾，他们的董事长陈学森就诚意请我到他的学校读书。那时候我的文化水平是"半桶水"，不知道读高年级还是低年级好，他们就干脆让我读高中。

培才当年的确是（南路）最高学府，教书先生都有很高的素质。广州湾是最重要的逃亡地之一，逃难广州湾的有名的教授和老师都被培才网罗。王乃春先生教英文，戴南冠先生教中文，姚广芬先生教数学，周凤锦先生教化学，都是很出名的老师。上课时他们对着大黑板，我们分开坐在课室里，课室设备非常好。培才的音乐由黄友棣先生发展，他创作了《培才颂》《欢送歌》《毕业歌》，不知现在还有没有人唱。还有刘克明老师教音乐，李广深先生做培才管乐队的教练。我进了培才之后帮学校搞了很多活动，参加管乐队、合唱团和演话剧等。黄友棣先生有什么大小事情都找我帮忙，包括搞演出的背景和灯光。我得到多位老师的喜欢。

---

① 《碧血花》是左翼作家阿英（1900—1977）于上海沦陷时期创作，是一部以南明历史为主题的话剧。

② 《郑成功》改编自左翼作家阿英的《海国英雄》。全面抗战时期，阿英取材南明历史，在上海创作《碧血花》《海国英雄》等历史话剧，宣扬抗敌救国思想，鼓舞民众士气。

③ 黎民伟（1892—1953），祖籍广东新会，中国电影的早期开拓者之一，革命者，其父黎兆昆20世纪初曾在广州湾赤坎经商，购置数处物业。1942年5月，黎民伟携家眷逃难广州湾，其子女黎铿（1928—1965）和黎萱（1931—）参与演出。黎民伟还曾开办饭店和游乐场，并坚持演艺活动宣传抗日。1943年11月，黎家离开广州湾转赴西南大后方。

④ 即广州基督教青年会，是1909年在广州长堤创办的社会服务团体。

培才管乐队很厉害，整个广州湾有什么大演出都必请培才管乐队参与，声誉很大。我们演奏很多进行曲，《双鹰旗下》①是我们最出名的曲，要知道那时组织一支乐队多难得！成员二十几人，还要各种乐器齐备，我在乐队里面吹低音喇叭。当时有什么盛会我们都会参加，在各大酒店演出。

图1　1943年8月剧团义演《郑成功》
为培才中学筹款

资料来源：梁华棣提供。

陈学森董事长很爱护乐队，乐队亦很出名，演奏的歌曲都广受欢迎。有一次他说："你们乐队这么出名，来我乡下演奏啦。"我们一路吹奏乐器走进村里，② 声响很大，牛马都跳了起来，不知多搞笑！你想想一支西洋乐队来乡村演出，都不知道那些农民喜欢不喜欢，不过乐队是真的好。

陈学森董事长简直把我当儿子一样，很喜爱我。因为我为培才出力卖命，热心做事，话剧、音乐、演出、体育、出壁报、学生自治会我都参与，搞出很多成绩。我在培才读书费用全部是学校供给，不用自己出一点钱。过年过节陈学森董事长都给利是，请我吃大餐，每次吃饭他都叫我坐在他身边。他有免费的餐券，一大沓一大沓地给我，让我去他的大中酒店吃饭。南华大酒店也很有名，有一个角落差不多为我们乐队而设，有很多大宴会都请我们乐队去做伴奏。

但是我的功课成绩非常差，因为总是热心做事。不过因为学校赏识，成绩差也不让我留级。我是一社毕业生，一社很出名，这是培才中学的高中第一届。记得有几个同届同学很有才干，吴凯同学是主席，热情为一社服务。同学团结友爱，努力学习，成为全校的表率，王家瑛、张观富、吴玉秀等同学都是高才生。张观富读书很好，王泽民踢球和音乐都很好，这几个在学校都是活动分子。我一毕业，学校立刻就请我留校工作，可以说一毕业就得到事业。我在培才的四五年间一直为学校服务，回想起来仍觉得好兴奋，所以我和培才的关系很深。

---

① 奥地利军乐作曲家约瑟夫·弗朗兹·瓦格纳（J. F. Wanger）谱写的著名进行曲，创作于1902年。

② 北月村是陈学谈、陈学森兄弟的家乡，今属湛江市霞山区。

三　抗战胜利搭建牌楼

后来日本人占领了寸金桥，① 寸金桥和鸡岭只隔一座山，旁边就是边界，我们在培才能看到两边边界。日本人曾经用机关枪扫射，很危险。日本人入城时，军队走在前面，后面跟着医生，我亲眼看到他们带来一批慰安妇。不久之后日军投降的消息传来，但国民党政府的军队尚未入城。一天，日军突然到我家搜捕我的哥哥，说他犯了罪。当时哥哥不在家，日军不容分辩，便把我和嫂嫂逮捕，押送到当地一间祠堂。幸好后来放了我，不然可能被他们杀掉。

为庆祝抗战胜利，一位名叫孙竞的先生出资在赤坎建造胜利牌楼。我被推荐策划兴建，一手设计并且建了四个牌楼，分别立在寸金桥头、范尔登②街口、南华广场和运动场。为了将庆祝场地布置好，我虽是一名学生，在光荣和骄傲感的鼓舞下，满腔热忱地施展个人的艺术才能，日夜在现场赶工。每个牌楼甚为壮观，立于显眼地段，中间高挂八盏大红灯笼，耀眼醒目。"国土重光""雪洗国耻""庆祝抗战胜利"等标语悬挂在牌楼四周，中、英、美、苏四国国旗和各色彩旗，在牌楼顶部迎风飘扬。市民称赞牌楼建得好，够气势。庆祝大会那天，四大牌楼高挂的百头鞭炮一齐燃放，民众一片欢呼。随后进行大游行，所有队伍都经过牌楼。③

为了迎接国民党军队进城，我们培才管乐队去寸金桥演奏，演奏最有名的《双鹰旗下》带领他们进城。当时四十六军招揽人才，我在广州湾略有声誉，就被四十六军一七五师邀请加入政工队，中尉军衔。后来四十六军移师海南岛，我在军队里面做了好多活动，就是凭着我在培才积累下来的各种经验。军长韩练成④和师长甘成城都爱我。后来军队要去前线打仗，军长爱惜我，和我说："你别去打仗了，回广州读书吧。"于是用专机把我

---

① 指1943年2月日军以日法"共同防御"之名义全面占领广州湾，一部分日军从寸金桥入境。
② 今赤坎区兴国路。
③ 1945年9月21日，邓龙光率领国民党军队进驻赤坎城区，接受日军投降，后被定为光复纪念日。
④ 韩练成（1909—1984），宁夏固原人。1925年投身西北军，与共产党人接触，后被提拔为国民革命军将领。1942年密会周恩来，在周恩来的领导下继续留在国民党军队。驻防海南岛期间，曾保护琼崖纵队。1946年四十六军整编为四十六师，次年在莱芜战役中被歼。韩练成在新中国成立后被授予中将军衔。

送回广州，后来我就来了香港。

何世明[①]牧师是香港青年会中学的校长，他在培才中学做过训育主任，很成功。他是我人生中最重要的人物之一，后来我来到香港，他介绍我进青年会中学工作，我跟从他几十年。我10岁时就已经信仰基督教，在广州湾也参加礼拜，当时我们有一个诗班，有一群年轻人经常聚会唱歌。广州湾的礼拜堂也不是很大，我每星期都去做礼拜。牧师是中国人，好像叫李得辉。[②]

四　寄语培才校友

后来走上演艺道路和我在培才读书的经历有很大的关系，因为我在培才做了这么多工作，得到这么多鼓舞，我知道做人要奋斗，要努力，要衷心，然后才得人爱。那我就秉持这种精神，回到广州之后又得到教会重视，用心培养我，所以说完全是在培才做下的成绩和基础鼓励我奋斗终生。

培才这么一所学府，由陈学森建立了不少功绩，遗留下很多好的东西。我很庆幸能进入这么一所好学校，得到很好的培养机会。我在培才很快乐，样样都得到成功。培才是我人生的一个美梦，感激学校对我的培养，我很希望同学记住当年这么多出名的老师和同学。学校有很好的学问根底，严格教学，作育英才，成就当年不少人的心血。培才的功绩很大很大，大家要珍惜。

图2　1945年，时名王义存的王曦撰写《级夕花絮》叙述师友情谊

资料来源：《培才中学高中第一班一社毕业纪念册》，第38页。林允同提供。

---

① 何世明（1911—1996），1945年后赴港定居，1961年出任香港青年会中学首任校长，1977年退休后致力于基督教文化事业。

② 1940年从岭南大学协和神学院毕业后，李得辉被中华基督教广东协会派遣到广州湾传教，在赤坎木桥街租房做礼拜，主要吸纳难民参加。1943年李得辉被按立为牧师，1946年调回广州教会。何锦湘、吴炯：《广州湾的基督教》，《湛江文史资料》第9辑，1990，第233页。

培才的校友们，请你们谨记前人种下恩果，它的成立不简单，经过了很大的奋斗，然后才有今日的培才。母校留下来的传统是珍贵的，我们要爱国，我们要爱家，我们要奋斗，我们要做人。最后，我感谢上天给我们的恩赐，感谢上帝对我们的祝福。恭祝培才中学八十周年校庆圆满成功。①各位校友要为我们学校的创立苦心继续努力，耕耘养育好我们的下一代，有培才这种精神，不要忘记前人种下的恩果，永远感谢陈学森。

·校注手记·

最后的奉献

吴子祺

（2017 年）

香港闻人众多，艺名"加明叔叔"的王曦也算是一位颇有声望的艺术闻人。

王曦祖籍广东惠州，1923 年生于广州官宦之家，儿时已显露出演艺才华。1957 年香港第一间电视台"丽的映声"开播，王曦应邀担任木偶表演者，用手操作木偶演出《我是一个斑马佬》《大闹天宫》《金斧头》……1963 年丽的映声设中文台以后，他主持长寿节目《快乐生辰》，深得六七十年代小朋友的喜爱，成为香港第一代儿童节目主持人。王曦先生也是一位音乐老师，率先在港推广牧童笛，多年来在教育界义务辅导中小学生音乐，带队参加国际音乐比赛，也屡屡获奖，蜚声乐界。

我们之所以采访王曦先生，更重要的原因还是他在广州湾的一段丰富经历，在广州湾种下的"恩果"正是他一生的不解情结。

抗战时期，以左翼作家为代表的文艺工作者创作多部形式不一、题材多样的话剧，意在唤醒民众的抗日救国意识。这些话剧或通过图书或通过剧团巡演而流传开来，更在未被日军占领的广州湾引起很大的社会反响。少年王曦早在澳门即加入艺联剧团，1942 年他随艺联剧团到法国租借地广州湾演出。恰好香港电影之父黎民伟的儿子黎铿在广州湾加入艺联当演员，二人偶遇，王曦因而结识黎民伟一家。后来黎民伟组建长虹儿童剧团，其

---

① 2017 年正值培才八十周年校庆，湛江第一中学举行盛大庆祝典礼。

子黎铿、其女黎萱和王曦皆是该剧团的主要演员。

1943年8月，长虹剧团应邀为培才中学筹款，于是在当时赤坎最豪华的百乐殿戏院演出《郑成功》。该剧又名《海国英雄》，由剧作家魏如晦创作于1940年，共分为四幕，通过彰显郑成功"韧性的战斗精神"，以鼓舞观众的抗战斗志，激发其爱国心。黎民伟夫人林楚楚、骆洒琳和王曦等参演，演出非常成功，好评如潮。由此剧团深得培才中学董事长陈学森的赞赏，陈慧眼识才，立刻礼聘骆洒琳先生入校任教。因骆的缘故，王曦也有幸免费入读当年南路最高学府——培才中学。在学校王曦成为戏剧组的骨干人物，又得到音乐大师黄友棣和戴南冠的教导，在表演艺术和音乐方面颇有心得。王曦回忆说，他在培才中学受教、受益，为他日后数十年的事业奠定基础。

1945年抗战胜利，法国向中国政府交还广州湾。9月20日，邓龙光率领国民党军队开入广州湾，次日在赤坎胜利大酒店接受日军投降。为庆祝抗战胜利，商人孙竞出资在赤坎建造胜利牌楼，王曦被推荐策划兴建，一手设计并且建了四个牌楼，广获市民赞赏。1949年，王曦辗转赴香港定居。

凡是在世上对社会有贡献之人，将自己的人生经历告诉年轻一代，让他们传承历史记忆，以史为鉴，这是作为过来人的历史使命。8月10日，我们团队联络王曦先生，恳请他接受口述历史访谈。王曦夫人范卓敏接听电话，她说："王曦现在心脏病发作，危在旦夕，但他意识正常，表达能力尚可，只是耳背，你们难得从湛江来探访，一些还是年轻校友，没有理由拒之门外，欢迎你们随时到访。"王太太明白事理，又态度亲切，增强我们上门采访的信心。

当天下午，我们团队一行五人与热心人士梁华棣先生到达香港马鞍山。王太太热情招待我们，只见王曦先生躺在病榻上，向我们打手势表示欢迎。彼时，王先生右眼不能视，右耳不能听。王太太比王先生年轻多岁，父亲曾是驻湛军人，故她成长于湛江，对我们的采访工作很是支持。彼时王先生因久病，形容枯槁，身体瘦弱。即便如此，他仍挣扎着想坐起来与我们谈话，后众人劝阻方作罢。

王先生得知我们来自湛江以后，即绽开笑容，问起"培才中学"（即湛江第一中学）近况。虽然我们谈话时必须伏在其左耳旁一字一句讲话，但仍无阻他满怀感动地忆述往事。访谈持续一个多小时，王先生从不间断，讲到动情时更哼起昔日演奏的名曲《双鹰旗下》，挥手打节拍。虽然我们曾提议间歇，但王先生不曾停顿片刻，只是偶尔要访问者递过水杯，用吸管啜饮。尽管已是 97 岁高龄，他的讲述仍十分简洁和清晰，同事、老师、同学的名字能一一唤出。

考虑到王先生的健康状况，时至下午五点许，在王先生向培才中学八十周年校庆致祝福语后我们便结束访问。走出房间，王太太邀请我们观看王先生的电视节目录像，王先生的积极乐观精神、奋斗一生的信念和信仰所涵养的感恩之心无不触动众人，使我们大为感佩。后来，我们同王太太合影留念，再与王先生握手依依告别。

未料 9 月初王太太突然传来讣告，得知 8 月 30 日王曦先生逝世，终年 97 岁，我们深感哀悼。随后我们更感慨王先生在弥留之际，依然愉悦地接待我们这些年轻小友，分享他在广州湾演艺和读书的精彩经历。他一生的事业为世界带来数之不尽的快乐，这何尝不是他"最后的奉献"？我们亦庆幸采访得到王太太的支持和

图 1　20 世纪六七十年代"加明叔叔"主持"快乐生辰"节目

资料来源：王曦家人提供。

配合，可谓"抢救"出一段珍贵的口述历史，为广州湾的历史增添多一些记录。王曦先生是最后离世的培才中学一社毕业生，我们为这位培才走出的人物而感到自豪。这位老校友对母校和后来人的殷殷寄语，真令人感动。

抗战时期的物资运输

——陈家骐忆侨商父亲陈庆筹

钱源初　李文泉　吴子祺　整理

　　父亲陈庆筹，字善之，籍贯广东省宝安县沙井镇塱岗村①，1895 年 7 月 5 日在越南海防出生。19 世纪末，因家贫，祖父陈才茂②前往香港打工，当泥水匠。当时法国人刚刚占据越南，要建设海防成为中南半岛的主要军港和商港。③ 由于越南人反抗和不合作，且当地技术劳工不足，便去香港招工。祖父应招前往海防工作，并娶当地越南女子黎氏为次室。二祖母黎氏生下四子二女，父亲是第三子，排行第四，人称"四哥"。

　　父亲童年时回到乡下塱岗接受私塾教育，后来返回海防 École Saint Joseph④ 学习法文和越文，其后到上海震旦大学⑤念预科，主修经济。因此，他的中文、越文、法文都很好。之后父亲返回越南经商，开设海防才源厂和河内分店，生产木材和水泥制品，兼任海防东安小学校长，开展赈济工作。1938 年开设海防善之公司，配合国民政府抢运战略物资。1941 年底开

---

① 即今深圳市宝安区沙井街道办事处塱岗居民委员会。

② 陈才茂（1861—1919），号智熙，青年时到香港务工，成为建筑瓦工，后应招前往越南，得到法国建筑师马隆中尉的赏识，很快升为管工、大包公，协助马隆经营建筑公司。陈才茂接手公司后，命名为"THAN THOI"（陈才），该公司位于海防市红河边广东街中心地段，随后陈才茂买下附近大段土地，创办机器锯木厂、水泥花砖厂，并建成内河船坞开展修船业务，整条广东街逐渐被称为"陈才街"。

③ 海防位于红河入海口，距离河内约 60 公里，与雷州半岛隔海相望。19 世纪阮朝时期，海防逐渐发展为对外通商口岸，1888 年法国占领后建设市政和港口设施，并在 20 世纪初修筑滇越铁路连接内陆，使海防成为越南北圻主要港口，法商孖地等航运公司总部设于此。海防华侨众多，集中居住在城市西部沿河街道，多从事商业，建有粤东会馆、中华会馆和中小学等。

④ 该校是一家天主教学校，似无中文名称，根据一般译法应作"圣若瑟学校"。陈家骐先生谈及 20 世纪 30 年代其父曾资助该校渡过财政难关，后来一位升任校监的黎姓修士和校长念及旧情，允许他免费读书。

⑤ 震旦大学是 1903 年天主教耶稣会在上海徐家汇创办的高等学校，发起人马相伯主持校务，任总教习。1908 年分文、理专科，1914 年设法政文学、算术工程、博物医学专科，1932 年设法、文、理工、医四个学院，在 1952 年的院系调整中并入他校。

设广州湾才源行，经营木料、花阶砖、石灰、英坭（即水泥）。1942年秋中风，卧床八年多后在海防去世。

一 善之公司协助西南运输处抢运物资

1930年前后，家族分家，父亲手上只有5块钱。在当时，5块钱不是个小数目，但是要用来创业，却是天方夜谭，因此他必须去筹钱，可筹钱并不那么容易。由于兄弟姐妹众多，祖父的遗产分到他手里就不多了。他把生母（二祖母）留给他的那栋房子卖掉，再向东方汇理银行贷款，才凑到一笔小数额资金。他在震旦大学学过经济学，心里一盘算，觉得首先不能贪大求全，先开个小工厂再说，要像祖父那样从小做大，从无到有，踏踏实实地干。

大方针确定后，他先要找个适合开办小工厂的地点，然后再考虑在这个地点开个什么样的工厂。经过一番观察，他发现华商小工业比较集中的安阳小镇有一家茂源制革厂。制革厂东北有一块制革用地当时还用不上，一位叔父曾租来养兔，结业后留空。这块地皮，地理环境很不错，适合用作小型锯木工厂，父亲便接租这块地。厂址既定，起名"才源厂"。

大姐陈玉卿（1926—2008）的丈夫陈贻泽[①]当年在才源厂河内分店工作，他留下回忆录手稿，我复印了部分相关内容，得知1938年父亲在海防开设了善之公司，经营运输进出口，代理永和轮船，专走海防—香港的船务，经营煤炭及其他矿产出口，兼营海防—昆明运输业务。不久之后，善之公司关闭。我在河内的越南国家第一档案馆查到的资

图1 约20世纪初海防华人街的景象
资料来源：法国国家图书馆藏。

---

① 曾任河内中华会馆理事、中华学校校董会董事、越南华侨联合总会副主任、广东省侨联奖励基金会会副理事长，撰有《越南北方华侨历史演变概况》一文载1983年《广东文史资料》第39辑，另撰《生活在日军刺刀下的岁月》一文载1988年《侨史学报》第4期。陈贻泽、陈玉卿证婚人是国民政府驻河内总领事许念曾。

料也证实了姐夫的回忆，善之公司 1938 年秋开业，1940 年中关闭，存在一年半的时间，地址是 6 boulevard Paul Bert（今奠边府路 14 AD 号）。[①]

《红锥叶》[②] 作者庄崚博士告诉我们，永和轮船载重 3000 吨，由国民政府军事委员会调查统计局（简称军统局）工作组向香港大有航务公司租用，有专用码头，是抢运战争物资的主力，因此甲板拆掉，用以装载大炮，船长亦有军方背景。1938 年 10 月 23 日永和号首航海防，载货 3000 吨。

根据 1939 年 10 月 21 日《申报》报道，由于英法对德宣战，一批德国、奥地利、捷克进口货物滞留海防无法放行。为此，国民政府驻海防领事刘家驹委任海防中华商会吴博民、陈善之为特派员，赴上海与法国驻沪总领事鲍黛芝接洽，并取得该总领事同意，允许为货主办理签证以及时内运货物避免损失。可见家父确实参与战时物资运输，协调处理棘手难题。该报道还指出，海防中华商会派人进驻上海的中法快运社，该社开办 3 个月即已组织货物运抵昆明五六次，每次近千吨，成效显著。

1937 年七七事变，国民政府军政部兵工署陈修和少将（1897—1998）得到兵工署署长俞大维（1897—1993）的指示，来到河内，调查抗战中的国际军火运输线的工作，发现海防港可以停靠万吨轮船，起重和仓库设备也相当完善，于是开辟了中越交通运输线。1937 年 10 月 1 日，国民政府军事委员会西南进出口物资运输总经理处（简称"西南运输总处"或"西运处"）在广州成立，负责进口军用物资的运输。次年 1 月成立香港分处，7 月成立海防分处，宋子良[③]兼任海防分处处长，地址在 35 boulevard Paul Bert，与善之公司同在一条大街。庄崚博士指出，海防分处从国内派来的干部人数不多，也不了解海防情况，因此需要与当地的华侨和越南人合作。海防分处的工作于 1940 年 5 月日本人登陆海防并切断滇越铁路后结束。

关于父亲和西南运输公司合作的情况，我们还找到一个间接证据，就

---

① *Listes des commerçants et sociétés commercialesdispensés de l'inscription obligatoire au registre de commerce.* 越南国家第一档案馆藏，档案号：L. 5 72. 317 01。

② 庄崚：《红锥叶——父辈的西南运输总处抗战岁月》，三联书店，2014。作者父亲庄汉开和伯父庄汉定是西南运输总处职员。

③ 宋子良（1899—1983），海南文昌人，生于上海，宋家三姐妹之弟，圣约翰大学毕业后赴美留学，1929 年归国后任外交部秘书，此后从事银行业和实业。1937 年 10 月奉命在广州成立西南运输总处（对外称"西南运输公司"）并任主任，曾兼任香港分处和海防分处处长，海防分处具体工作由黄强等人负责。

是震旦校友之间的合作关系。传奇女特工黄慕兰①在其自传中写道："志皋②已应允去开通西南运输线，正在上海作筹组公司、调配人员等等准备工作之时，发生了一些情况，使他在1939年春夏间匆匆赴港。……他是和通易公司的经理潘鲁岩一同走的。到香港后，他们用通易公司下属正大运输公司的名义，和廖承志以及国民党方面的李芳、李直夫、吴铁城等人合作，联合了西南运输公司、太昶公司等，到越南海防，通过在那里的留法震旦大学老同学的关系，打开了一条香港—海防—昆明—重庆的海陆联运交通线，并订好合同，每个星期可以使用滇越铁路的一节车厢，从而为我们党和进步抗日力量开辟了一条从沿海到内地的新的交通线。这在当时是很不容易的。"③

西南运输公司派到海防的人员中，就有一位父亲的莫逆之交李锦安④，他既是震旦大学毕业生，又有留法经历，在校时间与陈志皋有重叠，很可能就是黄慕兰所说的"老同学"，然而两人的熟悉情况还有待考证。父亲1922年秋至1924年春在震旦大学念了两年预科，⑤ 主修经济，跟澳门来的李锦安伯伯同寝室上下铺，一直保持往来。1947年李锦安伯伯到海防定居，在华侨中学教授物理，常常来看望父亲。父亲之丧，他是执绋人之一。因此，从陈志皋、李锦安和父亲三人的身份及他们在海防的年份和校友关系，我们推测很可能是李伯伯促成了父亲开设善之公司，与西南运输公司合作，代理永和轮的业务，协助转运战略物资。

据西南运输公司报告，为了组织越南华商运输货物，他们还需中国领事出面："海防方面，华商转运公司之增设实如雨后春笋……竟能在港沪与客商订约包运……所索购车（厢）费……较诸铁路运费实加一倍……滇越

---

① 黄慕兰（1907—2017），湖南浏阳人，浏阳三杰黄颖初之女，1926年入党，先后投身妇女运动和隐蔽战线工作。

② 陈志皋（1903—1988）是黄慕兰的第四任丈夫，曾是上海法租界的进步律师。

③ 《黄慕兰自传》，中国大百科全书出版社，2016，第240—241页。

④ 李锦安（？—1951），1922年秋至1927年春在震旦大学工程系就读，后去法国巴黎 École Aéronautique 留学，毕业回国历任厦门大学教授、广东省立工专机械工程学系主任、勤勤大学机械工程系主任、北洋大学教授、西南联合大学航空工程系教授（1942—1947）。陈家骐先生依据1943年《中国留法比瑞同学会会员录》，指出李锦安曾在西南运输公司任职，并曾任仰光分处副处长兼八莫支处处长（云南省档案馆1054－00600218－001号档案）。另据相关资料，一幅李锦安肖像有"复兴公司运输部机务科长、西南运输处"字样。宗之琥《抗战时期的西南运输处和滇缅公路》（昆明市政协文史资料和学习委员会编《风雨忆当年——昆明市政协文史资料集粹》下册，云南美术出版社，1997，第189页）提及李锦安曾任西南运输处缅甸分处八莫支处长。

⑤ 上海市档案馆藏，档案号：Q244－1－969。

铁路……曾表示愿由驻河内之中国总领事馆设法取缔华商转运公司之设立，而留其较为殷实清正者一二十家，令其组织联合会，受总领事之监督，向滇越铁路领得车辆，公允分配与客商。总领事馆亦以为然。"① 于是，国民政府驻河内总领事许念曾②、驻海防领事刘家驹③（他们两人都是震旦大学校友）与越南北方各地侨商筹备，在海防成立越南东京中华商会，会址在 10 Rue de Saigon，首任会长龚纯礼是父亲好友（父亲之丧，他亦是执绋人之一），同是国民党员。善之公司是商会会员，许念曾和刘家驹经常列席商会的重要会议。④ 越南东京中华商会的运作，是抗战期间官民分工合作、利用二战期间法国人和日本人之间的尴尬关系、设法抢运物资的良好典型。本来是政府物资，变成了民间商品，避开了政治问题，增加了政府利用滇越铁路的运量；商人遇到阻难，除了自己设法，总领事馆还可以出头正式交涉，堂堂正正地履行职责，服务侨民。

从善之公司的运作情况来看，在西南运输公司的业务往来方面，似乎是货运多于贸易。首先，买卖战略物资非父亲所长；其次，我们在云南省档案馆找到若干档案，某次公司收受香港汇来的 9000 元港币，虽然这份交通银行文件没有标示汇款方。⑤ 这个数额远少于买卖货物所需，不像是货款，更可能是转运服务的报酬。此外，1939 年 9 月欧洲爆发战争，英法对德宣战，越南的法国人留难中国军政部各署购买的德国货物，善之公司是持有德货最多的两家商号之一。⑥ 为了解决滞留海防的德货问题，父亲还曾

图 2　陈善之肖像
资料来源：陈家骐提供。

作为两位代表之一，前往香港索取发票单据，⑦ 可见购货者并非善之公司。

---

① 云南省档案馆藏，档案号：54 - 31 - 1493。

② 许念曾（1893—1965），江苏无锡人，毕业于上海震旦大学，后赴法国留学，入巴黎法科大学。1935 年 8 月，调任驻河内代总领事。1937 年 2 月，任驻河内总领事。

③ 刘家驹，江苏宝山（今上海）人，驻外公使刘镜人之子，毕业于上海震旦大学，后赴法国留学，入巴黎政治学院。

④ 云南省档案馆藏，档案号：1146 - 2 - 14 - 59。

⑤ 云南省档案馆藏，档案号：1146 - 2 - 40 - 20。

⑥ 云南省档案馆藏，档案号：1146 - 2 - 14 - 59。

⑦ 云南省档案馆藏，档案号：1146 - 2 - 14 - 59。

二　广州湾才源行的未解之谜

1941 年末，日本人已经实际控制海防，要找父亲出来搞维持会，因为父亲交游广阔。我父亲很爱国，听到风声，不愿当汉奸，但又害怕得罪日本人，遭其毒手，于是回家叫母亲立刻收拾细软，连夜逃亡广州湾。从 1941 年底到 1943 年初，我们家多人生活在广州湾，因此和湛江结下了一段缘分。

我们很想知道，他是如何听到风声说，日本人要找他出来搞维持会，之后又如何顺利逃亡广州湾。次日凌晨，就有好几个日本兵持枪来到我们家进行大搜查，目的是逼父亲出来当汉奸。数天之间，从早到晚，都有日本兵在我们家门口站岗。

然而当时日本人还没有完全控制广州湾，广州湾还是法国人管治，而且父亲在广州湾也不认识多少人。几个月后，部分家人也跟着过去。海防才源厂的业务交由六叔父陈享筹（1898—1981）照料，东安小学的校务委请何碧云老师（1904—1997）照料。我本人生于 1939 年初，1941 年底去了广州湾，在广州湾留了近两年。

法国人于 19 世纪末租借了广州湾后，起初锐意发展该地经济，计划把广州湾建设成为华南一个重要商港，与越南北方互为犄角，控制华南一带经济，以与英国管治下的香港相争锋。可是，由于中国当时战乱频仍，华南各省政府和人民也不满广州湾被占而大力抵制，这个计划努力了 40 多年也没有什么成就。

父亲到了广州湾后，听说他在一个招待会上结识了当时的法国行政长官①。由于父亲在海防生产水泥产品，所以也打算在广州湾生产同样的产品。行政长官得知他的打算十分高兴，认为符合当局计划。可是，当时广州湾并不具备生产水泥的条件。于是父亲说服行政长官，用军舰帮他从海防运送水泥到广州湾，因为水泥是战略物资，战争时期不能当商品运输。他在西营天主教堂附近租了两栋二层楼房，一栋用作住所，另一栋用作商店，店名叫"才源行"，跟天主教堂的足球场隔一条巷子。同时，法国人为免日本人进入广州湾后没收公地，赠送了附近一块土地给他盖工厂，用以生产水泥制品。

在建工厂之前，父亲先经营木料、花砖、石灰、水泥等，以累积资金，

---

① 即广州湾总公使。

我们在 1941 年 10 月至 1942 年 7 月的《大光报》上找到了几则广告，1942
年 1 月 11 日的一则《货物出让启事》连续刊登了 4 天，大意是某位陈先生
有数千包海防"蓝龙唛"快干水泥出售，销售地址在赤坎汽车街①口六号广
州湾车房。后来再也没有这则广告了，直至 3 月底出现才源行的广告。与此
同时，父亲 1942 年 3 月底以前在赤坎克兰满索街② 17 号，4 月初才搬到西
营英吉利街 48 号，广告中的陈先生是不是他？

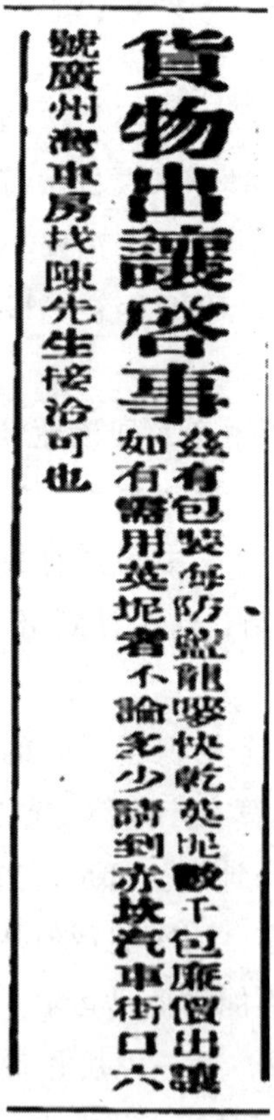

图 3　1942 年 1 月 11 日《大光报》
刊登的才源行广告

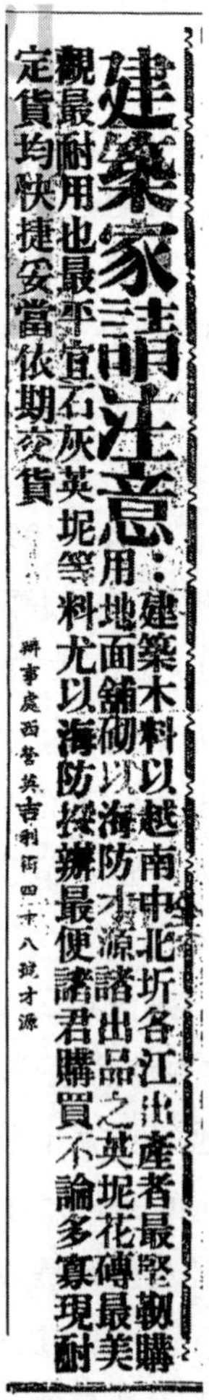

图 4　1942 年 3 月 30 日《大光报》
刊登的才源行广告

---

① 今赤坎区胜利路。

② 今赤坎区民主路。

至于才源行的广告也不是每天刊登，似乎货物到了才发布消息，而且很快沽清。木料和花砖是一般商品，需要经常做广告，以广招徕。可是，广告每次只连续刊登几天，重点似乎不在它们。而且一般的广告中，公司名称和地址都是大字标题放在显眼处，就怕读者看不到，而这则广告的"才源"名称和地址却只是用小号字附在后面，好像生怕太多人看到。广告推销的四种产品，石灰和水泥不用加工，可以轻松转售。战时水泥又是当时短缺物资，利润丰厚，理应尽量突出，广告水泥却排到最后，埋在里面，好像生怕看到的人太多。我们很希望知道，卖出的"货"是什么，为什么那么快便卖清，卖给什么人，运到哪里去，用途是什么，那个时候，兵荒马乱，老百姓盖房子的不多，为什么这些"货"卖完了便不再刊登广告，难道目的就是只卖这些"货"？

我们倾向于相信，父亲主要经营水泥，每当轮船运来，国民政府经济游击队①就会过来提走，接着运到后方，广告推销的其他三种产品都只是幌子。至于为什么用广告作为联系方式，难道不担心被日本人发觉？我认为原因有三点：日本人当时还没有全面占据广州湾，只派驻了一个人数不多的监察团，无力观察入微；大部分水泥被提走后，留下一些对外出售，以掩人耳目；水泥到货时间或有不准，为保安全不能与游击队联系太密切，加上父亲搬家，只好刊登广告催提。

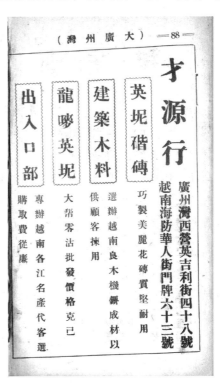

图5　才源行广告

资料来源：韦健《大广州湾》，东南出版社，1942，第88页。

---

① 1940年初组建的国民政府经济游击队是经济战中的游击队伍。他们用机动的战术，以直接的、机警的、敏捷的方法，去摧毁敌人的经济活动，破坏敌人的经济机构，主动地予敌经济以打击，积极地予我经济以保障。广东所在的第四战区编组14个中队11个小队。孙宝根：《抗战时期国民政府经济游击队述论》，《民国档案》2004年第2期，第102页。

1942 年出版的《大广州湾》刊登了整版才源行广告，地址分别是"广州湾西营英吉利街四十八号"和"越南海防华人街门牌六十三号"，经营范围如下：

英坭阶砖：巧制美丽花砖，质坚耐用。
建筑木料：选办越南良木，机锯成材，以供顾客拣用。
龙唛英坭：大帮、零沽、批发，价格克己。
出入口部：专办越南各江名产，代客选购，取费从廉。

父亲逃亡广州湾，到底是为了逃避日本人利用，还是另有任务为大后方运输物资，抑或两者兼有，我们还在寻求真相。

三　兴学助学与接待抗战人士

父亲长期兴办实业，很有业绩。他把大部分收入用于兴学、助学和爱国活动。1938 年，日本人占据开封、武汉、广州；1939 年，又占据海南和南宁。至此，日本人已基本上完成了对延安和重庆的合围，令有志投奔大后方的爱国志士和流亡学生很难如愿。然而，当时，海防有滇越铁路通往云南，且法国人没有兴趣跟日本人合作控制滇越铁路的人流和物流。随着内地机关、企业、学校的大批转移，滇越铁路客运量剧增，仅 1939 年的客运量就达到 454 万人，为和平时期的 15 倍，货运量 52 万余吨，为和平时期的 3 倍多。

1938 年到 1940 年日本人控制海防之前，海防成了投奔大后方的爱国志士和流亡学生的会聚点之一，同时也是抗战人士向华侨宣扬抗战的地点之一。这些爱国人士只管逃亡，前途茫茫，衣食住行都没有保障。父亲见到这种情况，就买下华人街 63 号（今 Ly Thuong Kiêt 街 197 号）的一间三层楼小旅馆，供他们住宿，并在工厂煮饭给他们吃。负责接待的人是孔彼得叔叔，我们九叔父陈水灵（1909—2008）协助。其中一些人，父亲还赠送他们路费，让他们可以前往昆明，向内地转移。九叔父很钦佩父亲，曾说："四哥是伟人。"

祖父虽然很长一段时间生活在越南，但一直不忘祖国。海防当地的中国人成立东安同乡会和东安小学时，祖父都积极投入，这些深深影响了我的父亲。东安同乡会是东莞县和宝安县的联合同乡会，大约在 20 世纪 20 年代开办东安小学，父亲后来把这座小旅馆捐给了东安小学作为校产并担任校长。① 父亲自己好学，又爱关怀别人，对兴学和助学很热心。1938 年 12 月 25 日陶行知先生曾在海防会见文化界和教育界人士，并发表演讲，宣扬抗战。东安小学和东安同学会 50 人歌咏队与会。② 次年 2 月 1 日他再次会见海防文化界、教育界人士，东安小学人士也与会；次日上午又再会见东安人士，包括父亲、教务主任何成德、教师王庆麟和同学会主席梁德路。东安小学有校董会，父亲是东安小学第三任校长。父亲在东安始创时便已很热心于学校事务。他当时还很年轻，不大可能参加大人的事情。由于祖父很关心和支持同乡会和学校事务，他为祖父跑跑腿大概还行。他大概很积极投入。因此，退休后，东安赠送给他一面锦旗和一块金牌，都是盾形，上面绣有或刻有"善之校长惠存　建校功高　东安小学　敬赠"字样。很遗憾，锦旗和金牌都在我们不断迁徙的过程中遗失了。

父亲身兼学商两界，还参加爱国活动，接待流亡人士，也亏他忙得过来。我们的一位姑父说，"他有胆有识，做事果断"。要是优柔寡断，恐怕是忙不过来的。抗战期间，父亲支持陈家璧和陈家驹义卖鲜花捐助抗日活动。陈家珰和陈家瑷也都学会唱抗日救亡歌曲。在父亲爱国情怀影响下，全家抗日情绪高涨。抗战胜利后父亲也支持我参加东安小学组织的义务卖花和擦鞋活动，捐助国内救灾。

岭南大学创校校长钟荣光③博士卸任后，为了避开日本人，就选择去了海防，与夫人钟芬庭住在我们家里。夫妇二人在才源门市部楼上住了约两年，即 1938 年中至 1940 年中。父亲对他们很尊敬，一起吃饭时都让大哥陈家驹为他们盛饭。1940 年中日本人全面占据海防，他们迁居香港。钟荣光博士的两位侄儿钟彼得和钟建德也曾在海防安阳才源厂住过，钟夫人还不时去看望他们，他们后南迁堤岸。1942 年钟荣光博士在香港过世，他的夫

---

① 1935 年第 27 期《侨务委员会公报》登载海防东安小学校长陈庆筹呈送表册请核准立案由，由侨务委员会委员长陈树人进行批复。

② 陶行知在 1938 年 12 月 25 日的日记中记载："东安：239 学生，完小，8 教员；校长：陈庆筹；教长：何成德、王庆麟。"详见华中师范大学教育科学研究所主编《陶行知全集》第 7 卷，湖南教育出版社，1992，第 287—289 页。

③ 钟荣光（1866—1942），广东中山人，1894 年中举人，后加入兴中会。1912 年任广东军政府教育司司长，1927—1937 年任岭南大学校董会主席兼校长，1938 年任岭南大学名誉校长，1940 年移居香港。

人再去广州湾找我们，一起生活过半年左右。我们全家都很尊敬她，我小时候都叫她钟师母。算起来，我们接待了钟校长夫妇两年，接待了钟校长夫人半年。1957年，我姐姐陈家瑂去天津找陈家璧，准备入读天津大学，路经广州，得海防东安小学前校长何碧云引领，专程拜候过钟师母。钟师母还说，希望"四哥嘅女"留在中山大学读书。不过，后来姐姐陈家瑂还是去了天津大学读书。

香港沦陷后，很多人都跑到广州湾来。父亲便在才源行供饭给这些人，人数达百余人，流水席共十多桌。之前在海防协助父亲接待流亡人士的孔彼得叔叔夫妇，他们都住在我家。尽管业务一时兴旺，但用以支撑一个大家族，捐助东安小学，接待爱国志士和流亡学生，加上父亲交游广阔、乐于助人，财务负担很重。这种情况，在顺境时，尚可应付；若是环境逆转，是长久不了的。

1942年夏秋之交，一艘法国军舰在海上沉没，舰上水泥尽失。父亲闻讯后一语不发，当天晚上请客吃饭，他埋头大吃，一个人吃了半只乳猪。第二天早上他刚起床，坐在床边便脑部血管爆裂大中风。家人赶紧请医生

图6　西营才源行（约1942年）

说明：前排左一陈家瑗，左三钟芬庭女士，左四陈家骐；后排左二陈庆筹，左四小孩陈家湾（玉），左五陈家骐母亲冯宝莲，左六孔彼得夫人，左九孔彼得叔叔。

资料来源：陈家骐家族收藏。

来，医生立刻给他放血，虽然留下了性命，但从此四肢不听指挥，瘫痪了。1943年初，我们举家迁回海防。我家居住在海防乡下，躲避盟军轰炸。

父亲是个心胸广阔、秉性仁慈、考虑别人多于考虑自己、不忍心说"不"的人。分家后他由于秉性仁慈所产生的责任感，同时挑起了三大重担：对家族，扶老携幼；对社会，兴学济贫；对国家，救助流亡。因此，在48岁病倒以前，他凭聪明才智、胆识胸襟和通晓中法越三门语言的能力纵横驰骋，闯出了一番事业，也干了不少实事、好事。可是由于花费过大，没有积蓄，所以根基不固，做不了大事业，更经不起大风雨。他常常乐观地说"穷则变，变则通"，设法应付或事后卷土重来，无奈中风瘫痪却给他

致命一击，使他卧床不起。因此，在他晚年时，我们家沦为"贫困户"，在贫穷线上挣扎，他的余生也就在贫病中度过，郁郁而终。尽管如此，他做的实事和好事影响既广且深，有些还延续到他身后，荫及后人。这是他堪可追忆之处，也可以说不枉此生。

他自己取字"善之"，也的确是名实相符。他是在行善中，在一辈子做好事中，实现了他的人生价值。他的一生，就好像一颗小小的彗星，一闪便灭，亮度不大，照亮的人不多，但是尽力而为，从不怨天尤人，实在是典型足式。别人向我们叙述父亲的故事的时候，大都是一片赞扬，说他如何心地善良、目光远大、聪明能干、口才辨给、善于营商、乐于助人，要是有所批评，也不外乎是他花钱和吃东西没节制。

父亲是一个小城市的教育工作者和商人，因缘际会，有幸投入了轰轰烈烈的全民抗战活动。即便如此，他的活动也只能算是整个抗战活动的滚滚洪流中的一滴小水滴。父亲是位君子，从不说人之短，也从不道己之长。因此，我们叙述他的故事，都不是他告诉我们，或者向我们展示的，而是我们根据自己的经历和亲友们的传说，再到海防、河内、艾克斯（Aix-en-Provence）①、湛江、广州、上海、昆明、南京等地查找资料整理而成。我们很感谢向我们提供资料和支持的人士和机构，这些资料和支持使我们能够比较精确地描述父亲在抗战期间的活动经过。

· 校注手记 ·

爱国爱乡爱家人的华侨

钱源初

（2021 年）

2019 年 12 月岭南师范学院举办第二届广州湾历史文化国际学术研讨会，作为会务人员，我负责论文集的初编，故较早看到陈家璧、陈家瑂、陈家瑗、陈家骐、陈家湾（玉）兄弟姐妹联名撰写的回忆父亲陈庆筹（字善之）先生的文章《家父与抗战——从海防到广州湾》。当时觉得这是一篇

---

① Aix-en-Provence 位于法国南部，是法国国立海外档案馆（Archives Nationales d'Outre-Mer）所在地，法属印度支那和广州湾的档案集中存放于此。

图文并茂的文章，却似乎不符合所谓"学术规范"，于是协助完善部分注释，并删减部分非史料照片。后来子祺将标题改为《海防商人陈庆筹：抗战时期参与西南运输的若干事迹》，会议上陈家骐先生宣读此文。陈先生通过查阅档案文献呈现旅越华侨善之先生在越南海防、广州湾的经历，引起与会学者的关注。会后陈先生参加考察活动，80 岁的他随身携带一个大斜挎肩包，依然步履矫健，笑容满面，给我留下较深印象。

2021 年夏我们再度集中编辑口述书稿，子祺结合陈先生的文章以及采访所得的口述逐字稿（文泉整理），整理出来一篇稿件《抗战时期的物资运输——陈家骐忆商人父亲陈庆筹》，我建议将题目中的"商人"改为"侨商"，以突出华侨特色。为了校对稿件，我通过查阅资料补充完善部分注释，并将原分为两节的内容分为三节，使文章结构趋于合理。

为了补充历史细节，经子祺协商协调，我与远在美国纽约的陈先生约定在北京时间 8 月 16 日上午（美国东部时间为夜晚）通话，通话一个半小时，我们针对稿件的问题进行讨论，相谈甚欢，取得预想中的成效。陈先生精通普通话、粤语、越语、法语、英语，我们之间使用粤语进行交谈。陈先生出身理科，具有严密的思维逻辑，强调研究父辈历史需要严谨，不能仅仅是"大只讲"（夸夸其谈）。我却认为"口述"历史就是讲述者个人所见所闻所想的事情，但说无妨，即使"说错"亦无妨。陈先生讲述故事，思路开阔，由此及彼，补充了相当多的事实细节。此后我们又通过邮件往来交换意见并补充相关文献，使口述稿件整理工作得以顺利展开。由于陈先生并非专业历史研究者，档案题名等信息暂时从缺。

当我看到稿件提到善之先生祖籍"沙井镇墅岗村"，回忆起曾在广东地方史志类图书中见过一本《墅岗史话》。之所以印象深刻，是因为我最初并不认识这个"墅"字，该字有三个读音 xué、bó、jué，"墅岗"中"墅"读音为 bó，白话读音同"博"。经查阅此书，发现陈先生正是墅岗望族陈氏后裔，他祖父陈才茂先生是一名旅越华侨领袖，早年在越南海防谋生，经营建筑材料和维修船只，作为当地著名建筑商参与创办东安小学并担任校董，晚年落叶归根，回到墅岗度过余生。

陈先生告诉我，他追寻父亲的足迹，契机源于几年前东安小学校友的回忆文章。他发现在这些文章中不少地方提及父亲，而他那时对于父亲事迹不甚了解。随着不断到各地寻找史料，他对于父亲与西南运输处的关系，以及在广州湾经历等有进一步的认识。

广州湾与越南具有密切的联系，早在 20 世纪初便有印度支那法当局资助的轮船公司开通航线连接海防、广州湾、北海、海口和香港，这些港埠之间交通、商贸与人员来往频繁。特别是抗战时期偏安一隅的广州湾趋于繁荣，多艘轮船来往频密，香港沦陷后更一度是大后方进出口的唯一国际海上通道。当然我们也应留意，战时国民政府尝试开通多条外援通道，存续时间有别：海防和滇越铁路陆海联运是其一，滇缅公路是其二，驼峰航线是其三。这些通道都有西南运输处或军方强力主导，官方重视程度较高。① 而广州湾虽有多家官方背景的公司、情报机构和广东省政府机构驻扎，但其物资运输更多依赖民间（亦有地方实权人物的大规模组队）的自发行动，货物输入内地的方式多是肩挑背负或使用小推车，相对零散。善之先生避难广州湾的事迹，说明此地不仅是国内特别是省港澳人们的避难所，也是海外华侨回国避难的地区之一。善之先生的人生道路是从海防开始的，他在海防经营建筑材料，抗战时期曾在广州湾居住两年，因此与广州湾产生历史的关联。

陈家骐先生通过多种史料直接或间接地证明其父在海防参与西南运输处的物资转运，在日本向法方施压的情况下，具有留学法国背景的中方官员和商人确实更易寻求突破。曾担任西南运输处海防分处处长的黄强②和震旦大学校友均与法国人交好，他们较易疏通关系开展业务。在广州湾的善之先生与法当局总公使建立联系，得以从事海防到广州湾的物资运输，甚至促使当局动用军舰运送水泥，可见善之先生的社会关系非同一般。其实广州湾亦有一群震旦大学毕业生，多在法当局任职或从事医生等专业工作，他们是否也曾给予善之先生帮助，尚待考证。

另外，善之先生在广州湾经营建筑材料，能在广州湾的主流书刊《大光报》《大广州湾》《广州湾商业指南年鉴合辑》上登载广告，实力自然不

---

① 1939 年记者萨空了从香港出发，经海防、河内、同登和谅山进入国境。据其观察，大量货物积压在海防海关仓库，报关出口，以及转运所需的卡车、司机和汽油等都是难题，国民政府财政部、军事委员会政治部、中央信托局和西南运输处等机构都派员在当地参与转运工作。萨空了：《由香港到新疆》，新华出版社，1986，第 14—16 页。

② 黄强（1887—1974），字莫京，广东龙川人，早年入读广州圣心学院，曾在滇越铁路做翻译，辛亥革命前后成为陈炯明的亲信，后赴法国留学。1921 年秋至次年担任粤军第七路军司令在雷州半岛和广州湾剿匪，陈炯明失败后出洋。后在陈铭枢麾下治理和开发海南岛，1932 年任十九路军参谋长参与对日谈判，全面抗战爆发后受命派驻越南负责运输工作。国共内战期间黄强去台湾，终老于马达加斯加。

容小觑。由于广州湾才源行广告的隐秘，陈先生对于其中的内容进行了多个角度的解读，我们寄希望于将来能有更多资料解开其中的故事。陈先生曾在1941年底到1943年中随家人在广州湾生活，但当时年仅几岁的他对此记忆较为模糊，因此忆述的地方并不算很多。

尽管屡遭变故，陈家骐先生仍在亲友帮助下学有所成。他在东安小学免费读完小学后，入读海防的圣若瑟学校。1954年各方签订《日内瓦协议》，法国在越南的殖民统治告终，越南南北分治，海防华人大多南迁，陈家也搬到西贡。其后陈先生入读堤岸岭南中学并完成高中学业，1958年考入台湾大学电机工程系，1962年考上新竹交通大学研究生。毕业后陈先生在一家美国投资的电子器材公司担任工程师兼经理，后赴美国留学。

中华人民共和国恢复联合国合法席位后，1972年陈先生毅然支持祖国外交工作，到联合国总部从事翻译工作，直至1999年退休。陈先生旅居美国多年，依然保留中国国籍，纵观其人生不同阶段的励志经历，那种努力向上的精神值得我们学习。我们也相信，善之先生的坐言起行和言传身教给予子女深远影响，至今仍是他们讲述父亲故事的原始情怀。

图1　2019年12月，第二届广州湾历史文化国际学术研讨会期间，与会者在赤坎考察，前排左五为陈家骐

资料来源：王钦峰提供。

从时代广场回看广州湾

——何均发忆城市建设

郭康强　李宜珍　整理

一　南华大酒店的童年见闻

我们的祖籍在广东番禺的周老村。当年的番禺分为比较穷的上番禺和较发达的下番禺，我们村在上番禺，爷爷年轻时即离开番禺打工。父亲何文有四兄弟，大伯"卖猪仔"到国外，赚了点钱回来成家，但抗日战争时期他和伯娘饿死了。二伯失踪，三伯做过孙中山的卫士，年轻时就离家闹革命。

父亲没有文化，不识字，曾在广州大新公司①做酒店服务员，孙中山打军阀时曾将总部设在这里。② 酒店有一套招呼贵宾的礼仪程序，包括杯子如何摆、餐巾如何折花等，父亲学了下来。他曾经活跃在群众运动中，辛亥革命的时候，积极参加剪辫运动。20 世纪 20 年代大革命时期，他也参与省港大罢工。③ 1938 年广

图 1　20 世纪 40 年代何氏家庭合照
资料来源：何均发提供。

---

① 1910 年，中山籍澳大利亚华侨蔡兴和蔡昌在广州惠爱路开办大新公司经营百货。1922 年，西堤大新公司开业，经营百货、娱乐场和酒店餐饮，一度是广州最高楼宇，与前者分别被称为"城内大新"和"城外大新"。

② 1924 年，商人陈廉伯（1884—1945）企图推翻孙中山领导的革命政府，发动广州商团叛乱，后被镇压平息。其中西濠口商团占据的大新公司被政府充公。

③ 为声援上海工潮，抵制帝国主义势力，数以十万计工人在中国国民党、中国共产党和广州国民政府的支持和组织下，1925 年 6 月至次年 10 月在香港和广州发起大规模、长时间大罢工行动。

州沦陷，日本人在街上抓壮丁充当苦力，为了躲避，父亲和广州的朋友逃难到香港，住了一段时间后又来到广州湾。因为1939年南华酒店筹备开张，需要招聘一批工人，父亲经人介绍到南华大酒店做领班。

两年之后，母亲带着我和妹妹来找已在广州湾安顿好的父亲。那时我虽然只有四岁，但对重要的事还是有印象：我们先是坐小木船到了澳门，那是很繁华的城市，母亲去买水果给我们吃，我在岸上走丢了，不小心掉入水中，幸好被人救起。接着我们换乘大轮船到硇洲，风浪很大，船颠簸摇晃，我在航行途中呕吐。

还记得我在南华大酒店的大厅与父亲首度重逢，他走进厨房拿两个餐包给我吃，味道很正

图2　南华大酒店广告

资料来源：韦健《大广州湾》，东南出版社，1942，第1页。

宗。父亲负责打理二楼的两个厅，一楼是西餐厅，三楼做茶市，有个大厅演戏。客人不用买票进场，他们坐在茶座边喝茶边看戏。妹妹很喜欢看粤剧，我经常陪她去看，马师曾①见我是小孩，还逗我玩过。陈学谈经常来南华喝茶，印象中他的体型肥大，就像现在人们说的"土豪"。

南华的厨师手艺高超，多数来自广州和港澳各地。南华大酒店后面有平房，供员工换班休息，宿舍里摆满高架床。有个西餐大厨和我们一家同住在宿舍内，洗澡时不小心把一枚金戒指落在澡房，我捡到后还给他。西餐大厨很感激，送给我一本英汉字典，还有一本南华的西餐菜谱手抄本。但我对西餐不感兴趣，可惜没保留下来，否则现在就成文物了。抗战胜利后，这位大厨回香港去了。抗战时期很多有本事的人都逃难来繁华的广州湾，这位厨师就是一个例子。日本占领广州湾后，在南华唱粤剧的有名

---

① 马师曾（1900—1964），广东顺德人，著名粤剧表演艺术家。1942年，马师曾借家人从香港逃难广州湾，与多位粤剧艺人组成剧团。在广州湾演出期间，马师曾将靓少凤剧团的红线女（1924—2013）聘到团内，后两人结成夫妻，转赴大后方演出。

"大老倌"① 都逃离广州湾去了桂林。

我们在广州湾的第一个住处在水仙街右边，出来就看到水仙庙和水仙井，后来又辗转搬了七次家，都是选租金最便宜的地方，连厕所都没有。每逢假期，父亲经常带我们去西营海边玩，从赤坎到西营的路很难走，要越过很多座坡岭，只有一条路线的公共汽车往来。与赤坎的拥挤、脏和乱相比，西营街道干净整洁，而且建筑美观。赤坎全是中国人居住，西营则有法国人。

我的母亲李翠是顺德蚕丝工人，她勤俭持家，认识一些字，在家里养猪给我攒学费，一直支持我读书，我能坚持读下去全靠她。上小学前，我在南华广场的一座小庙②里读私塾。老先生叫"老邦"，教四书五经，我拜师时要跪在地上。他整天喝酒，喝醉就睡觉，同学偷偷溜出去玩。我小学一年级至三年级就读于培才学生开办的夜校，课本都是免费的。课余做小贩卖香烟，烟是父亲给我批发来的，只赚点微薄差价。我就像《七十二家房客》里的奀妹③，胸前挂着一个箱，走到茶客面前叫卖，晚上在南华柜台底下铺张纸睡觉。四年级在家附近的华南小学读，五年级、六年级到广侨小学。④ 广侨小学学费比较昂贵，还要看入学成绩，录取的人数也比较少。小学毕业后，我考进了收费比较低的市立一中。⑤

日本占领时期我遇过盟军飞机的轰炸。那晚九点多，赤坎中兴街的同乐戏院很多人在跳舞，突然遭到飞机轰炸。⑥ 后来运了好多尸体到现在南方路公共厕所的位置，以前叫"生死池"。有一些没手没脚的，后来也有亲属来认领。我每次路过那里都很害怕，那时我才十岁。当时，我们住在八小⑦的花生地。工地里有个帮日本人做事的汉奸叫杨进，他是个搞基建的恶人，有次我拿了他一条木，被他的手下追着打。以前的赤坎很乱，买一袋米回

---

① 大老倌是有名望的粤剧演员。

② 应指始建于清代的双忠庙，20 世纪 50 年代拆除。

③ 粤语电视连续剧《七十二家房客》中的角色，以街上零售小物品为生。该剧剧情设置在广州。

④ 华南小学位于今赤坎区泰康街，校长卢耀海是番禺人。广侨小学由广州会馆在 1927 年开办，1933—1939 年停办，1940 年复办，优先接纳广府籍学生。湛江市赤坎区文化新闻出版局编《赤坎古商埠》，中国文联出版社，2013，第 150—151 页。

⑤ 国民党政府接收广州湾后，将原赤坎法华学校改办为湛江市立一中。

⑥ 1944 年 6 月 2 日盟军飞机轰炸赤坎城区，造成大量平民伤亡。

⑦ 湛江市第八小学位于赤坎区跃进路 20 号，前身是 1951 年创办的湛江市第一工人子弟学校。

来，里面混有烟土。① 经常有黑社会出入，黑社会老大黑眼元在中山路被打死，绰号"铁胆"的遂溪县县长戴朝恩后来也被打死，他们的棺材停放在我们住处附近，丧礼很隆重。

南华大酒店旁边有一家托儿所，小孩在里面唱歌，家里没钱供我读书，我就站在门口听，很是羡慕。再往下走，是外国传教士每个礼拜讲道的地方。② 那里摆了很多凳子，我经常去听他讲耶稣故事。他讲完后会给小孩发一些"公仔纸"，实际是过期的贺年卡，印得很精美。

二 审视广州湾的城市建设

解放战争时期国民党在湛江市的特务活动很厉害，形势很紧张，我参加了中共地下组织，在保健路的一间平房宣誓入团。当时我读初中，配合团委和市委掌握社会的动态。我一边读书，一边做侦察工作。高中毕业后考取了武汉的华中科技大学，毕业后留在武汉教了十五年书。后来调回湛江工作，任副市长时分管市政府的城建工作，得以重新审视广州湾的历史。

在副市长任内，我到同样曾是租借地的青岛和大连③以及香港考察。对比其他租借地的历史，我认为法国管治下的广州湾比较乱，中国人的地位很低，同时受越南的控制。法国人靠泛滥的黄赌毒来获取税收，赤坎满街是妓院、烟馆和赌馆，经常有人因为赌输钱在西山公园④吊颈自杀。

回看霞山区也就是以前西营的情况，解放路的两侧原来多是法国人生活和居住的地方，占据优越地理位置。而南边民居地势低洼平坦，潮汐一打上来，积水排不出去，经常造成内涝。广州湾的土地使用和设施安排优先照顾法国人，他们都住在较高的地方，却长期忽略海水倒灌中国人居住的街道的情况，这就存在着殖民主义的问题。不过，法国人在广州湾也做

---

① 指鸦片烟膏。传说三有公司从泰国、越南等地进口大米，将鸦片药膏混入其中以偷运入境。少量烟膏遗留在大米中，被民众发现。

② 应指受美国密歇根州富裕街浸信会差遣的白得胜（Victor Barnett）牧师建立的基督教会，其在龙总督街（今和平路）租铺开设福音堂。

③ 1898年，德国以"曹州教案"两位德籍传教士被杀为由，要求清政府"租借"胶州湾，即今青岛市。同年，沙俄亦强租辽东半岛南部的旅顺口和大连。德国和沙俄皆锐意发展租借地，大力建设海军基地和市政以及发展商贸，扩张在远东的势力。

④ 即今寸金桥公园，广州湾时期赤坎西郊称为"鸡岭"或"珠岭"，新中国成立后，辟为西山公园。

了一些有益的工作，例如建设电厂，引进电力和电灯。①

广州湾历史要一分为二来看。翻开当年法国人的市政建设规划图纸，他们设计了沿用至今的解放路中轴线，形成呈南北走向的带状城市。这条道路是法国管治时期西营的主心骨，后来我们设计的霞山中轴线从海滨的时代广场延伸到火车南站，长约3公里。② 海湾大桥通车后，多了一条东西走向的轴线，湛江逐渐发展成块状城市。

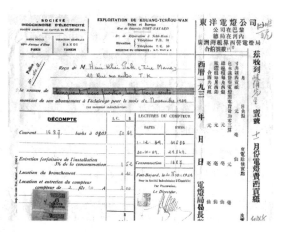

图 3　1939 年东洋电灯公司西营电灯局的收据
资料来源：吴子祺收藏。

我在任内③把赤坎西山公园建成现在中式的寸金桥公园，考虑到霞山的海滨公园靠近海边而且阳光充足，则宜建设为西式公园。这些想法源于我到法国凡尔赛宫考察的灵感，加上想起父亲当年带我来西营的海边玩，到法国人筑的海堤上走所见。我曾向海滨公园的工作人员提议将这座堤保留下来作为历史纪念。法国人在硇洲建灯塔，在西营建码头，将广州湾建成一座大港口，对湛江日后成为中国最早对外开放的沿海城市之一④有积极的作用。

分管城建工作期间，我曾计划建设一个以改革开放为主题的纪念性广场，即现在的时代广场。⑤ 当时考虑了三个因素：第一，有历史价值，1898

① 1926 年广州湾法当局引入法国资本开办的东洋电灯公司（1945 年后改称"越南电力公司"），在西营建造发电厂和输电线路（时称"西营电灯局"），1929 年 10 月正式输送电力为市区提供照明。1949 年后由人民政府接管，电厂旧址在霞山区海滨大道南。

② 1985 年湛江市进行第三次城市总体规划的编制，规划年限 15 年，城市性质定位为"经济繁荣、环境净美，具有热带风光的现代化工业海港城市"。该规划提出以解放路和人民大道为主线联结社区内大街小巷。湛江市霞山区地方志编纂委员会编《霞山区志》，广东人民出版社，2012，第 97~98 页。

③ 1986—1993 年何均发任湛江市副市长，分管城建工作，任内参与人民大道、椹川大道和经济技术开发区等重要建设工程，并主持修编新的湛江城市规划。1993—1998 年转任湛江市人大常委会副主任。

④ 1984 年，湛江等 14 座城市被设立为全国首批沿海开放城市。

⑤ 1995 年建成，广场设有一座弧形柱廊，上面镶嵌 9 幅浮雕，分别反映湛江对外开放的历史性场景。其中包括 1701—1702 年法国商船"安菲特利特"号来华期间停泊广州湾等场景。

年法国在这一带登陆；第二，这里是东西轴线的东起点；第三，这是个高台地，可以观海。因此，我为时代广场构思了一组浮雕，让设计师完善。浮雕一共9幅，描绘湛江近代历史上的重大事件，从左到右以时间顺序排列，就是展示帝国主义强迫我们打开国门，到解放后我们主动打开国门的历史脉络。虽然广州湾时期我还小，但给我留下的印象很深，我希望将历史和文化的元素融入城市建设。在我们设想之中，时代广场除了是休闲之地，还应把本地的历史文化呈现出来。

讨论城建方案时，往往需要用到城市规划和城市景观的影像资料。为了工作和学习的需要，我学了拍摄。又因为湛江的地势平坦，难以拍摄城区全局，我又学习直升机航拍，并且要掌握天文和潮汐的变化。[1] 我们提倡"北有青岛，南有湛江"，[2] 历史文化工作也应当借鉴和学习。我曾被邀请到青岛航拍制作画册，看到青岛各界整理了很多有关德国租借地时期的资料，而我们湛江长期以来不重视广州湾历史，简直一片空白，所以我很支持现在兴起的广州湾研究。

图4 爱好摄影的何均发
资料来源：何均发提供。

·校注手记·

保护文化遗产，传承城市文脉

吴子祺

（2021年）

一 老市长的视角

吾生也晚，我对何均发副市长的最早认识来自其退休多年后出版的

---

[1] 何均发摄影作品集《凭海临风——海湾城市湛江》2011年由长城艺术出版社出版，其中包括多幅航拍作品。

[2] 1960年2月，邓小平同志到湛江视察，称赞美丽的城市风貌，指出"北有青岛，南有湛江"。

《凭海临风》摄影集，很是喜欢其中壮阔的海湾城市风光。在无人机航拍尚未普及前，乘坐直升机拍摄可谓稀罕，也让我们得以从不一样的视角欣赏美景。同时我也了解到何市长曾经分管城建工作，对广州湾到湛江的城市发展有独到见解，因而2017年《口述广州湾》项目启动后，我们团队便向何市长提出访谈请求。何市长欣然同意，邀我们到家中访谈，不仅讲述自家和本人经历，还从大格局分享了关于城市建设和历史研究的看法。

何市长指出广州湾时期法当局在西营的建设偏重于法国人，他们享用更好的设施，而居于南部低洼街区的华人却饱受海潮侵袭的内涝之苦。然而老市长也认为不应忽视广州湾留下的遗产，比如电厂、海堤和城市规划。在他看来，霞山的东西向中轴线早在当年西营已然奠定，而"凭海临风"的景致亦是多年延续而来。翻开祝宇、崔冠璋老一辈文化人参与编写的画册，可见广州湾的历史文化遗产并未成为新中国的包袱，经过改造的城市文脉与热情似火的社会主义建设很好地结合了起来：

> 全城终年被绿荫覆盖，点缀着各种花草，市民有如置身在花团锦簇的大花园里，居住、工作、休息都很安静而舒适。人们打开沿海一带房屋的门窗或在海滨的马路上漫步，可以俯视海滨小游园，眺望海景。碧波在阳光照耀下闪烁，海鸥翔翔飞翔，形体雄伟的巨轮和白帆点点的渔船往来交织，构成一幅美丽如画的图景，使人心旷神怡。[1]

周恩来总理视察湛江时，亦曾赞美城市环境。1960年2月10日周总理从海南岛乘机前往湛江，视察湛江港和黎湛铁路等新建设成就。下机后，总理乘车从机场前往海滨宾馆，自西向东经过霞山区。总理向陪同视察人员表示："与法国的首都巴黎很是相似，房子建在树林中，显得既幽静，又雅致。"[2]

二　广州湾时期的西营城市建设

那么广州湾时期西营的城市建设到底如何？我们不妨解读中法文史料，回顾其发展变迁。

---

[1]　广东省湛江市城市建设局编《中国新兴城市湛江》，建筑工程出版社，1959，第3页。
[2]　苗体君：《周恩来一生在湛江仅有的15个小时》，《红广角》2012年第5期。

法国人到来之前，西营并非城镇或墟市，仅有海头港、郑屋村和洪屋村等村落和一处海防炮台，最近的海头墟坐落于西北方向数公里之外。1900年广州湾法当局建立行政制度后，最初将西营定位为附属于麻斜的军事基地，建筑物大多数为军营。[①] 为何法当局要将行政机构与军队分驻两岸，而非集中共用资源？法国学者安托万认为，是因为法当局企图控制海湾两岸，以维持两岸的秩序，向中国政府和广州湾乃至高雷两地民众[②]表明法国完全占领租借地。[③] 不过印度支那总督府无意投入足够资源维持两处城区，合二为一势在必行。广州湾法当局之所以能够利用西营发展新的行政首府，更是因为1904年法国海军的大规模撤离。根据保罗·杜美继任者保罗·鲍（Paul Beau）的财政紧缩政策以及日俄战争的形势变化，印度支那总督府不再着力将广州湾发展为法军基地，1904年驻扎当地的海军陆战队由1000人锐减至150人。[④] 因此，西营留下大量废弃的营房和军事设施，正好可为行政当局的进驻提供充分理据。如前所述，经过谢斯杰等历任广州湾总公使争取，1909年印度支那总督终于同意首府迁移计划。

1910年总公使署等行政机构全部迁到西营后，法当局设一名副公使负责西营的市政管理，此后首府一直设在该地。1911年7月4日颁布法令，一系列政制改革在广州湾推行，旨在重组和简化广州湾的行政和司法部门，其中包括上文提及的区划改革。此外，还将广州湾财政预算纳入法属印度支那总预算的一部分，既加强后者对前者的管辖，也使得广州湾法当局的财政和行政自主权进一步被削弱。[⑤] 尽管如此，广州湾亦迎来新的发展。法当局总结首府迁移所带来的好处：其一，新建设带来城

---

① Gouvernement Genéral de l'Indochine, *Annuaire général de l'Indo-Chine*（1903），Hanoi：Imprimerie d'Extereme-Oreint，1903.

② 吴川县属高州府，遂溪县属雷州府，麻斜和西营之间的海湾是高雷两地的分界线，东西两岸的方言和民俗差别颇大。

③ 安托万·瓦尼亚尔：《广州湾租借地：法国在东亚的殖民困境》上卷，第130页。

④ Bert Becker，"French Kwang-Chow-Wan and British Hong Kong：Politics and Shipping，1890 – 1920s，" in James R. Fichter ed.，*British And French Colonialism in Africa，Asia and the Middle East：Connected Empires across the Eighteenth to the Twentieth Centuries*，London：Palgrave Macmillan，2019，pp. 181 – 221.

⑤ Bert Becker，"French Kwang-Chow-Wan and British Hong Kong：Politics and Shipping，1890 – 1920s，" in James R. Fichter ed.，*British And French Colonialism in Africa，Asia and the Middle East：Connected Empires across the Eighteenth to the Twentieth Centuries*，pp. 161 – 162.

区的扩张，吸引商人聚集；其二，带动鸦片、硫黄和硝石①等物资的需求上升。加上港口设施的建设，改善了商品流通和人员流动。国内局势动荡之下，不少周边地区及广东沿海商民渐渐前来西营定居。② 改革措施渐次实施，法当局也在西营大兴土木，法院、中央监狱和警卫军营房等带有镇压职能的机关全设在西营。为了加强行政中心与商业中心的联系，连接西营与赤坎的长达12公里的南北向公路工程在1912年动工。落成之后，汽车可在这条公路通行，并且连接重要的海头墟。③

民国建立之后，为了使国人了解"僻处南疆，鲜有研究及之"的广州湾租借地，《时事新报》《东方杂志》等开始关注广州湾的发展，编译一名法国人的游历见闻来介绍广州湾的发展情形：

> 广州湾自租借后，十二三载以内，成绩权为简单。文武官吏均居于首府白雅特城……该城地势甚狭，故至今仅有华人住宅数十家，店铺二三十处。此外沿湾附近，警政邮便已组织完备……白雅特城位置极佳，宜于商业，筑于一高堤之上，气候尤宜于卫生，风景绝佳，建筑物甚为美观，道路亦极齐整。惟本港商业尚未发达，赤坎汽船经此约停一小时。④

对于以法国城市建设理念而营造的西营，这位作者情绪交杂，既赞赏西营之美观，又在批评法国人经营进度缓慢之余，表达有关中法两国争夺利权的担忧。由其描述可见，西营在确立首府地位之后不久已初成规模，并与赤坎加强水陆联系，而租借地的殖民统治局面似乎得以改善，昔日衰敝局面有所振兴。西营多条道路均以法国政治人物、战争英雄以及地名而命名（见表1），彰扬殖民主义的权力符号，而这些街道的建筑风格和氛围，亦传递出一种"殖民景观"：

---

① 广州湾法当局对鸦片、硫黄、硝石和盐实行商品专营，即由个别商人出资向政府承包，取得垄断经营权。

② *Rapport complètementaire sur la situation du Territoire pendant le premier semestre 1912 au conseil du gouvernement*，INDO/GGI/64360，ANOM.

③ *Rapport politique et économique du 4ᵉ trimestre 1912*，INDO/GGI/643360，ANOM.

④ 汉声：《法人广州湾之经营》，《时事汇报》第5期，1914年，第15—16页。

西营地方虽小，那街道之整洁雅致可就足以令你惊叹不置。那些街道是那样的宽宏和雅静，短的红墙，院内院外的花木是那样的栽植得恰到好处……看了你真会相信"法国人是爱美的高贵的民族"。①

表 1　西营公共建筑集中的街道

原名	今名	建筑
霞飞路 Boulevard maréchal Joffre	海滨大道南（海滨西二路口至青岛路口）	总公使署、邮政电报局、安菲特利特号纪念碑
福克大马路 Boulevard maréchal Foch	民有路北段	无线电台、爱民医院、马迪运动场、监狱
比利时街 Rue de Belgique	延安路	总公使官邸、官员住宅、东方汇理银行、福音堂
比利基场前 Klobukowski	青岛路	圣维多尔天主教堂、金鸡纪念碑
工程街 Rue des Tavaux Publics	土木路	工务局、越南会馆
Avenue Paul Beau	解放东路	红带兵营

资料来源：部分内容引自韦健《大广州湾》，第14—19页。

西营地势相对平坦，法当局的机构和官邸主要设在北部，即表 1 所示的街道；南部临海区域则较为低洼，因此成为帆船避风塘以及华人经商和居住之所在。首府设在西营之后，1904 年广州湾驻军大幅减少，但与军队同一时间进驻的巴黎外方传教会仍然坚守当地。天主教堂及其信徒社区占据西营城区的相当一部分空间，而高耸的两座塔尖，更成为海上望向西营的醒目地标。

图 1　20 世纪 20 年代的西营街景
资料来源：Joel Montague 提供。

20 世纪 20 年代初，时任法国殖民部长的阿尔贝特·萨罗致力推动新的殖民策略，主张在法国殖民地区与当地人建立"殖民合作"。萨罗的多位

---

① 王雪林：《广州湾一瞥》，《统一评论》第 3 卷第 11 期，1937 年 3 月，第 7 页。

亲信在法属印度支那各地担任长官，推行一系列改革和建设，包括赋予当地精英更多权力。广州湾华人代表进入咨询委员会，法当局投资增多，进出口贸易数额持续上升。① 为了实现"文明使命"，在柯德玛（Jean-Félix Krautheimer）和赖宝时（Paul Blanchard de la Brosse）两任总公使任内（1919—1926），广州湾法当局积极推动现代化建设，以增强殖民管治的合法性。法当局甚至认为其在广州湾的经营，能够成为法国面向全世界以及中国的"模范建设"（un établissement modèle）。为此，一系列大型工程先后动工，海堤和码头，以及连接租借地内外的四通八达道路迅速改变西营的面貌。②

而萨罗及其亲信所倡议的"殖民合作"之关键，在于培养通晓法语的当地人才。③ 对于广州湾而言，在屡设屡废的法华学校基础上建立一所新的中学——安碧沙罗学校，能够帮助法当局训练一批本地人才充实政府部门，以应付各类意外事件，并且协助殖民管治，当时西营人口仅有6000多人。④ 与此同时，医疗卫生之建设被法当局视作现代化的重要手段。1922年，赖宝时总公使主持爱民大医院启用仪式，宣告法当局的医疗服务面向当地华人开展。医院设在福克大马路，初设病床12张，以及女性病床6张。⑤ 坐落在西营城区北部的爱民大医院，聘请越南河内留学归来的黄宁民医生（该院早期有越南籍医生），象征法当局对当地民众的"关爱"，宣扬其殖民管治的政绩与正确性，展示法当局与华人的"合作"；同时进一步开拓城市的空间边界，推动城区发展。

根据1928年绘制的西营城区地图，城区被划分为100多幅大小不一的地块，建成面积约4平方公里。法国人区与华人区有明显分隔，法国人居住在城区北部，庭院式建筑物较为疏松，而华人和越南人则住在地势较低洼、易受海潮侵袭的城区南部，多为骑楼式的密集建筑。法属印度支那国防军

① Patrice Morlat, *Indochine Années Vingt: Le rendez-vous manqué（1918–1928）*, Paris: Les Indes Savantes, 2005, pp. 332–340.

② *Rapport au Couseil de Government général de l'Indochine（1922）*, Hanoi-Haiphong: Imprimerie d'Extrême-Orient, *1922*, pp. 387–388.

③ Gail P. Kelly, "Colonial Schools in Vietnam, 1918 to 1938," *Proceedings of the Meeting of the French Colonial Historical Society*, 1977, Vol. 2, pp. 96–106.

④ *Rapport au Couseil de Government général de l'Indochine（1922）*, p. 389.

⑤ Bertrand Matot, *Fort Bayard*, *Quand la France vendait son opium*, Editions François Bourin, 2013, pp. 121–122.

（infanterie coloniale，俗称"红带兵"）所占地块有 5 幅，其中位于西北的 3 幅面积颇大；由印度支那总督府派驻的海关及专卖局在法国人区核心占有 1 块地；广州湾政府和警卫军兵营所占地块多达 23 幅，包括总公使署、司法机构、各级官员和军官住宅、监狱、警署和学校等设施。而在海岸一带，法当局建成堤岸码头 3 处和栈桥码头 1 处。此外，亚细亚石油公司、美孚石油公司和东方汇理银行等在海滩设有多个货栈仓库，反映了城市建设有助于商贸发展。① 不过大型轮船仍不能直接靠岸上落客货，需要小艇接驳，码头设施不甚完善。

图 2　1928 年绘制的西营城区地图稿本
资料来源：法国国家图书馆藏。

广州湾法当局 1922 年提出建立供电设施，向西营和赤坎两座城区输送电力，但未能即时得到上级支持。直至 1926 年，终于有法国公司愿意投资供电，1928 年设在西营的电厂建成，并在 1929 年 10 月 20 日向西营和赤坎输送电力，点亮电灯。这一场景引起法国侨民和租借地内外民众的一片轰动，许多人慕名前来围观。② 法国公司对广州湾的投资，无疑增添了其殖民管治的实力。1924 年，随着广州湾贸易（尤其是鸦片贸易）快速增长，开设金融机构已成当务之急，法当局再次促请东方汇理银行在广州湾开设支行。1925 年 2 月，西营支行正式设立。③ 需要注意的是，东洋电灯公司和东方汇理银行在广州湾的业务皆以西贡纸交易和结算，法当局是其主要服务对象，两家企业的开设有助于维护法国殖民管治。而宏伟的银行大楼和新奇的工业厂房，则进一步充实西营城区的首府职能。

此外，辅佐和支持法当局的华人绅商虽然也参加聚餐，但未真正融入法国人的生活。"荟英堂"是广州湾华人创办的第一所新式学校益智学校所

---

① *Carte du centre urbain de Fort-Bayard*（*document cartographique manuscrit*），1928，Bibliothèque nationale de France.

② *Rapport politique mensuel du mois d'octobre 1929*，INDO/GGI/40528，ANOM.

③ 安托万·瓦尼亚尔：《广州湾租借地：法国在东亚的殖民困境》下卷，第 90—92 页。

在地，位于海头港村，处于西营城区的西部边缘。该校 1924 年启用，向广东省政府登记办学，其办学经费几乎完全来自绅商捐款。值得注意的是，该校五周年校庆时，与法当局关系密切的华人领袖陈学谈及其亲友经营的鸦片公司"广宏安号"、"陈饶裕"和赌博公司"五行俱乐部"捐款名列前茅，[1] 反映他们获利甚丰，势力庞大，并不忌讳可能招致的负面评论。为了维持城市的整洁，广州湾法当局经常役使囚犯扫街和铺路。囚犯戴着沉重的枷锁和脚镣，在法越军警监管下辛苦劳动，体现殖民管治对华人的压迫。[2]

　　西式建筑风格的政府机关也表现殖民管治的威严，如向海而立的总公使署于 20 世纪 20 年代初落成，楼顶矗立一座钟楼，使华人印象深刻。在益智中学教师、浙江人程鼎兴的观察中，西营"各办公处及东方（汇理）银行、洋楼均极宏丽。法国式的建筑终不脱农场风味，各大洋楼外照例都有园地，以短墙包围，种植林木草花，荫森幽美。马路也如上海那样两旁人行道上排植桐槐外，复增加草地两直，看去无异绿绒毡毯铺垫一般，车道即在此两草毡间"。[3] 此外法当局还专门在西营树立两座纪念碑，凸显"殖民地"空间的属性。不过对于华人而言，他们似乎不甚了解纪念碑的真正含义。安放在圣维多尔教堂前的金鸡纪念碑（Le Monument aux Morts），纪念第一次世界大战中为法国牺牲的广州湾警卫军参战者。1940 年法国本土战败，法属印度支那面临日军压力，为了宣扬法国在广州湾的殖民管治和历史背景，当局授意远东学院在西营海边建造一座安菲特利特号纪念碑。当年 11 月，法属印度支那总督德古视察广州湾，主持纪念碑的揭幕礼。[4] 1945 年广州湾回归中国之后，新成立的湛江市政府在纪念碑上刻"还我河山"，50 年代初再改为"巩固国防"，数年后被拆毁。据国民党首任湛江市市长郭寿华统计，政府接收法方屋舍共 130 栋，[5] 大多位于西营。

三　传承文脉需要各方参与

　　随着近年来社会各界重新审视广州湾历史文化，2013 年湛江市政府出

①　《特别启事》，《益智声》第 5 期，1929 年 7 月 10 日，第 82 页。

②　陈以大：《"囚徒"越狱抗法斗争记》，《湛江文史资料》第 1 辑，1984，第 58—62 页。

③　程鼎兴：《广州湾一瞥》（上），《中央日报》1936 年 8 月 28 日，第 3 张第 4 版。

④　Jean-Yves Claeys, L'Amphitrite à Kouang-Tchéou-Wan, *Indochine hebdomadaire illustré*, 1er année N. 12 （1940）, p. 1.

⑤　郭寿华：《湛江市志》，大亚洲出版社，1972，第 144 页。

资，交由湛江市旅游投资集团负责的霞山"法式风情街"项目启动，范围为海滨大道南至青岛路相交处共计约800米的临海路段。主要做法是，将楼房临街外立面和一楼商铺按照"欧陆风情"进行改造招商。由于真正的历史建筑仅存总公使署、"法军指挥部"、① 邮政电报局和东洋电灯公司厂房旧址等数处，昔日庭院式的住宅全遭拆毁，20世纪80年代建成四五层高政府宿舍楼，街区风貌和肌理已改变。因此，难现"风情"的法式风情街项目备受质疑和批评。2013年广州湾法国公使署旧址和总公使官邸（误称为"法军指挥部"）被公布为第七批全国重点文物保护单位，全面修缮工作至今未开启。而被列为湛江市不可移动文物的西营邮政局旧址将用作霞山区博物馆，2020年开展相关修缮工作。

总体而言，20世纪下半叶广州湾时期的旧建筑屡屡遭到毁坏。随着文化遗产理念日益得到官方和民间的认同，人们逐渐反思对待"殖民侵略"所遗留建筑之态度。地方历史文化日益受到重视和提倡，社会一些群体开始呼吁保护和活化利用历史建筑，部分团体声张文化保育理念，通过开展活动和进行研究，参与地方公共事务。正如何均发老市长所倡议，湛江市委和市政府也提出"学青岛、找差距、推崛起"，② 而青岛（胶州湾）与广州湾都曾是同一历史背景下的租借地。在某种程度上，保存殖民时期的建筑已成为各界的共同认识。③ 不过，意识形态、文化诉求和商业利益等因素互相纠缠。依笔者之见，为了保护和传承广州湾文化遗产，官方和社会各界需要凝聚共识，承认广州湾历史是湛江以至粤西南地区现代化进程的重要文脉，从而妥善保护和活化相关历史建筑，为旧街区谋划新前景。

---

① 2013年，广州湾法国公使署旧址和法军指挥部旧址被列为第七批全国重点文物保护单位。"法军指挥部"实为建于1921年的总公使官邸，官方申报资料有误。

② 郭丹：《学习青岛　查找差距　把握机遇　力推崛起》，《湛江日报》2013年9月23日，第4版。

③ 2018年湛江市人大常委会通过《湛江市历史建筑保护条例》，指出城市发展导致部分历史建筑损毁，需要加强文化遗产保护传承和合理利用。

Histoire orale de Guangzhouwan

Un territoire aux narrations plurielles

Dirigé par Wu Ziqi

Éditeur: Social Sciences Academic Press (China)

TABLE DES MATÉRES

Traduit par Zhang Gong

Préface ·· i

Avant-propos ·· 1

Introduction ·· 5

I. Souvenirs de l'époque française

Un médecin militaire à l'appel de la France libre : d'après les souvenirs de son fils
Jean-Marc Nicol ··· 27

    Notes de l'équipe de rédaction : Jean-Marc Nicol à la recherche de son pays

    natal ; Une lutte cachée antifasciste, menée il y a quatre-vingt

    ans à Guangzhouwan ··· 33

L'enseignement du français et l'église catholique : le collège Albert Sarraut d'après

les souvenirs de Li He ·· 39

    Notes de l'équipe de rédaction : une vraie passion pour la culture française

    ··· 50

Les enfants à l'orphelinat : les sœurs françaises d'après les souvenirs de

Qiu Yueming ··· 55

    Notes de l'équipe de rédaction : Saint-Josèph, un passé retrouvé ·············· 62

Une histoire familiale à Fort-Bayard : la vie des habitants français selon les

témoignages de Nicole Guerrier ·· 70

    Notes de l'équipe de rédaction : La vie quotidienne au-dedans et au-dehors de la

    Banque de l'Indochine ··· 74

II. Personnes aux identités multiples: fonctionnaires, hommes d'affaires et civils

La vie de Zhang Mingxi, premier secrétaire gouvernemental originaire deMaxie,

d'après les souvenirs de son neveu Zhang Yonglian ·························· 81

   Notes de l'équipe de rédaction: d'une histoire individuelle à une

   histoire sociale ······················· 85

Un conseiller gouvernementalà la villaXiacun: la vie de Lin Zhifu d'après les

souvenirs de son fils Lin Guofu ····················· 92

Souvenirs de Li Hefa de son père Li Zongze: deux générations d'entrepreneurs

dans le monde du divertissement ···················· 96

   Notes de l'équipe de rédaction: une interview transfrontalière en

   contexte pandémique ················· 109

III. Lieu de rassemblement des commerçants

Un monde kaléidoscopique au port commercial de Chikan: la société Ming' and'

après les souvenirs de Chen Yi ···················· 115

   Notes de l'équipe de rédaction: Entretien avec Chen Yi: quand l'interviewé et

   l'intervieweur sont originaires du même bourg ···················· 133

Auteur des grands édifices du Guangzhouwan: l'architecte Liang Rixin d'après

lessouvenirs de son fils Liang Aitang ···················· 138

   Notes de l'équipe de rédaction: Les frères Liang ···················· 147

Les marins au port de Chikan: la maison de guilde de Chaozhou dans les

témoignages de Chen Jiaru ···················· 154

   Notes de l'équipe de rédaction: trois siècles de vicissitudes de la communauté

   Chaozhou de Guangzhouwan ···················· 165

Parfum de café à Fort-Bayard: le goût français dans la vie quotidienne selon

les souvenirs de Zhu Yu ···················· 169

   Notes de l'équipe de rédaction: Un portrait de Zhu Yu; À la mémoire de

   Zhu Yu ···················· 181

Une famille de grands commerçants : souvenirs de Lin Yijing de son père et de

son grand-père ··· 192

Notes de l'équipe de rédaction : des liens solidaires toujours vivaces dans la

communauté Zhanjiang ·· 195

IV. La vie sociale du Guangzhouwan dans tous ses états

Les maisons d'arts martiaux à Chikan : témoignages de Zhang Qixiong ······ 201

Notes de l'équipe de rédaction : La vie d'un maître d'arts martiaux ·············· 207

Rue Datong : témoignages de Chen Huizhensur le magasin

Xiangshunlong ··· 210

Notes de l'équipe de rédaction : Les anciennes rues de Chikan

en rétrospective ··· 215

Lutte contre la contrebande aux périphéries du territoire à bail : témoignages de

Yu Zhendongsur son père Yu Jinbang, un employé de la douane

de Leizhou ··· 217

Notes de l'équipe de rédaction : La vie quotidienne de Guangzhouwan à travers

les activités douanières ·· 232

V. Mouvements révolutionnaires dans la région Gaozhou-Leizhou

Du soulèvement de la Ligue d'Union à la libération de Zhenjiang : trois générations

de révolutionnaires selon les souvenirs familiaux de Yang Shaozhen ······ 241

Sources complémentaires : deux épitaphes dédiées à la mémoire de Yang Yisan ; Une

biographie de Yang Yisan ··· 248

Notes de l'équipe de rédaction : Les évolutions de Guangzhouwan

dans l'histoire familiale ·· 251

Les célébrités de Gaozhou à l'époque moderne : souvenirs familiaux

de Lu Jingwu ··· 255

Notes de l'équipe de rédaction : La vie du professeur Lu Jingwu ·············· 265

Reprise des mouvements révolutionnaires dans le contexte de la Guerre sino-

japonaise : témoignages de Chen Chao ··· 268

Notes de l'équipe de rédaction : Les combats révolutionnaires à la frontière
Guangdong-Guangxi ·· 279

VI. Les changements dans la vie quotidienne en milieu rural

La vie quotidienne dans les bourgs : témoignages de Chen Xiayongsur le
marché de Potou ·· 285

Notes de l'équipe de rédaction : l'ordre social dans le marché de Potou et la vie
politique des paysans ·· 294

La contrebande entre le territoire français et le territoire chinois : souvenirs de
Li Shumaosur le marché de Sanbai ·························· 301

Notes de l'équipe de rédaction : Le marché frontalier en rétrospective ·········· 306

Les «soldats aux bandes bleues» au port de Sanhewo : témoignages de
Luo Ashan ·· 310

Notes de l'équipe de rédaction : À la recherchede la figure de Luo Ashan ····· 314

Les forces de l'ordre, le service médical et l'enseignement scolaire dans l'île
Nansan : témoignages de Huang Huanyuan ·················· 320

Notes de l'équipe de rédaction : l'histoire d'une famille insulaire à la lumière d'un
livre généalogique ·· 324

Le phare de l'île Naozhou : témoignages de Zhou Zhenhua ·············· 330

Notes de l'équipe de rédaction : souvenirs d'un gardien de phare ·········· 335

Treize années passées dans les mines d'étain : souvenirs de Chen Kangbaode
son père Chen Yunchu ·· 337

Notes de l'équipe de rédaction : un certificat de coolie, témoin d'une histoire de
travailleurs migrants chinois en Asie du Sud-Est ·················· 344

VII. Guangzhouwan, point de transit des réfugiés de guerre

Commencement d'une carrière de calligraphe-peintre à Guangzhouwan :
souvenirs de Shen Ding'an ·· 353

Notes de l'équipe de rédaction : Shen Ding'an, un destin artistique ·········· 359

Une famille originaire de Shaoxing: témoignages de Hu Xijisur la maison

d'édition Lianhe ·· 362

    Notes de l'équipe de rédaction: La trajectoire d'un intellectuel ·················· 368

Une jeune fille de Macao «cédée» par son père: témoignages de

Liang Yulian ·· 372

    Notes de l'équipe de rédaction: Les «dames de Macao» dans l'histoire de la Guerre

    sino-japonaise ·· 375

Souvenirs de Wang Xi de son groupe musical au collège Peicai ·············· 378

    Notes de l'équipe de rédaction: À propos du musicien Wang Xi ·············· 383

Les transports dans la Guerre sino-japonaise: la vie de Chen Qingchou, un

commerçant d'Haiphong d'après les souvenirs de son fils Chen Jiaqi ······ 386

    Notesde l'équipe de rédaction: Les Chinois d'outre-mer et leur sentiment d'attachement à

    leurs lieux d'origine ·· 397

L'histoire urbaine de Guangzhouwan à travers la Time *Square* de Zhanjiang:

témoignage de He Junfa ·· 401

    Notes de l'équipe de rédaction: Le patrimoine culturel de Zhanjiang, héritage et

    responsabilité ·· 406

图书在版编目（CIP）数据

口述广州湾：近代租借地历史的多元叙事／吴子祺
主编. —— 北京：社会科学文献出版社，2023.7（2024.1 重印）
ISBN 978 - 7 - 5228 - 1534 - 3

Ⅰ.①口… Ⅱ.①吴… Ⅲ.①中法关系 - 租界地 - 地
方史 - 研究 - 湛江 Ⅳ.①D829.12②K296.53

中国国家版本馆 CIP 数据核字（2023）第 109215 号

口述广州湾：近代租借地历史的多元叙事

主　　编／吴子祺
副 主 编／李宜珍　郭康强　何斯薇

出 版 人／冀祥德
责任编辑／李期耀
文稿编辑／李蓉蓉
责任印制／王京美

出　　版／社会科学文献出版社
　　　　　　地址：北京市北三环中路甲 29 号院华龙大厦　邮编：100029
　　　　　　网址：www.ssap.com.cn
发　　行／社会科学文献出版社（010）59367028
印　　装／三河市东方印刷有限公司

规　　格／开 本：787mm × 1092mm　1/16
　　　　　　印 张：27.5　字 数：464 千字
版　　次／2023 年 7 月第 1 版　2024 年 1 月第 2 次印刷
书　　号／ISBN 978 - 7 - 5228 - 1534 - 3
定　　价／138.00 元

读者服务电话：4008918866